やわらかアカデミズム・〈わかる〉シリーズ

よくわかる
スクールソーシャルワーク
第2版

山野則子・野田正人・半羽利美佳 編著

ミネルヴァ書房

はじめに

■よくわかるスクールソーシャルワーク［第2版］

　学校という場所は，誰もが一度は訪れたことがある大変身近な場所です。そのため，福祉のなかで新しい領域であるにもかかわらず，スクールソーシャルワーク（SSW）には高い関心が寄せられています。しかし，SSWに対する理解が十分あるわけではなく，ほとんどの人がスクールソーシャルワーカー（SSWer）をスクールカウンセラー（SC）と同じように思っていたり，どこが違うのであろうと疑問に思っているのではないでしょうか。また，福祉を学んでいる人からすれば，児童福祉領域（児童相談所や市町村の子ども相談部署，児童福祉施設，児童家庭支援センターなど）があるのに，なぜ学校だけ取り出すのか，学校にどのような意味があるのか，という疑問もあるのではないでしょうか。そこで本書では，できるだけSSWを本質から知っていただきたいという思いから，執筆されました。

　社会福祉は，私たちの日常生活に深く関わるものです。学校は，どの子どもも通う，まさに生活に密着した場所です。だからこそ，この学校でソーシャルワークを展開することに意味があります。まず第一に，学校は子どもたちが全員行くところであり，つまり全数把握できる機関においてソーシャルワークを展開することができるということです。児童虐待など悲惨な事件が続いていますが，全数把握ができる学校において問題に気づくことができる意味は大きいです。子どもや家族自身は気づいていなくても，援助が必要な問題を抱えていることもあります。このような場合，相談機関で介入するのは難しく，問題が大きくなってからの介入にならざるを得ません。学校にソーシャルワークが存在すれば，自身の問題に気づいていない子どもや家族にアプローチできる可能性があるということです。学校から巣立っていくと，このチャンスが親子ともになくなる場合もあります。

　第二に，地域に身近な場所だということです。たとえば，児童相談所に行くには抵抗感がある人は多いでしょう。しかし，学校に行くことは特別なことではありません。学校が地域の拠点になって，今まで表面化していなかった問題，対応できなかった問題を支援につなぐことで，救われる子どもや家族は多く存在します。また，地域に身近な存在である学校だからこそ，地域の力の活用が可能になるかもしれません。実際に文部科学省も，学校支援の活動や地域や家庭との連携を進めようと，さまざまな施策を展開しています。しかし，これらを上手く機能させるためには，多くの課題があります。現代的課題である地域の孤立状況に対して，学校を拠点にSSWerの活動の1つとしてコミュニティ

ワークを展開することで，子育てに前向きに取り組めたり，共同で取り組めたりする一因になるかもしれません。

　現在，SSW事業は広く展開されてきてはいますが，全校に1人SSWerを配置するには至っておらず，その機能が十分に発揮されているとはいえません。しかし，SSWは何を目指し，どのような意義があるのかを問い，目先の対応の検討に終わるのではなく，子どもの将来をみすえた大きな目標に向かって力を注ぎたく思います。1人でも多くの子どもたちが幸せに暮らせることを願ってやみません。

2012年3月

山野則子

第2版改訂にあたって

　初版刊行から4年たった現在，いじめや少年事件でスクールソーシャルワーク（SSW）が取りざたされ，子どもの貧困対策に大きくSSWが取り上げられるようになり，国は法整備に向けて動こうとしています。第2版では，こうした子どもをめぐる状況と国の動きを更新しました。またそれに伴う各自治体の動きも随分変化してきており，まさに，SSWは今までの認知や周知の時代から，質が問われ，形を明確化していく時代に入りました。実証研究の意義も大きくなりました。こうした動きとともに第2版では将来展望に示唆をもたすことができる内容に挑戦しました。今を生きる実践家，これから大量に増員されるといわれる新しいスクールソーシャルワーカー（SSWer），学生にとっても，すぐに役立つ内容になるよう努力しました。

　しかし，社会や国の認知が変わってきても，身近な学校や児童相談所，子ども家庭には，まだまだ十分知れ渡っているわけはなく，初版でお示しした基本的な姿勢は4年前と変わらず必要な状況です。

　4年前の第一の主張は，各所で長く言い続け，学校プラットフォームという政府の方向に，影響をもたらす一助になったことでしょう。また第二の主張についても，中央教育審議会答申に地域協働が出され，そこにSSW含むチーム学校とつなぐことに成功しました。まさに重要な点が国のニーズに合致し，SSWありきではなく，包括した仕組みを作る方向性が重要であることが示唆されてきています。

2016年10月

山野則子

もくじ

■よくわかるスクールソーシャルワーク［第2版］

はじめに

I なぜスクールソーシャルワークが必要なのか

1 学校における現代的課題①
  問題事象の増加 …………… 2

2 学校における現代的課題②
  子どもの発達の多様性 …… 4

3 学校における現代的課題③
  保護者の要求の背景にある学校への不安と期待 …………… 6

4 学校における現代的課題④
  ゆとり教育の後退と教育改革 …… 8

5 学校における現代的課題⑤
  学力と貧困 ………………… 10

6 学校における現代的課題⑥
  教員の精神的疲弊 ………… 12

7 背景にある子育て環境①
  子育て不安，孤立の増加 …… 14

8 背景にある子育て環境②
  経済的問題の増加 ………… 16

9 背景にある子育て環境③
  子どもの生活の変化 ……… 18

10 背景にある子育て環境④
  地域の変化 ………………… 20

11 背景にある子育て環境⑤
  マイノリティと社会環境
  ——外国籍の子どもたちを取り上げて
  ……………………………… 22

II スクールソーシャルワークとは

1 スクールソーシャルワーカーとは
  ……………………………… 24

2 スクールソーシャルワークの価値
  ……………………………… 26

3 スクールソーシャルワークの目的と役割 ………………… 28

4 スクールソーシャルワーカーとスクールカウンセラーの違い …… 30

5 スクールソーシャルワークの意義
  ……………………………… 32

III スクールソーシャルワークの歴史と動向

1 アメリカのスクールソーシャルワーク …………………… 34

2 アメリカのミクロ・メゾ・マクロスクールソーシャルワーク …… 36

3 韓国のスクールソーシャルワーク
  ……………………………… 38

4 他国のスクールソーシャルワーク
  ……………………………… 40

5 日本のスクールソーシャルワーク①
  スクールソーシャルワーク前史 … 42

6 日本のスクールソーシャルワーク②
  近年のスクールソーシャルワーク
  ……………………………… 46

7 日本のスクールソーシャルワーク③
最近のスクールソーシャルワーク
……………………………… 48

コラム1 SSWの参考になる制度
イギリスの拡大学校 ……… 50

コラム2 SSWの参考になる制度
フィンランドの「ネウボラ」制度
……………………………… 51

IV 学校教育の特徴

1 学校における教育の特徴と学校「文化」……………………… 52
2 教育関係の法律とスクールソーシャルワーク ………………… 54
3 教育行政の仕組みと学校 ……… 56
4 学校の経営と管理 …………… 58
5 教育相談・生徒指導体制 ……… 60
6 「生徒指導提要」とスクールソーシャルワーク ……………… 62
7 学校教育の現状と課題 ………… 64
8 スクールソーシャルワークにおける教育委員会の役割 ……… 66
9 家庭教育，社会教育との関連 … 68
10 コミュニティ・スクールとの関連
……………………………… 70

V 教育（学校）が連携する機関とその機能

1 福祉関係の法律とスクールソーシャルワーク ………………… 72

2 児童相談所の機能 …………… 74
3 福祉事務所の機能 …………… 76
4 自立相談支援機関の機能 ……… 78
5 市町村と要保護児童対策地域協議会
……………………………… 80
6 児童福祉施設の機能 …………… 82
7 保健所・保健センターの機能と地域の病院の機能 ……………… 84
8 配偶者暴力相談支援センター・婦人相談所の機能
――DV被害者支援 …………… 86
9 発達障害者支援センター・教育センターの機能 ……………… 88
10 オルタナティブ教育機関（フリースクール等）の機能 ………… 90
11 家庭裁判所・少年院の機能 …… 92
12 司法領域（刑事司法制度）におけるソーシャルワークの機能 … 94

VI スクールソーシャルワークの基礎理論

1 岡村理論とスクールソーシャルワーク ……………………… 96
2 システム理論におけるスクールソーシャルワーク ………… 98
3 エコロジカル・アプローチにおけるスクールソーシャルワーク … 100
4 協働理論におけるスクールソーシャルワーク ……………… 102
5 ジェネラリスト・ソーシャルワークとスクールソーシャルワーク … 104

6 教育福祉とスクールソーシャルワーク ………106

7 グループワークとスクールソーシャルワーク ………108

8 修復的対話とスクールソーシャルワーク ………110

9 コミュニティワークとスクールソーシャルワーク ………112

VII スクールソーシャルワークの展開過程

1 ミクロ実践の展開過程①
スクールソーシャルワークにおけるアセスメント ………114

2 ミクロ実践の展開過程②
スクールソーシャルワークにおけるプランニング ………116

3 ミクロ実践の展開過程③
スクールソーシャルワークにおけるモニタリング ………118

4 メゾ実践の展開過程①
学校アセスメントから変革へのプランニング ………120

5 メゾ実践の展開過程②
校内にチームアプローチをつくる ………122

6 メゾ実践の展開過程③
ケース会議の展開 ………124

7 メゾ実践の展開過程④
校内研修の開催 ………126

8 マクロ実践の展開過程①
マクロアセスメントからプランニングへ ………128

9 マクロ実践の展開過程②
結果としてのスクールソーシャルワーク制度成立 ………130

10 マクロ実践の展開過程③
マクロ実践としてのスクールソーシャルワーク制度定着と拡充 …132

VIII スクールソーシャルワーク実践

1 教育・福祉施策とSSW①
教育行政におけるスクールソーシャルワークの位置づけ ………134

2 教育・福祉施策とSSW②
社会教育とスクールソーシャルワーク ………138

3 教育・福祉施策とSSW③
家庭教育とスクールソーシャルワーク ………142

4 教育・福祉施策とSSW④
特別支援教育とスクールソーシャルワーク ………146

5 教育・福祉施策とSSW⑤
いじめとスクールソーシャルワーク ………150

6 教育・福祉施策とSSW⑥
不登校とスクールソーシャルワーク ………154

7 教育・福祉施策とSSW⑦
学力保障とスクールソーシャルワーク ………158

8 教育・福祉施策とSSW⑧
保護者対応とスクールソーシャルワーク ………162

9 教育・福祉施策とSSW⑨
児童虐待とスクールソーシャルワーク ………166

10 教育・福祉施策とSSW⑩
　貧困とスクールソーシャルワーク
　　……………………………170

11 教育・福祉施策とSSW⑪
　非行とスクールソーシャルワーク
　　……………………………174

12 教育・福祉施策とSSW⑫
　精神疾患とスクールソーシャルワーク
　　……………………………178

13 教育・福祉施策とSSW⑬
　児童福祉施設とスクールソーシャルワーク ……………………182

14 教育・福祉施策とSSW⑭
　外国籍の子どもたちへの対応と
　スクールソーシャルワーク ……186

15 教育・福祉施策とSSW⑮
　子育て支援とスクールソーシャルワーク ……………………190

16 教育・福祉施策とSSW⑯
　予防的なSSTプログラムとスクールソーシャルワーク ……………194

17 教育・福祉施策とSSW⑰
　災害支援とスクールソーシャルワーク
　　……………………………198

18 教育・福祉施策とSSW⑱
　自殺予防とスクールソーシャルワーク
　　……………………………202

19 青年期の課題とSSW①
　若者の貧困とスクールソーシャルワーク ……………………206

20 青年期の課題とSSW②
　性的マイノリティにとっての学校の安心・安全 ……………210

21 青年期の課題とSSW③
　高等学校におけるスクールソーシャルワーク ……………………214

22 青年期の課題とSSW④
　学校での居場所づくりとスクールソーシャルワーク ……………218

23 青年期の課題とSSW⑤
　大学におけるスクールソーシャルワーク ……………………222

Ⅸ スクールソーシャルワークの課題と展望

1 スクールソーシャルワークの抱えるさまざまな課題 …………226

2 特別支援学校へのスクールソーシャルワーカー関与の必要性 ……228

3 多様な教育領域での課題 ………230

4 実証的研究の現状 ……………232

5 スクールソーシャルワーカー養成の課題と展望 ……………236

6 今後のスクールソーシャルワークの仕組みづくり ……………238

さくいん ……………………242

やわらかアカデミズム・〈わかる〉シリーズ

よくわかる
スクールソーシャルワーク
第 2 版

I　なぜスクールソーシャルワークが必要なのか

1　学校における現代的課題①
問題事象の増加

近年，急速な少子化の進行，児童虐待問題の深刻化，少年事件に関する問題など，児童福祉領域の問題は，非常にクローズアップされています。子どもをめぐる状況を客観的データから確認してみましょう。

1　暴力行為の増加

文部科学省の報告では，学校内における暴力行為は2009年度6万915件をピークに減少はしてきていますが，小学生が増加を続け，全体のピーク時の倍近くとなっています。

厚生労働省が行った2013年児童養護施設入所児童等調査では，**児童自立支援施設**において何らかの虐待を受けている入所児童が約6割存在し，法務総合研究所が行った2000年度の**少年院**における調査では，身体的虐待あるいは性的虐待の被虐待経験が入所少年全体の70％であると報告されています。これらの結果から児童虐待と非行の関連性は高いといえるでしょう。

2　児童虐待の増加

児童虐待の件数は増加の一途をたどっており，2014年度では8万8,931件となっています。また児童虐待の防止等に関する法律の成立によって定義が初めて法定化された2000年度から比較すると，約5倍になっていることがわかります（図Ⅰ-1）。

> ▷1　児童自立支援施設
> 児童福祉法第44条において，「児童自立支援施設は，不良行為をなし，又はなすおそれのある児童及び家庭環境その他の環境上の理由により生活指導等を要する児童を入所させ，又は保護者の下から通わせて，個々の児童の状況に応じて必要な指導を行い，その自立を支援し，あわせて退所した者について相談その他の援助を行うことを目的とする施設」と規定されている。
>
> ▷2　少年院
> 少年院法第3条には，「保護処分の執行を受ける者」（第1項），「少年院において懲役又は禁錮の刑（中略）の執行を受ける者」（第2項）を収容し，矯正教育その他の必要な処遇を行う施設とされている。

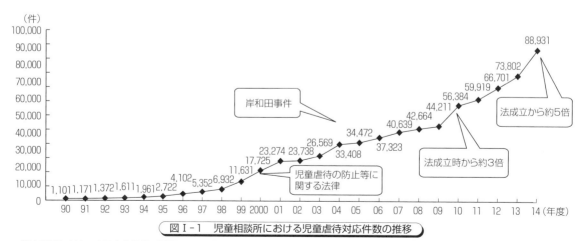

図Ⅰ-1　児童相談所における児童虐待対応件数の推移

（注）2010年度は，東日本大震災の影響により，福島県を除いて集計した数値。
出所：厚生労働省「子ども虐待による死亡事例等の検証結果（第11次報告概要）及び児童虐待相談対応件数等」2015年を筆者加筆。

さらに，児童虐待が起きた家庭への調査からは，その家族のもつ大変さがうかがえます。一時保護をし，かつ一定の方針を立てることができた事例を対象に，17児童相談所で実施した親の状況調査では，複数回答で「親の未熟」52.3%，「親族関係の不和」31.7%，「社会的に孤立」22.8%，「精神的に不安定」22.6%，「多額の借金」20.6%，「診断名のある精神疾患がある」12.8%となっています。診断名はついていませんが，精神不安定や人格障害の疑い，アルコール依存，暴力傾向，薬物依存などが考えられる人が合計67.2%となっています。このように，虐待の背景には，親の抱える精神疾患，経済的問題などの課題が多く存在しています。

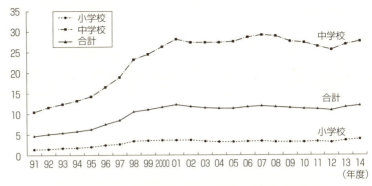

図Ⅰ-2 不登校児童生徒割合の推移（1,000人あたり）

(注)調査対象は国公私立小・中学校（2006年度から中学校には中等教育学校前期課程を含む）。
出所：文部科学省「平成26年度『児童生徒の問題行動等生徒指導上の諸問題に関する調査』について」2015年を筆者加筆。

3 不登校の増加

不登校については，全校児童生徒数との割合でみると1993年度の0.55%から，10年後には1.15%と発生率が倍増しています（図Ⅰ-2）。2007年度1.20とあがり，その後減少傾向にありましたが，2014年度1.21（12万2,902人）となり，またピーク時の割合と同等になっています。

4 SSWとの関連

福祉と教育の関わりは，児童相談所の施設措置が中心であり，子どもや家族の生活に身近なものではありませんでした。このようななかで，スクールソーシャルワーク（SSW）に焦点が向けられたポイントは，不登校，児童虐待の急増とその対応の必要性です。また，2002年からの非行関連に対するサポートチームとして，他職種が学校に入る経験がスクールソーシャルワーカー（SSWer）の導入を比較的スムーズにしてきたといえるでしょう。

しかし，これらの問題行動の背景には，**就学援助**率15.42%（2013年度）という経済的問題など家族の抱える課題が大きく，なかには将来の展望をもつにあたって，あるいは毎日の通学でさえも家庭の支援がないまま過ごし，選択肢が余儀なく狭められている子どもたちは決してまれではありません。

（山野則子）

▷3 児童虐待について調査が始まった1990年度と2010年度を比較すると，約50倍と急増しているようにみえる。しかし1990年度当時には，児童虐待の定義が法定化されていなかったということもあり，より正確に虐待の増加の実態を把握するには，定義が法定化された2000年度から比較するほうがよいだろう。

▷4 高橋重宏「児童虐待防止に効果的なセーフティネットのあり方に関する研究」『平成15年度厚生科学研究（子ども家庭総合研究所保護事業）報告書』2004年，5～116頁。

▷5 児童相談所，保護司，精神科医，監察など。

▷6 **就学援助**
学校教育法第19条に「経済的理由によって，就学困難と認められる学齢児童又は学齢生徒の保護者に対しては，市町村は，必要な援助を与えなければならない」とされ，各市町村によって基準等は決められている。
⇒ Ⅰ-8 参照。

▷7 参議院調査室作成資料「経済のプリズム」第78号，2010年。

I なぜスクールソーシャルワークが必要なのか

2 学校における現代的課題②
子どもの発達の多様性

1 子どもの発達と環境

人は，受精した瞬間から死ぬまで常に変化し続けます。一般的にその変化のことを発達といい，身体的にも心理的にも発達するプロセスは，環境との関わりのなかで進みます。人は，自分1人で育つのではなく，自分を取り巻く環境に主体的に働きかけ，環境から働きかけられるその相互作用によって，心身の機能を変化させ適応させていきますが，特に子ども期は，身体面においても心理面においても大きく変化する時期で，それだけ環境が発達に与える影響は大きいといえるでしょう。

ブロンフェンブレンナー（Bronfenbrenner, U.）は，子どもを取り巻く生態学的社会構造を図I-3のように示しました。子どもは，家族や周囲の人と直接関わり，相互作用することでさまざまな経験をします。外側にある社会システムや文化，イデオロギーとは直接相互作用するわけではありませんが，そこからの影響も受けます。つまり，子どもが育つプロセスにおいて，子ども自身，親子関係，友達関係，家庭生活，学校生活，社会状況など多くのものが直接的あるいは間接的に影響するので，子どもの発達をみる場合，たとえば障害があるなど，単に子ども側の要因で考えるのではなく，子どもを取り巻く環境要因を考慮することが必要です。

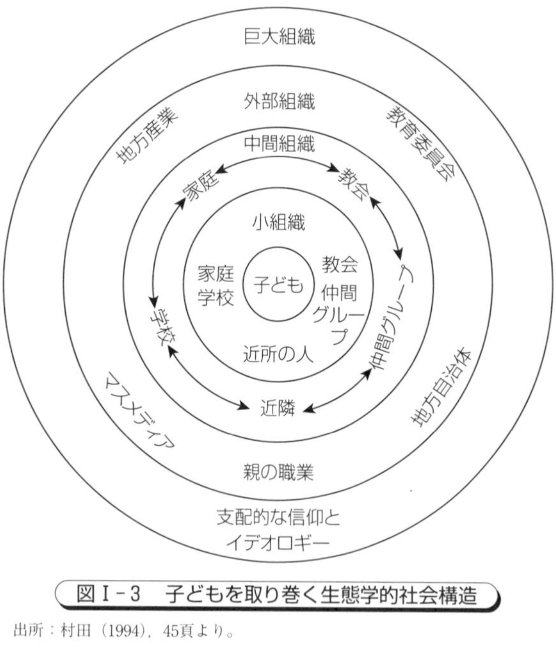

2 学校でみえてくる子どもの発達上の問題

人は生まれもった力も環境も全く同じということはないので，当然，発達には個人差がでます。しかし，学校という集団生活のなかでは，授業でも課外活動でも一斉に何かをする場面が多いため，どうしても集団のペースからはみ出る子どもたちが出てきます。

2002年に行われた「通常の学級に在籍する特別な教育的支援を必要とする児童生徒に関する全国実態調査」では，学習面か行動面で著しい困難を示す子どもがクラスに約6％いる，という結果が

▷1 親と子ども，教師と子ども，友だちと子どもなど，単独の場面（小組織〔ミクロシステム〕）や複数の場面（中間組織〔メゾシステム〕）で直接的な相互作用が生じる。また，外部組織（〔エクソシステム〕子どもの家庭状況，社会のさまざまな制度など）や巨大組織（〔マクロシステム〕子ども観，子育て観など）は，子どもと直接相互作用をするわけではないが，子どもに関わる人々に影響を与えるため，間接的に影響が出る。たとえば，親が経済的に困難を抱え，子どもを育てる余裕がもてなくなり，虐待を引き起こし，子どもの発達に影響を及ぼす，というような場合である（村田孝次『生涯発達心理

図I-3 子どもを取り巻く生態学的社会構造

出所：村田 (1994), 45頁より。

出ました。そして2007年より特別支援教育が始まり，支援が必要にもかかわらず知的に遅れがないため通常学級のなかで「困った子」，「なまけている子」，「わがまますぎる子」，「空気が読めない子」など否定的に捉えられてきた子どもたちが，**発達障害**という障害名で理解され，支援を受けるようになりました。

ただ，このような制度ができたため，学習面や行動面で困難を示す子どもたちが，すべて発達障害という枠組みで捉えられ，家庭など環境面での問題まで省みられないことが多くなりました。たとえば，被虐待児が発達障害の症状の特徴を示し，発達障害と間違われるケースはしばしばあります。授業中集中できない，学習が遅れる，教室を飛び出す，すぐキレる，友達関係をうまくつくれない，整理整頓ができず机の周囲にものが散乱しているなど，それが障害のためなのか，虐待によるものなのか，見極める必要があります。逆に，子どもに障害があるため，子育てで大きなストレスを抱える親から虐待されるといったケースもよくあり，いずれにせよ，子どもの背景にあるさまざまな問題を見過ごしてしまうと，教育的支援を熱心に行っても根本的な問題解決にならず，子どもはさらに困難を抱え，発達に支障をきたす，という悪循環に陥ってしまう可能性が大きくなります。

3 今後の課題――ますます多様化する子どもたち

2006年に障害者の権利に関する条約が国連で採択されました。この権利条約には，教育に関する権利（第24条）も含まれており，障害のある子どもが必要な支援を受けながら，地域の普通学校で**インクルーシブ教育**を受ける権利が規定されています。もし，インクルーシブ教育が実現されると，前述の発達障害のある子どもや，そのほかの問題を抱えている子どもたちだけでなく，さまざまな程度のさまざまな障害のある子どもたちが，通常学級でみんなと机を並べることになります。また，国際化が進むにつれて，さまざまな国の文化や価値観をもった子どもたちも増えるでしょう。

多様な発達，多様な背景をもつ子どもたちが増えてくると，これまでのように子どもを集団として捉えて対応することが難しくなります。集団からはみ出た子どもたちに対して，障害があるということだけに焦点をあてた教育的支援を行っても対応しきれないケースが多くなることは，当然予想されます。そのためにも，障害も含め子どもが抱えているさまざまな問題に焦点をあて，一人ひとりのニーズに対する適切な支援を考えなければなりません。そこでは，子どもの家族や地域の抱える問題も把握し，必要な関係機関との連携を含めたソーシャルワークの視点をもつ支援が，より重要になるでしょう。

（安原佳子）

学入門』培風館，1994年，45頁）。

▷2 2012年にも同様の調査が行われたが，2002年と同程度の割合で以下の困難を示す子どもたちがいるという結果が出ている。その結果は，学習面又は行動面で著しい困難を示す（6.5%），学習面で著しい困難を示す（4.5%），行動面で著しい困難を示す（3.6%），学習面と行動面ともに著しい困難を示す（1.6%）であった。

▷3 集団からはみ出ることで教師や周囲の子どもたちから否定的に捉えられるため，二次的にいじめや不登校という問題を抱えてしまう場合もある。

▷4 **発達障害**
発達障害には，広汎性発達障害（自閉症スペクトラム），学習障害（LD），注意欠陥多動性障害（ADHD）がある（小野次朗・上野一彦・藤田継道編『よくわかる発達障害――LD・ADHD・高機能自閉症・アスペルガー症候群（第2版）』ミネルヴァ書房，2010年などを参照のこと）。

▷5 発達障害様症状だけでなく，虐待が原因で発育不良，脳や身体の障害，精神障害などを負う場合もしばしばある。

▷6 杉山登志郎『子ども虐待という第四の発達障害』学習研究社，2007年を参照のこと。

▷7 日本において，障害者の権利に関する条約は2014年に批准された。

▷8 **インクルーシブ教育**
2016年4月より「障害を理由とする差別の解消の推進に関する法律」（障害者差別解消法）が施行され，教育現場でも合理的配慮が求められるようになった。
⇒ Ⅷ-4 参照。

I なぜスクールソーシャルワークが必要なのか

学校における現代的課題③
保護者の要求の背景にある学校への不安と期待

▶1 無理難題要求
小野田の調査によると，「（行事の写真で）うちの子が真ん中に写っていないのはなぜか」，「義務教育だから給食費は払わない。払えというならもう学校に行かせない」，「（けがをした生徒を病院に行かせたら）なんで，やぶ医者に行かせるのか」，「（校外学習中のかすり傷を消毒して学校に連れ帰ったら）なぜ医者に連れていかなかったのか」，「あの子の親と仲が悪いから，一緒のクラスにしないでほしい」などがある（小野田正利『悲鳴をあげる学校』旬報社，2006年）。

▶2
この点について浜田寿美男は，「学校は地域における知的権威ではあったが，子どもたちを縛る権力性は弱かった。それに対して，いまは学校が知的権威を失ったにもかかわらず，子どもたちを縛るその権力は逆に増している」と指摘している（浜田寿美男「学校は子どもたちにとってどういう場所としてあるのか」浜田寿美男・小沢牧子・佐々木賢編『学校という場で人はどう生きているのか』北大路書房，2003年）。

▶3
阿部彩は，学歴や職業階層は，親の年収によって世代間連鎖している現実を指摘している（阿部彩『子どもの貧困――日本の不公平を考える』岩波書店，2008年）。

1 保護者の要求とその背景

今，学校現場では，保護者の**無理難題要求**▶1が急増しています。このことは，社会における学校の位置づけが変化してきたこととも関係するのではないでしょうか。また，子どもたちが暮らす家庭の基盤のゆらぎを示している現象ともいえます。そして，こうした無理難題要求によって，多くの教職員が保護者からの要求に対して疲労困憊しています。

2 社会における学校の位置づけ

「社会における学校の位置づけの変化」とは，どのようなものでしょうか。

日本の公的な学校制度の開始を1872（明治5）年とすると，「学校」は，2016年現在で約140年の歴史をもっています。この140年の歴史のなかで，子どもたちにとって，学校での生活が家庭や地域の生活よりも比重の大きい意味をもつ場となったのは，ここ数十年のことではないでしょうか。

かつて学校は，知らないことを教わる場でした。それだけで学校は，子どもにも保護者にも通う意味が大きな場所として位置づけられていました。また当時は，学校での子どもの成績が良くても悪くても，卒業後の生活（＝仕事）に影響がありませんでした▶2。このような時代において，学校で多少の問題があったとしても，保護者にとって学校は，「要求を出す」ことの意味がほとんどなかったのではないかと思います。

それに比べると現在は，塾やインターネットなどを通じて，学校でなければ教われないことは，ほとんどなくなりました。知識を得るという意味では，学校にこだわる必要がなくなった時代ともいえます。しかし，学歴や学校での成績が，将来の生活を決めるかのような価値観が社会全体を覆っているため，子どもたちにとって，学校で「良い成績をとること」が，その是非はともかく重要な関心事になっています。それは保護者も同じでしょう。さらに，現在の日本においては，学校以外の場での教育保障が整っているとはいえません。だからこそ，保護者は，学校のなかで起こっていることに対して，不安を抱くのです。「子どもが不当に扱われていたら」という思いが，「要求を出す」行為につながることは，何ら不思議ではありません。

3 分断された地域社会と家庭基盤のゆらぎ

　保護者が，学校に対して何らかの疑問をもった時，それを教員に尋ね，誤解があれば話し合い，学校に非があれば対応をかえるという普通のやりとりが行われていれば問題はありません。

　しかし，今日の学校現場が抱えている保護者の無理難題要求は，保護者と教員との対話の成立を難しくしている特徴があります。ではなぜ，保護者の無理難題要求が増えているのでしょうか。その背景の1つとして，今日無視できなくなっている「貧困」の問題を抱えた事例があげられます。無理難題のようにみえても，「義務教育だから給食費は払わない。払えというものなら，もう学校に行かせない」という要求は，その背後に貧困の問題が隠れていると考えなければなりません。あるいは学校でけがをした子どもを病院に連れて行くことを拒否する事例にも，医療費への懸念を抱えている場合があります。

　一方で地域に目を向けると，地域住民が，目の前でいたずらをしている子どもに注意をせず，学校に苦情を寄せることが増えています。今日の保護者と学校の関係をみようとする時，このような地域状況，つまり，かつて地域に普通にあった住民同士の「つながり」が失われているという背景をみておくことが重要です。そしてそのことが，学校という「言いやすい場」に無理難題が集中する大きな要因になっていると考えたほうが自然でしょう。

　もちろん，保護者の要求が全て無理難題ではなく，それらの要求のなかには正当なものもあり，学校の対応が問題となることもあります。だからこそ，単純な改善策はなく，どこかで「折り合い」をみつけることが重要になります。そのためには，今日の学校がもつパラダイムをかえていくことが必要でしょう。

4 保護者とともに，「生活のなかにある学校」を目指す

　このような状況だからといって，打つ手がないということではありません。学校は子どもたちが「さまざまな人」に出会えるという点で，「つながり」を築いていける貴重な場でもあります。特に地域のつながりが分断されてきている現代において，このことがもつ意味は重要です。この「さまざまな人」のなかに，保護者も含めた地域住民が加わることが，求められているのでしょう。

　もっとも，このような理念は，スローガンを掲げただけですぐに実現するものではありませんし，先の保護者の要求例をみると現実味のない理想論だといわれるかもしれません。しかし，見方をかえると，保護者の無理難題要求は，「つながりたい」という期待の現れともいえます。そう捉えた時，スクールソーシャルワーカー（SSWer）が，目指すべき理想をどこに置くのか，そのことを確認しておくことは，現実的に可能な活動を考える上でも重要なスタンスになります。

（金澤ますみ）

▷4　貧困問題のほかにも，子育ての相談ができる人が身近にいないという「子育ての孤立化」や，子どもを安心・安全に遊ばせる場所がないという「治安悪化への不安」など，あげればきりがないほどに，生活のなかに不安を抱えさせられる構造が社会全体を覆っている。

▷5　この点について青木紀は，「フリーター，派遣・契約社員といった非正規雇用，あるいは低賃金・長時間労働で働く正規雇用，あるいは不安定な自営業などに従事するワーキングプアの増加は，最近の社会疫学研究による低所得層ほど健康に問題が多いという事実に関連して，健康保険料が『払えない』現実がまさに命の格差に帰結していることを示唆している」と述べている（青木紀「雑誌『貧困研究』創刊にあたって」『貧困研究』第1号，2008年）。

▷6　地域の高齢者が，子どもたちに授業を行ったり，PTAのメンバーが清掃ボランティアとして子どもや教職員と校内の掃除を行っているというような学校もある。このように，子どもたちへの関わりを通じて，教職員と保護者，地域住民が集う場として，さらには子どもたちへの教育をともに行う場として，学校を位置づけなおしていく視点が重要である。

Ⅰ　なぜスクールソーシャルワークが必要なのか

学校における現代的課題④
ゆとり教育の後退と教育改革

 国際競争力の低下や貧困・社会不安への対応

　OECD（経済開発協力機構）加盟国が義務教育修了年度の生徒を対象に，読解力や数学的リテラシー，科学的リテラシーなどを調べる「OECD生徒の学習到達度調査（PISA）」というものがあります。その結果，たとえば，数学的リテラシーについて日本は2000年度世界1位でしたが，2006年度は10位に順位をさげました。この数値をみて，「これはゆとり教育の弊害にほかならない」という声があがりました。ゆとり教育から詰め込み教育への転換が必要であるという意見は，子どもたちの学力問題を国の経済力や国際競争力の低下と結びつけ，国民の所得減が社会情勢の悪化や犯罪の増加につながるという考えを根拠にしています。また，2007年から毎年，文部科学省によって「**全国学力・学習状況調査**」が小中学校で実施されています。近年，子どもの低学力と家庭の貧困には相関関係があるという調査結果が報告されました。

▷1　**全国学力・学習状況調査**
⇒ Ⅰ-9 参照。

「落ちこぼれ」問題から始まったゆとり教育

　ゆとり教育の歴史は30年以上も前に始まります。1970年代初めに全国教育研究所連盟が「義務教育改善に関する意見調査報告書」を公表しました。小中学校の教師を対象にしたアンケート調査の結果，小学校の65％，中学校の80％の教師たちが「半数ないしそれ以上の子どもが授業についてこれていない」と答えました。その記事がマスコミ報道される際に，「落ちこぼれ」という表現が使われました。学習内容がどんどん進んでしまうことから「新幹線授業」ともいわれました。学力面での「落ちこぼれ」が，子どもの成長や発達，将来の仕事や人生に悪い影響を及ぼしてはなりません。当時，多くの教師たちが，以下のような視点に立ち「子ども主体の授業づくり」に努力しました。1つ目が，学習への自発的で目的意識的な活動や真実・真理への探求，社会事象への積極的な関わりを高める視点です。2つ目が，暗記中心の授業ではなく，子ども集団（学級）のなかで，子どもの思考や認識を相互に交流しようとする視点です。

▷2　**学習指導要領**
小学校，中学校，高等学校，特別支援学校において，学校が教育課程を編成する時の基準を示したもの。幼稚園は幼稚園教育要領がそれにあたる。授業の年間時間数や各教科で教える指導目標，指導内容などを学年ごとに定めたもので，さまざまな議論はあるが，事実上，法的拘束力が強い。より詳細には「学習指導要領解説」がある。これは教科書検定の基準となっている。

学習指導要領の改訂と生きる力

　その後のゆとり教育をめぐる変遷は，ほぼ10年おきに行われる「**学習指導要領**」の改訂にみることができます。

1968年度改訂では，教科内容の現代化と呼ばれ，「スプートニク・ショック」(1957年)を背景にして，上述したように「新幹線授業」の時代といわれていました。その後中学校では，1977年度改訂で総授業時間数がそれまでの3,535時間から3,150時間になり，戦後初の学習内容の精選と授業時間数減がなされました。これがいわゆる「ゆとり教育」の出発です。1989年度改訂では総授業時間数はそのままで，子どもの興味や関心，意欲，態度を重視した新学力観による授業や生活科の新設がありました。月に2回，土曜日が休みになったのもこの時期です。1998年度改訂ではさらに，総授業時間数が3,150時間から2,940時間となり，ゆとり教育が本格化し，学習内容の3割削減や学校週5日制，総合的な学習の時間の設置がありました。しかし2008年度改訂は，これまでのゆとり路線を転換し，総授業時間数2,940時間から3,045時間へ増加させました。

　ただ，授業時間数の増減をみて「ゆとり」か「詰め込み」かと判断するべきではありません。大切なことは，知識，道徳，体力のバランスがとれた「生きる力」の育成です。「生きる力」とは，変化の激しい現在社会を生きる子どもたちが身につける必要のある力として，「確かな学力」(自分で課題をみつけみずから学び，主体的に判断し，よりよく問題解決する資質や能力)，「豊かな人間性」(みずからを律する姿勢や，他人との協調や他人を思いやる心，感動する心)，「健康と体力」(たくましく生きてゆくために必要な健康や体力)の3つの要素からなるものです。

4　学力問題とSSWerの役割

　ゆとり教育の反対が詰め込み教育ではありません。詰め込み教育の本質は，「知識があるかないか」というような学習の習熟度を，画一的に点数化する手法にあります。こうした人間に対する画一的な見方が，過度な受験競争やその激化による子どもや家族のストレス増大，いじめや不登校の問題を招いてきました。これはゆとり教育の時代でも同じです。

　戦後の教育改革は，常に子どもの学力問題と教員の資質向上がセットにされて論じられてきました。授業改善とともに「不適格教師」論や教員免許更新制，校長の民間採用，能力給の採用などが打ち出されてきました。たとえ，子どもにゆとりができたとしても，教師には心のゆとりさえなくなるという弊害が生じ続けています。

　今日，教師が子どもにとって「わかる授業」や「楽しい学校生活」を目指す上で，その環境を支えるさまざまな専門職が必要になっています。これはスクールソーシャルワーカー(SSWer)が教育現場に求められる一因でもあります。私たちにとって大切なことは，国の施策や教師・大人の都合，社会風潮から行動するのではなく，子どもの気持ちや生活にしっかりと寄り添って支援していくことです。

(鈴木庸裕)

▶3　**教科内容の現代化**
日常の生活や経験を重視する教科内容から，科学の基本的概念や法則の修得を重視した教科内容への転換をいう。最新の諸科学や技術の成果がすべての子どもの基礎的学力として保障できるように，教科の内容や指導方法，教材が見直された。

▶4　**スプートニク・ショック**
冷戦下の1957年，科学技術や技術革新を誇ってきたアメリカが，宇宙開発面でも対峙していたソビエト(当時)の宇宙船スプートニク1号打ち上げに衝撃を受け，それまでの科学教育のあり方を見直す運動が世界的に巻き起こった。

▶5　**教員免許更新制**
2007年6月の教育職員免許法の改正(教育職員免許法及び教育公務員特例法の一部を改正する法律)によって，2009年4月から導入され，教員免許状の有効期限は10年，更新講習はおよそ30時間程度，費用は個人負担となった。教職課程認定大学のみならず，各自治体の教育委員会が大学や大学院と連携して，講座が設置された。教員免許更新制の目的は，「その時々で教員として必要な資質能力が保持されるよう，定期的に最新の知識技能を身に付けることで，教員が自信と誇りをもって教壇に立ち，社会の尊敬と信頼を得ることを目指すもの」とされている。この「最新の知識技術」に関する事項には，「子どもの変化についての理解」や「教育政策の動向についての理解」，「学校の内外での連携協力についての理解」などが含められている。

Ⅰ　なぜスクールソーシャルワークが必要なのか

学校における現代的課題⑤
学力と貧困

▶1　耳塚寛明「平成25年度学力調査を活用した専門的な課題分析に関する調査研究」『御茶ノ水女子大学』2014年，83〜118頁。

▶2　阿部彩『子どもの貧困――日本の不公平を考える』岩波新書，2008年。岡田進一・山野則子ほか「新たな生活困窮者自立支援制度のあり方等調査研究報告書」2015年。

▶3　山野則子・三沢徳枝「学習支援等プログラム参加者の状況を視野に入れた支援の可能性」『社会問題研究』64，2015年，47〜57頁。

1　子どもの学力と経済的課題

　貧困と学力の関連は，明らかに示されています。学力の要因調査によると，家庭の社会経済的背景（SES）の違いによって学力に違いが生じるという調査結果が出ています。図Ⅰ-4は，勉強時間3時間以上であってもSESの低い子どもは，勉強時間0時間であってもSESの高い子どもより学力が低いという結果を示しているのです。つまり，社会経済的な差によって学力に差が生じており，個人の勉強時間という努力だけでは追い抜くことができない結果が見られたのです。これは，学力が社会的課題であることを示したといえるでしょう。

2　家庭の実態と学力

　さらに，同調査では，学力に影響を与える家庭的な要因を調べ，家庭における読書活動，生活習慣への働きかけ，親子間のコミュニケーションであることを示し，なかでもSESによってかなり差が出るのが家庭での読書だとしました（図Ⅰ-5）。本がないという家庭が，1.4％から1.9％ほどあるのです。

　また，高校生のいる生活保護家庭では，保護者・子どもともに子どもの進路を決めることができておらず，特に保護者は子どもの将来に夢をもてていないことが研究からわかりました。希望をもてない保護者の子どもは，同様に希望をもちにくい結果になっています。また，保護者は生活保護制度について，子どもに「説明していない」が多いにもかかわらず，子どもは「説明されている」が多くなるという認識のちがいがあり，親がダブルワークなどで生活に追われるなど，子どもに向き合えないまま過ごしていることがうかがえます。そのため，子どもも困窮す

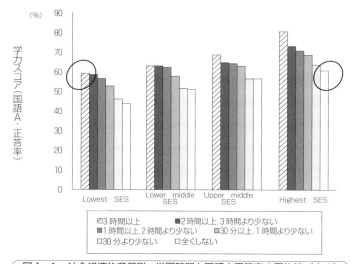

図Ⅰ-4　社会経済的背景別，学習時間と国語A正答率の平均値（小6）

（注）1　棒グラフは児童の普段（月〜金曜日）の学習時間（学習塾や家庭教師含む）である。
　　　2　SESとは，「家庭の社会経済的背景」のことで，この調査では，3つの変数（家庭の所得，父親学歴，母親学歴）を合成し，得点化したものである。

出所：文部科学省委託研究『平成25年度全国学力・学習状況調査（きめ細かい調査）の結果を活用した学力に影響を与える要因分析に関する調査研究』国立大学法人お茶の水女子大学，68頁を筆者一部修正。

る生活を理解し、経済的な問題に目を向け、前向きに行動することができないままになりやすい状況がうかがえます。

その背景には、生活保護を受けている負い目や、低学力で自信がなく自己肯定感が低くなり、積極的に人とつながりを結ぼうとしない可能性もあります。つまり、経済資本の欠如が人的資本（ヒューマンキャピタル）の欠如、社会関係資本（ソーシャルキャピタル）の欠如を生んでいくのです。

③ 学習支援の必要性と役割

こうして貧困を社会の問題として、家庭の力を補うため、スタートラインの格差是正のためにも学習支援を行う意義は大きいでしょう。生活保護の自立支援プログラムとして学習支援が現在423箇所において行われていますが、それ以外にも子どもの貧困対策のなかの地域未来塾、子ども食堂のなかで学習支援の提供をしているところもあります。

子ども食堂では、貧困対策のなか学習支援という教育の補てんだけではなく、健康の補てんとして、親の就労状況でしっかり食事をすることができない子ども家庭に向けてNPOなどと協働して食事を安くあるいは無料で提供しています。学生がモデルになるという意味でも、教育環境を知るという意味でも、大学という場を提供することも始まっています（大阪府立大学）。

④ イギリスの貧困対策、早期教育

イギリスでは、1999年にブレア首相が子どもの貧困撲滅に取り組む政策を打ち出しました。主要な施策は、シュア・スタート地域プログラムです。スタートラインからの差をなくすために、当初は乳幼児のいる貧困地域の母親の子育て支援を目的に始まりました。その後の調査研究結果から、就学前教育と初等教育に相乗効果が確かめられ、子どもの貧困対策と早期支援の重要性が指摘されました。

それを根拠に、幼児教育・保育と家族支援を一体的に提供し、子どもの成長段階に応じた継続的で総合的な支援を行うチルドレンズ・センターが各地区に設置されました。2010年からアウトリーチが強化されています。シュア・スタートは保育者、保健訪問員、ソーシャルワーカー等が協同する多角的なアプローチで、0歳から4歳の早期支援をする点に特徴があります。社会から孤立しがちな子どもや家族を早期に発見し、居場所をつくり、必要なサービスにつなぐ役割もあるのです。

（山野則子・三沢徳枝）

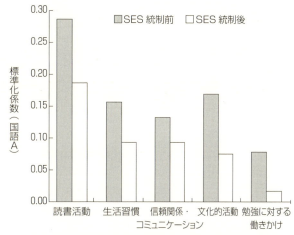

図Ⅰ-5 保護者の意識や関与と児童生徒の学力（小6）

（注）数値が大きいほど学力と関連。SES統制後に数値が小さくなる項目はSES統制前の数値が見かけ上の関連を示していたことを表す。
出所：耳塚（2014）を筆者一部修正。

▷4 浅井春夫・松本伊智朗・湯澤直美編著『子どもの貧困──子ども時代のしあわせ平等のために』明石書店、2008年。

▷5 経済資本（所得や資産）、人的資本（教育や健康）、社会関係資本（信頼、規範、ネットワーク）のいずれかが欠如すると生活は困窮するといわれている。詳しくは以下参照。Child Poverty Action Group のホームページ、(http://www.cpag.org.uk/content/what-is-poverty)。

▷6 厚生労働省「平成28年度生活困窮者自立支援制度の事業実施状況調査」(2016年)。支援対象世帯は生活保護世帯が91.7%、就学援助受給世帯が57.4%、ひとり親家庭57.0%、市町村民税非課税世帯が40.0%。

参考文献

岩重佳治・埋橋玲子・フラン・ベネット・中嶋哲彦『イギリスに学ぶ子どもの貧困解決──日本の子どもの貧困対策法にむけて』かもがわ出版、2011年。

Ⅰ　なぜスクールソーシャルワークが必要なのか

6 学校における現代的課題⑥
教員の精神的疲弊

1 教員の現状

○精神疾患による休職者数の増加

近年，「教員の心の病」，「教員の精神的疲弊」という言葉がマス・メディアで取り上げられています。教員は，児童生徒の学力に対する懸念だけでなく，増加する不登校・問題行動，保護者や地域から寄せられるさまざまな要望・要求などの多忙な業務に心身ともに疲労しています。場合によっては心を病んで仕事に支障をきたしてしまうケースも増えています。たとえば，2014年度の文部科学省の調査では，全国の教員91万9,253人のうち病気休職者は8,277人で，このうちの約6割となる5,045人が**うつ病**や**適応障害**などによる精神疾患での休職者です。図Ⅰ-6は2001年から2014年までの病気休職者の推移を示したものです。精神疾患による休職者は2009年度まで連続して増加し，2010年度から若干減少したものの，依然として高水準で，深刻な社会的課題といえます。

教員は仕事関係のストレスのレベルが高く，休職をしないまでも，疲労や軽度の**抑うつ状態**などで，心を病む教員の予備軍が潜んでいると予想されます。教員の精神保健上の問題は，学校現場の状況とともにますます厳しさを増すと思われます。

○教員の年齢構成の変化

2000年に入り，学校教員の大量採用時代が到来しました。児童生徒数の減少が緩やかになり，団塊世代の教員が大量定年を迎えていることがその要因です。

▶1　**うつ病**
基本的な特徴は広範な気分の落ち込みがある。不眠や食欲低下などの身体症状も伴うことがある。

▶2　**適応障害**
はっきりしたストレス因子によって引き起こされる「反応性のうつ病」。本文では，教員の職場内での不快な出来事によるストレスから引き起こされている「反応性うつ病」をいう。

▶3　**抑うつ状態**
精神疾患や身体疾患，ストレスへの反応などあらゆる契機で起こる，気分が落ち込む状態（症状）をいう。

▶4　中島一憲『先生が壊れていく――精神科医のみた教育の危機』弘文堂，2003年。

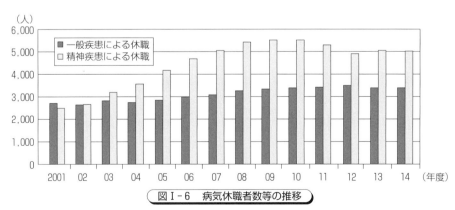

図Ⅰ-6　病気休職者数等の推移

出所：文部科学省「平成26年度公立学校教職員の人事行政状況調査について」2015年より筆者作成。

そのため、教員の年齢構造は大きく変わろうとしています。「平成25年度学校教員統計調査」の教員年齢構成では、小学校で30歳未満の割合が上昇しています。おなじように中学校では、30歳未満および50歳以上の割合が上昇し、教員の年齢構造に二極化がみられます。

中間層である30〜40歳代の教員は、現場をまとめるリーダー的な存在として、人手不足から1人で何役もこなし、慢性的な忙しさで自分のことは後回しにしなくてはならない状態に追い込まれています。図Ⅰ-7は、2014年度病気休職者の年代別状況です。30〜40歳代の病気休職者のうち、精神疾患による休職者は65％弱の高い割合を占めています。多忙な業務をこなす30〜40歳代の教員の心の健康は問題視すべき状況にあります。

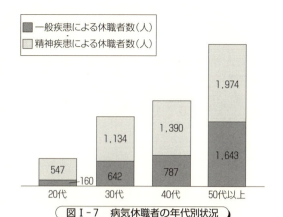

図Ⅰ-7　病気休職者の年代別状況
出所：文部科学省「平成26年度公立学校教職員の人事行政状況調査について」2015年より筆者作成。

❷ 多忙な教員の勤務実態

文部科学省が2006年に実施した「**教員勤務実態調査**」の結果によると、小学校・中学校の教諭の勤務日の残業時間は1月あたり平均約34時間で過去の調査より増加がみられます。残業による在校時間が長いだけでなく、自宅に仕事をもち帰っていたり、休日出勤が常態化している教員もいます。意識調査では、80％強の教員が仕事にやりがいを感じていると答えている一方で、仕事に追われて生活のゆとりがないと回答しています。また、生活指導が必要な児童生徒が増え、保護者や地域住民への対応が増えたと感じている教員が多くいます。このような結果の根底には、教員本来の仕事である「子どもに学力をつけさせる」以外の仕事が多いという思いがあるようです。そして、教員が本来の仕事以外の仕事と思っている対人支援業務が、教員の精神衛生上の問題に関連していると思われます。

❸ 教員のメンタルヘルス対策

今後、教員の対人支援業務は増加することが予測され、教員の精神的疲弊の要因をなくすことは容易にはできないでしょう。教員は自分たちの置かれている現状を認識するとともに、教員の多忙や多忙感の原因を把握し、業務時間や内容、業務環境などの改善を図り、「教員のゆとり確保」に努めることが必要となるでしょう。さらに、心の病に対する早期自覚・早期対処の啓発活動の展開と、休職した教員が職場に復帰した後の細やかな復職支援なども欠かせないでしょう。教員のメンタルヘルスの向上は、児童生徒への教育の向上につながることを、周囲が理解することが大切です。

（周防美智子）

▷5　**教員勤務実態調査**
文部科学省による調査は1966年と2006年に実施された。2016年度からは、5年に1度、定期的に公立小中学校教員の勤務実態調査が行われる。

参考文献
文部科学省『平成21年度文部科学白書』佐伯印刷，2010年。
文部科学省『平成26年度文部科学白書』日経印刷，2015年。

I なぜスクールソーシャルワークが必要なのか

7 背景にある子育て環境①
子育て不安，孤立の増加

1 かつての「親はなくとも子が育つ」環境

　学校にソーシャルワーカーが必要だなどと誰も思っていなかった頃，子どもたちはどのように育っていたのでしょうか？　かつては，兄弟や祖父母のいる大家族で，赤ちゃんの頃から多様な人に囲まれ，見守られ揉まれて育ち，少し大きくなると，外にはいつでも誰かがいました。自然も残っていて，空き地や家の前の道路で日が暮れるまで遊ぶ一方で，少し大きくなれば，家事や家業の手伝いをするのは当然で，一家の働き手と期待され，それに応えなければなりませんでした。親は仕事に忙しく，子育ては最小限にとどめ，子どもは子ども同士で遊び，近所の人にどなられたりほめられたりしながら，社会のルールを身につけていきました。メディアは発達していませんでしたし，経済的に裕福ではなく，おもちゃや遊具も揃っていなくて，自然のなかにあるものや廃物を利用して遊んでいました。喧嘩も危険なこともしました。一番近い小学校に通うのが普通で，塾通いや受験はむしろ珍しく，多くの子どもたちにとっては，テストより徒競争で一番を取ることの方が意味をもっていました。

　そんななかで子どもたちは工夫して課題を乗り切ること，感情をコントロールすること，他人の感情を推し量ること，仲間と協力することを覚え，つまり，教えられなくとも自然にコミュニケーション能力を身につけ，心理社会的発達を遂げていきました。同時に粗食でも身体能力は今より優れていました。

　つまり，親が子育てが初めてでも，怠惰でも頑固でも下手でも，子どもが育つ社会が成立していた頃は，子どもたちはそれなりに発達して，それなりに生きていく力を身につけ，社会のなかで職を得るまでに育つことができたのです。その頃は「親はなくとも子は育つ」といわれたものです。

2 母親が1人で責任を負う子育て

　ところが，経済発展の流れのなかで，父親が外で稼ぎ，母親が専業主婦という家族像が出来上がって，次第に核家族化が進んでいきました。母親が一手に子育ての責任を負い，育てた子どもが親の作品であるかのように比較されるような社会になってゆくと，母親であることの重圧が母親を苦しめるようになりました。子育てには多くの人の手や目が必要ですが，一対一の**母子カプセル**のなかで，いくら手をかけても思うように育たない子どもに，いらついたり体罰

▶1　**母子カプセル**
カプセルに入っているかのように，外界からの刺激を避けて，相互に依存し合っている母子関係のこと。

を加えたりする親が増えていくことになります。

1人で責任を負う子育ては，不安や心配が多く，大変です。図Ⅰ-8のように，父親と母親の意識のズレがあるとき，母親の負担感はさらに増すことでしょう。不安や大変さを抱えている人に育てられる子どもを想像してみてほしいのです。自分ではまだ何もできない乳幼児期に，知識も経験も少なく，助けも得られずに必死に子どもと向き合おうとしていた苦しい親に育てられた子どもたちが学校に入学してくるのです。

③ 子どもたちの受難

つまり，現代の日本の子どもたちのなかの少なくない数が，親が不安や疲れでいらいらし，遊び仲間も少なく，遊ぶ場も時間も自然体験も限られ，学力という一本の物差しで比較される大変な子ども時代を過ごし，身体的・心理社会的に十分に発達できない状況で育っているのです。もともと**発達障害**の傾向のある子どもたちも，成長過程で**感覚統合**の機会を得られにくい状況です。

子どもたちは，そういう子ども時代を何とか乗り切るために，自然がない狭い空間で1人でも楽しめるマンガやアニメ，テレビの世界で遊び，ゲーム，携帯電話という人とつながることのできるメディアを手に入れ，新しいコミュニケーションの形を模索してきました。ところが，人と人との関係の基本を乳幼児期に形成することができないツケは，心身の自立期を迎える小学校高学年頃から顕わになり，対人関係の未熟さ，自尊感情の低さ，他者への思いやりのもてなさなどから，いじめや暴力，いわゆる「荒れ」という状態を生んでしまいます。そこでしたたかに生き抜くことの難しかった者や，それを選ばなかった者は不登校やひきこもりになっていくのです。当然，学校に登校している者のなかにも，今日一日を過ごすことが辛かったり，無意味と感じていたりする生徒がその何倍か，いると考えられるでしょう。

④ 人と人とのつながりを手助けする必要性

現代の日本では，母親ばかりでなく，子どもたちも仲間づくりの十分な機会がなく，力も育たず，孤立しています。今いる社会や学校の生活条件を，何を用いて，どう工夫して，誰と協力して，よくしていけるでしょうか？　生徒や親に不足している横のつながりを，第三者がつないだり，彼ら自身でつながっていく手助けをしたりする必要性が生じています。

（武田信子）

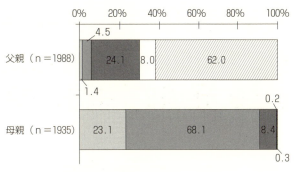

図Ⅰ-8　子育ての役割分担・単数回答

出所：三菱UFJリサーチコンサルティング株式会社「子育て支援策等に関する調査 2014」32頁。

▷2　**発達障害**
自閉症，アスペルガー症候群その他の広汎性発達障害，学習障害，注意欠陥多動性障害その他これに類する脳機能の障害であってその症状が通常低年齢において発現するものとして政令で定めるものをいう（発達障害者支援法第2条）。
⇒Ⅰ-2 参照。

▷3　**感覚統合**
脳に入ってくるいろいろな感覚を，無意識のうちにうまく整理したりまとめたりして，周りの環境とうまく関わること。

I　なぜスクールソーシャルワークが必要なのか

　背景にある子育て環境②
経済的問題の増加

1　日本における「子どもの貧困」問題

◯相対的貧困率の公表による可視化

　近年，日本においても「子どもの貧困」が社会問題として認識されるようになり，政府や自治体における実態調査や計画策定が進められています。日本では，長らく政府による貧困の量的把握と公表がされてこなかったため，「貧困世帯＝生活保護世帯」といったイメージが一般的です。しかし，実際には生活保護基準以下の所得水準でありながらも，生活保護を受給していない多くの貧困・低所得世帯が存在しています。

　そのような実態を可視化する契機になったのが，2009年に政府が公表した**相対的貧困率**です。「平成25年国民生活基礎調査」（厚生労働省）によると，国民全体の相対的貧困率は16.1％（2012年データ），一方，子ども全体のうち貧困線未満の世帯に属する子どもの割合を示す「子どもの貧困率」は，全体を上回る16.3％です。ひとり親世帯の貧困率は54.6％にものぼり，経済協力開発機構（OECD）加盟国の中でもトップレベルの高さとなっています。

◯子どもにとっての貧困問題

　「貧困問題」というと，発展途上国で深刻な飢餓などが連想されがちですが，先進諸国における貧困問題も社会的対応を要する優先課題のひとつです。先進諸国で社会的標準レベルとされる生活を維持するためには，相応の生活資源を獲得しなければなりません。例えば，ランドセルや制服が購入できなければ学校に通うことができませんし，修学旅行の費用を調達できなければ参加することができません。長期休暇中に遊園地などに行けない子どもは，休み明けの子ども同士の会話についていけず，次第に友人関係から孤立していきます。

2　教育格差の広がりと学校の役割

　また，日本では，家庭の経済格差が教育格差に直結しやすい状況にあります。OECD加盟各国の国内総生産（GDP）に占める学校など教育機関への公的支出の割合をみると，日本は3.5％であり，比較可能な32か国中最下位です（2012年調査）。義務教育であっても完全に無償とはいえず，学校納付金の負担があります。義務教育以降の教育費用の私費負担はさらに大きく，貧困・低所得世帯の子どものなかには，いまだ家計や学校教育費のためにアルバイトをしなが

▷1　日本の生活保護制度は資産調査など運用が厳格なうえ，生活保護受給者への偏見やスティグマが強いために，貧困状態にありながらも制度を利用しない人々が広範に存在する。

▷2　相対的貧困率
世帯全員の等価世帯所得（税金や社会保険料を差し引き手当等の所得保障を加えた所得，世帯人数で調整したもの）が，貧困線未満である世帯に属する人の割合を示した数値である。日本の統計では，等価世帯所得（個人単位）の50％ラインを貧困線として相対的貧困率を算出している。

▷3　厚生労働省のデータでは，「大人が一人である子どもがいる現役世帯」の貧困率として把握されており，厳密には祖父母等に養育されている世帯なども含まれている。

▷4　留意しなければならないのは，OECD諸国と比較すると，日本のひとり親世帯は就労率も最も高い方に位置している点である。

ら高校に通う場合も少なくありません。家庭の経済格差が教育格差に結びつき，教育格差は就職格差や雇用格差に直結しやすく，より困難な状況に置かれる若者ほど，人生の長い期間にわたり社会的不利が累積されてしまいます。

それゆえ，いかに早期に貧困状況にある子どもを発見し，サポートできるかがポイントとなります。義務教育期の学校は，すべての子どもを対象としていることから，貧困状態にある子どもを発見できる機関として，重要な位置にあります。そのような点からも，「子供の貧困対策に関する大綱」では，学校の役割やスクールソーシャルワーカー（SSWer）機能が重視されています。

③ 保護者の状況を理解する

貧困状況にある子育て世帯への支援では，子ども自身への支援と同時に，保護者への支援が重要です。日本では，貧困を自己責任とみなす社会のまなざしが強く，貧困当事者が助けを求めて声をあげることは容易なことではありません。生活保護受給者に対しては，「不正受給をしているのではないか」といった地域社会の監視の眼が強くなっています。実際の不正受給者の比率は全体のわずか2.4％であるにも関わらず，マスメディアでは不正受給報道が繰り返されています。また，保護受給に至る人々の学歴構成をみると，中学校卒の割合が高く，そのほかは高校卒の人です。つまり，子ども期から生活困窮状況にあり，高校進学ができなかったり中退を余儀なくされたりするなか，不安定就労や病気などの不利が累積し，親族の支援もないなかで保護受給に至っている場合が少なくないのです。

また，ひとり親世帯に対しても，「離婚は自己責任」といった見方をされがちです。しかし，経済困窮が深く，その期間が長いほど，経済的ストレスから家族関係が破綻したり，多重債務問題を抱えやすくなります。雇用の非正規化が広がるなか，離婚前からのサポートが必要とされているのです。また，男女の賃金格差を背景に母子世帯の所得は極めて低い状況です。また，保護者の学歴別にみると，さらに格差が大きく，中学校卒のシングルマザーの年間就労収入はわずか129万円です。このような数値をみても，貧困問題とは個人の努力を超えた構造的な問題であることがわかるでしょう。

ワーキング・プアの状況にある保護者は，夜間や休日にも働いたり，ダブルワークをしたりする場合も少なくありません。それゆえ「時間の貧困」も深刻で，子どもと過ごす時間を奪われがちです。新聞代やインターネット代を節約するため，情報弱者となり使える制度を知らない場合も多くあります。就学援助制度の対象層でありながら，制度を利用できていない保護者も散見されます。子どもや保護者にとって最も身近な公的機関である学校は，貧困世帯にとって重要なセーフティネットといえ，SSWerの役割が期待されています。

（湯澤直美）

つまり，日本は，就労しても貧困状態が緩和しない「ワーキング・プア」問題が深刻な国だといえる。

▶5 イギリスの貧困研究者タウンゼンドは，「人々が社会で通常手にいれることのできる栄養，衣服，住宅，居住設備，就労，環境面や地理的な条件についての物的な標準にこと欠いていたり，一般に経験されているか享受されている雇用，職業，教育，レクリエーション，家族での活動，社会活動や社会関係に参加できない，ないしはアクセスできない状態」を「相対的貧困」と定義している。

▶6 厚生労働省「平成23年度全国母子世帯等調査」より。

Ⅰ　なぜスクールソーシャルワークが必要なのか

背景にある子育て環境③
子どもの生活の変化

1　子どもの生活習慣の現状

　経済状況の変化や，深夜営業など社会の夜型化，携帯電話・スマートフォンやインターネットなど情報通信技術のめまぐるしい進歩や普及などの社会状況の変化は，子どもたちを取り巻く生活環境にさまざまな変化をもたらし，生活習慣にも影響を及ぼす可能性があります。「よく体を動かし，よく食べ，よく眠る」という成長期の子どもたちにとって必要不可欠な基本的な生活習慣の大きな乱れが，学習意欲や体力，気力の低下の要因の1つとして指摘されています。

○朝食の摂取状況

　「平成27年度**全国学力・学習状況調査**」（以下「H27調査」）によると，朝食を食べないことがある小中学生の割合は，小学6年生で12.4％，中学3年生で16.2％となっています。

　朝食を食べないと，脳の活動に必要なエネルギーである糖分が補給できないばかりか，他の栄養素の補給も困難となるため，昼食を食べるまでの午前中に体温が上がらなくなり，物事に集中できない，イライラする，だるくなるなどの心身の不調が起こることがあります。

○起床・就寝の状況

　H27調査によると，毎日同じくらいの時刻に寝ているかという質問に，小学6年生で20.5％，中学3年生で24.7％が，毎日同じくらいの時刻に起きているかという質問に，小学6年生で8.9％，中学3年生で7.7％が，「あまりしていない」，「全くしていない」のいずれかを回答しています。

　ヒトの体内には，昼夜のリズムにあわせて睡眠やホルモン分泌，体温調整をコントロールする**体内時計**の仕組みが備わっています。したがって，週末も含めて毎日できるだけ同じ時刻に寝て，同じ時刻に起きることが重要です。

　また，睡眠のリズムに加えて，十分な睡眠時間を確保することも重要です。「平成25年度全国学力・学習状況調査」（文部科学省）によると，全国の小学6年生の53.0％が夜10時以降に，中学3年生の66.3％が夜11時以降に就寝している状況にあり，必要とされる睡眠時間を十分に確保できていない子どもが多くいるものと考えられます。

○スマートフォン・携帯電話，インターネットの利用状況

▶1　**全国学力・学習状況調査**
文部科学省が2007年度から，全国の小学校第6学年，中学校第3学年を対象として，国語，算数・数学などの教科に関する調査と，生活習慣や学校環境に関する質問紙調査を毎年実施している。

▶2　**体内時計**
ヒトの体内には，24時間より少し長めの周期の体内時計が備わっている。起床後，日光を浴びたり，朝食を食べたりすることで，体内時計が早まり，24時間に調整されることがわかっている。

▶3　必要な睡眠時間には個人差があるが，アメリカの国立睡眠財団の調べでは，6～13歳の子どもは9～11時間，14～17歳の子どもは8～10時間の睡眠時間が望ましいとされている。

「青少年のインターネット利用環境実態調査」[4]（内閣府）によると，2015年度のスマートフォン・携帯電話の利用率は，小学生（10歳以上。以下同じ）で50.2％，中学生で60.9％，高校生で96.7％となっています。また，インターネットの平均利用時間は，小学生で84.8分，中学生で127.3分，高校生で192.4分となっており，学校段階が上がるとともに長時間傾向がみられます。小学生から高校生までの全体の携帯電話・スマートフォンを通じたインターネットの平均利用時間の経年変化を見ると，2010年度の71.0分から2013年度の107.4分へと，スマートフォンの利用拡大にともない，インターネットの利用時間が急激に増えていることがわかります。

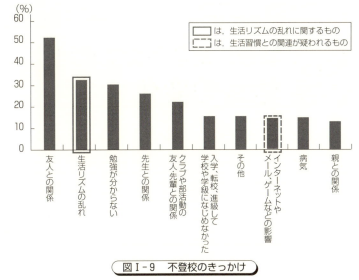

図Ⅰ-9　不登校のきっかけ

（注）複数回答，11位以下省略。
出所：文部科学省「不登校に関する実態調査」平成26年度。

❷ 生活リズムが乱れる要因とその影響

子どもたちの睡眠などの生活習慣は，学校段階や学年が上がるにつれて乱れる傾向にあります。特に，小学校の高学年から中学生や高校生にかけては，塾や習い事，部活動などによる生活の多忙化，通学時間の長時間化，情報通信機器の利用増加などにより，生活リズムが乱れたり，睡眠時間が削られたりしやすい時期です。

文部科学省が行った調査[5]の結果によると，小学校高学年，中学生，高校生のいずれも，普段の就寝時刻が遅いほど，午前中調子が悪くなることがよくある，と回答する割合が高いという結果が出ています。

また，不登校の問題と生活リズムの問題の関連も指摘されています。文部科学省が実施した，中学生時代に不登校であった者についての追跡調査[6]の結果によると，不登校になったきっかけとして「生活リズムの乱れ」をあげた者の割合が34.2％にのぼっています（図Ⅰ-9）。不登校の原因はケースによってさまざまであり，一概にいうことはできませんが，ほぼ3人に1人が「生活リズムの乱れ」をあげたことは注目すべき点だと思われます。

子どもが抱える問題に対処する上で，背景に生活習慣の乱れが存在する可能性を考慮に入れておくことが必要です。

（枝　慶）

▶4　青少年のインターネット利用環境実態調査
内閣府が2009年度から，全国の満10歳から満17歳までの青少年及び青少年と同居する保護者に対して，機器の利用状況等についての抽出調査を実施している。

▶5　文部科学省「睡眠を中心とした生活習慣と子供の自立等との関係性に関する調査」平成26年度。

▶6　文部科学省「不登校に関する実態調査」平成26年度。

I なぜスクールソーシャルワークが必要なのか

背景にある子育て環境④
地域の変化

1 地域の交流の減少

人は、自分や家族だけでは充足できないことや達成できないことを、近隣の人との助け合いによって満たしてきました。かつてムラ社会と呼ばれた日本の各地域には、冠婚葬祭、防犯・防災や祭りなどの地域の行事や日常の協力関係などで、地縁と呼ばれる深い人間関係が成立していました。しかし、濃密な人間関係を避けたいという思いを、建物の高層化や気密化、自動販売機の設置やコンビニエンスストアの出店が後押しし、さらに、立ち話のできる場や時間、対話しながら商品を購入する個人商店の衰退、学校区に進学しない子どもの増加、勤労時間の長時間化、個人主義の広がりなどによって、以前より住民が交流する機会や顔を合わせる機会が大幅に減少しています。自治会に加入する人も減り、高齢者の所在不明者の多さも問題となっています。

人口過密地域では、近隣であっても一人ひとりの顔を覚えられないほど人の出入りが激しく、挨拶もしない人間関係が一般的になる一方で、限界集落と呼ばれる過疎地域では、活動に制限のある高齢者のみが生活しているような少子高齢化の例もみられるようになっています。

そこで、地域の活性化の必要性が認識され、ボランティア活動やNPOなどの市民活動が組織され、活動の域を広げつつあるといわれています。でも、実際のところ、それらに全く参加していない人がまだ8割以上で、実際にはこのような地域活動は盛んとはいえない状況なのです。

2 地域で育つ子どもたちへの影響

このような地域の交流の減少は、子どもたちの生活や育ちにどのような影響を与えているでしょうか。

地域のつながりは、人々に安心感をもたらし、地域活動は充実感をもたらします。頼り頼られ、必要とし必要とされる感覚は、子どもの自尊感情と他者への感謝や尊重の気持ちを育みます。しかし、親が地域のつながりをもっていなければ、必然的に子どもたちも人とつながることが難しくなり、子どもたちが地域のなかで、自分の存在を肯定的に捉えることが難しくなります。近所で人に会っても、知らない大人に挨拶をすることは禁じられ、学校では、誘われても信じてついていってはいけないと教わっているのです。

▷1 ムラ社会
集落の共同生活を守るための、保守的で強固な関係性に基づいて成立している社会構造を、否定的に表現した言葉。相互に監視し異質なものを排除しようとするため、自由度が低く、特に弱い立場におかれた者は生きづらい。

▷2 限界集落
人口の半数以上が高齢者になり、共同生活の維持が困難になった地域のこと。

▷3 NPO
非営利組織（Non Profit Organization）の略で、利益を目的とせずに社会貢献活動を行う市民団体のこと。

I-10 地域の変化

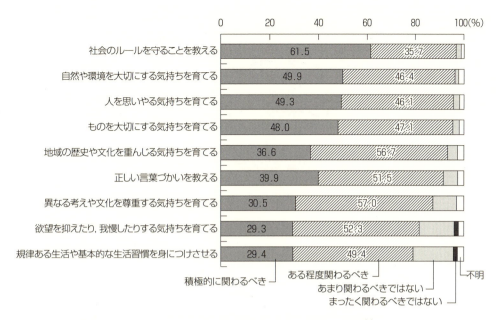

図I-10 小中学生を育てる上で地域が果たすべき役割

出所：内閣府『平成19年版国民生活白書』時事画報社，2007年，102頁。

　また，子どもが社会性や公共性を身につけて社会に適応するためには，学校だけでなく，さまざまな年齢層や立場の地域の人と触れ合うことが効果的ですが，危険防止のために放課後も学校のなかで遊ぶことが求められているような現在の社会のなかでは，子どもたちは地域というものに触れる機会を得ることがなかなかできません。

3 子どもたちにどう社会性を身につけさせていくか

　図I-10は，地域に求められる教育への住民の期待ですが，これまでの記述のように，子どもたちが地域のなかで活動する機会がなければ，社会のルールや必要な感情を育てにくいということになります。その分の負担や期待が学校に寄せられるとしたら，学校は大変な重荷を背負うことになりますが，その力も機能も実際のところ学校にはありませんし，家庭に責任が課せられるとしても，家庭で対応できることではないのです。

　最初に，人は自分や家族だけでは充足できないことや達成できないことを，近隣の人との助け合いによって満たしてきたと述べました。そのような互助的な地域が失われてきている今，どのような形で人は，足りないことやできないことを補っていけばよいのでしょうか？　スクールソーシャルワーク（SSW）には，そのような不足が子どもたちに生じていることを理解した上で，周囲の協力を得ながら，必要なリソースを見極め，探してつないだり，新しい社会や人と人とのネットワークをつくったりしていくことが求められるでしょう。

（武田信子）

▷4　この調査は，「子どもたち（小・中学生）を育てる上で，地域が果たすべき役割についてうかがいます。次の①～⑨の項目について，どの程度『地域』に関わってほしいか，あなたのお考えに近いものを，それぞれ1つ○をつけてください」という問いに対して，回答した人の割合である。回答者は，小学2年生，5年生，中学2年生の子どもの保護者2,888人。

▷5　リソース
資源（resource）という英単語からきており，ある目的を遂行するために利用可能な人脈やモノやお金，情報や力や土地など多様なものの総称。埋もれているものをうまくみつけ出して活用するというニュアンスがある。

I　なぜスクールソーシャルワークが必要なのか

背景にある子育て環境⑤
マイノリティと社会環境——外国籍の子どもたちを取り上げて

1　マイノリティとは

　マイノリティとは，「少数派」のことですが，ただ単に数が少ないというだけではなく，社会のなかで相対的に権力がない状態にある人たちのことです（社会的弱者ともいわれます）。本書のⅧ-14で登場する子どもたちは，往々にして学校や地域でマイノリティとして暮らしている人たちです。

　ここで取り上げる「外国籍の子どもたち」（教育分野においては「外国籍児童生徒」といわれます）については，人数が増え，外国人集住地域ができるなどの変化がみられます。外国籍の子どもと家族にとっては，私たちが見知っている子育て環境や文化は必ずしも滋養豊かなものとはならず（現に，教育に限らず，医療や労働，社会保障などの生活関連領域で，外国人支援は大きな課題となっています），文化的な理解と配慮に基づいた社会関係の調整や改善が求められるのです。

2　マイノリティとしての外国人

　日本人にとっての子育て環境が，**外国人**にとって有用とはならない場合を，具体的に考えてみましょう。

　おそらく多くの方が思いつくのは，言葉の問題でしょう。日本語で伝達される情報は，日本語を母語としない者にとっては何の意味もなしません。本人にわかる情報をきちんと本人に届ける環境というものが，外国人のケースをみていると，改善されてはいても，まだ十分ではないということがわかります。このほかにも，もっと多くの「外国人だからこそ抱える事情」というものがあります。そのなかで，外国人あるいは外国籍の子どもたちに関わる諸問題が形成されるのです。スクールソーシャルワーカー（SSWer）は，外国人がどういった課題を抱えて日本社会で生活を形成しているのかをエコロジカルに考え，適切な資源を連結，発掘，創生していくことで，より個別的な子育て環境をつくっていかなければなりません。

3　外国籍の子どもたちの実態

○外国人数の推移

　わが国の**在留外国人**は，2007年に200万人を超え，それ以降多少の増減を伴

▷1　外国人
出入国管理及び難民認定法第2条第2項において，外国人の定義は「日本の国籍を有しない者」とされている。

▷2　在留外国人
法で定める在留資格を持ってわが国で暮らす外国人。在留資格を取得する理由はさまざまであるが，継続的な就労や婚姻等によって生活の基盤を日本国内においている者と考えてよい。

▷3　法務省入国管理局「平成27年版出入国管理」2015年。

いながら，2014年末には212万1,831人を数えるに至っています。これは，日本の総人口の2％に満たない人数です。国籍は中国と韓国・朝鮮が明らかに多く，この2区分で全体の半数以上を占めています。ただし，外国人の居住人口比も国籍も，地域によって大きく異なります。

○ **外国籍の児童生徒数**

公立学校に在籍している外国籍の児童生徒数は，2014年現在約7.3万人です。全国の平均を出すと，公立小・中・高等学校とも1％にも満たないですが，外国人は集住する傾向があるため，そうした地域にある学校では，クラスに複数名（学校によっては半数以上），外国籍の子どもたちがいることがあります。

○ **日本語指導が必要な児童生徒数**

外国籍の子どもたちにとって，言葉の問題は大きなものです。そこで，文部科学省では，公立小・中・高等学校等を対象に，現に日本語での学習に支障がある外国人児童生徒の実態を報告させていますが，その数は2014年5月現在で2万9,198人でした。これは公立小・中・高等学校等の外国籍の子ども数の約40％にあたる人数です。実態は，これに加えて，次に述べる「外国にルーツをもつ子どもたち」の言葉の問題が上乗せされ，もっと広範な問題となっているものと考えてください。

4 数に表れない「外国にルーツをもつ子どもたち」

「外国籍の子どもたち」という表現は，実のところ，わが国における異文化マイノリティの実態を把握する上で適切とはいえず，しばしば「外国にルーツをもつ子どもたち」という表現が使われます。

たとえば，「外国籍の子どもたち」の範疇には，年間1万人を超える**帰国子女**の存在は入っていませんし，日本人と外国人の**国際結婚**がかなりの割合でありますが，その夫婦から生まれた子どもは，日本国籍を取得するため，「外国籍の子どもたち」としてはカウントされません。そして，この国際結婚をした家庭で育っている子どもについては，統計さえ存在しないという状況です。

さらに，不就学の子どもたちもいます。オフィシャルに認知されていない無認可の**外国人学校**に通っている子どもたちもいます。**超過滞在**（オーバーステイ）をしている家族の子どもや，外国人と日本人との間の婚外子などは，おそらく統計的に把握することは困難でしょう。

そして，「外国にルーツがあるか否か」という区分を超えていえば，日本人として共通の言語や宗教を共有していても，地方ごとに豊かな文化がみられます。アイヌのように，法律でその文化の振興等が図られている場合もあります。ひとたび地域に目を向ければ，SSWerは地域や人々の文化的多様性に気づくはずです。そして，文化にかかる正しい理解が，適切なアセスメントにつながるという認識を得ることになるでしょう。

（澁谷昌史・中條桂子）

▷4　文部科学省「『日本語指導が必要な児童生徒の受入状況等に関する調査』の結果について」2015年。

▷5　▷4と同様。

▷6　**帰国子女**
文部科学省「平成22年度学校基本調査」2010年。帰国子女とは，海外に1年以上在留した後に帰国した子どものことであり，1年間で帰国した者から，10年以上現地校に通った者まで含まれる。

▷7　**国際結婚**
厚生労働省「平成26年人口動態統計」2015年によれば，「夫妻の一方が外国人」の割合は全婚姻件数の3％を占めている。

▷8　**外国人学校**
外国人学校には，外国政府が自国民のために設置するもの，外国人や団体が自国民のために設置するもの，国際的な活動を行っている団体が国籍を問わずに教育を行っているものと多岐にわたる。その日本国内での位置づけも，何らかの形で日本政府がその教育内容を認めているものから，私塾のような無認可施設まであり，その実態は多様である。

▷9　**超過滞在**
外国人が日本で活動するには在留資格が必要だが，その資格を更新していない状態を指す。超過の理由は多様であるため，SSWerとしては，「法に反している」という観点からのみ理解せず，その背景を含めた個別理解を深め，外国人であっても一市民としての権利が守られるような実践を意識しなければならない。

Ⅱ　スクールソーシャルワークとは

スクールソーシャルワーカーとは

1　スクールソーシャルワークの定義

　スクールソーシャルワーク（SSW）は，人権と社会正義を価値基盤に置き，状況を人と環境との関係性から捉えて支援を展開するソーシャルワークを，学校ベースで行うものです。子ども・家族・教員への直接的な支援を含む個別事例への環境づくりを行うミクロレベル，校内体制づくりや変革へ取り組むメゾレベル，制度・政策立案などシステムづくりにかかわるマクロレベルで展開されます。

2　どのような人が SSWer になれるのか

　SSW の歴史がもっとも長く，スクールソーシャルワーカー（SSWer）の数ももっとも多いアメリカで SSWer になるためには，原則としてソーシャルワーク修士号もしくは博士号を取得しなければなりません。州によっては，試験や一定の要件のもとに行われた実践経験を経て，州から SSWer の認定を受けなければならないところもあります。

　日本では，SSWer 独自の資格要件はまだありません。今は全国で SSWer が雇用されていますが，その採用要件はさまざまです。しかし，2008年度から実施されている文部科学省によるスクールソーシャルワーカー活用事業において望ましいとされている SSWer の人材は，全国の採用要件の1つの指針となっています。文部科学省のスクールソーシャルワーカー活用事業における SSWer の人材は，表Ⅱ-1のように示されています。

　近年の SSWer の募集要項をみると，その多くが社会福祉士もしくは精神保健福祉士の資格を求めています。それに加え，複数年のソーシャルワーカーと

表Ⅱ-1　スクールソーシャルワーカー活用事業におけるSSWerの人材

社会福祉士や精神保健福祉士等の資格を有する者のほか，教育と福祉の両面に関して，専門的な知識・技術を有するとともに，過去に教育や福祉の分野において活動経験の実績等がある者のうち，次の職務内容を適切に遂行できるものを「SSWer」として選考することができる。 　① 問題を抱える児童生徒が置かれた環境への働きかけ 　② 関係機関等とのネットワークの構築，連携・調整 　③ 学校内におけるチーム体制の構築，支援 　④ 保護者，教職員等に対する支援・相談・情報提供 　⑤ 教職員等への研修活動　等

出所：文部科学省「スクールソーシャルワーカー実践活動事例集」2008年，2頁。

表Ⅱ-2　Aスクールソーシャルワーカーの1日
勤務形態：学校配置型（B小学校）
勤務日数・時間：週2日，9：00〜17：00
9：00　B小学校に出勤。教頭と1日の活動内容を確認した後，書類整理。
10：00　担当ケースの児童の様子をみるために複数の教室を訪問。
11：30　新規に担当するケースの保護者との面談。
12：40　心の教室で給食。
13：00　昼休み。特別支援学級を訪問。一緒に遊びながら担当ケースの児童の様子を観察。
13：30　掃除時間。引き続き児童の様子をみながら掃除の手伝い。
14：00　不登校児童C宅へ家庭訪問。
15：00　校内ケース会議への出席。
16：30　ケースに関わる関係機関を訪問し，支援内容を調整。
17：30　退勤。

出所：筆者作成。

表Ⅱ-3　Dスクールソーシャルワーカーの1日
勤務形態：派遣型（活動拠点：教育委員会）
勤務日数：年間48回，1回6時間（開始および終了時刻は状況に応じて変動）
11：00　教育委員会に出勤。担当指導主事と1日の活動予定を確認。
11：30　E中学校を訪問。気になる生徒についての相談。
12：30　教育委員会に戻って昼食。
13：00　F小学校を訪問。気になる児童についての相談。
14：30　要保護児童対策地域協議会個別検討会議へ出席。
16：00　関係機関への訪問（ネットワークづくり）。
17：00　教育委員会にて記録の整理。
17：30　退勤。

出所：筆者作成。

しての実務経験を要件としているところもあります。地域によっては社会福祉士や精神保健福祉士の有資格者を確保することが物理的に難しく，資格要件が緩和されているものもあります。しかし，社会福祉士や精神保健福祉士の国家資格の取得は，福祉領域における一定レベルの専門性を担保するものです。福祉ではない領域で1人職種として活動するがゆえに，高い専門性を求められるSSWerには，今後いずれかの資格を有することが基礎資格としてますます求められるでしょう。

3　SSWerはどのような活動をするのか

　SSWerのある1日の動きを紹介しましょう。表Ⅱ-2は**学校配置型**，表Ⅱ-3は**派遣型**のSSWerの1日の動きです。配置目的や勤務形態によってSSWerの活動内容は異なりますので，これらは一例にすぎませんが，配置型は児童生徒や保護者と関わる直接支援が多く，派遣型は教職員の相談活動やケース会議への参加などの間接支援が多いのが一般的です。このほかにも，教職員を対象とした研修や講演なども行うことがあります。

　担当するケースの課題は，児童虐待，いじめ，不登校，非行，発達障害，精神疾患，経済的な問題などさまざまです。複数の課題が複雑に絡み合った困難なケースも多く，なかなか解決・改善の糸口がみつからないものもあります。このようなケースでは，学校内のスタッフだけでなく，地域の社会資源をフルに活用する必要があります。地域にはどのような社会資源があるのかを把握するために，地域に出向いて社会資源を発掘したり，社会資源同士を結びつけてネットワークをつくり，支援の体制を整えておくこともSSWerに求められる重要な活動の1つです。

（半羽利美佳）

▷1　たとえば，「教育と福祉の両面に関して専門的な知識を有する者」「教育や福祉の分野において活動経験のある者」「社会福祉士の資格を有するのに準じると教育長が判断した者」など。

▷2　**学校配置型**
⇒Ⅲ-6 参照。

▷3　**派遣型**
⇒Ⅲ-6 参照。

(参考文献)
社団法人日本社会福祉士養成校協会監修，門田光司・富島喜輝・山下英三郎・山野則子編『スクール[学校]ソーシャルワーク編』中央法規出版，2012年。

Ⅱ　スクールソーシャルワークとは

スクールソーシャルワークの価値

1　ソーシャルワークに求められる考え方

　スクールソーシャルワーク（SSW）は，ソーシャルワークの一分野ですから，その基本となる専門性の考え方も，一般的なソーシャルワークの考え方と共通しています。このソーシャルワークの専門性は，「価値」，「知識」，「技術」の3つの要素が柱になると説明される場合が多いのです。

　ここでいう「価値」とは，ソーシャルワークの専門性を発揮しようとする時，どのようなことを大切にしてワークを行うのかという意味です。具体的にどのようなものを大切にするかには，いろいろな考え方があります。

・どの人も人間であること自体に価値があり，人権や平等が保障されること。
・一人ひとりが個人として大切にされ，その自己決定は尊重されること。
・差別から守られ，民主主義や人道主義的な考え方が尊重されること。
・自己実現と生活の質が保たれ，さまざまな貧困から守られること。
・人や社会は変化することができ，その可能性を尊重すること。

などが中心となります。

2　SSW実践の「価値」としての子どもの権利

　ソーシャルワーク一般の価値を前提に，主として学校や教育領域での活動となるSSWの場合には，この分野に応じた，より具体的な価値を考えておくことも必要です。

　たとえば，義務教育の場合の教育の役割について，**教育基本法**第5条第2項は「義務教育として行われる普通教育は，各個人の有する能力を伸ばしつつ社会において自立的に生きる基礎を培い，また，国家及び社会の形成者として必要とされる基本的な資質を養うことを目的として行われるものとする」と規定しています。またそれを受けて，**学校教育法**第21条では，「学校内外における社会的活動を促進し，自主，自律及び協同の精神，規範意識，公正な判断力並びに公共の精神に基づき主体的に社会の形成に参画し，その発展に寄与する態度を養うこと」と規定されており，学校教育の目的として押さえておく必要があります。

　もっとも，児童生徒を支援の主たる対象と考えた場合には，国内の法律よりも尊重される法規である，国連**子どもの権利条約**を忘れることはできません。

▶1　ソーシャルワークの専門性を示す定義として，国際ソーシャルワーカー連盟（IFSW）のものがある。この定義は2014年の改訂で，「ソーシャルワークは，社会変革と社会開発，社会的結束，および人々のエンパワメントと解放を促進する，実践に基づいた専門職であり学問である。社会正義，人権，集団的責任，および多様性尊重の諸原理は，ソーシャルワークの中核をなす。ソーシャルワークの理論，社会科学，人文学，および地域・民族固有の知を基盤として，ソーシャルワークは，生活課題に取り組みウェルビーイングを高めるよう，人々やさまざまな構造に働きかける」というグローバル定義が定められ，これを元に世界の各地域や国が具体的・詳細に付け加えることも予定している。

▶2　**教育基本法**
教育の目的として，「人格の完成を目指し，平和で民主的な国家及び社会の形成者として必要な資質を備えた心身ともに健康な国民の育成を期して行われなければならない」（第1条）と規定するなど，教育の原則を定めた法律。

▶3　**学校教育法**
幼稚園・小学校・中学校・義務教育学校・高等学校・中等教育学校・特別支援学

この条約は，1989年に国連で採択され，日本は1994年に批准，つまり日本もその条約に加盟したものです。

この条約は，子どもの権利について，幅広く基本的なことが整理されている上に，法律としての力ももっているので，SSWの価値の中心的な考え方として非常に役立つ，重要なものです。

条約の考え方の基本には，子どもの生きる権利（食べ物がないとか，予防できる病気などで命を落とさないこと，必要な治療がなされることなど），発達する権利（必要な教育が受けられ，自分らしく育つことができることなど），保護される権利（虐待や搾取から守られること），参加する権利（自由に意見を表明したり，グループをつくったりして，社会的な活動ができること）の4つの柱があるとされています。

これらの権利を保障する上で大切なのが，「子どもの最善の利益」という考え方です。条約第3条第1項は「児童に関するすべての措置をとるに当たっては，公的若しくは私的な社会福祉施設，裁判所，行政当局又は立法機関のいずれによって行われるものであっても，児童の最善の利益が主として考慮されるものとする」と定めています。要するに子どもに関することを検討する場合には，子どもに最善のことをしようとする視点を，常に確認する必要があるということです。この視点は，SSWではもっとも大切な価値の1つと考えられます。

③ SSW実践上の課題

このように，子どもの権利条約などを根拠に，スクールソーシャルワーカー（SSWer）としての価値をしっかり確認したとしても，それを実践する上では，難しい課題が生じます。教育では，教師が子どもに対して知識や技術の伝達を行うという営みが重要ですから，どうしても子どもの権利条約の理念やソーシャルワークの価値の方向性とは，異なる姿勢を示さざるを得ない場合があります。たとえば，子どもの自己決定や自由な**意見表明権**が，学校でのルールや指導と相容れないと感じられる場合などです。このような場合には，単にソーシャルワークの価値が絶対であると主張しても，上手くいかないどころか，協働関係が崩れてしまう場合もあります。

また，不登校事例で，子どもは疲れ果てて学校を休む必要があるような状況でも，保護者が世間体を気にするあまり登校を強く希望していると，支援も保護者の意向を強く考慮することになり，結果として子どもの最善の利益が軽視されていると感じられる場合もあります。このような場合にも，単にSSWの価値を押しつけるのではなく，「知識」，「技術」などの専門性と一体となった実践が求められることになります。

（野田正人）

校・大学など，学校教育制度の基本について定めている法律。

▶4　子どもの権利条約
1989年11月20日に国連で採択された条約で，日本での正式名称は「児童の権利に関する条約」であるが，通称は「子どもの権利条約」と呼ばれる。18歳未満のすべての者の権利について定められていて，日本も批准したため，1994年5月から法的権限のある条約となっている。

▶5　意見表明権
子どもの権利条約第12条は，「自己の意見を形成する能力のある児童がその児童に影響を及ぼすすべての事項について自由に自己の意見を表明する権利」を保障していて，この条約のなかでも重要な条文とされている。

Ⅱ　スクールソーシャルワークとは

スクールソーシャルワークの目的と役割

▶1　**特別支援教育**
2007年4月1日から施行された改正学校教育法では，それまでの障害のある児童生徒等の教育について，特別な場で指導を行うことに重点を置く「特殊教育」に替わり，一人ひとりの教育的ニーズを把握し，適切な指導および必要な支援を行うことを目指した「特別支援教育」が位置づけられた。

▶2　**児童虐待の防止等に関する法律**
通称「児童虐待防止法」。2000年に成立し，その後改正を重ねて現在に至る。

▶3　**要保護児童**
児童福祉法第25条で，国民に発見と通告が義務づけられている。要保護児童とは，同法第6条の3第8項で「保護者のない児童又は保護者に監護させることが不適当であると認められる児童」と規定されている。

▶4　**ウェルビーイング**
1946年に，WHO世界保健機関の健康の定義として，身体的，精神的，社会的に良好な状態であることを示す言葉として登場した。ウェルビーイングがソーシャルワークの目的となる時，それは，すべての人が権利の主体者として，個人としての尊厳をもち，自己実現を目指して，自分らしくより良く生きることだと考えられる。子どもは，権利の主体者であり保護される存在として，ウェルビーイングの実現が図られなければならない。

▶5　**生活の質**
ある人が，日常生活におい

1　学校の役割の理解

　ソーシャルワーク実践では「援助の場」を重視します。ゆえにスクールソーシャルワーク（SSW）では，まずその活動基盤となる学校の役割を理解することが必要不可欠です。

○教育に関する権利の保障

　子どもの権利条約第28条では，子どもの教育についての権利の保障と，子どもが教育を受ける機会を与えられるように，学校に通うことを奨励する措置を求めています。また第29条では，教育が指向すべきこととして，「児童の人格，才能並びに精神的及び身体的な能力をその可能な最大限度まで発達させること」などが規定されており，日本国憲法のもとにある，教育基本法や学校教育法等の規定もこの国際法に準拠しています。これらのことから，学校の役割が一人ひとりの「子どもの最善の利益」を踏まえた教育についての権利の保障を具現化し，子どものもてる能力を最大限に発達させる教育を実践することであるといえるでしょう。

○発達障害等の早期発見・早期支援の開始と継続

　学校が，現在推進しているのは発達障害も含めたさまざまな障害のある子どもを対象とした「**特別支援教育**」です。特に，発達障害などは本人も周囲も気づきにくく，子どもの「生きづらさ」が深刻化する場合が少なくないため，幼稚園や小学校の段階での早期発見・早期支援の開始が必要とされています。そして必要に応じて医療，福祉，労働等のさまざまな関係機関との連携を図った，効果的かつ継続的な支援を行いつつ，学校の教育課程においては，個々の子どもの教育的ニーズに対応した計画的な指導の充実が求められています。

○被虐待児童等の早期発見・通告・連携による支援の開始と継続

　児童虐待の防止等に関する法律では，学校などの役割として，児童虐待の早期発見のための努力義務，速やかに関係機関へ通告しなければならない義務，被虐待の子どもへの適切な保護，関係機関との連携強化などを規定しています。
　また，同法第1条には，児童虐待が子どもの人権を著しく侵害し，その心身の成長および人格の形成に重大な影響を与えることが明記されています。実際，被虐待の子どもたちのなかには，安心して学習できなかったり，教育の機会そのものを与えられなかったりすることで，学力その他のもてる力を十分に伸ば

しきれない子どもが少なくなく，それらが個々の子どもの将来の進路や自立を阻害する可能性も大いにあります。つまり，児童虐待は「学校の役割の実現」を妨げる行為ともいえるのです。したがって，児童虐待から子どもを守るための早期発見・通告・連携による支援の開始と継続は，児童福祉の視点，教育の視点，さらに法的規定において求められる学校の重要かつ不可欠な使命であるといえるでしょう。**要保護児童**の対応についても同様のことがいえます。

2 SSWの目的

SSWの目的は，上記のような「学校の役割の実現」といえます。それは，一人ひとりの子どもの**ウェルビーイング**（well-being）の実現と増進，「**生活の質**」の向上への支援を意味し，「子どもの最善の利益」の理念や児童の福祉の原理と融合するものです。

3 SSWerの役割

スクールソーシャルワーカー（SSWer）は，SSWの実践者です。虐待や発達上の課題，または文化や価値観の違いなどへの周囲の無理解，いじめ，貧困，制度の不備など，子どもや保護者の課題認識の有無にかかわらず，子どもが何らかの不公正な状況におかれ，教育の権利などを行使できなかったり，発達が阻害されると思われる時，ソーシャルワークの専門性（価値・知識・技術）と教育分野の知識等を用いて介入します。その支援は「問題は人と環境との相互作用において生じる」という視点に立ち，子どもにとってより良い生活環境や学校環境を調整することで，課題解決や子どもの状況の改善，問題の軽減を図ろうとするものです。

SSWerは課題解決等に際して，教職員や保護者，子ども自身，また必要に応じて関係機関や地域と協働します。協働によって子ども支援の「つながり」が形成され，そのつながりが協働者それぞれを支え，互いのもつ潜在的な力をさらに引き出し，「正の相互作用」を生じさせた時，子どもにとって「より良い環境」が構築されます。そのためSSWerには，常に「子どもと環境」を俯瞰する視点を保持し，吟味する能力も求められます。

SSWerとの協働によって，学校現場に「人と環境との関係において問題を捉える考え方」が浸透すると，「困った子は，困っている子」という見方と，個々の子どもが抱える課題を教職員みなで理解し合おうという動きが生じます。また，そのようななかで「子どもの安心・安全」や，ソーシャルワークに不可欠な「情報収集と整理の仕組み」や「チームアプローチ」などの観点で，学校みずからが校内体制などの見直しを図ることがあります。これらは教職員の「気づき」がもたらす学校環境の整備であり，SSWerが教職員と協働して行う，校内のすべての子どもたちへの間接的な支援といえます。

（佐々木千里）

て自分らしく生きているかどうかの幸福度や満足度。子どもの場合は，日常の家庭生活や学校生活における個々の充実感や満足感が想定でき，ウェルビーイングの実現と密接に関連する。

▷6　2016年6月3日に改正規定が施行された児童福祉法では，「全て児童は，児童の権利に関する条約の精神にのっとり，適切に養育されること，その生活を保障されること，愛され，保護されること，その心身の健やかな成長及び発達並びにその自立が図られることとその他の福祉を等しく保障される権利を有する」（第1条），「全て国民は，児童が良好な環境において生まれ，かつ，社会のあらゆる分野において，児童の年齢及び発達の程度に応じて，その意見が尊重され，その最善の利益が優先して考慮され，心身ともに健やかに育成されるよう努める」（第2条第1項），「児童の保護者は，児童を心身ともに健やかに育成することについて第一義的責任を負う」（第2条第2項），「国及び地方公共団体は，児童の保護者とともに，児童を心身ともに健やかに育成する責任を負う」（第2条第3項）とあり，これが児童福祉を保障するための原理であり，第1条，第2条の規定は，児童に関する法令の施行にあたり常に尊重されなければならないものとして，同法第3条に規定されている。

参考文献

文部科学省「スクールソーシャルワーカー実践活動事例集」2008年。

鈴木庸裕編著『スクールソーシャルワーカーの学校理解――子ども福祉の発展を目指して』ミネルヴァ書房，2015年。

Ⅱ　スクールソーシャルワークとは

 # スクールソーシャルワーカーとスクールカウンセラーの違い

1　SC の仕事——臨床心理からの支援

スクールカウンセラー（SC）は**臨床心理士**などの心理の専門家で、子どもや関係者、あるいは学校全体を臨床心理の専門性を用いて支援します。

○学校でのカウンセリングの歴史

日本での心理的なカウンセリングの歴史は50年を超えていて、1960年頃から生徒指導の一環として教育相談が行われていました。この当時のカウンセリングは教師が行い、方法も**ロジャーズ**（Rogers, C. R.）の提唱した非指示的カウンセリングと呼ばれるものが中心でした。これは、来談者の話す内容をしっかり傾聴し、表された感情を繰り返して感情の明確化を図りますが、「何々しなさい」といった指示はしないことを原則とする技法で、理念はともかくとして、指導するということが多い学校では受け入れられにくい要素ももっていました。

しかし1990年頃から、不登校の著しい増加やいじめなど、学校の課題が非行問題などから心の問題と捉えられるものに変化する一方で、社会的には臨床心理士が資格として定着し、高い社会的信用を得るようになりました。

そのような状況下で、文部科学省は1995年に、スクールカウンセラー活用調査研究委託事業を開始し、初年度は各県にわずか3校にSCが配置されたのですが、その後拡大を続け、2001年には**スクールカウンセラー活用事業**という形で安定的な事業へと移行し、現在では一部未配置校はあるものの、ほぼすべての中学校でSCが活用でき、また小学校への配置も広がっています。

○SC の役割と活動

文部科学省によれば、SC の事業の意義は、児童生徒の悩みに対して適切かつ迅速に対応し、児童生徒が安心して学習に取り組むことができるよう、学校内外の教育相談体制の充実を図ることにあります。そこで、学校におけるカウンセリング体制の充実を図るため、臨床心理に関して高度に専門的な知識・経験を有する SC の活動を補助することで、教育相談体制の充実を図るものとされています。

SC の具体的な役割としては、児童生徒に対する相談・助言、保護者や教職員に対する相談（**カウンセリング**、**コンサルテーション**）、校内会議等への参加、教職員や児童生徒への研修や講話、相談者への心理的な見立てや対応、ストレスチェックやストレスマネジメントなどの予防的対応、事件・事故等の緊急対

▶1　**臨床心理士**
臨床心理学を基盤とした心理の専門的活動を行う、文部科学省認可の財団法人日本臨床心理士資格認定協会が認定する民間資格のこと。同協会の指定する大学院を修了し、試験に合格することで資格を取得できる。

▶2　**ロジャーズ**
（Rogers, C. R.）
1902〜1987年。アメリカの臨床心理学者。非指示的カウンセリングを提唱し、この方法が後に、来談者中心療法と呼ばれるようになる。

▶3　**スクールカウンセラー活用事業**
2001年に調査研究から活動事業に移行した後、国の予算枠が、補助金から家庭との連携協力推進事業やいじめ対策・震災への対応などさまざまに変化してきた。そのため国は2015年から「チーム学校」をめざして、常勤化を含む安定的な活用の検討をはじめている。

▶4　**カウンセリング**
カウンセリングは、広い意味では、さまざまな分野における専門的相談援助行為を指す。しかし一般には、心理領域での相談援助、いわゆる心理カウンセリングを指す。その場合、そのカウンセラーの専門的基盤は、臨床心理学が用いられることが多い。

応における被害児童生徒の心のケア，などがあげられます。

特に最近は，面接室などで一対一の面接を行うだけでなく，学校内でのさまざまな場面で集団の心の健康を高めるための活動や，そのために教師や他の支援者と協働する姿勢などが求められるようになっていて，必要な場合には**アウトリーチ**[6]として家庭訪問なども視野にいれる場合もあります。

② SCとの比較からわかるSSWerの特徴

SCとスクールソーシャルワーカー（SSWer）はいずれも，臨床心理学と社会福祉援助という異なった専門性をもつものですから，違いをわざわざ論じる必要もないのかもしれません。しかし，学校には先にSCが入っていて，すでに定着した活動を行っている一方で，SSWerはまだまだその内容が知られていません。ですから，違いは何かという質問をよく受けますが，それはSCとSSWerの両方がわからないのではなく，SSWerが十分に知られていないことから来る質問と考えた方がよいかもしれません。

両者は学校において，何らかの理由で困っている人を支援する人というイメージは共通であっても，方法の違いがイメージしにくいということがあります。またSSWerは，その活動の仕方，たとえば働きかける対象や方法がSCに比べて幅広いため，活動を説明するということ自体が困難さを伴います。あえて違いを強調するなら，それぞれの基礎とする学問の志向性から，SCは心理に関心を向け，SSWerは社会，つまり本人を取り巻く環境に関心が向くとも説明できます。しかし，その支援の多くは，子どもやその保護者の事情に配慮し，個別の支援を行うことが中心になっています。そこでは，面接やアセスメント，個別の支援計画に基づいた支援など，一見よく似た方法をとるため，その違いは理解しにくいかもしれません。

仮に，不登校の事例を考えた時に，SCは不登校の心の側面に関心を向け，本人や保護者との面接で対応しようとするでしょうし，SSWerは不登校の背景に，貧困や虐待等があることを一応念頭に置き，可能性があれば教師だけでなく，市町村や児童相談所との連携をも考えるかもしれません。しかし，結局は正確なアセスメントが行われてこそ，それぞれの強みが発揮されるのです。SCやSSWerが単独で課題を解決するわけでもなく，「スクール」で活動する限り，教師とともに協働体制で活動することは，当然のことです。

ちょうど児童相談所に，児童福祉司という福祉の専門職と，児童心理司という心理の専門職が配置されていて，協働して事例を担当するのと同じように，SCとSSWerが同時に活動できる条件があれば，それぞれの専門性を活かしつつ連携した活動が可能になるでしょう。しかし，現実にはいずれか一方だけで活動する場合が多く，相当重なりのある仕事を行っています。

（野田正人）

▷5 **コンサルテーション**
もともとの意味は「相談に乗ること」であり，何らかの相談場面で用いられる。特に，具体的な対応方法の教示など，高い専門性に基づいた外部からの相談・助言を指す場合が多い。

▷6 **アウトリーチ**
「手をのばす」ことを意味し，社会福祉分野では，担当者がそのオフィスなどを出て，対象者のいる地域や家庭に出かけ，相談支援をすることをいう。

Ⅱ　スクールソーシャルワークとは

　スクールソーシャルワークの意義

　「学校」におけるソーシャルワーク展開の意義

「学校」にソーシャルワークの拠点があることの意味は大きいでしょう。その理由として2つのことがあげられます。1点目は，小中学校は特に義務教育であり子どもの状況を全数把握できること，2点目は，学校は生活に密着した，子どもや家族にとって大変身近なところであり，特別なところではないことです。この2点は地域福祉の観点でも意義が大きいといえます。

2　発見機能

児童相談所や家庭児童相談室，児童福祉施設などにおいて支援される子どもは一部に過ぎませんが，学校は全数把握を意味する，すべての子どもたちを視野に入れることができます。そこから問題の早期発見が可能になるということです。

現在の行政の仕組みのなかで，子どもたちを全数把握できるのは保健所，**保健センター**の健診のみであり，そこでは子どもたちの発達保障の観点でさまざまなサービスが展開され，丁寧に次のステージにつないでいきます。しかし，乳幼児健診の時期を過ぎると，とたんに子どもや家族の把握やサービス提供が困難になります。次に把握されるのは，学校において問題行動として表面化した時です。たとえば，現在，児童虐待問題が多発し，学校における対応が問わ

▶1　**保健センター**
1994年制定された地域保健法のなかで法定化された。1997年から市町村は健康診査や保健指導など，基本的な対人保健サービスを行っている。地域に密着し，きめ細かなサービスを講ずることにより，住民に優しい地域づくりを行う中心的役割を果たすことが期待されている。

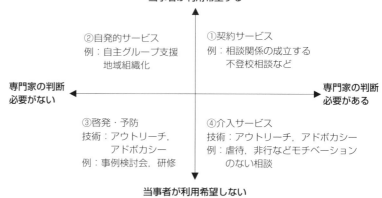

図Ⅱ-1　援助の領域

出所：山野（2007），72頁より筆者作成。

れていますが、スクールソーシャルワーク（SSW）の導入によって、全数把握が可能な学校に福祉の視点を入れることができ、早期発見のシステムづくりを行える可能性があります。それは、ソーシャルワークの技法である**アウトリーチ**によって、当事者に問題意識のない事例（図Ⅱ-1の④領域、場合によっては③領域）にも教師と相談しながら、わざわざ当事者が相談に行くのではない自然な形で、ソーシャルワークの視点からさまざまな方法で積極的に関わっていくことを検討し実行できる可能性が生まれるからです。

　子どもの抱えている問題の背景を明らかにし、援助につなぐことが重要であり、そこにSSWのアウトリーチの役割があります。スクールソーシャルワーカー（SSWer）が全数把握のなかで発見機能を担うことは、現代的課題である児童虐待においても、非行や不登校においても、重要な役割といえるでしょう。

　しかし、SSWerが各学校に1人という配置ではない現在の配置数では、実際は、直接というよりは複数の子どもたちをみている教師を経由して、発見機能を間接的に果たすことになります。そのため、教師への働きかけが重要になります。

③ 予防機能

　学校が子どもや親にとって身近であることから、SSWerが存在することで、学校が地域における家庭支援の拠点となる可能性があります。児童相談所や市の子ども家庭相談室には、行きにくいと感じる子どもや家族、教師は多いですが、学校においてSSWerが機能し始めると、SSWerが必要なところにマネジメントすることも含めて、相談することが身近になり、支援の範囲が広がります。個別援助にとっても、地域ならではの支援方法がみえてきます。

　また、NPOや地域人材の活用をソーシャルワークの手法で実践し、それが地域を活性化させ、さまざまな問題行動の予防となります。たとえば、地域の子育てサークルの来校を企画することで、中学生や高校生が赤ちゃんと交流する機会をもち、非行化傾向が変化したり、子育て中の母親が子どもが育った姿のイメージをもてたりしています。地域住民が主体的に子育てや学校のことを考えたり、協働する力を向上させることができます。

　子どもの問題につながる可能性のある貧困や孤立などが、社会的な課題として広がってきている現状を考えると、さまざまな問題を未然に防止するためには、このような取り組みを全数把握ができる学校全体で行うことが重要で、結果的に予防機能となる可能性があります。問題の後追い施策だけでは、児童虐待の減少1つをとっても、見通しが立たないのが現実です。

　このように、SSWerが学校に存在する意義を考えると市町村全体の状況の把握が必要であり、SSWが学校だけの資源ではないことがわかります。

（山野則子）

▷2　アウトリーチ
接近困難な人に対して、要請がない場合でも、ワーカーのほうから積極的に出向いていく援助のことを指す。
⇒Ⅱ-4参照。

▷3　山野則子「日本におけるスクールソーシャルワーク構築の課題——実証的データから福祉の固有性の探索」『学校ソーシャルワーク研究』創刊号、2007年、67～78頁。

▷4　NPO
⇒Ⅰ-10参照。

▷5　赤ちゃんとの交流についてはⅥ-9参照。

Ⅲ　スクールソーシャルワークの歴史と動向

アメリカのスクールソーシャルワーク

1　時代背景とともに変化するスクールソーシャルワーカーの役割

　教育現場において，スクールソーシャルワーカー（SSWer）の配置が初めて行われたのはアメリカです。1906年から1907年の間に，ニューヨーク，ボストン，ハートフォード，シカゴで実践が開始されました。この当時のSSWerは訪問教師と呼ばれており，移民の子どもや貧困家庭の子どもに対する学習権保障のために学校と家庭をつなぐ活動を行っていました。

　その後1930年代に入り，アメリカでは精神分析学が普及し，その影響をSSWerも強く受け，困難を抱える子どもの診断・治療を行うようになりました。子どもの診断・治療といった役割は1960年代まで続くことになります。

　現在のSSWerの実践に大きく影響しているのが，1975年に成立した全障害児教育法です。SSWerは障害児の個別教育計画（IEP）作成のチームに関与することが求められています。法的にSSWerが位置づけられたことは大きな出来事であるといえます。SSWerは障害児の生育歴，家族の状況に基づいたアセスメント，障害児の家族へのアプローチなどの個別ケース対応を行います。

　2000年代に入り，学力問題に危機感をもつ政府が教育のさらなる徹底を目指したことで，SSWerには学力向上に関連ある実践が期待されています。2002年のひとりもおちこぼれを出さない法の制定（No Child Left Behind Act：NCLB），2004年の障害者教育法の改定（Individuals with Disabilities Education Improvement Act：IDEIA）により，障害のある子どもを含めた全児童生徒への教育の浸透が重要となっています。この2つの法律は，すべての子どもへの効果ある実践を求めています。その影響で，SSWerは効果ある実践，すべての子どもへのアプローチが，ますます要求されるようになっています。

2　すべての子どもを対象に実施されるプログラムへのSSWerのかかわり

　障害のある子どもへのアプローチを多く実施しているSSWerですが，障害のある子どもだけではなく，すべての子どもに対する予防的活動が着目されています。そのひとつとして，RTI（Response to Intervention）といわれる実践へのSSWerの参画が重要だとされています。

　RTIとは，子どものニーズにマッチした効果的な介入を意味します。アメリカの教育現場において，すべての子どもへの根拠に基づく実践の必要性が強

Ⅲ-1 アメリカのスクールソーシャルワーク

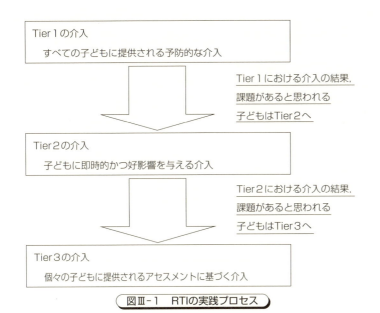

図Ⅲ-1 RTIの実践プロセス

出所：Kelly et al.（2010）より筆者作成。

調されていることから生まれたものです。特徴は，図Ⅲ-1に示すようにTier 1からTier 3までの3段階において，すべての子どもをスクリーニングする仕組みがあることです。学習面，行動面，情緒面，社会性などにおけるあらゆるプログラムを提供し，課題があると思われる子どもを段階的にみつけていくシステムができています。プログラムの例として，いじめ，少年非行の防止のためのソーシャルスキルトレーニング，子どもの意欲を向上させることを目的としたグループワークなどがあげられます。

各プログラムは，プログラムの実施期間，評価のあり方が細かく定められています。各段階のプログラムを経てTier 3の対象となる子どもは，アセスメントに基づく個々のアプローチが実施されることになります。このように，すべての子どもへのアプローチから課題を抱える子どもの発見までの一貫したシステムがつくられている点は，日本ではまだみられないところといえるでしょう。

SSWerは最新の調査によると，主にTier 2およびTier 3の実践にかかわっていることがわかっています。この調査では，実際に行っている実践に加えて，SSWerが理想とする実践も明らかにしています。結果，すべての子どもに提供されるTier 1の実践に，SSWerは関与していきたいということが明確となりました。実際の実践と理想とする実践とのジレンマを抱えています。SSWerは，障害のある子どもへのアプローチと同時に，RTIのとくにTier 1のすべての子どもの実践に，どのようにかかわっていくのかという点について課題があるといえるでしょう。

（厨子健一）

▷1　Kelly, M. S., Berzin, S. C., Frey, A., Alvarez, M., Shaffer, G., & O'Brien, K., "The State of School Social Work : Findings from the National School Social Work Survey", *School Mental Health*, 2, 2010, pp.132-141.

▷2　Kelly, M. S., Thompson, A. M., Frey, A., Klemp, H., Alvarez, M., & Berzin, S. C., "The State of School Social Work : Revisited", *School Mental Health*, 7, 2015, pp.174-183.

（参考文献）
厨子健一「スクールソーシャルワーク研究の動向」山野則子編『エビデンスに基づく効果的なスクールソーシャルワーク――現場で使える教育行政との協働プログラム』明石書店，2015年，44〜52頁。

Ⅲ　スクールソーシャルワークの歴史と動向

2 アメリカのミクロ・メゾ・マクロスクールソーシャルワーク

▷1 Kelly, M. S., Thompson, A. M., Frey, A., Klemp, H., Alvarez, M., & Berzin, S. C.,"The State of School Social Work : Revisited", *School Mental Health*, 7, 2015, pp.174-183.
▷2 Dupper, D. R., Evans, S.,"From Band-Aids and Putting Out Fires to Prevention. School Social Work Practice Approaches for the New Century", *Social Work in Education*, 18(3), 1996, pp.187-192.
▷3 ▷1と同様。
▷4 Clancy, J.,"Ecological School Social Work : The Reality and the Vision", *Social Work in Education*, 17, 1995, pp. 40-47., Germain, C. B.,"An Ecological Perspective on Social Work in the Schools", In R. T. Constable, J. P. Flynn, S. McDonald(Eds.), *School Social Work : Practice and Research Perspective* (2nd ed.), Chicago : Lyceum, 1991, pp. 17-29., Grande, G., Gambini, A.,"Parent-Child Centers : A Preventive Service in a Multicultural Community", In M. T. Hawkins (Ed.), *Achieving Educational Excellence for Children at Risk*. Silver Spring, Maryland : National Association of Social Workers, 1986, pp.138-148.

1 ミクロ・メゾ・マクロとは何か

　スクールソーシャルワーカー（SSWer）は，個別ケースにおける対応，学校内における子どもの問題を検討する仕組みづくり，自治体における子どもの相談体制構築など幅広い業務を担うことが求められています。このような多様な業務は，ミクロ・メゾ・マクロといった3つのレベルで整理されることがあります。実際のところ，ミクロ・メゾ・マクロという言葉は，使う人によって定義の差があります。ここでは，「ミクロとは個人や小集団への介入，メゾを公式集団や複雑な組織の変革，マクロをコミュニティにおける制度や体制へのアプローチ，そして政策へのアプローチ」としたいと思います。ミクロは治療的介入，メゾ・マクロは予防的介入とも考えることができます。

2 ミクロレベルのスクールソーシャルワーク（SSW）実践とは

　最新の調査から，アメリカではミクロレベルの実践が中心であることが明らかとなっています。その背景には，SSWer が特別支援教育にかかわることが法的に位置づけられ，特別に配慮が必要である子どもにおける実践が主流となっているためです。

　具体的には，①個別カウンセリング，②グループカウンセリング，③家族へのアプローチを行っています。①個別カウンセリングにおいて，アメリカではスクールカウンセラーは進学にかかわる相談を受け，SSWer は子ども・保護者の課題にまつわるカウンセリング業務を担います。②グループカウンセリングでは，同じ悩みを抱えている子ども集団にカウンセリングが提供されています。③家族へのアプローチにおいて，子どもや家庭の課題に応じた社会資源の紹介，親対象のグループワークなどがなされています。

3 メゾ・マクロレベルの SSW 実践とは

　ミクロレベルの実践が主に展開されている一方，SSWer が実践アプローチを拡大，再定義し，治療的介入ではなく予防的介入を積極的に行っていかなければならないことが強調されています。メゾ・マクロレベルの SSW の必要性といえます。実際活動している SSWer も，より予防的介入に時間をかけたいという思いをもっていることが明確にされています。

表Ⅲ-1　SSWerによるコミュニティワークに関する事例

	事例A	事例B	事例C
内容	親の子育てに関するストレスを解決するために，ある小学校で，子育てスキルの提供や親の孤立を予防する親―子どもセンターを設立した。	毎朝学校に幼児を同伴してきている親たちのために，現在学校で使用していない部屋を，ドロップ・イン・センター（集会所）として提供した。	ラテン系の母親のグループを組織して，移民に関する問題を協力して解決できるようにした。
活動主体	SSWer，親，学校長，子どもの発達に関する専門家	SSWer，親，学校長	SSWer，ラテン系の親グループ
SSWerの関心	子育てにおけるストレス	親―学校間の貧弱な関係	マイノリティ集団
SSWerの役割	調整役	学校長に対する場の提供に関しての説得と場の調整役	グループの組織化に向けての促進役
効果	親は，治療的援助を受けるのではなく，親集団への参加を通じて，相互援助を行った。	母親たちは，相互援助システムを発達させ，意見や資源を交換し合った。	居住する行政機関あるいは法システムの変革をもたらすことを可能にした。

出所：Grande & Gambini (1986), Germain (1991), Clancy (1995) より筆者作成。

◀4

　主に，SSWerは①学校と他機関との連携に向けた介入，②コミュニティの住民への介入，③学校やコミュニティの政策への介入を期待されています。

　①の学校と他機関との連携に向けた介入は，学校や他機関との個別の子どものケースにおける一時的なつながりではなく，予防に向けて一定の結びつきを形成することを目的としたものです。SSWerには，さまざまな専門職同士の対立を解決する仲介役や，学校と多くの専門機関をつなぐ調整役が求められます。

　②のコミュニティの住民への介入においては，学校に通う子どもの親やコミュニティのメンバーによる活動が，コミュニティの活性化につながることがいわれだしてから，SSWerによる**コミュニティワーク**が注目されています。表Ⅲ-1にあげた事例が示しているように，SSWerは，孤立している家庭やマイノリティの家庭を対象として，親が集まれる場を提供し，相互援助を行えるようにアプローチを実施します。

　③の学校やコミュニティの政策への介入において，SSWerは，学校の政策に関連があるチームに参加し，予防的介入に向けた視点の提示，学校における子どもの問題分析，コミュニティのメンバーと学校との関係を構築するといった役割が求められています。このチームでは，学校ごとの子どもの問題を踏まえたプログラムの開発やコミュニティのメンバーを含めた学校政策の検討などを行います。近年，アメリカですべての子どもを対象とした予防的取り組みであるRTI（Response to Intervention）の実践で，SSWerはプログラムを実施するだけでなく，どのような実践を行っていくのかについて議論するチームに参画することが期待されています。

（厨子健一）

▶5　コミュニティワーク
地域住民の生活問題をみずからが解決できるように，地域住民の組織化や地域活動の参加を促すなどの，ソーシャルワーカーの援助技術。

Ⅲ　スクールソーシャルワークの歴史と動向

韓国のスクールソーシャルワーク

1　韓国における SSW の始まりと発展

　韓国でスクールソーシャルワーク（SSW）が始まったのは1990年代です。1993年にソウルのウンピョン社会福祉センターから派遣されたソーシャルワーカーが行った，学校にうまく適応できない子どもたちを対象としたグループガイダンスプログラムがその始まりでした。これは週1回，ソーシャルワーカーが定期的に学校訪問をする形式で行われました。

　1997～1999年には，教育省が中学校と高校の4校でスクールソーシャルワークプロジェクト事業を実施しました。また，1997年にはソウル特別市教育庁も，中学校と高校の3校で1年間のプロジェクト事業を行いました。これらのプロジェクト事業では，スクールソーシャルワーカー（SSWer）が学校に常駐して実践活動を行う学校配置型がとられました。

　2003年には教育省が教育福祉プロジェクトを再導入し，低所得層の児童生徒とその家族を対象に，生活水準を向上させるためのサービスを開始しました。当初は43校だったこのプロジェクトの対象校は，2009年には530校に広がりました。この事業では，プロジェクトをマネジメントする専門教育スタッフが配置されましたが，その約8割がSSWerでした。教育省は2004年に校内暴力への対応のために，さらなるプロジェクトを48校で開始し，2006年には96校に拡大しましたが，これは予算の削減により2008年に中止となりました。

　その後，健康福祉省が貧困家庭の子どもたちを対象としたドリームスタートプロジェクトを実施します。子どもたちが公平に成長発達するための環境整備を目的としたこのプログラムに，2008年の事業開始時点で32の自治体が参加し，2010年には75にまで拡大しています。このプロジェクトのもと，SSWer は小学校で実践活動を行っています。

　2009年には自治体と市民団体の協同によるウィスタートプロジェクト（We Start Project）も開始されました。この事業の対象は，家庭での問題を抱えていたり，学習に課題のある子どもたちです。開始時には23の地域がこのプロジェクトに参加し，そのうちの14の小学校でSSWが行われています。このように，韓国のSSWは中央政府，地方自治体，市民団体の3者による独自あるいは協同事業のなかで発展してきました。

表Ⅲ-2　2004〜2008年に実施されたSSWサービス

小学校	中学校	高校
・文化行事体験（キャンプ，誕生会など） ・校内暴力の予防 ・人権教育 ・障害者などへの理解の促進 ・薬物乱用，喫煙，飲酒の予防 ・携帯電話依存症の予防 ・人格形成 ・中学校への準備 ・学級づくり（結束力） ・児童生徒の能力アップ ・ボランティア活動 ・その他（募金，授業，英語キャンプ，放課後プログラムなど）	・文化行事体験（クリスマス会など） ・校内暴力の予防 ・性教育 ・キャリアプラン ・障害者や高齢者への理解の促進 ・薬物乱用，喫煙，飲酒の予防 ・自分探し（テスト，グループカウンセリング） ・インターネット依存症の予防 ・学校づくり（結束力） ・その他（学習方法，ボランティア活動，言葉遣い，危機介入など）	・キャリアプラン ・校内暴力の予防 ・自分探し ・性的虐待や売春の予防 ・薬物乱用，喫煙，飲酒の予防 ・インターネットおよび携帯電話依存症の予防 ・学校づくり（結束力） ・文化体験（遠足，食品博覧会など） ・ボランティア活動 ・障害者への理解の促進 ・精神保健 ・その他（人格教育，経済教育など）

出所：Social Work Research Institute Japan College of Social Work, *School Social Work in Asia*, Japan College of Social Work, 2009, p.114を一部修正して筆者和訳。

2　韓国におけるSSWの活動内容

韓国におけるSSWerは，個別およびグループカウンセリング，ケースマネジメント，児童生徒―学校間の仲介，家庭訪問，コンサルテーション，教員研修，予防教育，福祉教育，地域資源の構築やつなぎ役などを担いながら，児童生徒，保護者，教員，学校および地域への働きかけを行っています。2004〜2008年には表Ⅲ-2に示すようなSSWサービスが提供されました。

3　韓国におけるSSWerの資格制度

韓国では，韓国SSWer協会，韓国SSW学会，韓国ソーシャルワーカー協会が2005年から資格制度委員会を組織し，SSW認定システムを管理しています。

SSWerの基礎資格は**社会福祉士1級**です。大学や専門学校で所定の科目を履修し，まずは国家公認社会福祉士2級を取得した者が，社会福祉士1級の国家試験を受験することができます。社会福祉士1級の資格に加え，学士取得後2年以上の現場経験，もしくは社会福祉学修士の学位が要求されます。また，学校社会福祉論，児童青少年福祉論，教育学の関連科目などを履修し，さらに年間240時間以上のSSW実習を終えた者に，SSW認定試験の受験資格が与えられます。書類審査，筆記および口頭試験に合格後，20時間の職業研修を経た者に，SSW認定資格が発給されます。2005年から2008年の間に，500名以上がこのシステムでSSWer資格を取得しています。専門性を保持するため，資格は5年ごとの更新制になっており，毎年20時間以上の研修が義務づけられています。

（半羽利美佳）

▶ **社会福祉士1級**
韓国では，4年間で一定の科目を履修すると国家公認社会福祉士2級の資格を取得することができる。その後，年1回実施されている国家試験に合格すれば，社会福祉士1級を取得できる。現在，国家試験は国の委託を受けて，韓国社会福祉士協会が実施している。

Ⅲ　スクールソーシャルワークの歴史と動向

他国のスクールソーシャルワーク

1　カナダのSSW

　カナダは100を超える国々からの移民によって成立しています。文化や言語が異なる多様な移民の子どもたちが生活や学習に困難を抱えるなかで、こうした子どもたちへの公教育における教育保障を実現するために、スクールソーシャルワーカー（SSWer）が設置されました。しかし、広大なカナダにおけるスクールソーシャルワーク（SSW）の発展や現状は、州によって異なっています。オンタリオ州でのSSWの起源は、1800年代後半の義務教育法が制定された時代にさかのぼります。当時は、子どもの出席や就学を管理する「アテンダンス（出席）カウンセラー」として雇用されていました。SSWerという名称が一般に使われるようになったのは、1945年以降になります。

　オンタリオ州トロント市には、シニアコーディネーターと呼ばれる4人の主任SSWerがおり、東西南北それぞれのエリアを管轄しています。主任SSWerはおよそ150校を担当し、学校への定期訪問をはじめ、派遣要請による個別相談などを行います。また、それぞれの主任SSWerは約30人のSSWerの**スーパービジョン**も担っています。SSWerは1人6〜8校を担当し、基本的には学校心理士、言語療法士、作業療法士、精神科医などとチームを組んで、児童生徒の教育経験を最大限に生かす業務に携わっています。具体的には、子どもの学習意欲や自尊感情を高めるための相談援助や、子どもたちが学習できる環境整備のほか、教室や相談室で教科学習の補習を手伝うことや、クラスで人権教育やソーシャルスキルトレーニングを行うこともあります。移民の子どもが多いカナダでは、マイノリティの教育権保障をめぐる提言や代弁活動も、SSWerの重要な仕事の1つです。

　カナダの大学には、SSWerの養成カリキュラムはありません。社会福祉系大学院の修士課程を修了し、認定社会福祉専門職として州政府に登録された者が主にSSWerとして採用されます。

2　シンガポールのSSW

　シンガポールにおけるSSWの始まりは、1965年に教育省の援助により実施された、シンガポールソーシャルワーカー協会とシンガポール子ども協会との6か月間のジョイントプロジェクトでした。シンガポールでのSSWの発展に

▷1　スーパービジョン
同職種者による助言・指導。スーパービジョンを行う者をスーパーバイザー、スーパービジョンを受ける者をスーパーバイジーという。基本的には両者は同組織に所属している。

はNGO団体が大きく貢献してきました。1973年に教育省はソーシャルワーク部門を立ち上げ、子どもたちの学校活動をサポートするためのカウンセリングサービスを始めました。そのプログラムにおいて、NGO団体は学校や家族のサポートを行う役割を担いました。しかし、この活動は学校外で行われていたことから、教育省は学校教育の一部とは認識しませんでした。しかし、その後もNGO団体によるSSW活動は継続されました。1976年には教育省による教育相談プログラムと連携し、学校内での活動をスタートさせました。1995年には、非行、薬物乱用、家庭崩壊などの問題についての省庁内の審議委員会の推薦により、SSWサービスが財源化されました。これは、NGO団体が学校で子どもたちに必要なプログラムを提供するという、アウトソーシングの形で行われました。この事業により、60％の中学校でSSWが導入されました。2004年には社会開発青年スポーツ省が、NGO団体のSSW活動に対する5年間の資金提供を決定し、これによりアウトソーシング型のSSW実践はさらに広がっています。そのなかで、児童生徒に対するワークショップやグループワーク、個別カウンセリング、親教育、教員研修などが行われました。

シンガポールには特定のSSWer養成課程はありません。ソーシャルワーカーとして登録後3年間の実務経験があれば、SSWerとして活動することができます。

3 モンゴルのSSW

モンゴルは識字率が高いにもかかわらず、人口の3分の1は貧困層といわれています。子どもたちは、中途退学、児童虐待、児童労働などの問題を抱えています。そのような状況のなか、1997年にイギリスの**セーブ・ザ・チルドレン**の協力のもと、首都ウランバートルの2校の中学校で、試行プログラムとしてSSWが導入されました。現在は公立学校の80％と私立学校の30％にSSWerが在籍しており、その数は約640名です。彼らは主に非行、中途退学者、障害児、うつ病、虐待などの問題に対し、個別カウンセリング、グループカウンセリング、宿泊施設や食事の手配をはじめ、他職種との連携などによって支援を行っています。

SSWer養成については、学士課程や修士課程でソーシャルワークを学ぶほかに、教育省が認証しているモンゴル教育大学における5日間の養成課程や、モンゴルSSWer協会とモンゴル教育大学の協同による3か月間の養成プログラムなどがあります。2001年に立ち上がったモンゴルSSWer協会でも、トレーニングプログラムが提供されています。

（半羽利美佳）

▷2 **NGO**
Non-Governmental Organizationの略称。本来的には非営利活動を行う「非政府組織」の意味で、政府や国際機関ではない「民間団体」を指すが、日本では「国際協力に携わる民間組織」の意味合いで使用することが一般的である。

▷3 シンガポールでソーシャルワーカーとして働くための基礎条件は、ソーシャルワーク学部で学士の学位を取得していることである。

▷4 **セーブ・ザ・チルドレン**
1919年に、エグランタイン・ジェブによってイギリスで創設されたNGO。その目的は、第一次世界大戦後に飢えで苦しむ子どもたちを救うことであった。現在も「子どもの権利」が実現される世界を目指した活動を、世界各国で展開している。

参考文献

門田光司・鈴木庸裕・半羽利美佳・浜田知美「わが国におけるスクール（学校）ソーシャルワーカーの人材養成に関する研究」文部科学省科学研究費（基盤研究〔C〕）、2010年。
日本社会事業大学『アジアのスクールソーシャルワーク報告書』2011年。
Social Work Research Institute Japan College of Social Work, *School Social Work in Asia*, Japan College of Social Work, 2009.

Ⅲ　スクールソーシャルワークの歴史と動向

5　日本のスクールソーシャルワーク①
スクールソーシャルワーク前史

1　戦後教育制度の確立と就学問題

　日本の教育制度は，1872（明治5）年の**学制**▶1によって整備されました。国は，諸外国に対して近代国家「日本」を明示するために，国策として就学率向上に努めました▶2。結果として就学率は上がりましたが，一方で貧困や年少労働などにより，学校に通えない子どもたちがいました。こうした子どもたちのために大正期から昭和初期にかけて設置されたのが「**貧児学校**」▶3や「**子守学校**」▶4でした。これらの学校に通ってくる子どもたちの生活環境は劣悪で，教育を受けるための環境整備や，親や職場の理解が必要でした。ここに教育と福祉の接点をみることができます。

　そもそも，学校教育において福祉的な支援が必要とされる最大の理由は，子どもの教育を受ける権利（教育権）を保障するために，福祉制度や福祉サービスの活用が求められるところにあります。そして，子どもの教育権が満たされていない状態の1つとして，不就学・長期欠席の問題が取り上げられてきました。

　日本は戦後の**六三制義務教育**▶5への移行（1947年）にともない，法律上はすべての国民が，9年間の義務教育を受ける権利をもつことになりました。しかし，戦後の混乱した社会のなかで，戦災孤児や引き揚げ児童，貧困家庭児童など，60万を超える子どもが長期欠席であることが，1950年の中央青少年問題協議会と文部省との合同調査▶6で明らかになりました。

　こうした長欠児童や非行児童が教育を受けられるように，日本各地でさまざまな取り組みが行われました。これらの実践のなかに，今日のスクールソーシャルワーク（SSW）につながる実践がみられます。

2　SSWにつながる実践

　「SSW」は，古くは「学校社会事業」と訳され，「教育福祉」や「学校福祉」とも混同されて使われてきました。しかし，本来「SSW」は，児童生徒が学校生活を円滑に送れるようにするために，また，教師や学校組織が充実した教育活動を展開できるようにするために，スクールソーシャルワーカー（SSWer）が

▶1　**学制**
1872年に定められた，すべての国民を対象とした日本で最初の公教育制度。フランスの学校制度にならい，全国を8つの大学区（8大学）と32の中学区（256中学校），210の小学区（5万3,760小学校）に分け，各学校の設置を目指した。しかし，この制度では義務教育を8年とし，費用は国民負担としたため民衆から不満が続出し，1879（明治12）年に廃止になった。

▶2　1872年の学制発布当時の就学率は，男子39.9％，女子15.14％だったのが，明治40年代には男女とも90％を超え，以後男女ともほぼ100％近い数字を維持していた。

▶3　**貧児学校**
大正期から1935（昭和10）年頃までにみられた，貧困児童のみを対象とした学校。授業料の免除，学用品，教科書等が支給され，時として被服や食料も支給される

表Ⅲ-3　「教育福祉」問題の関連構造

福祉教育	福祉専門教育	
	学校「福祉教育」	社会「福祉教育」
教育機関活動	学校福祉（学校保健，給食等）	学校外（社会）教育（児童館や少年，青年の家，公民館等）
社会福祉児童福祉サービス	教　育　福　祉	

出所：小川（1987）より。

表Ⅲ-4　就学援助制度の成立過程
1951年　「昭和26年度に入学する児童に対する教科用図書の給与に関する法律」（就学援助制度の原型）
1952年　「新たに入学する児童に対する教科用図書の給与に関する法律」
1954年　＊「学校給食法」（給食費の援助）
1956年　「就学困難な児童のための教科用図書の給与に対する国の補助に関する法律」
＊「就学困難な児童及び生徒に係る就学奨励についての国の援助に関する法律」（「就学奨励法」）
1958年　＊「学校保健法」（医療費の援助）
（「就学援助制度」とは、＊印の3法を指す。）

出所：筆者作成。

児童生徒や家庭，学校，地域社会に介入し，支援していくための方法・技術です。それに対して，「学校福祉」とは，児童生徒の学習・教育保障を目的に，児童生徒の抱える福祉的課題・問題に対して，学校と関わりのある教育・生活関連の福祉サービスや制度を整備・充実させることで，制度的意味合いの強い言葉です（「教育福祉」もほぼ同義）。

したがって，両者の関係は，教育現場で起きている福祉的課題や問題に対して，支援のための制度を充実させていくのが「学校福祉」であり，「学校福祉」を充実させていくために具体的なサービスを展開していくのが，「SSW」といえます。

小川利夫は，「学校福祉」と「教育福祉」，「福祉教育」の三者の関係を「教育福祉」問題の関連構造のなかで，表Ⅲ-3のように示しています。

日本における「学校福祉」の制度面においては，憲法第26条に根拠を置き，経済的理由により就学困難な児童生徒に対して，学用品や修学旅行費などを支給する「就学困難な児童及び生徒に係る就学奨励についての国の援助に関する法律」（1956年）や学校給食費を支給する「学校給食法」（1954年），医療費を支給する「学校保健法」（1958年）など，**就学援助**が整備されてきました（表Ⅲ-4）。そして，こうした制度を活用し，子どもたちの教育を受ける権利を保障してきた実践のなかに，今日のSSWにつながる実践がみられます。

また，日本が近代国家として教育制度を整備した学制発布以後，1950年代から1970年代にかけて，SSWにつながる特に重要な実践に，「訪問教師制度」（高知県）や，生徒福祉課（京都市）の実践などがあげられます。

○訪問教師制度

アメリカのSSWの起源は，訪問教師制度にあるとされていますが，日本でも高知県をはじめとする，さまざまな自治体で，長欠児対策として訪問教師制度が実施されてきました。

高知県で初めて**福祉教員**が配置されたのは1950年のことでした。この制度は，長欠・不就学問題への対策として導入されましたが，後に同和教育を担う人材

ことがあった。これらの学校の設置経緯にも，学校福祉の視点や機能をみることができる。

▷4　子守学校
学制が発布されても，親から弟妹の子守や奉公先などで他家の幼児の子守をさせられ，学校に通えない女児たちがいた。政府は，1880（明治13）年，全国の都道府県に，子守のために学校に通うことができない子どもたちのための「子守学校」の設置を命じた。大正末から昭和初期まで存続し，後に夜間学校や保育所へと発展していった。

▷5　六三制義務教育
戦後の日本の教育制度は，1946年に来日したアメリカ教育使節団の勧告により，小学校を6年，中学校を3年とし，9年間の義務教育を課している。

▷6　文部省「六・三制就学問題とその対策――特に未就学，不就学および長期欠席児童生徒について」1952年。

▷7　小川利夫「福祉教育と教育福祉」一番ケ瀬康子ほか編著『福祉教育の理論と展開』光生館，1987年。

▷8　就学援助
⇒Ⅰ-1参照。

▷9　福祉教員
高知県が長欠・不就学問題への対策として配置した訪問教師。校長級の力量のある教員があてられ，校長の監督を受け，家庭訪問や関係機関との連絡調整などが行われた。

を輩出する，独特の教員制度として発展していきました。[10]

配置当初の福祉教員の主な任務は，各家庭を訪問して学校に来るように働きかけることでしたが，長欠・不就学問題が解消されると，その任務は同和問題や非行生徒への対応に移っていきました。福祉教員の人数も，配置当時（1950年）18名だったのが，1961年には32名，1964年には43名と，福祉教員のニーズは増していきました。

福祉教員の職務内容については，当初，明文化されていませんでしたが，1962年度に高知の「福祉教員要綱」がつくられ，職務内容が明文化されました。職務内容としては，「福祉教員は一部授業を担任することを原則」とし，「長欠・不就学・継続欠席などの児童生徒について，家庭訪問などを行い，出席を督励する」ことや，「非行その他の問題児については，保護者，民生委員（児童委員），児童福祉司などと隔意ない意見，情報の交換を行い，それぞれ関係機関に連絡依頼し，未然に不良化を防止するように努める」ことなどが規定されています。[11]また配置形態は，当初1校に専属配置されていましたが，1955年には地域制に移行し，その後再び専属配置となり，この制度は1970年代まで続きました。

こうした訪問教師制度はその後，千葉，栃木，静岡，奈良，愛媛，福岡の各県および尼崎，伊丹，甲府の各市においても取り入れられ，「訪問教諭」，「長欠対策主任」，「カウンセラー教師」，「訪問教師」等の名称で，全国各地の長欠・不就学児童生徒対策の中心的役割を担いました。[12]

◯「福祉教諭」配置の動き

1960年代になると，全国各地で試みられていたさまざまな訪問教師の制度を，「福祉教諭」を配置することを通して，全国に普及しようとする動きがみられました。その中心となって活動したのが，長欠児童生徒援護会（別称，黄十字会）でした。

長欠児童生徒援護会は，長欠児に対する全国的な援助活動を行うことを目的に，1959年12月に任意団体として発足し，翌年の6月2日に文部省所管の財団法人として認可されました。発足時の会長には池田勇人（当時，通産大臣），副会長には大平正芳（当時，衆議院文教委員長），宮沢喜一（当時，文部政務次官）と，当時の有力政治家が本会の発足に関わっています。

長欠児童生徒援護会は，財団法人認可後，1960年9月，長欠対策の実践場として「山谷分室」を開室し，山谷地域に住む子どもたちの教育や生活の支援を，政財界にも働きかけて積極的に進めました。そして，後にこうした実践は，山谷を抱える東京都や台東区から認められ，自治体の教育行政施策として受け入れられていきますが，国家レベルでの教育行政施策には発展しませんでした。こうした同種の学校福祉実践は，山谷以外にもほぼ同時期に，大阪の愛隣地域や横浜の寿町でもみられました。[13]

▷10　倉石一郎「〈社会〉と教壇のはざまに立つ教員──高知県の『福祉教員』と同和教育」『教育学研究』第74巻第3号，2007年，43頁。

▷11　そのほかに，職務内容として，「問題児の進路については，進路指導の担当者と協力して連絡補導に努める」ことと「同和教育についてその適正な推進をはかる」ことが規定されている。
　任命の手続きについては，「福祉教員は当該市町村教育委員会が校長の意見を聞いて任命する。任命せられた福祉教員は，その市町村教育委員会の所管勤務校において勤務する。但し他校所管の必要あるときは兼務発令をする」とされている。

▷12　岡村重夫『社会福祉学［第2］（各論）』柴田書店，1963年。

▷13　大阪・あいりん地区では1962年に「あいりん学園」が，横浜寿町では1964年に「ことぶき学級」が，それぞれ長欠児のために設置されている。

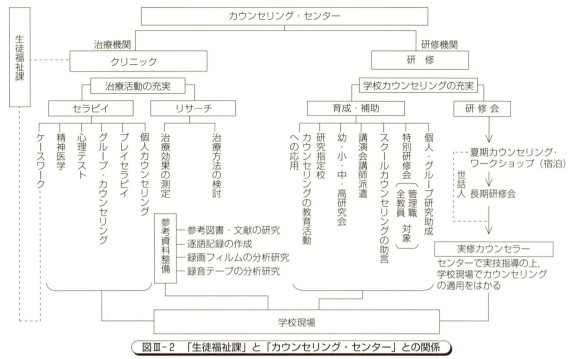

図Ⅲ-2　「生徒福祉課」と「カウンセリング・センター」との関係

出所：京都市教育委員会『京都市教育概要』1964年, 56頁。

長欠児童生徒援護会は，実践面以外にも，研究組織として学校福祉研究会を発足させ，アンケート調査や討論に基づいて，学校福祉や福祉教諭の配置に関する具体的な問題提議と提言を行っています。[14]

●生徒福祉課

「生徒福祉課」は，1962年，生徒福祉主事5名を陣容として，京都市立永松小学校内に設置されました。設置の背景には，非行児童生徒の増加や欠食児童，長欠児童の問題など，当時の児童生徒の抱える問題のなかに，ソーシャルワークの視点をもって対応せざるを得ない社会的状況があったと考えられます。当時の京都市教育委員会は，「生徒福祉課」新設の目的を次のように説明しています。「問題性の多い児童生徒の指導上の問題と積極的に取り組んで"社会"の，"学校現場の"，"保護者"の，そして"児童生徒自身"の悩みについて，民生的視野による社会的施策（ケースワーク）と専門的教育知談（カウンセリング）による科学的処理によって，善導し，解決しようというものです」。[15]

「生徒福祉課」の実践では，「社会」，「学校」，「保護者」，「児童生徒」を援助対象とし，1963年に創設されたカウンセリング・センターと一体となって，それぞれに対して科学的なアプローチが試みられました（図Ⅲ-2）。こうした生徒福祉課の実践は，教育委員会がソーシャルワークを教育のなかに位置づけ，組織的に取り組んだ日本での初めての実践といえます。

（大崎広行）

▷14　学校福祉研究会『学校福祉の理念と方法』黄十字会出版部，1963年。
　福祉教諭の資格・条件に関する具体的な提言も行っている。

▷15　京都市教育委員会『京都の教育』第53号，1962年。

Ⅲ　スクールソーシャルワークの歴史と動向

6　日本のスクールソーシャルワーク②
近年のスクールソーシャルワーク

1　SSWを意識した実践活動の始まり

　スクールソーシャルワーク（SSW）実践が日本で始まった時期については諸説がありますが，SSW発祥の地であるアメリカでSSWを学び，それを日本に導入した最初の活動としては，1986年から埼玉県所沢市で始められた山下英三郎による実践があげられます。山下は嘱託の相談員として訪問相談活動を中心に，1997年度まで同市で不登校や行動上の課題などを抱える子どもたちへの支援を行いました。山下は不登校の子どもたちの居場所としてのフリースペースや親の会などをつくり，直接的な支援だけではなく，社会資源の構築という間接的な支援にも力を注ぎました。

2　行政による先駆的なSSW活動

　2000年度に兵庫県赤穂市でSSW実践が始まりました。これは地元大学と市教育委員会との共同研究であるスクールソーシャルワーク推進事業として始まり，スクールソーシャルワーカー（SSWer）による直接支援を行う一方で，SSWの概念に基づく地域づくりに力を注ぎ，子どもたちの成長発達を促す環境整備を意識した活動を行いました。▷1

　2000年度には茨城県結城市でもSSW実践が始まっています。同市では，市教育委員会の一般職として，教員免許所得者2名をSSWerとして常勤採用しました。教員免許取得者を採用したのは，学校にある独自の文化を理解していることが，円滑な活動に結びつくと考えたからです。当時，不登校児童生徒が多かったことから，この2名は不登校対策要員として配置されました。▷2

　2001年度には香川県でも，養護教諭による子どもたちの心身の健康に関する保健室での相談体制をサポートする健康相談活動支援体制整備事業を通して，SSWerが1名採用されました。学校現場にSSWerを派遣し，養護教諭や学校担任の抱え込みを防ぎ，チームで行う支援のあり方を学校に普及させることを試みました。▷3

　2005年には大阪府でもSSWが導入され，大阪府下7地区の7つの小学校にSSWerを配置して，1日6時間，年間70回の活動を開始しました。大阪府の特徴は，学校内における有効なケース会議の導入というメゾレベルの実践に力を入れたことです。また，導入当初からスーパーバイザー（SV）を配置した

▷1　活動内容は少しずつ変化しているが，同市では現在も市費によってこの事業が継続されている。現在は，派遣型のSSWer 2名が青少年育成センターに籍を置いて活動している。

▷2　現在は同市教育委員会指導課に所属し，教育支援センター「ゆうの木」を拠点としながら要請のある学校に出向く派遣型として活動している。

▷3　現在は複数の事業を活用して県および市町でSSWerの雇用を増やし（2016年度現在で51名），高校への派遣も行っている。

▷4　現在は府から各市町村（大阪市等，一部の市を除く）に30名程度のSSWerが派遣されているほか，多数が市の独自予算でも雇用されている。

▷5　この事業におけるSSWerの資格要件は，教育と福祉の両面に関して，専門的な知識・技術を有するとともに，過去に教育や福祉の分野において，活動経験の実績等がある者とされた。そして職務内容は，①問題を抱える児童生徒が置かれた環境への働きかけ，②関係機関等とのネットワークの構築，連携・調整，③学校内におけるチーム体制の構築，支援，④保護者，教職員等に対する支援・相談・情報提供，⑤教職員等への研修活動等がある。

▷6　**学校配置型**
教育委員会などにより選定された特定の学校に配属され，あらかじめ設定された勤務日に常駐して，基本的

表Ⅲ-5　近年の日本のSSWの動向

導入年度	実施都道府県，市町村，国・私立校など
2000年度	兵庫県赤穂市（地元大学と市教委との共同研究） 茨城県結城市（教育委員会指導課の一般職）
2001年度	香川県（健康相談活動支援体制整備事業）
2002年度	千葉大学教育学部附属小学校
2004年度	私立鎌倉学園（神奈川県），香川県東かがわ市
2005年度	大阪府
2006年度	兵庫県，滋賀県，私立近江兄弟社高校（滋賀県）
2007年度	群馬県，徳島県，熊本県，長野県，福岡県志免町，愛知県豊田市，東京都杉並区，大阪府茨木市，新潟県弥彦村，栃木県高根沢町，東京シューレ葛飾中学校
2008年度	文部科学省によるスクールソーシャルワーカー活用事業（調査研究事業）により46都道府県（政令市を含む）141か所で実施（944人）
2009年度	文部科学省によるスクールソーシャルワーカー活用事業（3分の1補助事業）により38都道府県，13政令市で実施（552人），2009～2012年度は「学校・家庭・地域の連携協力推進事業」の一部として実施
2010年度	文部科学省によるスクールソーシャルワーカー活用事業（3分の1補助事業）により38都道府県，13政令市で実施（614人） ※2009年度より2県が撤退し，2010年度より2県が新たに導入。
2013年度	「いじめ対策等総合推進事業」の1メニューとして配置を実施
2014年度	「子どもの貧困対策の推進に関する法律」の施行により拡充（5年後に約1万人）が決定（2014年度配置数1,186人）
2015年度	2,247人の配置に加え，貧困対策として600人の重点加配の予算を確保
2016年度	3,047人の配置に加え，貧困対策として1,200人の重点加配の予算を要求

（注）この表は市町村単費や私立校によるSSWerの採用について，すべてを網羅しているわけではない。特に2009年度以降，市町村単費によるSSWerの雇用は徐々に増加している。

出所：筆者作成。

ことも大きな特徴です。SV，チーフSSWer，SSWerの3層構造をつくり，最前線にいるSSWerがより効果的に機能できるサポート体制を整えています。

③ SSWの全国的な発展

　2008年度に文部科学省がスクールソーシャルワーカー活用事業を開始しました。調査研究事業として国が全額負担したこの事業を利用して，46の都道府県がSSWerを導入しました。2009年度には調査研究事業から3分の1補助事業となり，事業からの撤退を余儀なくされた都道府県もありましたが，2009年度も2010年度も，40都道府県（政令市での導入を含む）がこの事業を継続しました。また，市町村の独自予算としてSSWerを雇用する自治体も増えています。2013年度には「いじめ対策等総合推進事業」，2014年度には「子どもの貧困対策の推進に関する法律」の施行により，SSWerの配置拡充の方針が打ち出され，2016年度現在，配置が急速に進んでいます（表Ⅲ-5）。

　スクールソーシャルワーカーの雇用条件は各地によって異なっていますが，多くは社会福祉士や精神保健福祉士の有資格者を採用しています。**学校配置型**，**派遣型**，**拠点校型**などの活動スタイル，年間の勤務時間数，業務内容などは雇用先のニーズによってさまざまです。

（半羽利美佳）

には直接支援を中心に行う。配置された学校がある地域の関係機関との連携なども行いやすい。

▷7 **派遣型**
教育委員会や教育事務所などに配置される。学校などからの派遣申請を受けて学校などを訪問しながら支援活動を行う。コンサルテーションやケース会議などへの参加など，間接支援が中心となる。

▷8 **拠点校型**
教育委員会などにより選定された特定の学校に配属されるが，校区内や近隣の学校に対しても，定期巡回や派遣申請により直接および間接支援を行う。

参考文献

大阪府教育委員会児童生徒支援課「SSW配置小学校における活動と地区での活用ガイド」2006年。

日本スクールソーシャルワーク協会編著，山下英三郎監修『スクールソーシャルワークの展開——20人の活動報告』学苑社，2005年。

山野則子・峯本耕治編著『スクールソーシャルワークの可能性——学校と福祉の協働・大阪からの発信』ミネルヴァ書房，2007年。

文部科学省初等中等教育分科会チーム学校作成部会「基礎資料」平成27年3月9日。

野口康彦「結城市におけるスクールソーシャルワーカー制度とその実践活動」『茨城大学人文学部紀要．人文コミュニケーション学科論集』第13号，2012年，1～9頁。

浜田知美「スクール・ソーシャルワーク活用講座 in SGU 2016資料集［テキスト］」四国学院大学，平成28年7月25日。

III　スクールソーシャルワークの歴史と動向

7 日本のスクールソーシャルワーク③ 最近のスクールソーシャルワーク

▷1　いじめ防止対策推進法
第1条によると，この法律は，いじめが，いじめを受けた児童等の教育を受ける権利を著しく侵害し，その心身の健全な成長及び人格の形成に重大な影響を与えるのみならず，その生命又は身体に重大な危険を生じさせるおそれがあるものであることに鑑み，いじめの防止等のための対策を総合的かつ効果的に推進するため，いじめの防止等のための対策に関し，基本理念を定め，国及び地方公共団体等の責務を明らかにし，並びにいじめの防止等のための対策に関する基本的な方針の策定について定めるとともに，いじめの防止等のための対策の基本となる事項を定めたものである。

1　いじめ防止対策推進法

2013年に成立したいじめ防止対策推進法▷1では，学校や国及び地方公共団体が講ずべき基本的施策として，道徳教育等の充実や早期発見のための措置，いじめの防止等の対策に従事する人材の確保等について定めています（第15条～21条）。そして，いじめの防止等に関する措置を実効的に行うため，複数の教職員，心理，福祉等の専門家その他の関係者により構成される組織を置くことが明記されました（第22条）。これが，スクールソーシャルワーカー（SSWer）が必要な根拠となっていきました。しかし，動き方など明確なものが何か示されているわけではありません。

2　子供の貧困対策に関する大綱

その後，2014年1月に「子どもの貧困対策の推進に関する法律」が成立し，2014年8月「子供の貧困対策に関する大綱」が出されました。貧困の世代間連鎖の解消と積極的な人材育成，子どもに視点を置いた切れ目のない施策の実施，子どもの貧困の実態を踏まえた対策の推進，子どもの貧困に関する指標を設定しその改善に向けて取り組む，の4点を中心に方針が明記され，教育の支援，生活の支援，保護者の就労支援，経済的支援が打ち出されました。

教育の支援においては，学校を子どもの貧困対策のプラットフォームと位置づけ，①学校教育における学力保障，②学校を窓口とした福祉関係機関との連携，③経済的支援を通じて学校から子どもを福祉的支援につなげ，総合的に対策を推進するとしています。

▷2　地域中心の取り組みという意味では，イギリスでいう拡大学校（エクステンディッドスクール）に近い。
⇒ コラム1 参照。

3　学校プラットフォーム

先の大綱のなかの教育の支援は，学校をプラットフォーム▷2として，福祉関連機関や地域と連携して取り組む重点施策です。学校運営に関わるコミュニティスクールであることで地域人材の学校への出入りが活発になり，クラス支援ボランティアや，地域学校協働本部など地域主体での企画が出現します。

また学校のなかに子どもの居場所や保護者の居場所をつくり，地域の人にも開放する実践もあります。そうすることで，いずれ小学校に入ってくる親子が遊びにやってきて学校の敷居が低くなるという効果があります。さらに全戸訪

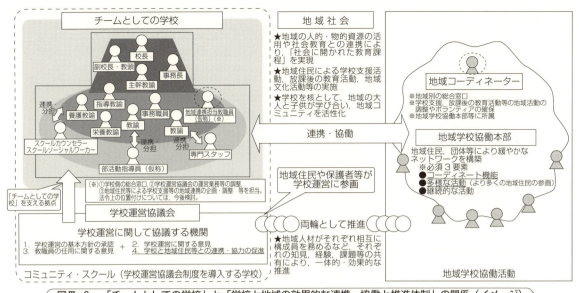

図Ⅲ-3　「チームとしての学校」と「学校と地域の効果的な連携・協働と推進体制」の関係（イメージ）

出所：文部科学省（2015）より。

問などを行う家庭教育支援員からSSWerなど専門家のチーム学校につながることで発見から支援の動きがスムーズになるという効果もあります。

これら地域支援と専門家チームを結ぶ連絡会などをつくり，福祉情報も活用しやすいように学校にストックします。ここに子ども食堂や学習支援，イギリスのように保護者の就労支援も学校で行えると，働かなければならない保護者も子どものいる身近な学校を拠点にできます。切れ目なく，より広く子どもたちや家庭に支援を届けられる可能性があるといえるでしょう。▷3

4　チームとしての学校

さらに2014年教育再生実行会議「今後の学制等の在り方について」（第5次提言）を受けて初等中等教育分科会の下に「チームとしての学校・教職員の在り方に関する作業部会」が開始され，少し遅れて学校を支える地域のありようも議論されました。

中央教育審議会答申では，「専門性に基づくチーム体制の構築」，「学校のマネジメント機能の強化」，「教員一人一人が力を発揮できる環境の整備」の3つの視点で検討され，課題の複雑化・多様化に伴い，心理や福祉等の専門性が求められているとされました。学校と家庭，地域との連携・協働によって，ともに子どもの成長を支えていく体制をつくることで，学校や教員が教育活動に重点を置いて取り組めるようにすることが重要と示し，同時に開催されていた学校地域協働部会と地域とともにある学校部会と合体した形で方向性が図示されたことの意義は大きいといえるでしょう（図Ⅲ-3）。

（山野則子）

▷3　山野則子「提案：すべての子どもたちを包括する支援システム作りへ」スクールソーシャルワーク評価支援研究所（所長山野則子）編『すべての子どもたちを包括する支援システム』せせらぎ出版，2016年。

▷4　文部科学省「これからの学校教育を担う教員の資質能力の向上について──学び合い，高め合う教員育成コミュニティの構築に向けて（答申）（中教審第184号）」（http://www.mext.go.jp/component/b_menu/shingi/toushin/__icsFiles/afieldfile/2016/01/13/1365896_01.pdf）。

コラム1　SSWの参考になる制度

イギリスの拡大学校
(Extended Schools/Services)

1　拡大学校サービス創設までの流れ

2000年，8歳の少女ヴィクトリアちゃんの虐待による死亡という事件は，イギリス社会に大きな反響を与えました。そして，政府は二度とこのような事件を起こさないために，子どもにかかわる関係機関が連携・協働して子どもの安全，安心，そして社会での成功を制度的に保証していく仕組みの構築を目指しました。

2003年に政府文書『全ての子どもために』（『Every Child Matters』）を発表し，すべての子ども，若者が，①健康であること，②安全であること，③楽しく，目標を達成すること，④積極的に関与すること，⑤経済的な幸福を享受することという5つの政策目標が設定されました。これらの目標を達成するために，中央及び地方の関係機関が連携協力していくことが求められました。

そしてそれを具体的に実行するための法的根拠を規定した「2004年子ども法」（「Children Act 2004」）が制定されました。同法では，子どもにかかわる業務の一元化を図るための組織間協働などが規定されています。具体的には，子どもコミッショナーの創設，地域子ども保護委員会（Local Safeguarding Children Board, LSCB）の創設，子どもサービス長の任命などが盛り込まれました。

このような政府全体の動きを受け，2005年に教育技能省（現在の教育省）が『拡大学校：全ての子どもが機会とサービスを享受すること』を発表し，2010年までに拡大学校サービスを全ての子どもが享受することを政策目標として提示しました。

2　拡大学校サービスとは

拡大学校サービスとは，1つの学校ないし複数の学校が連合を組み，地域内の多様な機関や組織と連携しながら，学校が開校している時間帯に，子どもや保護者，地域住民等に彼らのニーズに対応した多様な活動を提供し，学校教育の質的向上と地域の活性化を図ることを目的とした活動をいいます。

学校では，拡大学校サービスコーディネーターが中心となり，学校，子ども，家庭，地域の状況から判断し，具体的な活動内容を決定します。例えば，子ども向けであれば，朝食クラブ（始業前に朝食を提供する），スポーツや文化，芸術などの放課後クラブなどがあります。保護者向けであれば，食育指導，保護者支援（育児相談，諸手続の支援など），職業訓練などがあります。地域住民向けであれば，学校の施設設備を活用したパソコン教室やスポーツクラブなどがあります。

イギリスでは学校まで保護者が子どもを送り届けることが義務となっています。そのため学校を拠点として，子どもの育ちに関わる関係者が保護者とつながり，子どもの育ちを包括的に支援し，子どもや家庭が危機的な状況にならないような予防的な取り組みを拡大学校サービスにより提供しているのです。

（植田みどり）

コラム2　SSWの参考になる制度

フィンランドの「ネウボラ」制度
——妊娠から子育てまでを切れ目なく支援する仕組み

1　「ネウボラ」制度とは

　核家族化や都市化が進行した現代の日本社会では，妊娠中あるいは子育て中の家族（なかでも母親）が時として孤立化し，子どもの成長や発達をめぐる不安や悩みに直面することがあります。このような孤立感や不安感を解消・軽減するためには，日常的に気軽に相談できる相手や，長期間にわたり継続的に支援してくれる存在が身近にあることが重要になります。そこで参考になるのが，フィンランド国内で導入されている「ネウボラ」と呼ばれる制度です。

　フィンランド語で「アドバイスの場」を意味するネウボラは，1944年の法制化を経て全国的に展開されるようになりました。フィンランドではネウボラ制度のもと，専属の保健師が妊婦や母子さらにはそのパートナーとの定期的な面談を通じて，子育てや家族をめぐるさまざまな悩みや課題への支援を継続的に提供しています。専属の保健師が必要に応じて子どもやその家族を医療・心理・福祉・ソーシャルワーク・教育といった関係機関へとつないでいく（いわゆるワンストップ・サービスとしての）機能をもつネウボラ制度は，フィンランド国内の乳幼児死亡率の低下に寄与してきただけでなく，児童虐待や家庭内暴力の予防さらには少子化対策の点からも推進されてきた側面があります。

2　日本における取り組み

　一方の日本においても近年，「子ども・子育て支援新制度」のスタートにともない，和光市や浦安市，名張市をはじめとする自治体の先進的な取り組みが，日本版ネウボラとして注目を集めるようになりました。このほかにもネウボラ制度をヒントにした自治体の取り組みとしては，千歳市や長岡市のように子育てをめぐる悩みを気軽に相談できる「子育てコンシェルジュ」を地域内に配置し，必要に応じて適切な支援機関へとつないでいる例も見られます。

　また，「まち・ひと・しごと創生総合戦略（2015改訂版）」のなかでは，ネウボラ制度をモデルにした**子育て世代包括支援センター**を全国的に展開していく方向性が示されました。これにより，日本においても日常的に妊娠や子育てについて相談できる窓口の整備とあわせて，子どもやその家族に対する切れ目のない支援のさらなる拡充が期待されています。今後，ネウボラのような乳幼児期の子どもたちの発達と成長を継続的かつ包括的に支援する取り組みが日本各地に広まることで，就学前の段階においてもスクールソーシャルワーカーと保健師などの専門職との協働が，より重要性を増していくことになるでしょう。

（安宅仁人）

▶　法律上の名称は，「母子健康包括支援センター」である。これは，2016年の母子保健法の改正を受け，従来の母子健康センターに代わって市町村への設置が法定化された公共の施設である。同法の改正により2017年4月以降，各市町村は必要に応じて「母性並びに乳児及び幼児の健康の保持及び増進に関する包括的な支援」（同法第22条第2項）を目的とした母子健康包括支援センターを設置するように努めなければならないこととなった。政府は，同センターをおおむね2020年度末までに全国展開することを目標に掲げている。

参考文献

　髙橋睦子『ネウボラ　フィンランドの出産・子育て支援』かもがわ出版，2015年。
　吉川はる奈・尾崎啓子・細渕富夫「フィンランドにおける子どもの育ちを支える教育事情——ネウボラとエシコウルにみる就学前期を継続的に支えるしくみ」『埼玉大学紀要　教育学部』64(2)，2015年。
　まち・ひと・しごと創生本部『まち・ひと・しごと創生総合戦略（2015改訂版）』2015年12月24日。

Ⅳ 学校教育の特徴

1 学校における教育の特徴と学校「文化」

学校プラットフォーム論にしても，また，文部科学省が取り組みを始めた「チーム学校」も，教育と心理，福祉，医療等の他領域との連携・協働を新たな課題としています。しかし，日本の学校は，これまで教員が圧倒的多数を占める組織であり，他専門スタッフや学外の福祉機関等との連携・分担・協働する経験やしくみをもっていませんでした。他専門スタッフ・他機関等との連携・分担・協働を阻んできた日本の学校システムや教員の意識，「文化」の特徴とそれらが生みだされる背景を探り，見直していく取り組みが重要です。

1 地域間格差を最優先にした教育行政システム
―― 格差や「個の平等」を見え難くしてきた学校システム

戦後日本の教育行政では，さまざまなハンディを背負った子どもの問題とそれに関わる教育指導は，個々の家庭・子どもへの対応策を措置するのではなく，まずは，地域間格差の問題として扱われ，学校内においては学級の集団的教育活動に包摂され教育指導の実践的課題として取り組まれてきました。

敗戦後の学校制度の民主化と整備（新制中学校の誕生と六三制義務教育制度の確立等），その後の子ども数の増加等による地方の教育需要の爆発的な拡大に対し，国は学校の地域間格差を是正し，全国どこでも義務教育の最低保障を確保して義務教育の底上げや地域間格差の縮小を図ることを最優先課題として取り組んできました。具体的には，公立義務教育学校教職員の給与を国と都道府県で負担し合うことで教職員の質量にわたる安定的な確保を図り（1952年義務教育費国庫負担制度），また，子どもの学校生活と教育指導の基底的条件である1学級当たりの子ども数を国が標準として設定し，全国どのような地域，学校でも学級数に応じて教職員が平等に配置されるようにして教育活動の最低水準を維持できるしくみを構築しました（1958年義務標準法）。

そうした仕組みの上に，日本の学校の教育活動のあり方を強く規定したもう1つの要因は，日本の学校が，学習（教科）指導の外に，集団の生活・活動（学級活動・行事，生徒指導やクラブ・部活動等）を通じて社会規範の育成も期待されてきたことです。欧米の学校は，学習（教科）指導が中心で，社会規範の育成は，家庭・地域社会が担うといったように分担される傾向にありますが，日本の学校は，社会規範など子どもの生活全般に責任を負うことを求められてきました。そうした教育活動は，子どもの学校生活と教育指導の日常的基盤である学級に依拠したことから，学級の集団的活動が極めて重視されてきました。

以上のように，地域間格差の是正を最優先する政策と学級を基盤にした集団的教育活動・指導を特徴とした日本の学校では，経済的困窮等のさまざまなハンディを背負う子どもも学級内の他の子どもと同じ個として「平等」に扱われ，学級の集団的教育活動・指導によってそのハンディを克服するという教員の教育的技量（学級づくり，学級経営力）が特に重視されてきました。逆にいえば，個々の子どもが背負うハンディが見え難く，学級に包摂できない子どもの「個別的」問題は，長い間，学校教育の埒外の課題として扱われてきました。▶1

❷ 学校の組織的構造・「文化」と教員意識の特徴，問題

欧米では，教員の仕事は学級内の学習（教科）指導が中心であるため職務範囲が明確で勤務時間も限定されています。また，教員は学習（教科）指導の専門家とされているため，生徒指導等はスクールカウンセラーやスクールソーシャルワーカー（SSWer）等の他専門スタッフの仕事とされるなど学校内分業が進んでおり，教員と他スタッフの構成比は半々かそれに近い状況になっています。

それに対して，日本の教員は，子どもの生活全般に係る教育活動・指導を担うことで（職務範囲の無限定性），世界で最も長時間といわれる勤務を強いられています。また，教員は，学習（教科）指導の専門家というより職務範囲の無限定性を反映してオールランドな職務能力を身に付けることが求められてきました。学校教育をめぐる変化や課題に対し新たに要請される職務とそれに必要な能力は，OJT（職場内教育）や研修で身につけ教員が「多能化」することで対応してきました。

教員とSSWer等の他専門スタッフの連携・分担を阻害ないし抑制している原因として，教員の単一文化，学級担任制を背景にした閉じられた学級経営，学級や個々の教員の裁量を重視した疎結合組織といわれる学校の組織的構造・「文化」，「教師」としてのプライド，担任・教員の「我が児童・生徒」意識と責任，忙しさ等による他教員への配慮等の教員の意識等が指摘されてきましたが，それら学校の組織的構造・「文化」や教員の意識の背景には，学校・教員に対し子どもの生活全般にかかる指導を期待する社会状況とともに，学級を基盤にした職務範囲の無限定性と「多能化」志向の職務能力の育成，それらに起因する多忙化等の構造的要因があるように思います。▶2

しかし，近年の学校を巡る環境等の変容で，上記のような教員だけで「多能化」して課題に対応するという組織，文化やそれを基盤とした学校経営では子どもの発達と学習を保障できなくなっています。日本の学校は，教員の働き方の抜本的な見直しを図りつつその組織を変革する時期に来ているといえます。

（小川正人）

▶1 小川正人「子どもの貧困対策と『チーム学校』構想をめぐって」山野則子編『すべての子どもたちを包括する支援システム』せせらぎ出版，2016年。

▶2 荊木まき子・淵上克義「学校組織内の児童・生徒支援体制における協働に関する研究動向」『岡山大学大学院教育学研究科研究収録』第151号，2012年。

Ⅳ 学校教育の特徴

2 教育関係の法律とスクールソーシャルワーク

1 『教育小六法』の編纂からみえるもの

　スクールソーシャルワーカー（SSWer）は，「スクール」のソーシャルワーカーであるために，学校という組織を規律している教育関係の法令のあらましを知っていることも重要です。概要をみるために手っ取り早いのが，それらを編纂している六法を眺めてみることです。ここでは，もっとも代表的な『教育小六法』（学陽書房，2016年度版）をみていきましょう。表Ⅳ-1は，それに掲載されているもののなかで，主だったものだけを抜粋したものです。

　一口に「教育関係の法律」といっても，それは膨大な数にのぼります。国会の議決により制定される法律から，内閣や省庁が定める政令や省令（これらをあわせて法令といいます）まであり ますし，またどこまでが「教育」に関するものかの線引きが難しいです。ですから通例，多くの六法書では参照する頻度に対応して，掲載すべき法令を選んで一定の基準で分類を行っています。憲法が最上位の法律であることはいうまでもないのですが，その次に，批准された教育国際条約である「児童の権利に関する条約」，そして「教育基本法」を配置しています。

　ここに載せたのは国家教育法規（教育法令）だけですが，当然のごとく地方自治体の議会が定める条例，教育委員会が制定する規則もあり，これらは自治教育法規（教育例規）ともいわれます。

2 法令面では教育と福祉の仕切りは薄くなった

　SSWerにとって，どれが重要かといえば「すべて」です，としかいいようがないのですが，「特に」ということであれば「学校教育編」，「教育奨励編」，「学校保健編」，「福祉・文化編」，「子ども法編」ということになります。しかしよくみてみると，それは『社会福祉小六法』（ミネルヴァ書房）のようなものに収録されているものと重なります。それは児童福祉や子育てと学校教育の間に，明確な区分ができないからです。

　それに現代的な動向が加わりました。いじめ，非行・暴力，不登校といった教育問題は深刻の度を増し，児童虐待はもちろん，家計の収入格差と貧困に起因する諸問題は，福祉と教育の両面からみていく必要があります。障害（発達障害を含む）のある子どもたちをどのようにケアしていくかも，「特別支援教

▷1　○○法施行令，○○法施行規則という名称になっていることが多い。

▷2　SSWerにとっては，各自治体が定める教育例規の方が，実際の学校現場で活動する時には参照することが多い。各学校の設置，教職員の定数や勤務条件（給与体系を含む），教育委員会の組織編制などは条例で定められている。青少年健全育成に関連する条例も，自治体ごとで内容に相当の違いがある。

▷3　教育委員会は執行機関として「法令又は条例に違反しない限りにおいて，その権限に属する事務に関し，教育委員会規則を制定することができ」（「地方教育行政の組織及び運営に関する法律」第15条第1項），学校運営の基本的事項を定める「学校管理規則」はそれにあたる。

▷4　自治体の例規集は，加除式の分厚いものだけでなく，いまではホームページで，ほとんど大部分が公表されていることが多くなった。

表Ⅳ-1 『教育小六法』（学陽書房）にみる教育関係法（主要なもの）

基本編	教育職員編
・日本国憲法	・教育公務員特例法
・児童の権利に関する条約	・労働基準法
・教育基本法	・教育職員免許法
学校教育編	教育行政編
・学校教育法	・地方教育行政の組織及び運営に関する法律
・各学校の設置基準	・地方自治法
・公立義務教育諸学校の学級編制及び教職員定数の標準に関する法律	教育財政編
・いじめ防止対策推進法	・地方財政法
高等教育編	・義務教育費国庫負担法
教育奨励編	情報法編
・高等学校等就学支援金の支給に関する法律	福祉・文化編
・就学困難な児童及び生徒に係る就学奨励についての国の援助に関する法律	・生活保護法
	・障害者基本法
	・発達障害者支援法
学校保健編	子ども法編
・学校保健安全法	・児童憲章
・食育基本法	・児童福祉法
私立学校編	・子どもの貧困対策の推進に関する法律
・私立学校法	・子ども・子育て支援法
社会教育・生涯学習編	・児童虐待の防止等に関する法律
スポーツ法編	・少年法
・スポーツ基本法	・子ども・若者育成支援推進法
・独立行政法人日本スポーツ振興センター法	国際教育法規編
	・児童権利宣言

出所：筆者作成。

育」という名のもとに推進され，またキャリア教育も学校の重要な課題となりました。『教育小六法』では，2004年度版から「子ども法編」が新設されましたが，教育と福祉の境界は，今後もどんどん薄くなっていくでしょう。そのなかに収められている子ども・若者育成支援推進法（2009年7月8日制定）は，国と自治体に総合的な子ども・若者育成支援施策を講じることを謳っています。

3 SSWerの配置と法令，例規

　SSWerとして任用され活動していく場合は，各自治体の教育委員会が定める要綱に規定されていることが多いようです。たとえば2009年4月3日に施行された「静岡市スクールソーシャルワーカー活用事業実施要綱」では，「いじめ，不登校，暴力行為その他の学校生活上の諸問題の背景にある生活環境の調整及び改善を図るため，スクールソーシャルワーカー活用事業を実施するものとし，その実施に関しては，この要綱に定めるところによる」（第1条）と，趣旨が定められています。

　静岡市ではSSWerの身分は，地方公務員法第3条第3項に規定する特別職の職員と位置づけられていますが，当然のことながら各種の法令や，条例・規則を遵守することが謳われています。たかが要綱とあなどることなかれ，各種の定義やワーカーの任命方法や業務だけでなく，服務や勤務条件（勤務時間，報酬など）が定められていますので，何度も読み返しておくことが必要です。

（小野田正利）

▷5　「要綱」，「要項」，「要領」の差は，実質的にはほとんどない。行政機関の内部的・規定的性格のもので，事務処理を進めていく上での基準や指針を意味している。あえていえば「要綱」は，綱という意味からも，重要な事項をまとめたものと解釈できよう。

Ⅳ 学校教育の特徴

3 教育行政の仕組みと学校

図Ⅳ-1 教育委員会事務局組織の例

出所:尼崎市役所ホームページより一部抜粋。

1 教育委員会とは何か

「恩師の先生は学校じゃなくて,いま教育委員会にいるんだよ」(A)とか「教育委員会は市長に対してもっとはっきりと主張してもらわなければ困るよ」(B)という言い方を聞いたことはありませんか。同じ「教育委員会」という言葉を使っていますが,実は実態としては違うものを意味しています。

教育委員会とは「執行機関として法律の定めるところにより普通地方公共団体に置かなければならない委員会」(地方自治法第180条の5)のことで,「学校その他の教育機関を管理し,学校の組織編制,教育課程,教科書その他の教材の取扱及び教育職員の身分取扱に関する事務を行い,並びに社会教育その他教育,学術及び文化に関する事務を管理し及びこれを執行する」(同法第180条の8)組織です。したがって都道府県と市町村に置かれ,知事や市町村長とは別個に,教育に関する事務を「自らの判断と責任において,誠実に管理し及び執行する義務を負う」(同法第138条の2)ものです。

執行機関として位置づけられている「教育委員会」は,原則として5名ないし6名の委員で構成される合議制の意思決定の行政委員会であり,上記の(B)は,それにあたるものをいっているのでしょう。そして「教育委員長」は,その会議を主宰し,委員会を代表する立場の人です。

しかし数名の委員では,実際に存在する膨大な事務作業をこなすことはできませんから,事務組織が必要になります。(A)の発言は,学校の先生だった人が,人事異動で移っていって,いまは教育委員会の事務局(「地方教育行政の組織及び運営に関する法律」第18条)に働く職員(**指導主事**等)となっているということを意味していると思います。

図Ⅳ-1は,市のなかでもかなり人口の多い兵庫県尼崎市(兵庫県南東部に位置し,大阪府と隣接する人口45万人の中核市)の教育委員会(通称では教委と略することが多い)の事務局構造ですが,それを統括する立場にあるのが「教育長」で,同時に教育委員の1人でもあります。

2 教育委員会と学校

「学校の設置者は,その設置する学校を管理」(学校教育法第5条)することになっていますので,教育委員会が公立の幼稚園・小学校・中学校・高等学校

表Ⅳ-2 学校教育担当事務の例（尼崎市）

	学校教育部
学校教育課	(1)学校教育計画の立案 (2)学校の経営及び管理の指導及び助言 (3)教科書の採択 (4)学校教育における人権教育計画の立案
生徒指導担当	児童及び生徒の問題行動対策，長期欠席の児童及び生徒の指導対策，特別支援教育の指導及び助言，障害のある児童生徒の就学相談
教育相談・特別支援担当	市内在住，在学の方からの4歳から18歳（幼稚園・保育所から高校生）までの子どもに関する教育相談（電話相談，面接相談，心療内科医・精神科医による教育相談），特別支援教育の指導及び助言，障害のある児童生徒の就学相談
教育総合センター	教職員研修および研究助成，情報教育に関すること。 教育情報の収集，教科書センター・視聴覚センターの運営等。

出所：尼崎市役所ホームページより筆者作成。

などを管理しています。人口規模が大きい尼崎市の場合には，高校や特別支援学校を設置していますが，通例これらは政令指定市を除けば，都道府県立の学校という場合が多いです。また私立学校・園（私立大学は文部科学大臣）の所轄は，都道府県知事となっています。

学校と教育委員会の関係の場合，法令上は次のような2つの原則が確認されていることを忘れてはいけません。まず第1は，行政の組織として市町村教育委員会の上には都道府県教育委員会が，その上には文部科学省があるような印象をもちがちですが，これらは法令によって自治事務と**法定受託事務**が定められています。それぞれが果たす役割が決まっていて，上位機関によるさまざまな関与は一方的なものではなく，「教育の地方自治」が一定程度保障されていることです。第2は教育委員会と学校の関係においても「学校自治」の観点から，一方的な上意下達の構造にはなっていないということです。

❸ SSWに関連する部署

スクールソーシャルワーカー（SSWer）が実際に活動する場合には，教育委員会の事務局のなかでも俗にいう「指導部門」に相当する部署，そのなかでも生徒指導や教育相談を担当する指導主事（教師経験者が大多数）との連携が中心になると思います。

表Ⅳ-2には，尼崎市の「**学校教育部**」の業務内容を示しました。尼崎市では3名のSSWerが2010年度から配置され，2014年からは6名に増員しました。しかしそれらは，教育委員会ではなく，福祉事務所の家庭児童相談室に所属するという珍しい方式をとっています。

（小野田正利）

▷1 市町村に置かれるものを市町村教育委員会，都道府県に置かれるものを都道府県教育委員会という。両者を併せて「地方教育委員会（地教委）」ともいう。

▷2 一般行政部門に属している行政庁で，合議制で複数の委員によって構成され，母体となる行政部門（たとえば市長）からある程度の独立した形で，その所管する分野についての行政権限を行使する地位をもつ。選挙管理委員会や人事委員会などもこの例である。

▷3 **指導主事**
指導主事は「上司の命を受け，学校（学校教育法〔昭和22年法律第26号〕第1条に規定する学校をいう。以下同じ。）における教育課程，学習指導その他学校教育に関する専門的事項の指導に関する事務に従事する」（地方教育行政の組織及び運営に関する法律第18条第3項）ものであるが，ほとんどは教職経験者から登用される。教委事務局のなかで教職経験者が占める割合が高いのは「指導部門」であるが，それ以外の部署は一般行政職員が大多数である。

▷4 **法定受託事務**
都道府県や市町村（特別区を含む）が処理することとされる事務のなかで，国または都道府県が本来果たすべき役割をもち，国や都道府県がその適正な処理を特に確保する必要があるもので，法令で特に定めているものを法定受託事務といい，それ以外を自治事務という（地方自治法第2条第8項，第9項）。

▷5 **学校教育部**
市町村の規模によって，部，室，課など名称や組織体制は異なっているが，学校の運営に関わる事項を扱う部署。

Ⅳ　学校教育の特徴

 学校の経営と管理

1　校務分掌組織図から学校を理解する

　公立学校の場合，教育委員会が学校を管理し，校長がその責任者として「校務をつかさどり，所属職員を監督する」（学校教育法第37条第4項）立場にありますが，それだけでは学校は進んでいきません。どこの学校でも，ある程度の地域性や伝統，慣習を引き継いだ形での学校文化が存在しています。外部者として学校に入っていくスクールソーシャルワーカー（SSWer）が，それをみたり感じたりする場合は，接する教職員の人柄や人間関係などによることが大半ですが，紙媒体のものでもある程度みて取ることができます。そのなかでも**校務分掌組織図**はお勧めです。

　校務分掌は，教師は教育活動だけ，事務職員は管理運営事項を，校長はそれらを統括するといった欧米の学校にはあまりみられないもので，わが国特有のものといってよいかもしれません。教科指導だけでなく，総合的に任務を分担して，教職員が重複していくつもの任務にあたっているのです。図Ⅳ-2は，広島県福山市立大津野小学校（2011年度）のものです。

2　教職員の多種多様化

　学校教育法では「小学校には，校長，教頭，教諭，**養護教諭**及び**事務職員**を置かなければならない」（第37条第1項）とされていますが，それ以外に副校長，**主幹教諭**，**指導教諭**，**栄養教諭**，その他必要な職員（**校務員**〔**用務員**〕など）を置くことができます。ただ自治体によって名称は変化し，副校長が准校長に，主幹教諭が首席教諭となっている場合（大阪府）もあります。

　またこの校務分掌組織図では，基本的に常勤の職員だけですが，実際には非常勤の職員を含めた多様な人々が学校の運営に関与しています。不登校支援や特別支援教育の**支援員**，校内の安全を見守る**警備員**，放課後の子ども支援のための**学生ボランティア**など，実に多種多様化しています。SSWerもスクールカウンセラー（SC）も，そのなかに入ります。

3　SSWerと教職員の壁

　SSWerが学校に行った際に，最初は非常に冷たくあしらわれることが多いと思います。教職員のなかに「学校のことは自分たちでやりたい」という意識

▶1　教育委員会がその所管する学校の「学校管理規則」を定めるが，そのなかに休業日や指導要録，出席停止，学級編制，学校運営体制，学校評価，非常勤講師の任用，予算，施設設備の管理などが明記されていることが多い。

▶2　**校務分掌組織図**
中学校や高校では，相当に違った校務分掌図になる。

▶3　**養護教諭**
通常は保健室において児童生徒のけがや病気の応急処置を行ったり，健康診断や観察を行う。

▶4　**事務職員**
学校において，教育指導や技術業務ではない総合的な事務を処理する行政職員。

▶5　**主幹教諭**
校長や教頭を助けて校務の一部を担い，同時に授業も行う先生。

▶6　**指導教諭**
授業を担当しつつ，ほかの教員に教育指導や助言を行う先生。

▶7　**栄養教諭**
栄養士資格をもち，栄養指導や管理を行う先生。

▶8　**校務員（用務員）**
施設設備の管理や修繕などを行う技術的な専門職。

▶9　**支援員**
障害のある児童生徒に対するさまざまな補助を行う。

▶10　**警備員**
大阪教育大学附属池田小学校事件後に全国の小学校等で急速に配置された，入校管理や学校への来訪者の応対などを行う臨時職員。

Ⅳ-4　学校の経営と管理

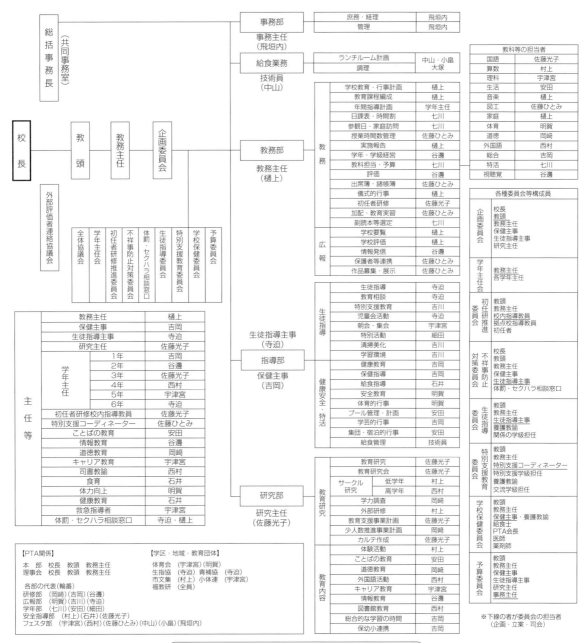

図Ⅳ-2　広島県福山市立大津野小学校の校務分掌図

出所：広島県福山市立大津野小学校ホームページ（http://www.edu.city.fukuyama.hiroshima.jp/shou-otsuno/gakkou/syoukai/koumubunshou.pdf）。

が強くありますし，それを下支えしてきたのが校務分掌でもあるのです。学校というのはよそ者に対して，けっこう厳しいのですが，それが学校を営ませてきた原動力でもあったのです。

でも，1人でもいいですから話せる管理職（校長，教頭）か先生をみつけて下さい。SSWerの存在価値を徐々にわかってもらえるようになれば，かつてのスクールカウンセラー（SC）がそうであったように，専門性を軸に受け入れられるようになりますから。

（小野田正利）

▷11　学生ボランティア
2007年度から始まった「放課後子どもプラン」および2014年度からの「放課後子ども総合プラン」は，子どもたちの遊びや生活の場を確保し，学習や文化活動を行っているが，そこに地域住民や大学生がボランティアとして加わっている。

Ⅳ　学校教育の特徴

 教育相談・生徒指導体制

 多様な問題に対応する教育相談

　教育相談は教育分野，とりわけ学校で行われる，児童生徒に関する学習相談，生活相談，進路・就職相談などを総合した相談の呼び名であり，広くは社会教育や家庭教育の相談を含む場合もあります。

　文部科学省の基本的な考え方では，学校の営みを学習指導と生徒指導に大きく区分し，生徒指導の中心的活動の1つに教育相談を位置づけています。つまり生徒指導という大きな傘のなかに，教育相談が含まれるということです。しかし，そうではなくて，生徒指導と教育相談とは相互に独立した分野で，一部重なることがあっても，基本的には別のものと考える立場もあります。そこで極端な場合には，生徒指導と教育相談とは，その対象も**反社会的行動と非社会的行動**[1]の違いがあり，指導的か受容的かという基本的な支援姿勢が違うことから，対立する概念だと理解される場合も見受けられます。

　また，教育相談を，学校で行われるカウンセリング全体を指すと考える立場もあります。これは学校でのカウンセリングが，受容や傾聴といった通常のカウンセリングのイメージを越えて，進路指導など指導的な面も大切なため，カウンセリングという表現では誤解が生じるということから，それを避けて，教育相談と表現しようとするようです。

　実際の教育相談は，成績不振，友人関係，いじめや不登校，非行などから，進路や受験などさまざまな相談を含むことになります。相談を行うのは教師である場合が多く，担任や教育相談担当の教員などが，担任面談や三者面談，家庭訪問などを行っています。また，教育相談週間など計画的に相談の機会を設けて行うこともあります。1995年にスクールカウンセラー（SC）が導入され，その後のスクールソーシャルワーカー（SSWer）導入も，外部からの支援者による教育相談が開始されたという意義があり，教育相談の機能や体制も大きく変化することになります。

2 すべての児童生徒の支援を目指す生徒指導

　生徒指導とは，一人ひとりの児童生徒の人格を尊重し，個性の伸長を図りながら，社会的資質や行動力を高めることを目指して行われる教育活動のことです。つまり生徒指導は，すべての児童生徒一人ひとりの人格の発達を目指し，

▶1　反社会的行動と非社会的行動
教育相談・生徒指導においては，人や社会に対して反抗的で害を加えるような行動を反社会的行動と呼び，非行やいじめなどを指す。一方その反対に，人や社会との関係を避ける不登校やひきこもりなどを非社会的行動と呼ぶ。

学校生活がすべての児童生徒にとって有意義で興味深く，充実したものになることを目指す指導ということができます。

そのため，生徒指導に関して，「**学習指導要領**」の，指導計画の作成等にあたって配慮すべき事項のなかに，小学校では「日ごろから学級経営の充実を図り，教師と児童の信頼関係及び児童相互の好ましい人間関係を育てるとともに児童理解を深め，生徒指導の充実を図ること」（小学校学習指導要領第1章第4の2(3)）と定めています。また，中学校の場合には，それに加えて「生徒が自主的に判断，行動し積極的に自己を生かしていくことができるよう生徒指導の充実を図ること」（中学校学習指導要領第1章第4の2(3)）と示しています。

生徒指導を学校内で充実するには，以下のことなどが大切です。

・全教職員の一致協力と役割分担
　教職員全員が指導援助の目的を理解し，組織として役割を遂行する。
・学校としての指導方針の明確化
　生徒指導に関する具体的な方針を明確にし，校内で共有を図る。
・すべての児童生徒の健全な成長の促進
　児童生徒理解に基づき，積極的・開発的な指導援助体制を確立し，カウンセリングの手法も活用した指導援助を行う。
・問題行動の発生時の迅速かつ毅然とした対応
　事実を的確に把握し，指導援助の方向性を明確にし，細かい説明を行う。
・生徒指導体制の不断の見直しと適切な評価・改善
　教職員の自己評価・内部評価を進め，改善策を検討し積極的に公表する。

❸ 教育相談体制と生徒指導体制の連携の重要性

教育相談や生徒指導が有効に機能するには，学校に応じた適切な体制づくりが必要です。そのためすべての学校で，生徒指導に関する**校務分掌**が定められています。特に規則により，中学校・高等学校・特別支援学校には，指導教諭または教諭のなかから**生徒指導主事**を置くことになっています。小学校にはその規定はありませんが，生徒指導主担当者は置かれている場合が多いようです。

いずれにしても，相談や指導が有効に機能するには，担任や生徒指導主事が1人で抱え込み，孤独に対応することがないよう，組織としての指導支援が可能な体制を準備し，全教員の意識を高め，情報を共有し，役割を確認することが必要です。そのためにも，連絡や調整等を行う部・係・委員会等の組織が必要で，校務分掌として，役割と責任を明確にすることが求められています。同時に関連する校務分掌として，特別支援なども導入され，分掌が複雑化した結果，体制の縦割りが強まり，連携が難しくなっている例もあるので，相互の関連が十分に図られるようにすることも必要です。

（野田正人）

▷2　**学習指導要領**
⇒ I-4 参照。

▷3　**校務分掌**
学校には，学年，教務，生徒指導，教育相談，PTA担当などいろいろな役割があり，それらを校務と呼んで，教職員で分担して担当する。その職務の種類と責任の範囲を定めて，割りあてることを校務分掌という。ほとんどの学校で，校務分掌の組織図が作成されている。
⇒ IV-4 参照。

▷4　**生徒指導主事**
生徒指導を担当する教員で，「校長の監督を受け，生徒指導に関する事項をつかさどり，当該事項について連絡調整及び指導，助言に当たる」仕事と定められている。学校教育法施行規則第70条第1項（中学校），第79条の8（義務教育学校），第104条第1項（高等学校），第135条第4項，同条第5項（特別支援学校）を参照。

Ⅳ 学校教育の特徴

6 「生徒指導提要」とスクールソーシャルワーク

① 新しい生徒指導の基準である「生徒指導提要」

「生徒指導提要」とは，2010年3月に文部科学省が示した，生徒指導に関する学校・教職員向けの基本書のことです。同書はそれ以前に文部省が編纂した「生徒指導の手引き」の改訂版という位置づけですが，提要は240頁に及ぶもので，従来の手引きとは異なり，かなり具体的に記述されていて，学校に関わるスクールソーシャルワーカー（SSWer）などの支援者にとっても，内容を把握しておく必要性の高いものです。

従来は生徒指導の生徒という表現から，児童は別だと考えて小学校が範囲からはずして考えられることもあったのですが，今回は小学校から中学校・高等学校・特別支援学校などにおける生徒指導について，必要な場合には学校段階別に示しています。内容として，生徒指導の意義や原理，教育課程との関係，児童生徒の心理や理解，学校における生活指導や教育相談の体制，具体的な生徒指導と法律や連携など，幅広く記述されたものになっています。

② 生徒指導の歩み

戦後まもない時期の学校は，戦前の社会体制が大きく変わり混乱するなかで，教育思想や教育課程，教授内容が大きく変更され，落ち着きを取り戻すのに時間がかかりました。義務教育も法律上は無償だとされていましたが，実際に教科書が無償配布となったのは1964年以降のことです。

この頃は，新幹線や名神高速道路の開通，東京オリンピック開催などに象徴される，高度経済成長の幕開けでした。社会的には少年非行の第2のピークといわれる時期で，児童生徒の非行と家出が激増しました。それまでの児童生徒と教師の関係にも変化が生じ，従来の生徒指導の手法では効果があげられなかったことから，生徒指導重点校が指定されたり，生徒指導担当主事が試験的に配置されるなど，生徒指導への取り組みが強化されるなか，1965年に「生徒指導の手引き」が発表されました。ここでは，今日でいうカウンセリング技法を活用した教育相談の大切さも指摘されています。

その後，高度成長が進むと非行は沈静化をみせ，特に凶悪な事件は激減したのですが，昭和50年代半ばには，遊び型や初発型と呼ばれる，万引きや自転車盗などを中心とした比較的軽微な非行が増加をみせます。当時は，特定の児童

▶1 非行のピーク
戦後の少年非行には，3つのピークがあったとされ，第1のピークは戦災による荒廃と占領の時代で貧しさからの非行といわれる1951年，第2のピークは高度成長期の社会の変化があった1964年，そして豊かな社会になったにもかかわらず，もっとも非行が多かった1983年をピークとするものである。なお，2010年前後に第4のピークがあったとする立場をとる場合もある。

生徒ではなく，どの子も非行に走る可能性があるという危機的状況で，1983年を頂点とする戦後最大の非行の第3のピークを迎えます。

その最中の1981年に「生徒指導の手引き」が改訂され，生徒指導のねらいは「すべての生徒のそれぞれの人格のより良き発達を目指すとともに，学校生活が，生徒一人一人にとっても，また，学級や学年，更に学校全体といったさまざまな集団にとっても，有意義かつ興味深く，充実したものになるようにすることを目指すところにある」（「生徒指導の手引き」，第1章）と示され，そのためには生徒理解が不可欠であることが強調されました。

この当時，**登校拒否**，**校内暴力**，いじめ，シンナーや覚せい剤の拡大，生徒による浮浪者襲撃事件，卒業式などの学校行事が行えないなど，さまざまな問題が広がったため，登校拒否，校内暴力など，それぞれの課題に応じた手引きを文部省や教育委員会が作成していました。その頃から，生徒指導は受容的指導と規律を守らせる明確な指導とのバランスを図りながら，変化してきました。

非行の第3のピークが去ると，今度は不登校が増加し，文部省もそれまでの登校拒否という表現を不登校と改め，スクールカウンセラー（SC）をはじめとした心理的支援を中心とした対応を重視しています。今日の社会状況は，少年非行の検挙件数は非常に少なく，凶悪重大な事件も数は少ない反面，学校では校内暴力が増加し，非行の低年齢化やいじめの増加などが生徒指導上の大きな課題となっています。そこで，3度目の手引きの改訂が行われ，「生徒指導提要」となったわけです。

③ 「生徒指導提要」にみる SSW の可能性と課題

「提要」は，SSWer についても紹介しており，教育現場，学校の理解がまだ十分ではないことや，一部には誤解も見受けられることから，SSWer の活用方法等について，教育委員会がそれぞれの実情に応じて，「活動方針等に関する指針」（ビジョン）を策定し，公表することが重要だとしています。学校はSSWer を活用し，児童生徒のさまざまな情報を整理統合し，アセスメント，プランニングをした上で，教職員がチームで問題を抱えた児童生徒の支援をすることが必要とされています。また，教職員にスクールソーシャルワーク（SSW）的な視点や手法を獲得させ，それを学校現場に定着させることも同様に重要だとしています。さらに，SSWer など多様な人材との協働も求めています。

この SSWer を活用するポイントとされた，「情報の整理統合」，「アセスメント」，「プランニング」，「チームでの支援」などは，「提要」が学校現場に強く求めている生徒指導の基本的視点でもあります。そしてその基本事項を学校現場に定着させる仕組みの1つとして，SSWer が期待されているということができます。学校が取り組むべき生徒指導の基本を知ることで，SSWer の活動の根拠を得ることもできるのです。

（野田正人）

▶2　**登校拒否**
学校での長期欠席者を表す言葉で，1970年頃から1997年頃まで用いられていた。それ以前に使われていた「学校ぎらい」とほぼ同じ意味で，1998年から，文部省も統計などで「不登校」という言葉を用いるようになった。

▶3　**校内暴力**
学校内で行われるさまざまな暴力を指す。現在，文部科学省は校内暴力を，児童生徒間の暴力事件，教員に対する児童生徒による暴力行為，学校内の器物破損，それ以外の人に対する暴力の4種類に区分している。

Ⅳ　学校教育の特徴

7 学校教育の現状と課題

1　学校の反福祉的状況

　学校は子どもたちの幸福と将来の生活を保障する機能をもっています。これを学校の福祉的機能と呼び，次のような3つの視点があります。1つ目が，学校教育の基盤として，子どもの就学条件や教育環境条件を整備する視点です。2つ目が，学校や教師の教育活動のすべての過程において，子どものみならず教師や保護者の権利を保障する視点です。3つ目が，子どもを福祉の対象とするだけでなく，福祉を権利として要求し，行使する主体へと育てる視点です。

　子どもたちのいじめや不登校，非行・暴力，学力不振などは学校の反福祉的状況といえます。これは，学校や子どもを取り巻く地域社会の福祉力の衰退からも影響を受けています。日本の場合，学校は歴史的にみて，地域において少なからず子ども家庭福祉を担う一拠点でした。しかし，学校が地域や家庭から乖離し，**反福祉的状況**が深刻になってきました。今後，「学校・家庭・地域の連携」を具体化させるには，子どもの保護や養育に困難さをもつ家庭への援助や支援が不可欠になります。教師や学校には，福祉・保健・医療などの地域専門機関や専門家とコミットする力量が強く求められています。

2　教育現場における現場主義

　2000年代に入り，「学校と地域の連携」や「拓かれた学校づくり」をスローガンとする教育改革が進められました。しかし，外にひらかれた学校の窓はやや一方通行となりがちで，子どもの問題行動への対応は学校から外につながらず，逆に警察や青少年健全育成との連携，児童虐待の早期発見・早期対応などが教師の仕事として流れ込んできました。その際，多くの教師たちがそれぞれの問題に対処する十分な知識や経験がないまま（あるいは対処行為に関する法律的な裏づけもなく），子どもに接する機会が多いゆえに「水際で食い止める」といった，問題対応の「現場主義」に悩みました。学校に不審者が侵入し問題を起こす事件がありましたが，それ以降，日本の学校すべてに人を押さえつけ退治する「さすまた」が完備されました。これも現場主義の典型例です。

3　ひらかれた教師文化と社会資源の活用

　こうした教師の苦悩の背景には，教師がもつ固有の文化があります。一般に

▶　**反福祉的状況**
子どもたちが安心してありのままの姿で暮らすことのできない，「生きづらさ」のある状況を指す。学校や家庭，地域社会において，いじめや暴力，虐待などによって強い緊張や葛藤をもち，攻撃されたり，孤立した状況にあり，しかもその克服が困難な状態にあって，人権擁護の環境が不在の状態をいう。これらは大人による適切な子ども理解（最善の利益の保障）や，そのために必要な行為（アクション）の不十分さそのものを示すものである。

教師文化には次のような行動（様式）があげられます。
　①教育実践における長年の経験に基づく考え方にこだわったり，子どもを評価する時に努力主義をもち込みやすい点などがある。
　②学習や生活の指導援助においては，集団を単位とし，建前として均質性と平等性を優先する。
　③役割の無限定性，専門性の空洞化がある。
　④外部批判に対して警戒感をもつ。
　⑤規則や権威性を維持しようとする。
　①，②は学校で働く専門職性の特徴です。③は，「無境界性」といわれるもので，保護者や地域住民，専門機関との役割の境界が曖昧であることを指します。たとえ不十分であっても，福祉や心理や医療などの知識や技法を，教師がみずからの教育技術や個別指導に取り込もうとするのもその1つの例です。
　④については，教育実践での問題や課題への追求が，常に教師みずからの力量や資質にはね返ってくるというジレンマがあります。ゆえに教職は孤独な仕事となり，周囲からの批判や攻撃を防御する気持ちが大きくなります。しかも，教育活動には数値を公式にあてはめても，答えを導き出せないという「不確実性」があります。そのために，⑤のように規則や問題解決のマニュアルを求めたり，何らかの権威に身を委ねようという気持ちが強くなります。こうしたみずからの職業文化から解放されるためにも，今こそ，学校外の社会資源と関わり，適切に活用する努力が欠かせません。

❹ 子ども・教師・保護者の協働を通じた学校づくり

　本来，教職は「対人援助職」ではありません。その理由は，子ども個々のニーズから職務が動くのではなく，教育目標や学習指導要領の遵守から教育の仕事は出発し，福祉職や看護職のようにずっと特定の個人に寄りそう業務ではないからです。学校はその多くが「教諭」という単一職種の職場です。学級担任制が象徴するように，教諭一人ひとりが受けもちの子どもの責任を負う職場において，ほかの教師とチームを組むことや同僚どうしをコーディネートするという考え方は，ほかの対人援助職と比べてあまり根づいていません。しかも，ソーシャルワークでは日常的な「誰と誰がチームを組んで」といった「ケースマネジメント」という考え方も，学校組織ではやや未発達です。
　今後，チームやコーディネートなどの考え方が学校に根づいていくには，子どもや保護者をも巻き込んだ「対話のある学校づくり」や，「相互に信頼し合える学校づくり」が大切になります。そもそも学校の担い手は子ども，教師，保護者です。この3者の協働を学校づくりと呼びます。スクールソーシャルワーカー（SSWer）は教師組織のみならず，こうした学校づくりの一員となる必要があります。
　　　　　　　　　　　　　　　　　　　　　　　　　　　（鈴木庸裕）

IV　学校教育の特徴

スクールソーシャルワークにおける教育委員会の役割

1　市町村教育委員会の主体性の確保

スクールソーシャルワーカー（SSWer）の活用については、学校と関係機関だけでなく、都道府県教育委員会と市町村教育委員会の「協働」も大きなポイントです。特に、都道府県教育委員会が主体となりSSWerを学校に配置派遣する場合には、市町村教育委員会に対し、他校での活用や市町村の会議（**要保護児童対策地域協議会**等）への参加など、市町村教育委員会の判断で可能な活動範囲を示す必要があります。

▶1　要保護児童対策地域協議会
⇒ V-5 参照。

たとえば、ケースを扱う主体は個人情報保護の観点からも市町村および学校であることが望まれます。そのため都道府県教育委員会は、1～2か月ごとに市町村教育委員会担当指導主事との連絡会を行うなど、市町村の実情や学校のニーズを把握するシステムをつくった上で、ケースにかかわる活動については可能な限り市町村教育委員会に役割や権限を委任します。

また、事業主体となる教育委員会は、SSWerの配置形態によって、教職員からみたSSWerの役割への期待に違いが生じることも考慮しなければなりません。たとえば、自校にのみモデル的、重点的に配置（「**学校配置型**」）された場合、教職員はSSWerを同僚と捉え、早期からケースに関わり、協働して取り組むことを期待します。一方、状況に応じ随時派遣（「**派遣型**」、「**拠点校型**」）される場合、教職員はSSWerを第三者として扱い、膠着したケースに対して、教職員の発想とは異なる視点からの助言や行動を期待します。

▶2　学校配置型
⇒ III-6 参照。

▶3　派遣型
⇒ III-6 参照。

▶4　拠点校型
⇒ III-6 参照。

教育委員会は、こうした教職員の意識や学校・地域の実情に鑑み、SSWerの専門性をどの段階（初期対応⇔緊急対応）から活用するかを構想し、配置形態を決めます。また、スクールカウンセラー（SC）など、ほかの専門家や支援人材との連携のあり方をモデルパターンとして学校に示し、その上で一義的な服務監督責任を誰が担うのか、たとえば市町村教育委員会か、管理職かを明確にします。それは、SSWerがどこに所属する専門職であるのかを対外に示すことにもつながります。

2　教育行政の特性をいかした事業展開

事業展開についても、都道府県教育委員会と市町村教育委員会が各々の強みをいかし弱みを補完し合うことが大切です（表IV-3）。

表Ⅳ-3　教育行政の特性をいかした事業展開

	市町村教育委員会（基礎自治体）	都道府県教育委員会（広域行政体）
強み	➤小中学校を直接指導でき，効果も具体的に把握できる。 ➤地域・学校の実情にくわしく，関係機関との直接連携も可能である。	➤市町村の状況を把握でき，全SSWerに関わる課題と固有の課題が見極められる。 ➤スーパーバイズ機能をいかしたSSWerの資質向上や支援が可能である。
弱み	➤SSWerや担当者の認識によって効果に大きな差異が生じる。 ➤スーパーバイズ機能等，SSWerを支援する体制が財政的・人的に困難である。	➤小中学校を指導する権限がなく，数値や聴取りなどでしか効果を把握できない。 ➤個別ケースについて関係機関と直接連携することができない。

出所：筆者作成。

　都道府県教育委員会は，各市町村に対し同質のサービスを提供できる広域行政体の強みをいかし，次の2点に主体的に取り組み，各地域で活動するSSWerの資質向上を図る必要があります。

　1点目は，SSWerに対する定期的な研修です。できれば毎月の実施が望ましいでしょう。講義についても，社会福祉士に限らず，たとえば学校の管理職，警察関係者や弁護士，特別支援教育関係者など，多方面から講師を招き，関係機関と学校とをつなぐための最新情報の提供を心がけます。また，先述した市町村教育委員会との定期的な連絡会を通じて明らかになった課題を解決するために，全SSWerと市町村教育委員会担当者による協議の実施など，状況に応じて柔軟に対応できる研修・連絡体制をとることが求められます。

　2点目は，SSWerや市町村教育委員会に対するスーパーバイズ機能の提供です。市町村単位でSSWerを活用する場合，SSWerの人数は通常1～数人であり，学校への派遣配置は単独であることが大半でしょう。そうしたいわば孤職ともいえるSSWerが，学校における自分の役割を確認したり，ケースに応じて適切な助言が受けられるスーパーバイザーの存在は，SSWerに大きな安心感をあたえます。

　扱うケースが多様で，機関連携も多岐にわたることから，できれば，助言者は，多職種（社会福祉士・精神保健福祉士・臨床心理士・弁護士・警察官OB・校長OB）の複数であることが望まれますが，市町村単位では専門性の高い人材を恒常的に確保することは困難です。都道府県教育委員会は，全域，または，教育事務所単位でスーパーバイズ機能の確保に留意するとともに，教育行政の専門職として担当指導主事も積極的に関与することが求められます。

　また，市町村教育委員会は，関係機関に対しSSWerの役割を周知し，円滑な連携に至るまで積極的に関与する必要があります。それは，機関連携に関する指導主事のスキルアップにもつながります。

（中野　澄）

Ⅳ　学校教育の特徴

 家庭教育，社会教育との関連

1　中央教育審議会答申

　2015年3月，教育再生実行会議の「「学び続ける」社会，全員参加型社会，地方創生を実現する教育の在り方について」（第6次提言）を受けて，初等中等教育分科会の下に「地域とともにある学校の在り方に関する作業部会」，生涯学習分科会の下に「学校地域協働部会」を設置し，初等中等教育局と生涯学習政策局が合同会議として議論を重ね，このなかで家庭教育も議論されました。2015年12月「新しい時代の教育や地方創生の実現に向けた学校と地域の連携・協働のあり方と今後の推進方策について（答申）（中教審第186号）」が提出されました。このなかで，チームとしての学校と地域の関係も示し，地域と学校の協働関係が明示されました。

2　家庭教育支援

　家庭教育支援の取り組みについては，昭和30年代からの家庭教育学級に始まり，社会教育関係者の努力とともに，子育て支援団体や支援者の高い意欲によって，全国各地で特色ある取り組みが実施されてきました。

　文部科学省家庭教育が，現在の子育て支援に近い形になったのは，2002年3月に「今後の家庭教育支援の充実についての懇談会」中間報告が出され，家庭教育支援の基本的考え方として「家庭教育は親の責任と喜び」とし，「社会の宝」として子どもを育てることが提示されたことからです。さらに，現在の家庭教育支援チームの形になったのは，2008年「地域における家庭教育支援基盤形成事業」からであり，家庭教育支援チームを設置し学習機会や相談対応，訪問型支援を行う取り組みを開始しました。2009年は「訪問型家庭教育相談体制充実事業」として訪問型家庭教育支援チームを設置することを中心とした取り組みでしたが，その後「学校・家庭・地域の連携協力推進事業」の一部として，家庭教育支援チームの設置や家庭教育学級の開催，人材養成等の家庭教育支援事業への補助を開始し現在に至っています。[1]

　これらの動きのなかで，2011年度，10年ぶりに家庭教育支援全般に関する報告書が作成されました。[2]ここには，2002年同様に子育て環境の変化が記述されていますが，「家庭の教育力の低下」という表現を否定し，子育てが難しくなってきており，その営みは社会の問題であることを明確に記載したことは意

▷1　文部科学省委託調査家庭教育の総合的推進に関する調査研究『家庭教育の総合的推進に関する調査研究〜訪問型家庭教育支援手法について〜報告書』2016年，1〜2頁。

▷2　文部科学省「つながりを創る豊かな家庭教育——親子が元気になる家庭教育支援を目指して」家庭教育支援の推進に関する検討委員会，2012年。

義深いといえるでしょう。

③ 家庭教育支援チーム

さらに家庭教育支援全般から家庭教育支援チームに焦点化し,「家庭教育支援チームの在り方に関する検討委員会」における審議の整理を2013年度に行い,家庭教育支援チームによる支援を更に普及し,より効果的な取組を促進するための方策について整理を行っています。家庭教育支援チームの特性,役割として,全ての家庭において等しく主体的な家庭教育ができる環境整備を図るため,①保護者への寄り添い支援,②家庭と地域とのつながり支援,③家庭と学校など関係機関とのつながり支援,といった役割が期待されるとしました。そして,この役割を果たすため,チームは,子育て当事者や子育て経験者など保護者と同じ目線で寄り添う「当事者性」をもっていること,地域の課題を共有し,地域の身近な存在としての「地域性」,さらに業務によっては,一定の「専門性」を有していることが望ましい場合もあるとし,「当事者性」,「地域性」,「専門性」の重要性にまとめられました。さらに,地域人材による家庭教育支援については,支援者が,専門的な知識を持って被支援者を教え導くというよりも,被支援者と同じ目線に立って寄り添うことが重要であり,持続可能な支援体制を作るためには,新たな地域人材を継続的に発掘・養成する必要があるとしました。このため,被支援者である保護者が支援者側に回るという主体的な循環を生み出すことの重要性が確認されました。

さらに2016年には,孤立した子育ての現代的課題に取り組むべく,訪問型家庭教育支援に取り組む手法を整理し手引きにまとめました（図Ⅳ-3参照）。

④ SSWと家庭教育支援

家庭教育支援におけるチーム員は,専門職ではなく地域人材であり,子どもや家庭にとって身近な存在の方です。その方が訪問して孤立している家庭に声をかけるだけでも大きな意味があり,かつ気になる事例のピックアップや身近な形でフォローをするというメリットがあります。その際に,スクールソーシャルワーカー（SSWer）とチームを作っている場合もあり,気になる事案をSSWerにあげることで,アセスメントを共有したり,プランの1つとして丁寧に支える支援者となり,日常性をもった支援の展開が実現できます。不登校や非行問題の早期発見など予防的な対応が可能になっているといえます。

（山野則子）

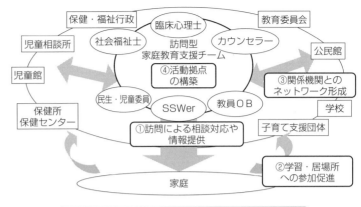

図Ⅳ-3　各地域における訪問型家庭教育支援の実施

出所：文部科学省「文部科学省における子供の貧困対策の総合的な推進」2016年を筆者一部修正。

▶3　文部科学省家庭教育支援チームの在り方に関する検討委員会『「家庭教育支援チームの在り方に関する検討委員会」における審議の整理』2013年,4頁。

▶4　▶3の11頁。

Ⅳ　学校教育の特徴

コミュニティ・スクールとの関連

1　コミュニティ・スクールとは何か

　コミュニティ・スクールという言葉を，最近よく耳にするようになりました。この言葉にはいろいろな意味がありますが，現在，学校関係者が口にするコミュニティ・スクールとは，地方教育行政の組織及び運営に関する法律に基づいて学校運営協議会を設置する学校のことです。そうした学校を地域運営学校と称す場合もありますが，いずれの名称も法律によるわけではなく，文部科学省の「手引き」に依拠しています。

　コミュニティ・スクールに置かれる学校運営協議会は3つの権限等が与えられています。すなわち，①校長が作成した基本的な方針を承認すること，②学校運営に関する事項について，教育委員会または校長に対して，意見を述べること，③当該学校の職員の採用その他の任用に関して任命権者に対して意見を述べることです。このうち②と③は「できる」と定められているので必須事項ではありませんが，①の「承認」は必ず行うこととされています。要するに，これら権限等を通して，学校運営協議会は保護者や地域住民，学識経験者（大学教授等）などの意向を反映させることを目的としているのです。

2　コミュニティ・スクールの現状と地域学校協働本部

　コミュニティ・スクールは教育委員会に指定されます。2004年の創設以来，毎年増え続けて，2016年4月1日には全国の幼稚園から高等学校のうち2,806校が指定されています（図Ⅳ-4）。

　近年，コミュニティ・スクールが増えてくると，次第に学校支援活動を積極的に推進するようになってきました。特に，**学校支援ボランティア**をコーディネートする学校支援地域本部事業との連携が進められ，その活動の有効性が指摘されるようになったことから，今後はその地域本部を「地域学校協働本部」として発展させ，学校運営協議会との一体的運用が図られることが期待されています。その本部にはボランティアの発掘や配置などを担うコーディネーターが配置されます。

　以上のような実態を踏まえて，コミュニティ・スクールにおけるスクールソーシャルワーカー（SSWer）の関わりを述べていくことにしましょう。

▷1　文部科学省『コミュニティ・スクール設置の手引き』2006年版など。

▷2　**学校支援ボランティア**
学校の教育活動や環境整備のための活動を行う保護者・地域住民。学生などのボランティアのこと。1997年の文部省「教育改革プログラム」で，推進するよう記されてから普及してきている。

▷3　佐藤晴雄編『コミュニティ・スクールの研究——学校運営協議会の成果と課題』風間書房，2010年。

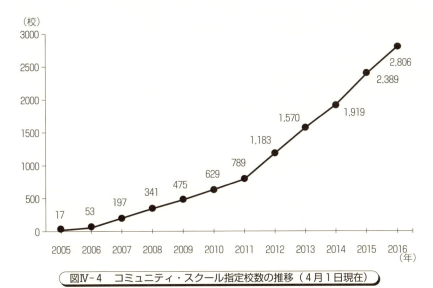

図Ⅳ-4　コミュニティ・スクール指定校数の推移（4月1日現在）
出所：文部科学省のホームページより筆者作成。

3　コミュニティ・スクールにおけるSSWの関わり

　SSWがコミュニティ・スクールに関わる場合，2つの方法があります。1つは，学校運営協議会の委員として活動することです。もう1つは，SSWとして学校運営協議会に関わることです。

　前者の一例を示しておきます。関西のある市の小学校は要保護・準要保護家庭の児童が7割以上を占め，児童の学習力と学習意欲が低く，自己肯定感も弱いという状況にありました。そこで，校長は外部の支援を積極的に得るためにはコミュニティ・スクールの指定が必要だと判断して，市教育委員会から指定を受けることにしました。学校運営協議会の委員長には社会福祉士の資格を持つスクールソーシャルワーカーを依頼し，まずは児童生徒の家庭生活や地域環境の改善を進めようとしました。すると，委員長は学校で児童に向けて努力するだけでは限界があるから，家庭や地域の環境を変えていくことが不可欠だとアドバイスし，そのための方策を提示しました。学校に欠けていた発想です。すると，学校だけでなく地域住民や保護者が積極的に地域改善を意識するようになり，徐々に児童が学習意欲を見せ，保護者が学校に関心をもつように変化してきたというのです。

　この例では学校運営協議会の会議がケース会議を兼ねたかたちになっていますが，会議ではSSWの委員は校長や教育委員会に意見を申し出ることができ，基本方針の承認に先だって修正すべき点を示すことができます。

　委員ではなくSSWとして関わる場合には，ケース会議と学校運営協議会の関係付けを図り，両者間の情報共有に努めることが役割になります。また，教育委員会の支援会議等や社会福祉関係機関の情報を学校運営協議会に伝えて，ネットワークの専門家として関わることも大切になります。　　　（佐藤晴雄）

▶4　佐藤晴雄『コミュニティ・スクール――「地域とともにある学校づくり」の実現のために』エイデル研究所，2016年。

V 教育（学校）が連携する機関とその機能

1 福祉関係の法律とスクールソーシャルワーク

1 さまざまな福祉関係法規

　スクールソーシャルワーカー（SSWer）の主な活動のフィールドは学校現場です。しかしながら子どもの生活を支援するSSWerは，一般社会にて施行されている児童家庭福祉関係法を熟知し，実践していかなければなりません。子どもに関わる福祉関係の法律としては，いわゆる児童福祉六法や児童虐待の防止等に関する法律，少年法および子ども・若者育成支援推進法があげられます。ちなみに，児童福祉六法とは，児童福祉法，児童扶養手当法，特別児童扶養手当等の支給に関する法律，母子及び父子並びに寡婦福祉法，母子保健法，児童手当法です。本節では紙面の都合上，以下に掲げる主な児童家庭福祉関係法を取り上げ，その理念等について述べていきます。

○児童福祉法（1947年制定）

　2016年に改正された同法では，第1条で児童の権利について，第2条で児童育成の責任について，さらに第3条の2～3で国及び地方公共団体の責務について規定しています。ここでは，国・都道府県・市町村のそれぞれの役割・責務を明確化した点がポイントとなっています。また，「児童」「障害児」「保護者」「乳児家庭全戸訪問事業」「里親」「児童福祉施設」等の定義については第4～7条に，要保護児童発見者の通告義務については第25条に，**要保護児童対策地域協議会**については第25条の2に規定しています。同法は，子どもの福祉に関わる法律の根幹をなす法律といえます。

○児童虐待の防止等に関する法律（2000年制定）

　同法第1条ではその目的として，児童虐待が児童の人権侵害にあたること，その心身の成長・人格形成に重大な影響を及ぼすこと，さらには児童虐待の禁止，予防・早期発見等について規定しています。

　そして第2条においてその4種（身体的・性的・ネグレクト・心理的）の虐待の定義，第5条において児童福祉関係者による早期発見等，および第9条等においては児童の安全確認・確保を強化する観点から**立入調査権**，再出頭要求及び臨検・捜索等について規定しています。なお，臨検・捜索については，これまで保護者が立入調査を拒むことに加え，再出頭要求にも応じないことが要件でしたが，2016年の改正により再出頭要求を経ずとも，裁判所の許可状により実施できることとなっています。さらに，第14条においては，しつけを名目と

▶1　要保護児童対策地域協議会
⇒ V-5 参照。

▶2　立入調査権
⇒ V-5 参照。

した親権者の児童虐待の禁止について規定しています。

○子ども・若者育成支援推進法（2009年制定）

同法は、日本国憲法や子どもの権利条約▷3の理念に則り、修学も就業もしていない子ども・若者が社会生活を円滑に営むことができるよう、支援することを目的として制定されています。

第2条においては、子ども・若者育成支援の基本理念が示されています。具体的には、個々の子ども・若者が健やかに成長し、次の社会を担うことができるようになること、その最善の利益を考慮すること、良好な社会環境を整備すること、教育、福祉、保健、医療、矯正、更生保護、雇用等関連分野の知見を総合して行うことなどを掲げています。そのほかには、子ども・若者育成支援推進大綱の作成（第8条）、子ども・若者支援地域協議会の設置（第19条）および子ども・若者指定支援機関（第22条）等について規定しています。

さらには、2010年には、内閣府が各地方自治体の実情にあった効果的な運用を期待し、「子ども・若者支援地域協議会設置・運営指針」▷4を示しています。

○生活困窮者自立支援法（2013年制定）

近年、社会経済環境の変化に伴い、生活困窮に至るリスクの高い人々や稼働年齢層を含む生活保護受給者が増大しています。そのようななか、生活保護に至る前の生活困窮者に対し、自立相談支援事業等その他の支援を行うことにより、その自立の促進を図ることを目的として同法が制定されました。

同法では、必須事業として自立相談支援事業の実施、住居確保給付金の支給、任意事業として就労準備支援事業、一時生活支援事業、家計相談支援事業、および学習支援事業を実施しています。

子どものいる困窮世帯においては、前述のすべての事業が重要であるが、とりわけ貧困の連鎖を断つという意味においては、学習支援事業の果たす役割は大きいといえます。しかしながら、国庫負担の割合が自立相談支援事業等に対し、学習支援事業は2分の1と低くなっていることも一要因となり、全国各地の取り組みに差が生じているのが現状です。子どもの居住地によって支援格差が生じないよう国及び地方自治体には対策が求められています。

2 SSW実践における課題

SSWerに限らず、社会福祉専門職としては、利用者を支援する際に必要最小限の価値・知識・技術の修得が求められます。そのなかの知識にかかる部分としては、ここであげた児童家庭福祉関係法の理解は必須事項といえます。ここで取り上げられなかった法律を含めて、現在の法律・制度・サービスなどは社会環境の変化などに伴い、目まぐるしく変化します。SSWerはそれらについての知識をしっかり把握し、利用者と向き合うことが求められています。

（比嘉昌哉）

▷3 **子どもの権利条約**
本条約は国際連合にて1989年に採択され、わが国で批准されたのは1994年である。従来の受動的権利に加え、能動的権利を認めた点が画期的である。
⇒ II-2 参照。

▷4 **子ども・若者支援地域協議会設置・運営指針**
内閣府「子ども・若者育成支援推進法──執務参考資料集」2010年3月。

V　教育（学校）が連携する機関とその機能

2　児童相談所の機能

1　児童相談所とは

　児童相談所は児童福祉法に基づき，各都道府県，政令指定都市に設置されていますが，2006年からは中核市などにも設置することができるようになりました。厚生労働省によると2015年4月1日現在，全国には208か所の児童相談所があり，そのうち135か所は**一時保護所**▶1を併設しています▶2。児童相談所はその名称を省略され「児相」といわれることが多いですが，近年は行政の機構改革や複雑化する子ども家庭相談に対して，ワンストップでの相談体制を視野に入れたセンター化のため，法律上の名称は「児童相談所」ですが，地域によっては「子ども相談センター」や「子ども家庭相談センター」などの名称で業務を行っているところがあります。

2　児童相談所の業務

　児童相談所では，児童に関して①養護相談，②保健相談，③障害相談，④非行相談，⑤育成相談，⑥その他の相談を広く受け付けています。児童虐待に特化したイメージが強い児童相談所ですが，児童虐待に関する相談は全体からみると養護相談の一部になります（図Ⅴ-1）。障害相談のなかには，療育手帳の判定と発行業務なども含まれています。また，児童相談所は里親の登録と委託業務も行っています。児童相談所では受理したケースについて，児童福祉司や児童心理司が調査や面接，検査などにより社会的，心理的なアセスメントを行い，児童指導員や保育士が必要に応じて一時保護された児童の行動観察を行います。また，医師が必要に応じて医学診断を行います。そして援助方針会議で総合的に児童の援助方針を決定します（図Ⅴ-2）▶3。

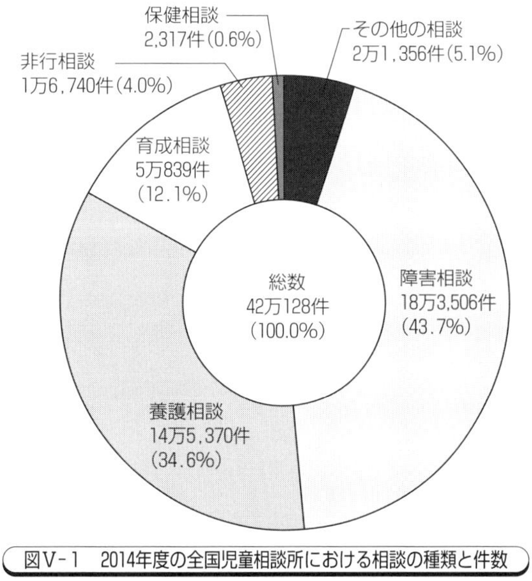

3　児童虐待への対応

○求められるハードアプローチ

　2004年，児童福祉法の改正により児童虐待を含め，児童相談の第一次的な窓口は児童相談所から各市町

▶1　一時保護所
児童福祉法第33条では児童相談所長は必要があると認める時は，児童を児童相談所付設一時保護所で一時保護，あるいは適当な者へ一時保護を委託することができると規定されている。一時保護の期間は2か月を超えてはならないとされる。

▶2　厚生労働省「平成27年度全国児童相談所一覧」（http://www.mhlw.go.jp/bunya/kodomo/dv30/h23.html）。

▶3　児童相談所は保護者の意向と援助方針（措置決定）が一致しない等の場合（親の意に反して施設入所が必要な例），各都道府県の設置する児童福祉審議会に意見聴取しなければならない。

図Ⅴ-1　2014年度の全国児童相談所における相談の種類と件数

出所：厚生労働省「平成26年度福祉行政報告例の概況」2015年。

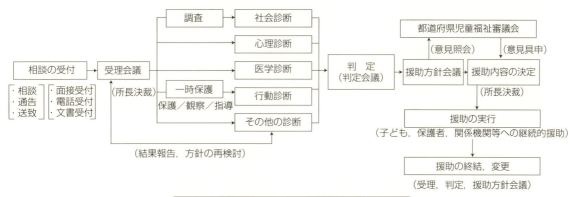

図V-2　児童相談所における相談援助活動の流れ

出所：厚生労働省監修『児童相談所運営指針』2005年を筆者一部修正。

村になりました。そのため、児童相談所の役割は児童福祉施設への入所措置、市町村児童相談の技術的後方支援や助言などになりましたが、近年、深刻な児童虐待死亡事例が続発し、児童相談所の権限機能の強化や実行性が求められています。そのため、2016年5月、国会で児童福祉法の一部改正が全会一致で可決されました。また2016年4月に厚生労働省は「児童相談所強化プラン」を発表しています。

○学校との連携

　児童虐待の防止等に関する法律では、学校に対して児童福祉機関、医療機関等とならんで児童虐待の早期発見努力、守秘義務を超えた**虐待通告**を規定しています。しかし近年、児童虐待を発見しやすい立場にある学校が通告をためらったり、抱え込んだり、また、学校と児童相談所との連携がうまくいかないために、悲惨な死亡事例が報告されています。玉井らの調査によると、児童相談所と学校は双方とも不信感をもっていることがうかがわれます。「児童相談所は通告しても何もしてくれない」、「学校は丸投げをしてくる」といった具合です。

　文部科学省と厚生労働省は連携強化のため、学校および保育所に対して、おおむね月1回、市町村または児童相談所へ対象児童の出欠状況、欠席時の連絡の有無・理由などを定期的に情報提供するよう指針を出し、2010年度から実施しています。また児童虐待の通告や情報交換だけではなく、児童相談所は児童養護施設等への入所にあたって措置権をもっているため、施設の入退所時には、学校と特に密接な連携が必要になってきます。お互いの専門性と役割についての認識をあらためてもち、子どもと家庭の幸せという共通したゴールに向かって学校と児童相談所が互いに協働する努力、有機的な連携が求められます。なかでも、スクールソーシャルワーカー（SSWer）には機関連携とともに福祉的な視点から、教育の専門家である教師やほかの専門職、関係機関とともに、児童の状況を的確にアセスメントする力が求められます。

（浦田雅夫）

▷4　児童相談所の体制強化のため、弁護士等の配置、政令で定める特別区の児童相談所設置などである。また、児童相談所の対象年齢は満18歳になるまでが原則だが、児童自立生活援助（自立援助ホーム等）の対象者は大学等就学中に限り、22歳の年度末までとされた。

▷5　親権停止、臨検・捜索など法的手続や対応など、児童相談所職員は忙殺されており、職員の量的拡充も大きな課題である。

▷6　**虐待通告**
通告は児童虐待の確証がなくとも、疑いがある時点で行う義務がある。2015年7月からは児童相談所全国共通3桁ダイヤル「189」がスタートしている。

▷7　玉井邦夫ほか「児童虐待に関する学校の対応についての調査研究」（文部科学省科学研究費補助金研究成果報告書）2004年。

▷8　2010年3月、相次ぐ虐待死事件を受け、文部科学省と厚生労働省は教育機関と福祉部門相互の連携を強化するため「学校及び保育所から市町村又は児童相談所への定期的な情報提供に関する指針」を策定した。

V 教育（学校）が連携する機関とその機能

福祉事務所の機能

1 福祉事務所の法的位置づけと職員

福祉事務所は，社会福祉法（2000年）によって都道府県，市および特別区に設置が義務づけられている「福祉に関する事務所」の通称です（町村は任意設置）。福祉六法を担当する総合的な社会福祉行政機関であり，2016年4月現在，全国に1,247か所設置されています。

福祉事務所には，所長，査察指導員，現業員，事務担当職員のほか，老人福祉指導主事，身体障害者福祉司，知的障害者福祉司等が置かれています。現業員が実際の担当地区でケースを受けもち，住民の福祉の向上に努めます。

▷1　厚生労働省ホームページ「福祉事務所」（http://www.mhlw.go.jp/stf/seisakunitsuite/bunya/hukushi_kaigo/seikatsuhogo/fukusijimusyo/）。

2 福祉事務所の業務と現状

福祉事務所では，福祉六法に基づく援護・育成・更生の措置の事務を担当しますが，ここでは子どもに多く関わる分野の生活保護業務，母子及び父子福祉業務，児童家庭福祉業務（家庭児童相談室）についてみていくこととします。

○生活保護業務

国民の生存権は，日本国憲法第25条に基づき国家の責任において保障されています。具体的には生活保護法に規定され，その第1条で生活に困窮する全国民の最低生活の保障とその自立を助長することを目的とすると規定しています。保護の種類としては，生活扶助，教育扶助，住宅扶助，医療扶助等8種を規定しています。なお，教育扶助の範囲としては，義務教育に伴って必要な教科書，その他の学用品，さらには学校給食などを列挙しています。

○母子及び父子福祉業務

母子福祉業務の中核を担う**母子・父子自立支援員**は，母子及び父子並びに寡婦福祉法第8条に規定され，母子・父子家庭のひとり親等（寡婦含む）の相談・指導に加え，それらに対し，職業能力の向上と求職活動に関する支援を行うことを職務としています。ちなみに2013年度には全国に約1,600人の母子・父子自立支援員が存在し，約75万件の相談を受け付けています。なお，母子・父子自立支援員は，ひとり親家庭支援の実施において要となる役割を果たしていることから，その人材確保と資質向上は極めて重要な課題です。

▷2　**母子・父子自立支援員**
母子自立支援員は，原則非常勤だが常勤とすることもできる。なお，近年常勤の母子・父子自立支援員が増加傾向にある。

○児童家庭福祉業務（家庭児童相談室）

福祉事務所では，児童家庭福祉に関する相談機能を充実させるため，家庭児

童相談室を設置することができます（任意設置）。2014年4月現在，全国家庭相談員連絡協議会に加盟している家庭児童相談室は，全国に887か所あります。

家庭児童相談室には，社会福祉主事や家庭相談員（ともに任用資格）が配置されています。その業務は主に，地域の実情把握や情報提供，児童および妊産婦の相談・調査・指導，さらには，専門的な判定，入所措置等を要するケースの児童相談所（以下，児相と示す）への**送致**等です。加えて，保育所や**母子生活支援施設**の入所手続きも行います。

特に市町村家庭児童相談室では，地域に密着した子育て支援や虐待予防の観点を重視した取り組みが期待されています。

3 福祉事務所が抱える課題

◯一義的な窓口を担う市町村

2004年児童福祉法改正では，児童家庭相談における児相一極集中の体制を改善するため，市町村が一義的な窓口として位置づけられました。それに伴い，その窓口を担当する職員の専門性が問われています。

厚生労働省の調査によると，市町村の児童家庭相談業務の主たる窓口相談者は全国で8,281人配置されています。その内訳をみてみると，児童福祉司と同様の資格を有する者（医師，社会福祉士，精神保健福祉士含む）が1,629人で，19.7％にとどまっています。

多種多様な相談がもちこまれるなか，全国で児童虐待の認知件数も増加傾向にあります。「児相や児童家庭福祉主管課などの行政機関が関与していたか否か，関与があったのになぜ救えなかったか」などの議論（追求）がなされています。「資格」が仕事をするわけではありませんが，対応困難な事例が増加するなかで，第一線で対応を迫られる（特に市町村）職員の専門性およびその数の確保は，喫緊の課題といえるでしょう。

◯学校との連携

昨今の経済不況により生活困窮世帯が増加しており，それらが即子どもの生活状況に結び付いています。厚生労働省が発表した子どもの相対的貧困率（2012年）は16.3％となっており，実に6人に1人は貧困家庭にて生活しています。家族構成別にみてみると母子世帯に突出して多くなっていること，また家庭の貧困と子どもの行動上の問題や教育格差との関連性も指摘されています。

子どもに現れてくる諸問題は，複雑多様化し，学校もしくは一機関・一専門職のみの対応では困難といえます。そのため，スクールソーシャルワーカー（SSWer）は学校教職員とともに，本節であげた福祉事務所の職員らと連携を図りつつ，子どもの生活そのものを支援する専門職として期待されています。

（比嘉昌哉）

▷3　**家庭児童相談室の設置等**
厚生省「家庭児童相談室の設置運営について」厚生事務次官通知，1964年。

▷4　これは，「全国家庭相談員連絡協議会」の調査（2014年4月1日現在）にもとづく数値である。しかし，同協議会に加盟していない自治体もあり，全国には約1,000か所の家庭児童相談室が存在する。

▷5　**送致**
ある公的機関が法令の規定に基づき，取り扱っている案件について処理する権限と責任を別の公的機関に移転することを指す。この場合，家庭児童相談室から児相への移転を意味する。

▷6　**母子生活支援施設**
⇒ V-8 参照。

▷7　厚生労働省「市区町村の児童家庭相談業務の実施状況等の調査結果（平成24年調査）」2014年1月。

▷8　経済協力開発機構（OECD）は，世帯所得を世帯人員数で調整した値のなかで，社会全体における中央値の50％未満の世帯員を「相対的貧困者」と定義している。厚生労働省「平成25年国民生活基礎調査」によると122万円が「貧困線」となっていて，それを下まわると「相対的貧困者」とされる。
⇒ I-8 参照。

▷9　吉川徹「学歴分断社会」子どもの貧困白書編集委員会編『子どもの貧困白書』明石書店，2009年。

Ⅴ 教育（学校）が連携する機関とその機能

4 自立相談支援機関の機能

> 1 福祉事務所設置自治体
> 自立相談支援機関が設置されている「福祉事務所設置自治体」とは、基本的には市レベルの自治体となる。一部、町レベルでも福祉事務所を設置している自治体がある。自立相談支援機関は福祉事務所をもつ自治体が設置することになるが、町村部においては都道府県による設置となる。なお、自立相談支援事業は、民間に委託することも可能となっている。

1 生活困窮者自立支援制度の意義

　2015年4月に生活困窮者自立支援法が施行され、全国の約900の**福祉事務所設置自治体**◁1において生活困窮者自立支援制度が始まりました。この制度は、同法に規定された必須事業である自立相談支援事業と住居確保給付金、任意事業である就労準備支援事業、一時生活支援事業、家計相談支援事業、子どもの学習支援事業等、さらに「中間的就労」と呼ばれる就労訓練事業が一体となって取り組まれるものです。

　この法律が成立した背景には、地域における生活課題の多様化・深刻化・潜在化の傾向が強くなり、また人口減少・人口高齢化という人口構造の変化を背景として、従前の制度では新しい課題に対応することが難しくなってきたことがあります。

　したがって、本制度には、従来の制度にはみられない特質が指摘できます。この内容は、本制度の意義に直結するものであり、地域における新しい相談支援のかたちを推進することにもつながります。

　まず、ここでいう「生活困窮者」とは、経済的困窮のみならず社会的孤立の状態にある人も含んでいることです。また、課題をもたらす要因が複合化していることが多いことから、対象を領域ごとに限定せず、排除のない対応をすることが求められます。このことによって、いわゆる「制度の狭間」にある人たちも視野に入れることになります。

　もう1つの特質は、課題に対して予防的に働きかけることです。本法の第2条では、「この法律において『生活困窮者』とは、現に経済的に困窮し、最低限度の生活を維持することができなくなるおそれのある者をいう」（傍点筆者）とされています。生活保護に至る前に働きかけることを意味するものですが、これは経済的困窮に限らず課題が深刻になる前に対応することを含みます。事後対応中心の支援では、どうしても課題が深刻になってから対応することになりがちですが、事前対応によって課題の深刻化を未然に防ぐことに焦点を当てることになります。

2 自立相談支援機関の機能

　生活困窮者自立支援制度の意義に基づいた自立相談支援機関の特徴的な機能

を4つ取り上げておきます。

　第1は、ネットワークによる支援です。課題が複合化した人や世帯に対応するためには、自立相談支援機関の相談支援員等だけではなく、複数の専門機関や専門職等、多様な担い手が関わることになりますが、その関係者が当事者を中心としてネットワークを組んで支援を展開することになります。その担い手には、地域住民やボランティア、NPO等も含まれます。

　第2は、伴走的な支援です。生活に困窮している本人や世帯に対して、他の制度やサービスを紹介したりつなぐだけではなく、継続的に本人の生活を支えることといえます。そのプロセスにおいては、本人の主体性を喚起すること、つまり自分たちの課題を自分で解決していけるように支えることも含まれます。

　第3は、地域を基盤とした支援と地域づくりの展開です。本人が住む地域を実践の場とし、地域住民とともに取り組む視点が重要となります。このことによって早期把握・早期対応という予防的な働きかけが可能となり、その蓄積がさらに地域づくりへとつながります。

　第4は、アウトリーチによる支援です。アウトリーチとは、「本人の生活の場に近いところへ出向き、本人を基点として援助を展開する実践の総体」と定義できます。つまり、相談支援員等が相談機関で待っていて、そこに相談にやってきた人を支援するのではなく、家庭訪問等の個別訪問による支援に加えて、住民に最も近い地域を拠点とした援助を展開することも含んだ実践概念です。

③ スクールソーシャルワーカーとの連携

　自立相談支援機関の4つの機能は、スクールソーシャルワーカー（SSWer）の活動とも密接に関係することが明らかです。子どもたちの生活の場が地域にある限り、また経済的困窮を含めた社会的孤立の課題が子どもの生活に深刻な影響を与えることから、SSWerは自立相談支援機関と連携することが強く求められるようになっています。

　学校での子どもの変化は親を含めた家庭の変化を示唆するものです。自立相談支援機関の相談支援員等とネットワークを組み、連携しながら世帯単位の支援を展開することが予防的なアウトリーチにもつながります。また、自立相談支援事業のみならず、家計相談支援事業や就労支援等の生活困窮者自立支援制度がもつ多様な事業ともSSWerは接点をもつことになります。

　学校内におけるソーシャルワーク実践ではなく、学校を地域の資源ととらえ、地域を基盤とした実践がSSWerに求められるようになっています。自立相談支援機関の機能は、SSWerにも期待される機能といえます。

（岩間伸之）

▷2　自立相談支援機関は、基本的には、主任相談支援員、相談支援員、就労支援員の3職種が配置されている。

▷3　岩間伸之「地域のニーズを地域で支える――総合相談の展開とアウトリーチ」『月刊福祉』2016年8月号、全国社会福祉協議会、2016年、26頁。

▷4　2015年3月の文部科学省による「生活困窮者自立支援制度に関する学校や教育委員会等と福祉関係機関との連携について（通知）」（26文科生第724号）では、福祉による支援を必要とする児童生徒等の早期発見や、当該児童生徒の家庭等も含めた支援につなげていくために、自立相談支援機関の相談支援員とSSWerが、日頃から情報共有するなどの連携をしていくことの重要性が明記されている。

Ⅴ 教育（学校）が連携する機関とその機能

5 市町村と要保護児童対策地域協議会

1 市町村児童相談体制

　児童相談所は，都道府県・指定都市に設置が義務づけられており，長い歴史のなかで児童福祉の中心的な機関として認知されてきました。一方，市町村では戦後の混乱期から**家庭児童相談室**が設置されてきましたが，任意設置であることから全市町村に存在したわけではありませんでした。しかし，児童虐待件数の増加，児童相談所だけでは対応が困難になってきたことなどから，2004年の児童福祉法一部改正によって，児童相談体制の見直しが積極的に行われ，市町村が児童相談を第一次的に担うこととして役割が明確化されました。また，国は並行して児童相談所の整備として，主に中核市を念頭において，政令で定める市に児童相談所を設置できるよう児童相談所設置基準を緩和し，2012年から児童相談所の児童福祉司の配置基準を人口4～7万人（児童福祉法施行令第3条）に対して1人に改正しています。さらに，2016年4月に厚生労働省は「児童相談所強化プラン」を打ち出し，今後4年間で550人の増員を示しました。

　市町村は，児童相談所のように**立入調査権**や**措置権**を直接所持しているわけではありませんが，地域に密着した形で，病院，福祉事務所のさまざまな福祉制度やサービス，保健センター，学校，保育所，幼稚園などと連携して支援していくことが可能となりやすい状況にあります。

2 要保護児童対策地域協議会の経緯

　こういった市町村の位置を念頭に，2000年，**市町村児童虐待防止ネットワーク事業**が子どもの心の健康づくり対策事業の一環として創設されました。市町村児童虐待防止ネットワーク事業では，保健，医療，福祉，警察，司法等の関係機関・団体等を構成員として構成する児童虐待防止協議会が設置され，定期的な連絡会，事例検討会等を随時実施することとなっています。このような流れのなかで，2004年の児童福祉法の一部改正により，要保護児童対策地域協議会として法定化され，市町村の児童家庭相談体制が強化されました。2004年の時点で，内容的には対象を虐待のみでなく，非行等を含む要保護児童として広げ，構成員には守秘義務が課せられました。市町村では要保護児童の早期発見，保護や援助を行うため，地域のさまざまな機関や民間団体が連携するネットワークの中核機関として位置づけられています。

▶1　**家庭児童相談室**
福祉事務所の児童家庭関係業務のうち，児童相談所などと連携し，専門的技術が必要な業務に取り組む機関。1964年度から創設され，家庭児童福祉の業務に従事する社会福祉主事と，家庭相談員が配置されている。地域住民にとって身近な相談機関としての役割を期待されている。

▶2　**立入調査権**
里親委託，児童福祉施設措置に関して親権者が同意しない等の場合，児童福祉法第29条において，「児童委員又は児童の福祉に関する事務に従事する職員をして，児童の住所若しくは居所又は児童の従業する場所に立ち入り，必要な調査又は質問をさせることができる」と規定されている。

▶3　**措置権**
措置とは，行政庁が行う行政上の処分のことで，児童福祉施設の大半の措置は児童相談所においてつかさどっている。1997年の保育所の措置制度を利用契約制度に改変したところから，順次，児童福祉施設に関しても措置制度から契約制度へと変更される方向にある。

③ 要保護児童対策地域協議会の役割と課題

　要保護児童対策地域協議会には，早期発見・早期対応，関係機関との連携，担当者の意識変化が期待され，代表者会議，実務者会議，個別ケース会議と三層構造になっています。また，個別ケース検討を行ったら，必ず見直し項目を作成し，次につながっていく仕組みをつくろうとしています。しかし，要保護児童対策地域協議会発足後も児童虐待事件は多数報道されており，早期発見・早期対応に至っていないケースや，関係機関の連携や関係する人々の意識に疑問が感じられるケースも見受けられ，多くの課題があるのも現状です。ネットワークが機能することは簡単ではなく，①虐待者に自覚がなく拒否・攻撃的になりやすい児童虐待の固有性，②環境側である関係機関が一歩踏み込みにくい状況，③専門性や権限がないという市町村の実態，④相互の責任転嫁や認識のずれが生じやすいネットワークの困難性の4点をあげることができます。これらを乗り越えられるよう，ネットワークを機能させなければならないでしょう。2016年6月児童福祉法改正において，専門職の配置と研修を義務化しました。

④ SSWと要保護児童対策地域協議会との関連

　スクールソーシャルワーカー（SSWer）は，学校でソーシャルワークを展開する人です。福祉制度やサービスとつながっている市町村の相談部署とつながることも，要保護児童対策地域協議会を理解して活用することも，必須事項といえるでしょう。そしてSSWerは，学校という市町村よりもさらに住民や地域に密着した場所で，支援を展開できます。

　具体的には，2007年に教師に行った実態調査では，91.6％の教師が課題を抱えた児童生徒を担当したことがあり，83.0％の教師が保護者との関係で苦労したことがあると答えています。しかし，学校から相談機関に相談する事例は全校児童生徒数のうちの数％です。学校は，要保護児童対策地域協議会，あるいは関係機関がどのような役割と機能をもっているのかを，十分把握しているわけではありません。虐待通告は，その後の不安から抵抗感も強いです。身近に存在し気軽に相談でき，教師が詳しくない機関にともに働きかけるSSWerは，教師の不安をやわらげています。また，問題に気づいていない教師にSSWerから積極的に働きかけを行うことで，気になる事例を拾うことを可能にしています。

　つまり，学校が全数把握の機関であること，地域に密着して親も教師も相談しやすい位置にある学校のワーカーであることを最大限に意識・活用して，目の前の子どもたちだけではなく，全校児童生徒を視野に，問題行動に潜んでいる児童虐待や気になる行動の早期発見・早期対応がSSWerには可能なのです。

　また，学校のもつ特性から，学校が地域の拠点となり，問題発生の予防の役割を果たす可能性にも期待したいところです。

（山野則子）

▷4　**市町村児童虐待防止ネットワーク事業**
市町村児童虐待防止ネットワーク事業は，1997年発令された「子どもの心の健康づくり対策事業について」という通知文に初めて記載され，2000年に創設されたものである。通知文の発令と事業創設の時期がずれている。

▷5　2007年の児童福祉法改正において，自治体に設置の努力義務が規定された。また2008年の児童福祉法改正により，特定妊婦，要支援児童およびその保護者も支援対象となった。

▷6　山野則子『子ども虐待を防ぐ市町村ネットワークとソーシャルワーク──グラウンデッド・セオリー・アプローチによるマネージメント実践理論の構築』明石書店，2009年。

▷7　2016年児童福祉法一部改正（一部をのぞき，2017年4月施行）において主に以下4点を行う。①児童福祉の理念の見直し（児童を中心にした），②児童虐待の発生予防（子育て世代包括支援センターの法定化等），③児童虐待発生時の迅速・的確な対応（市町村や児童相談所の体制や権限の強化等），④被虐待児童への自立支援（里親委託推進と親子関係再構築支援等）。

▷8　山野則子「日本におけるスクールソーシャルワークの実証的研究──福祉の固有性の探究　平成19年度報告書」文部科学省科学研究費（基盤研究〔C〕），2008年。

Ⅴ 教育(学校)が連携する機関とその機能

6 児童福祉施設の機能

1 児童福祉施設とは,どのような施設か

児童福祉施設は1947年に制定された児童福祉法で規定されたものですが,その源流は明治時代の石井十次の岡山孤児院や石井亮一の滝乃川学園,留岡幸助の家庭学校などにみることができます。児童福祉法の制定当時,地域の子どもに健全なあそびを提供する児童厚生施設(児童館,児童遊園)や保育所など,一般児童への積極的な福祉を図る施設も規定されましたが,基本的な役割としては**養護問題**などに対応するために,子どもの生活そのものを家庭から引き受けることが求められていました。やがて重症心身障害児施設など,子どもの心身の問題に専門性をもち,親の養育を支援する多様な施設が分化していくことになりました。

現在,児童福祉法上では各種の施設名称が置かれ,さらに児童福祉施設の設備及び運営に関する基準では,預かる子どもの特性を考慮し,必要とされる設備や専門職などが定められています。これらの施設では子どもの生活を代替する**入所型施設**と,家庭から通い,専門的な訓練や指導を受ける通所型施設,そして児童心理治療施設や児童自立支援施設などのように,入所・通所両方の機能を兼ね備えるものに区分することができます。施設利用の手続きでは,児童養護施設など児童相談所が入所の要否を判断して措置(行政処分)をするもの,母子生活支援施設など福祉事務所等を通じて一定の条件にあてはまる時に,保護者が(選択)利用できるもの,さらに児童館のように地域に開かれ,保護者や子どもが任意に利用できるものに区分することもできます。また,児童福祉法で児童とは満18歳未満と規定されていますが,里親委託や児童養護施設などでは満20歳まで入所を延長することができるものや,障害児施設のように,成人の施設間と弾力的に利用できる施設もあります。つまり多様な側面から子どもの権利と生活を保障し,自立を支援するサービスを提供する重要な役割があります。

入所型の施設では,子どもの家庭にさまざまな養育課題があり,養育環境の改善が求められる場合に利用されますので,家庭の養育課題の解決や子どもの課題を軽減するために家族へのソーシャルワークが必要となります。通所型の施設では,子どもの生活基盤は家庭にありますが,子どもの課題を軽減するため,家族との協働を図るソーシャルワークや,さらに児童館のように地域に開

▶1 岡山孤児院は現在の児童養護施設,滝乃川学園は知的障害児施設,家庭学校は児童自立支援施設の源流となっている。

▶2 **養護問題**
「養護」とは,社会的な養育と保護の意味を合わせもつ言葉で,児童養護施設の定義(児童福祉法第41条)によれば,「保護者のない児童(乳児を除く。ただし,安定した生活環境の確保その他の理由により特に必要のある場合には,乳児を含む。以下この条において同じ。),虐待されている児童その他環境上養護を要する児童」であり,子どもの家庭養育に影響を及ぼすさまざまな家族問題をいう。

▶3 児童福祉施設に配置される専門職は,基本的には保育士や児童指導員であるが,障害児施設には看護師や作業療法士,理学療法士などが置かれている。また近年の被虐待児の入所の増加から,児童養護施設などには心理療法を担当する職員の配置が行われている。

▶4 **入所型施設**
現在,入所型の施設では子どもたちに家庭的な環境を提供するために,小規模化が進められている。具体的には,地域小規模児童養護施設の創設,施設の生活空間をユニット化すること(小規模グループケア)や,里親利用の拡充への取り組みなどである。

かれた施設では，地域の子どもたちの健全な育成環境を整えるソーシャルワークなど，それぞれ特色のある取り組みが求められます。

② 児童福祉施設におけるソーシャルワーク

児童福祉施設のなかには，施設入所中のみならず，退所後の子どもや家族に対して相談支援を行うことも求められている施設群があります。それは児童養護施設，児童心理治療施設，児童自立支援施設，乳児院，母子生活支援施設ですが，これらの施設群は養護問題が背景にあることを想定していますので，子どもの家族へのソーシャルワークは必要な要素でした。そして施設の抜本的な見直しが図られた1997年の児童福祉法改正では，児童養護施設などの家族支援の実践を活用し，地域の相談支援機関を拡充するために，**児童家庭支援センター**▷6が創設されました。しかし，養護問題の解決には困難をきわめる場合も多く，またそのような役割を果たす専門職員の配置がなかったため，2004年からは**家庭支援専門相談員**▷7（ファミリーソーシャルワーカー）の配置が認められました。一方，家庭の問題が抜本的な解決をみずに，子どもが教育年限を終えて施設を退所し，就労自立することで問題の解決契機を図るしかない場合もあり，そのような子どもを支援する**自立援助ホーム**▷8も創設されています。保護が必要な青少年の自立支援では家族や子ども自身の問題の深刻化に対応すべく，児童相談所だけでなく雇用主，法的問題に対応するために弁護士や家庭裁判所などの司法の協力を求めながら，ソーシャルワークを展開する必要もあります。

③ SSWer との協働

児童福祉施設ではソーシャルワーカーの活躍がますます求められる時代となってきましたが，スクールソーシャルワーカー（SSWer）との協働については考えるべき点がいくつかあります。まず，子どもは施設から地域の学校に通っているのですが，地域の子どもたちや学校との間で問題が生じた時に，施設のソーシャルワーカーはあくまでも施設で生活している子どもの立場に立って活動しなければならないため，地域との折衝や調整において困難が生じることがあります。施設の子どもたちに学校生活の場を調整し，生き生きとした学習生活を実現するために，SSWer の役割が求められます。また，施設では多様な養護問題を抱えた家族への支援を，児童相談所やさまざまな社会機関と連携しながら関わってきている歴史があります。さらに児童家庭支援センターでは，地域の子どもの問題への相談支援を行っていますし，児童養護施設等には被虐待児などの心理療法を担当する職員がいます。これは SSWer にとっては，有力な地域資源となると考えられます。

（農野寛治）

▷5 2016年6月の児童福祉法改正では，児童養護施設等の措置対象年齢を，一般家庭における高等教育進学の実態に鑑みて，満20歳とすることや，関係機関等との連携のもと親子再統合のための支援や家庭と同様の良好な環境で養育されるために必要な措置をとることとなった。

▷6 **児童家庭支援センター**
地域の子ども相談に応じ，必要な助言や，都道府県等からの委託を受けて子どもや保護者の指導等を行う。創設当初は児童養護施設等に附置する要件が設けられていたが，現在では削除されている。

▷7 **家庭支援専門相談員**
児童養護施設等に入所している子どもの保護者に対し，子どもの早期退所の促進，親子関係の再構築などを目的に，児童相談所との密接な連携のもとに相談支援を行う。

▷8 **自立援助ホーム**
前身は，教育年限を終え施設退所した後も，社会的に自立し難い子どもたちのアフターケア（後指導）施設で，先駆的な実践を踏まえ，1997年児童福祉法改正で児童自立生活援助事業として法定化された。少人数で共同生活を営む住居において，日常生活上の援助や生活指導，就労支援を行う。本人の同意を得て，児童相談所の措置によって入所する。2016年6月の児童福祉法改正では満20歳を超えて満22歳の年度末までにある大学等就学中の者も入所の対象となった。

Ⅴ　教育（学校）が連携する機関とその機能

保健所・保健センターの機能と地域の病院の機能

1　保健所・保健センターの機能と役割

　保健所・保健センターは公衆衛生のための専門機関です。地域保健法に基づき，保健所は都道府県，指定都市，中核市そのほかの政令で定める市または特別区が設置します。また保健センターは市町村が設置できると規定されています。

　1994年6月に保健所法から**地域保健法**[注1]に移行したことによって，住民の生活者としての立場を重視した身近な保健サービスとして，市町村保健センターの役割が重視されるようになりました。これは少子高齢化，慢性疾患の増加などの地域保健が抱えている課題に取り組むためのもので，市町村保健センターには老人保健や母子保健などの地域住民の利用頻度の高いものを中心とし，関連する福祉サービスとの連携もその役割として求められています。

　保健所は，市町村保健センターへの技術的助言，市町村職員の研修その他必要な援助とともに，歯科や精神保健，難病，感染症（結核を含む）その他の疾病の予防など専門性の高い保健サービスを提供する役割を担っています。

　わが国の地域保健の全体像を図に示すと，図Ⅴ-3のとおりになります。

▶1　**地域保健法**
地域保健対策の推進に関する基本指針や，保健所，市町村保健センターの設置などを定めたもの。

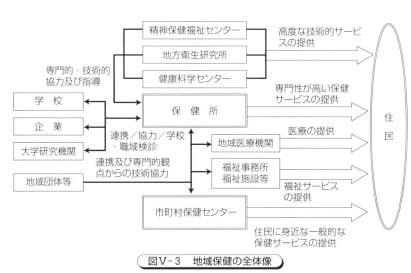

図Ⅴ-3　地域保健の全体像

出所：河原和夫「保健医療対策の現状」福祉士養成講座編集委員会編『社会福祉士養成講座13　医学一般（新版，第3版）』中央法規出版，2005年。

❷ 地域の病院の役割と機能

病院は，医療法に基づき「医師又は歯科医師が，公衆又は特定多数人のため医業又は歯科医業を行う場所であつて，20人以上の患者を入院させるための施設を有するものをいう」（第1条の5第1項）と規定され，「患者を入院させるための施設を有しないもの又は19人以下の患者を入院させるための施設を有するもの」を診療所と規定しています（第1条の5第2項）。

近年，医療法の改正などにより**地域医療支援病院**，**特定機能病院**などの病院機能分化と在宅医療の充実が進められてきました。そのなかで，地域の病院は地域住民のかかりつけ医という役割を果たしながら，訪問看護などの在宅医療サービスを提供しています。

❸ 学童期・思春期の病気の特徴と学校との連携

近年，生活習慣病といわれる糖尿病，高血圧などの若年化，また食生活の偏り，生活習慣のひずみによる肥満などの問題が，子どもたちのなかにも増えてきています。ある調査によると，小中学生の生活習慣が不良であるほど，**不定愁訴**や体調不良の訴えが多く，生活元気度の低下がみられ，**ヒューマンサポート**の度合いが高いほど，身体的健康度が高く，生活元気度も高く維持されています。家庭の不安定さや生活習慣の変化，孤立化などの問題が子どもたちの健康問題に影響を与えていることがわかります。

また，心理的な問題から身体症状を訴える心身症といわれる症状も特徴的です。学童期では，頭痛，腹痛，嘔吐，夜尿，気管支喘息などがみられ，学童期以降思春期では，それに加え過呼吸症候群，摂食障害，リストカットなどの精神保健の問題も増えてきます。思春期は精神疾患の初発の時期とも重なってきます。

発達障害に関しても，2012年の文部科学省の全国調査によると，公立小中学校の通常学級に通う児童生徒のうち，学習面や行動面で著しい困難を示す児童生徒の割合は6.5%と報告されています。

このように学童期・思春期にはさまざまな病気，障害の課題があり，それらが学校生活のなかで現れてくることも多く，生活習慣・栄養指導や精神保健などの保健サービス，疾病に関する医療サービスとの連携が重要となってきます。

病気や障害の二次障害として不登校などの問題が生じてくることも多く，スクールソーシャルワーク（SSW）では病気や障害に関する適切なアセスメントと，児童生徒や保護者の不安，困惑を受容し，適切に保健・医療サービスにつなげることが重要となります。そしてそのアセスメントをもとに，保健・医療・教育が連携して適切な支援計画を作成していくことが，児童生徒の抱えている課題の軽減やよりよい児童生徒の成長につながります。

（岩永　靖）

▷2　**地域医療支援病院**
1997年の第三次医療法改正で制度化された。地域におけるかかりつけ医の支援や，紹介患者への医療の提供などの役割を担い，都道府県知事の承認が必要とされる。

▷3　**特定機能病院**
1992年の第二次医療法改正で制度化された。高度な医療を提供する施設として，厚生労働大臣の承認が必要とされる。

▷4　**不定愁訴**
1つの疾患としてまとめられない漠然とした身体の不調。たとえば「頭痛」，「疲労感」，「動悸」，「食欲不振」，「不眠」などで，検査しても病気の状態がみつからない場合をいう。

▷5　**ヒューマンサポート**
小中学生の場合，家族，先生，友人などからの，あたたかい共感に満ちた支援のこと。

▷6　森本兼曩「ライフスタイルと健康——生活習慣病の環境リスクを科学する」千代田豪昭・黒田研二編『学生のための医療概論（第2版）』医学書院，2003年。

参考文献

朝倉次男監修『子どもを理解する——「こころ」「からだ」「行動」へのアプローチ』へるす出版，2008年。

講談社編『家庭医学大事典マイドクター（第2版）』講談社，1996年。

千代田豪昭・黒田研二編『学生のための医療概論（第2版）』医学書院，2003年。

福祉士養成講座編集委員会編『社会福祉士養成講座13 医学一般（新版，第3版）』中央法規出版，2005年。

Ⅴ 教育（学校）が連携する機関とその機能

 配偶者暴力相談支援センター・婦人相談所の機能——DV 被害者支援

1 DV 被害者支援機関としての配偶者暴力相談支援センター

◯配偶者暴力相談支援センターの設置

ドメスティック・バイオレンス[1]（DV）が社会問題として認識されるようになるなか、配偶者暴力相談支援センターは、2001年に制定された配偶者からの暴力の防止及び被害者の保護等に関する法律（DV防止法）に基づき設置されており、都道府県が設置する婦人相談所その他適切な施設（福祉事務所、女性センター等）において、その機能を果たすこととされています。2007年の法改正により市町村での設置が努力義務となり、一部の市などにも設けられるようになっており、2015年11月現在、全国に261か所設置されています[2]。

◯配偶者暴力相談支援センターの役割

配偶者暴力相談支援センターの業務は、配偶者からの暴力の防止および被害者の保護を図るため、①相談や相談機関の紹介、②被害者のカウンセリング、③被害者および同伴者の緊急時における安全の確保および**一時保護**[3]、④自立生活促進のための情報提供その他の援助、⑤**保護命令**[4]制度の利用についての情報提供その他の援助、⑥被害者を居住させ保護する施設の利用についての情報提供その他の援助を行うことです。

◯婦人相談所の設置

婦人相談所は、1956年に制定された売春防止法に基づき、各都道府県に設置が義務づけられており、名称は、女性相談センター、女性相談所など都道府県によって異なります。婦人相談所は、法律の運用により、暴力被害をはじめ、さまざまな生活上に困難を抱える女性の相談に応じ、本人とその同伴する子どもの一時保護を行う機能を有することが特徴といえます。多くの都道府県において配偶者暴力相談支援センターの中核的機能も担っています。

2 DV 被害者の支援

配偶者暴力相談支援センターでは、被害者や関係機関からの相談に応じます。保護命令の申立ての支援をしたり、警察や市町村などと連携し緊急時には一時保護を実施します。また、被害者の自立支援に向け、生活保護や**母子生活支援施設**[5]の利用窓口である福祉事務所や、その他の機関と連携します（図Ⅴ-4）。

被害者が DV 被害を自覚し、暴力関係から脱け出す決意をし、実際に離別

---

[1] **ドメスティック・バイオレンス**
夫婦やパートナー、恋人など、親密な間柄にある、またはあった相手から受ける身体的・精神的・経済的・性的・社会的などあらゆる形の暴力をいう。被害者の多くは女性である。

[2] 内閣府男女共同参画局ホームページ「配偶者暴力相談支援センター」（http://www.gender.go.jp/policy/no_violence/e-vaw/soudankikan/01.html/）。

[3] **一時保護**
婦人相談所がみずから行うか、婦人相談所から一定の基準を満たす者に委託して行う。被害者の意思に基づいて実施し、被害者本人と子どもなど同伴する家族を一緒に、しばらくの間保護する。

[4] **保護命令**
配偶者からの身体に対する暴力または生命等に対する脅迫を受けた被害者が、配偶者からの身体に対する暴力により、その生命または身体に重大な危害を受けるおそれが大きい時に、地方裁判所が被害者からの申立てにより、配偶者に対して発する命令である。①被害者への接近禁止命令、②子への接近禁止命令、③親族等への接近禁止命令、④電

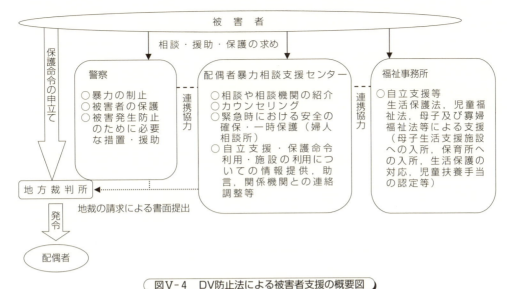

図V-4　DV防止法による被害者支援の概要図

出所：南野知惠子・千葉景子・山本香苗・吉川春子・福島みずほ監修『詳解DV防止法　2008年版』ぎょうせい，2008年，425頁を筆者一部修正．

すること，さらに生活や心身の安定を取り戻すことは容易ではありません。支援者はDVが被害者に及ぼす影響や個々の被害者の状況を理解し，被害者がみずからの状況に気づき，自己決定できるように情報を伝え，本人の意思を尊重しながら社会資源につなぐなど丁寧な支援を行う必要があります。

3　子どもに影響を及ぼすDV

　DVは被害者のみならず，その子どもにも深刻な影響をもたらします。第1に，DVの加害者が子どもにも暴力を振るっていることも多く，DVと児童虐待が同時に発生することも多くあります。また，子どもの面前で配偶者に暴力を振るうことなどにより，子どもに著しい心理的外傷を与えることは児童虐待であると，児童虐待の防止等に関する法律で示されています。子どもたちは日常生活のなかで暴力に怯え，極度の不安や緊張を強いられることになります。第2に，DV家庭で育つことで子どもは暴力による支配関係を学習し，安定した人間関係を築きにくい行動モデルを身につける可能性があります。第3に，DVから安全に逃れるため被害者は自宅を出ることも多く，同伴する子どもにも転校や友人関係の喪失など大きな生活環境の変化をもたらします。

　学校は子どもや家族との関わりのなかでDVを発見したり，DVから逃れ新たな生活を始める子どもと保護者に出会ったりします。被害者に配偶者暴力相談支援センターへの相談を勧めたり，子どもの福祉の視点から子どもが置かれている状況や心身の状態に十分留意し，必要に応じ児童相談所・福祉事務所などに相談・連携することが望ましいといえます。また，DVから逃れ新しい生活を始める被害者と子どもの生活再建のための支援と居所や転校・在籍などの情報の保護が重要になります。

（増井香名子）

話等禁止命令，⑤退去命令の5つの類型がある。

▶5　母子生活支援施設
児童福祉法に基づく児童福祉施設。母子家庭，またはそれに準じる家庭の女性とその子どもが一緒に利用する入所施設である。母子の生活を安定するための相談・援助を行いながら，自立を支援する。

Ⅴ 教育（学校）が連携する機関とその機能

 発達障害者支援センター・教育センターの機能

▶1 発達障害については Ⅰ-7 参照。

▶2 国立障害者リハビリテーションセンター・発達障害情報・支援センターホームページ「相談窓口の情報」（http://www.rehab.go.jp/ddis/相談窓口の情報/#_928）。

▶3 不登校
文部科学省による不登校の定義は、年間30日以上欠席した児童生徒のうち、何らかの心理的、情緒的、身体的、あるいは社会的要因・背景により、児童生徒が登校しないあるいはしたくともできない状況にある（ただし、「病気」や「経済的な理由」によるものを除く。）ことをいう。
⇒Ⅷ-6 参照。

▶4 特別支援教育センター
特別支援教育の中心的機関として、①障害のある児童生徒に対する教育内容・方法などの調査・研究、②特別支援教育担当教職員の研修、③障害のある児童生徒および保護者などへの教育相談、④特別支援教育に関する情報・資料の収集と提供などの機能をもつ。特別支援教育センターが単独で設置されている場合と、教育センターに併設されている場合がある。

1 発達障害者支援センターとは

発達障害者支援センターは、発達障害児（者）への支援を総合的に行うことを目的とした専門的機関です。2005年に施行された発達障害者支援法に基づき都道府県・指定都市自ら、または、都道府県知事等が指定した社会福祉法人等が運営しています。2017年7月現在、全国に92か所設置されています。

発達障害児（者）とその家族が豊かな地域生活を送れるように、保健、医療、福祉、教育、労働などの関係機関と連携し、地域における総合的な支援ネットワークを構築しながら、発達障害児（者）とその家族へのさまざまな相談支援や、就学前の発達支援から就労支援までライフステージに応じた支援を行っています。また、発達障害に関する普及啓発や研修も行っています。

発達障害者支援センターは、社会福祉士の配置が必須ですが、臨床心理士、言語聴覚士、精神保健福祉士、医師などを配置しているところもあります。また、地域によって支援形態、支援内容及び他機関との連携等はさまざまであり、それぞれのニーズに基づいた多様な取り組みが行われている一方で、支援やサービス内容の質に相違が見られるなど地域格差が生じています。

2 教育センターとは

「教育センター・教育研究所」は各都道府県、政令指定都市等に設置され、教育指導等に関する研究、教員向けの研修活動と教育相談等の活動を行う総合的機関です。教育相談では、子どもと保護者、教員を対象に、学習に関する相談、**不登校**、いじめ、心理的な問題について相談を行います。教育センターの大部分が教育相談室などの教育相談機能を備えており、**特別支援教育センター**や教育支援センター（適応指導教室）が併設されているところも多くあります。

教育支援センター（適応指導教室）は、学校生活への復帰を支援するため、不登校児童生徒等に対する指導を行います。児童生徒の在籍校と連携をとりつつ、個別カウンセリング、集団生活への適応、情緒の安定、教科指導、基本的生活習慣の改善等のための相談・適応指導（学習指導を含む）を行うとともに、保護者に対しても不登校の態様に応じた適切な助言・援助を組織的、計画的に行います。一定の要件を満たせば、教育支援センター（適応指導教室）への通室（通学）が、学校の「出席扱い」になります。なお、元来「適応指導」とい

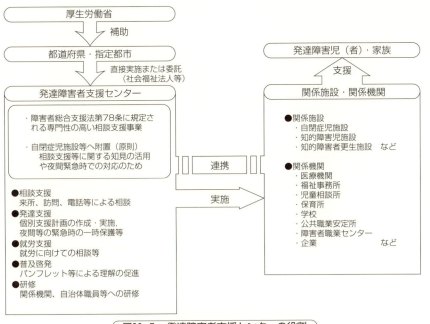

図V-5 発達障害者支援センターの役割

出所：厚生労働省「国立障害者リハビリテーションセンター・発達障害情報・支援センター」(http://www.rehab.go.jp/ddis/こんなとき，どうする？/地域連携／) を筆者一部修正。

う言葉が使われていましたが，これは子どもを型にはめるという意味に受けとれられることもあり，2003年に教育支援センターという名称に変更されました。

③ 発達障害に関わる SSW の役割

　いじめ，不登校，暴力行為，学級崩壊など個人または集団の問題行動に関わる児童生徒の中には発達障害の特性があるまたはその疑いがあることが少なくありません。2012年に全国の公立小中学校で約5万人を対象にした文部科学省の調査では，「発達障害の可能性のある」とされた児童生徒の割合が，6.5％程度であり，1クラスに2，3人は発達障害の傾向があるということになります。しかし4割弱の児童生徒は特別な支援を受けていません。発達障害のある子どもについては，早期から発達段階に応じた支援が重要であり，早期発見・早期支援の必要性はきわめて高いとされています。学校は発達障害について理解を深めることが求められ，子どもの個性に応じた多様な教育のあり方について模索していかなければなりません。

　スクールソーシャルワーカー（SSWer）は，学校と発達障害者支援センター，教育センターなど発達障害に関わるさまざまな機関の役割や機能を理解し，多分野にわたる連携を図るとともに，子ども，保護者へ十分なアセスメントを行い，適切な相談機関につなげていく役割があります。

（荷出　翠）

▷5　文部科学省「通常の学級に在籍する発達障害の可能性のある特別な教育的支援を必要とする児童生徒に関する調査」2012年。

V 教育（学校）が連携する機関とその機能

オルタナティブ教育機関（フリースクール等）の機能

▷1 堀真一郎『ニイルと自由な子どもたち――サマーヒルの理論と実際』黎明書房，1984年。
▷2 永田佳之『オルタナティブ教育――国際比較に見る21世紀の学校づくり』新評論，2005年。
▷3 オルタナティブ教育研究会『オルタナティブな学び舎の教育に関する実態調査報告書』国立教育政策研究所，2003年。
▷4 フリースクール全国ネットワーク『フリースクール白書』2004年。
▷5 **ホームスクーリング**
学校に通学せず，家庭に拠点をおいて子どもの学習機会を保障することを選択した学習形態。家庭や図書館，博物館，公園，インターネットなどのリソース，また，同じようにホームスクーリングを選択した家庭のネットワークを活用しながら学ぶ。
▷6 オルタナティブ教育研究会『公共性をはぐくむオルタナティブ教育の存立基盤に関する総合的研究』国立教育政策研究所，2004年。
▷7 **憲法第26条**
「すべて国民は，法律の定めるところにより，その能力に応じて，ひとしく教育を受ける権利を有する」（第1項），「すべて国民は，法律の定めるところにより，その保護する子女に普通教育を受けさせる義務を負ふ。義務教育は，これを無償とする」（第2項）。
「この規定は，福祉国家の

1 「学校」以外の学び場の広がり

「学校に子どもを合わせるのではなく，子どもに合わせて学校をつくろう！」（ニイル，A. S.）――既存の学校の枠にとらわれず，子どもの現実から出発した学び場づくりが，日本でも取り組まれています。フリースクール，フリースペース，教育支援センター，オルタナティブ学校，塾・サポート校，ホームスクール等，それらは「オルタナティブ教育機関」と総称されます。日本では1980年代以降，既存の学校で強まった管理教育や知識詰め込みの画一的教育に対して，一方で，急増し始めた不登校生徒の現実的ニーズに対応して，他方で，過剰に制度化された官製の教育システムに対する市民による手づくりの学び場として，それらは次第に広がりをみせてきました。民間（市民立）のものが先行し，1992年に文部省（当時）が「登校拒否はどの子にも起こりうる」という見解を出して認知（原籍学校での出席扱い）して以来，行政・教育委員会の公設した適応指導教室（教育支援センター）が増えていきました。2000年代前半には，民間のものが数百校，公営のものは1,000校に及びました。ただし，前者は公費助成など制度的な支援がなく，持続的な運営が困難な状況におかれています。

2 オルタナティブ教育機関の機能

それらの諸機関を，図V-6のようにマッピングしてみることで，各々のもつ機能の特色（意義と限界）を自覚して協働・連携することが容易になります。

まず福祉的支援（居場所機能）と教育的支援（学び場機能）の軸，すなわち，子どもがみずからの存在を受け入れられ，安心して元気を回復できる福祉的支援と，子どもの成長発達に即した学びを，ユニークな理念や方法で促進する教育的支援の軸です。前者の典型として「フリースペース」（居場所）が，後者の典型として「オルタナティブ学校」（シュタイナー学校，フレネ学校，モンテッソーリ学校等）があります。日本のいわゆる「フリースクール」は，不登校のニーズに対応して出発し，次第に学習プログラムを整備するようになったものが多く，この軸の中間に位置づけられます。もう1つが，マクロな視点から制度化されたシステムと社会への適応（進路保障）を重視する機能，およびミクロな視点から顔のみえる生活世界と個人の自己実現を重視する機能，この

2つを両極とする軸です。前者には，学校復帰を目的として公教育を補完する教育支援センターが，後者には，**ホームスクーリング**が位置づき，そして，市民・NPOによる手づくりのオルタナティブ学校は，「私」と「公」の間に新しい公共領域を拓く第3セクターとして，この軸の中間に位置づきます。

3 オルタナティブ教育の法的地位と学習機会の多様化

子どもにあるのは，学校に行かなければならない義務ではなく，学ぶ権利です。学校に通っても本人が適切に学べない場合，それでも学校に通い続ける義務はありません。大人のほうに，子どもの学習権を保障する義務があります。学校教育法第1条に定める「学校」は，**憲法第26条**で定める学ぶ権利（教育への権利）を保障する義務を国民（保護者・行政）が果たすための制度です。

したがって，ある学校がその子どもに適切に学ぶ機会を提供できていない場合，憲政上の義務は，無理にそこに通わせるよりも，その子どもが適切に学べる場所を探したり，つくりだしたりすることです。とりわけ，世界人権宣言や子どもの権利条約は，保護者が，子どもにとって最善の利益となるような学習機会を選択する優先的な権利をもつと定めています。オルタナティブ教育機関は多くの場合「学校」としては無認可ですが，この憲法や子どもの権利条約に規定された学習権を保障する場として機能しているかぎり，それを選択しても教育義務違反とはなりません。現在その法的整備が急務となっています。

不登校にはさまざまなケースがあり，特に近年では貧困や格差固定化，虐待や育児放棄等の社会面，また「発達障害」のラベリングが絡んだ病理面等も含めて，短絡的な要因論に陥らないように総合的なアプローチが必要です。ここでは特に教育的観点から，既存の学校への復帰を目指す解決にとどまらず，個性をもつ一人ひとりの子どもに最善の学びを保障するため，多様な学び場を創造的に探求してきたフリースクールなどのオルタナティブ教育機関という，もう1つの選択肢を紹介しました。子どもが学校に不適応というよりも，学校システムが子どもに不適応を起こしているという視点が重要です。すなわち，近代化途上型の一元的で画一的な旧来の学校システムから，成熟社会にふさわしい子どもの多様性に応じた多元的な教育システムへの移行期の課題として，この問題を捉える視点が重要なのです。

（吉田敦彦）

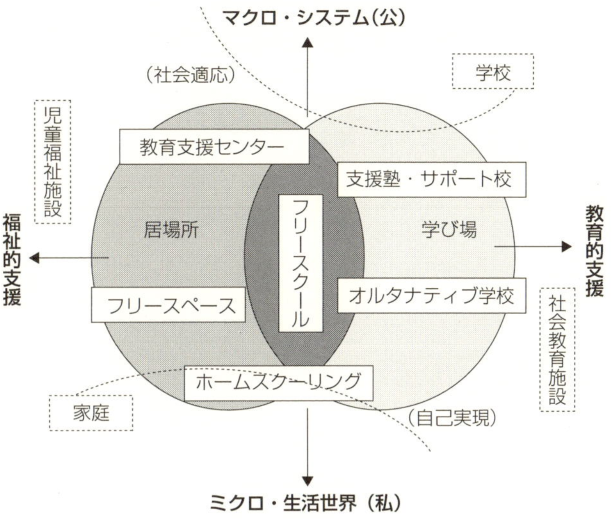

図V-6 不登校とオルタナティブ教育の概念図
出所：筆者作成。

理念に基づき，国が積極的に教育に関する諸施設を設けて国民の利用に供する責務を負うことを明らかにするとともに，子どもに対する基礎的教育である普通教育の絶対的必要性にかんがみ，親に対し，その子女に普通教育を受けさせる義務を課し，かつ，その費用を国において負担すべきことを宣言したものである」（最高裁1976年5月21日大法廷判決）。

▷8 「親は，子に与える教育の種類を選択する優先的権利を有する」（世界人権宣言第26条第3項）。「この条又は前条のいかなる規定も，個人及び団体が教育機関を設置し及び管理する自由を妨げるものと解してはならない」（子どもの権利条約第29条第2項）。

▷9 吉田敦彦「子どもと学び──多様な学び保障による「学習権2本立て制度」へ」『子どもの権利研究』第25号，2014年。

▷10 吉田敦彦『ホリスティック教育論──日本の動向と思想の地平』日本評論社，1999年。

V 教育（学校）が連携する機関とその機能

 ## 家庭裁判所・少年院の機能

▷1 少年法
⇒Ⅷ-11参照。

▷2 鑑別や観護を目的とする少年鑑別所においても、健全育成のための支援を含めた処遇が積極的に実施されるようになってきている。

▷3 保護処分
すべての保護処分は、非行のある少年に対して人格の発達を促し、生活と環境の改善を行うことを目的としている。よって、保護処分は、成長発達の途上にあり、

1 家庭裁判所の機能と役割

家庭裁判所は、家庭に関する事件の調停や審判、非行を行った少年に対する調査や審判を行う機関です。少年や家族の置かれた生活の全体像を把握し、問題の背景を明らかにすることによって、将来を見据えた円満な解決を図るという理念に基づいています。そのため、家庭裁判所調査官という人間科学の専門職が配置され、法律的な解決だけでなく人間関係や環境の調整も図っています。

少年事件は、主に**少年法**に基づいて扱われます。家庭裁判所が少年に出す最終決定には、審判不開始、不処分、児童相談所長等送致、保護処分、検察官送致の5つがあります（図Ⅴ-7）。このうち、審判不開始や不処分となる割合が圧倒的に多いですが、これらの決定過程においても、少年や保護者への助言・指導、さまざまな関係機関との調整を行っています。審判でも、裁判官が少年の生活歴や環境を踏まえつつ反省や立ち直りを諭すなど、あらゆる場面で教育的な働きかけがなされています。

2 少年院の機能と役割

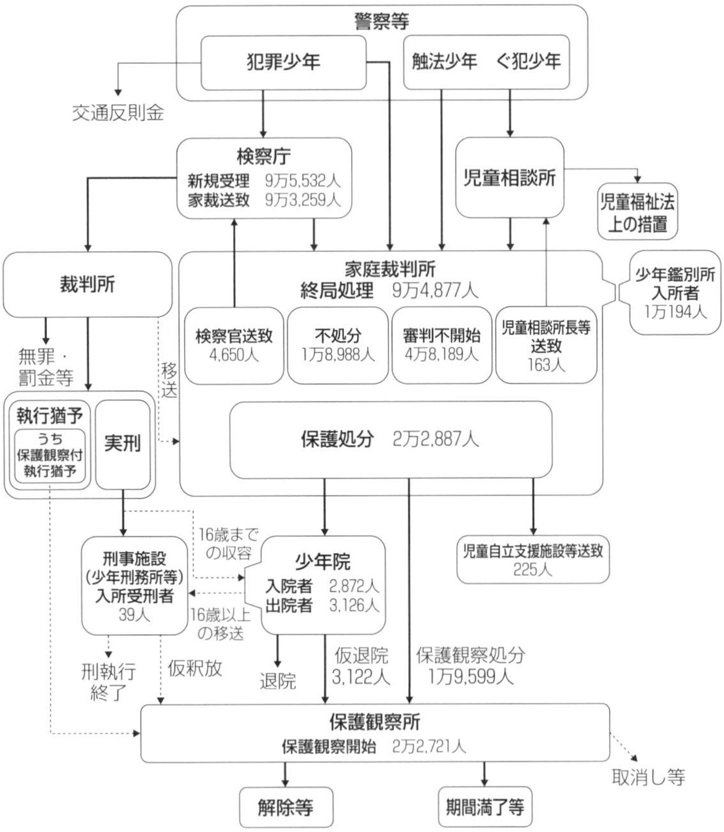

少年院は、家庭裁判所から**保護処分**として送致された少年に対し、その健全な育成を図ることを目的に、矯正教育や社会復帰支援などを行う法務省矯正局管轄の施設です。保護処分には、**保護観察**、児童自立支援施設または児童養護施設送致、少年院送致の3種類があります。2015年に保護処分となった少年2万2,887人のうち、少年院送致は3,063人（13.4％）であり、保護観察処分の

図Ⅴ-7 非行少年に対する手続きの流れ

出所：法務省編『平成27年版 犯罪白書』日経印刷, 2015年。

1万9,599人（85.6%）に比べ，その割合は非常に少ないのが実際です。つまり，少年院への送致決定は，要保護性が高く，国による矯正教育を行わなければ再非行の可能性も高いという家庭裁判所の判断に基づいています。

少年院の管理運営や矯正教育，在院者の処遇は，**少年院法**によって規定されています。2014年には新たな少年院法が制定されました（2015年6月1日施行）。従来，初等・中等・特別・医療の4種類であった少年院の種類は，新少年院法では第1種から第4種に見直されました。どの少年院に送致するかは，少年の年齢や犯罪的傾向の程度，心身の状況などに応じて家庭裁判所が決定します。なお，第3種以外は男女別の施設になっています。

少年院における処遇の中核となるのが矯正教育です。その内容は，生活指導（基本的生活訓練や個別面接指導，日記指導，SSTなど），職業指導（溶接や木工，農業，園芸，各種資格・免許の取得指導など），教科指導（義務教育や補習教育，高等学校卒業程度認定試験の実施など），体育指導（各種運動や集団競技など），特別活動指導（クラブ活動や社会奉仕，社会見学，運動会，成人式など）で編成されています。これらは，少年の特性や教育上の必要性に応じて，家庭裁判所や少年鑑別所の情報・意見などを参考に作成された個人別矯正教育計画に基づいて実施されています。この矯正教育を担う専門職が国家公務員である法務教官です。教員免許や各種資格を有する法務教官が多く，個別担任制に基づいて信頼関係の形成，家族関係や就職・就学への助言などが日常的になされています。民間からの篤志面接委員や教誨師による面接・講和，学識経験者による保護者への助言，ハローワーク職員による社会資源講座など，さまざまな人材や関係機関と連携しながら，少年の帰住先や就労先，修学先を確保する社会復帰支援にも重点が置かれています。

❸ 連 携

家庭裁判所調査官は，その活動において少年や保護者だけではなく，校長や担任教諭，生徒指導担当教諭などと，学校訪問や面接を通して詳細な情報共有をしています。また，児童相談所や少年鑑別所，保護観察所などの関係機関とも連携しています。少年院送致になった場合でも，事例研究会や研究授業などにより少年院との直接的・積極的な連携もなされています。

少年院でも，担任教諭や元担任教諭など「改善更生に資すると認められる者」（少年院法第92条）は，少年との面会や法務教官との情報共有が可能となる場合があります。近年，非常勤ソーシャルワーカーが配置され始めており，今後スクールソーシャルワーカーとの連携も期待されます。居場所の喪失や未就学・未就労，虐待，貧困など生活上の課題と非行との関連が指摘されるなか，非行の予防，再犯の防止に向けた有機的な連携が求められています。

（大友秀治）

可塑性に富んでいるという特性をもった少年に，一部自由を制限しつつも，基本的には少年の立ち直りのための支援として行われている（加藤幸雄・藤原正範編著『Q&A少年事件と裁判員裁判――少年の立ち直りと向き合う裁判員のために』明石書店，2009年，37頁）。

▷4 全国に52施設（分院3施設を含む）が設置されている（2015年4月1日現在）。

▷5 **保護観察**
⇒Ⅷ-11 参照。

▷6 これらの意味について，後藤は，制裁としての保護処分（非行に対する国家的反作用で，少年に対して責任を追及するシステム），保護としての保護処分（少年を有害な環境から離脱させ，安心できる場所を与えるという役割），教育としての保護処分（再非行を予防し，社会復帰を目指す教育システム）として説明している（広田照幸・後藤弘子編『少年院教育はどのように行われているか――調査からみえてくるもの』矯正協会，2013年，17〜19頁）。

▷7 **少年院法**
1948年に制定。この法律の目的は，「少年院の適正な管理運営を図るとともに，在院者の人権を尊重しつつ，その特性に応じた適切な矯正教育その他の在院者の健全な育成に資する処遇を行うことにより，在院者の改善更生及び円滑な社会復帰を図ること」（第1条）である。

▷8 以下，新少年院法処遇は法務省HP「少年院」(http://www.moj.go.jp/kyousei1/kyousei_kyouse04.html)。

▷9 林和治ほか『少年院における矯正教育の現在』矯正協会，2009年，73〜77頁。

V 教育(学校)が連携する機関とその機能

12 司法領域(刑事司法制度)における ソーシャルワーカーの機能

1 司法と福祉の連携のはじまり

　刑事司法制度のなかにソーシャルワーカーが求められるようになったきっかけは,矯正施設(少年院や刑務所)退所後に,福祉支援が必要になると考えられる人が入所していること,入所してくることが明らかになってきたためです。
　前者の例としては長らく入所していた人が認知症になる,後者の例でいえば身寄りがなく帰住先が定まらない高齢者,知的障害者などです。そこで,矯正施設から退所し地域社会に戻る際に高齢や障害のために特別な調整が必要とされ,その橋渡し役としてソーシャルワーカーの存在が浮かび上がり,ここから司法と福祉の連携が始まりました。

2 刑事司法制度のなかのソーシャルワーカー

　罪を犯した疑いがある時やそれが確定した際に刑事司法制度における5つの段階のいずれかもしくは全てに関わることになります。5つの段階とは,①警察に逮捕される(警察段階),②検察に送られる(検察段階),③裁判を受ける(裁判段階),④矯正施設に入る(矯正段階),⑤裁判所が指示した期間に保護観察所(保護観察官・保護司)の指導・監督を受ける(更生保護段階)のどこかに相当している期間のことです(図V-8)。このうち,特に②〜⑤の間でソーシャルワーカーが当事者に関わることが増えてきました。

○検察(地方検察庁)

　地方検察庁では2013年よりソーシャルワーカー(社会福祉士資格所持者)が「社会復帰アドバイザー」という名称で採用されています。役割は,起訴猶予や執行猶予で釈放が見込まれる被疑者・被告人に対して,福祉的支援の必要性を検討することです。また,必要に応じて地域生活定着支援センターや福祉機関等と当事者が釈放された後に,福祉サービスを受けることや住まいの確保のための調整を行うなどの仕事をしています。

○矯正施設(少年院,刑務所)

　矯正施設には2004年からソーシャルワーカー(社会福祉士もしくは精神保健福祉士所持者)が配置され始めました(表V-1)。矯正施設において,矯正施設を退所後に福祉の支

▷1　ここで示しているのは成人の例であり,少年の場合はまた流れが異なる。少年が罪を犯した場合は,少年のみに適用される少年法に則る。そのなかで成人と大きく違うところは,原則的にすべて家庭裁判所において非行や犯罪について審議することにある(全件送致主義)。詳細は,藤本哲也ほか編著『よくわかる更生保護』ミネルヴァ書房,2016年,30〜31頁,で確認してほしい。

▷2　刑事司法制度のなかにソーシャルワーカーが採用されて機関に勤務する場合と,福祉的な側面から支援が必要な時に任意で当事者に関わる場合とがある。

▷3　すべての検察ではなく,現在,宮城,東京,神奈川,千葉,静岡,京都,大阪,広島などの地検に社会福祉士が置かれている。

図V-8　刑事司法制度の流れの例(成人の場合)

出所:筆者作成。

V-12 司法領域（刑事司法制度）におけるソーシャルワーカーの機能

表V-1　社会福祉士・精神保健福祉士の配置施設数

区　分		矯正施設	2004	2005	2006	2007	2008	2009	2010	2011	2012
社会福祉士	刑事施設		—	—	—	8	8	62	67	67	67
	少年院		—	—	—	—	—	3	3	3	5
精神保健福祉士	刑事施設		2	4	4	8	8	8	8	8	8
	少年院		—	—	—	—	—	2	2	2	2

出所：法務省『平成24年版　犯罪白書』2013年，277頁より筆者作成。

援や住まい確保の調整などが必要な人を選定し，本人の希望があればその調整をします。

2009年までにすべての刑務所にソーシャルワーカーが配置されましたが，どこの刑務所においても非常勤職員であることが課題とされていました。

しかし，2014年から矯正施設に新たに「福祉専門官」という職種が設けられ現在刑務所に配置されています。福祉専門官は，常勤の職員で当事者の再犯防止と社会復帰の促進の両側面から関わる仕事として設置された専門職です。

◯地域生活定着支援センター

地域生活定着支援センターは都道府県が実施主体となっています。実際に都道府県が直接運営するのはもちろん，社会福祉法人やNPO法人などに委託することもできます。人員は，6人の職員配置が基本となっており，そのうちの1名以上は社会福祉士など福祉に関連する有資格者とされています。

行っている事業は3つ，すなわち，矯正施設に入所中から帰住地の調整を行うコーディネート業務（帰住地調整支援），矯正施設退所後，社会福祉施設に入所した後のフォローアップ業務（施設定着支援）と，矯正施設退所後，福祉サービス等についての相談支援を行う業務（地域定着支援）です。

3　刑事司法制度のなかにおけるソーシャルワーカーの任意の活動（更生支援コーディネーター）

更生支援コーディネーターは，弁護士などにより福祉の支援が必要と判断された被疑者・被告人段階にある人に対して，ソーシャルワーカーが福祉支援の専門家の立場から安心で安全な生活の確保，居場所や社会の中の役割をみつけるサポートをします。具体的には拘留されている当事者と面談し，本人の生活ニーズをアセスメントしたり，裁判の際に必要となる更生支援計画を作成したり，裁判に情状証人として出廷したりします。

福祉の支援が必要な被疑者・被告人には欠かせない役割になってきていますが，現在のところ制度化はされていません。先に見てきた地域生活定着支援センターや矯正施設などは，矯正施設から出た後という意味で俗に「出口支援」と呼ばれています。ここまで制度化されてきているのは「出口支援」のところであり，矯正施設に入る前の「入口支援」については，ほとんどがボランティアでの関わりとなっています。現在，このソーシャルワーカーが関わる「入口支援」の制度化が求められているところです。

（木下大生）

▷4　具体的には，当事者の住まいがある場所や住むことを希望している地域の管轄である地域生活定着支援センターや保護観察所につなぐ役割をしている。

▷5　2016年現在は，札幌，宮城，府中，名古屋，大阪，広島，高松，福岡の各刑務所と八王子，岡崎，大阪，北九州の各医療刑務所に限定されている。

▷6　地域生活定着支援センターは，厚労省社会・援護局の「地域生活定着促進事業実施要領」「地域生活定着支援センターの事業及び運営に関する指針」を根拠としている。

▷7　更生支援コーディネーターについては，水藤昌彦監修『更生支援計画をつくる――罪に問われた障害のある人への支援』現代人文社，2016年に具体的な役割が書かれている。

Ⅵ　スクールソーシャルワークの基礎理論

岡村理論とスクールソーシャルワーク

1　岡村理論とは

○現代社会での生活

　岡村理論とは，岡村重夫が構築した社会福祉の固有性を基礎とした理論です。この考え方では，さまざまな生活上の問題のなかから，社会福祉の対象をつかむことが出発点となります。岡村によれば，個人には社会生活上で満たさなければならない7種類の「基本的要求」があります。現代ではこうした基本的要求に対応するように「社会制度」が発達しており，個人は社会制度と「社会関係」を結ぶことで基本的要求を満たしています。これが，現代社会での生活の枠組みです。つまり「学びたい（教育の機会）という基本的要求を，教育制度（社会制度）である学校に通う（社会関係をもつ）ことで充足する」，ということです（図Ⅵ-1）。

○社会福祉固有の視点

　社会制度は，個人に役割を課します。その役割を実行できれば，基本的要求を充足することができます。たとえば学校という制度は，児童や生徒という役割を個人に求めます。その役割を実行できれば教育が受けられます。逆に求められた役割を実行できなければ，基本的要求は充足されません。社会制度から個人との関係を規定するこの側面を，「社会関係の客体的側面」といいます。

　これに対して，社会関係における個人の側（社会関係の主体的側面）から社会制度との関わりを捉える視点があります。ここからは，その個人が関わっているすべての社会制度との社会関係をみることができ，そこに生じているできごとを把握できます。岡村はこれを，社会福祉のみがもち得る視点として「社会福祉固有の視点」と表現しました。この視点からは，個人がある学校の生徒

▶1　岡村重夫
1906〜2001年。大阪市立大学教授，関西学院大学教授，大阪府立社会事業短期大学学長などを歴任。岡村理論は社会福祉固有の領域を強調する独自の体系である。著書は，『地域福祉論』（1973年），『社会福祉原論』（1983年）など多数ある。

▶2　7種類の基本的要求とは，①経済的安定，②職業的安定，③医療の機会，④家族的安定，⑤教育の機会，⑥社会的協同，⑦文化・娯楽の機会である。

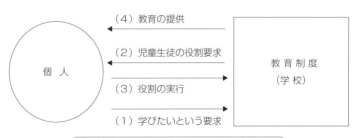

図Ⅵ-1　学びたいという基本的要求の充足

出所：岡村重夫『全訂社会福祉学（総論）』柴田書店，1968年，127頁をもとに教育用に筆者修正。

であり，同時にある家の子どもであり，さらにある地域社会のメンバーであることを知ることができます。そして個人とそれらの社会制度との間に，どのような問題が生まれているかを理解することができます。

社会福祉固有の視点からみて，個人がもっているさまざまな社会関係の両立が不可能となっていたり（社会関係の不調和），社会関係を失ってしまったり（社会関係の欠損），社会制度の側に明らかに問題がある場合（社会制度の欠陥），それが**社会福祉の対象**となります。

② 岡村理論でのSSWの援助実践

岡村理論では社会福祉的援助の4つの原理が示されています。これをスクールソーシャルワーク（SSW）との関係で示してみれば，次のようになります。SSWの扱う問題は，学校という社会制度に関連しており，それには社会的な援助が必要となります（社会性の原理）。その援助にあたっては学校だけでなく，家庭や地域社会，医療など必要となるすべての社会制度との社会関係を結べるようにしなくてはなりません（全体性の原理）。この時，問題を抱える児童生徒自身の主体性が発揮できるように援助します（主体性の原理）。もし，社会制度で基本的要求が充足できない時は，あらゆる手段を用いてその要求を充足させる必要があります。これは社会制度に頼らないこともあり得るということです（現実性の原理）。

社会福祉援助の機能には，①児童生徒の社会関係の問題を明らかにする「評価的機能」，②社会制度や専門的機関の間を取りもつ「調整的機能」，③児童相談所などの社会資源を活用できるようにする「送致機能」，④児童生徒本人や社会制度（学校，地域社会）に働きかける「開発機能」，⑤回復的保護を目的とする施設入所等の「保護機能」があります。

③ 岡村理論の活用に関わる課題

岡村は，学校という社会制度に関連する社会福祉として学校福祉事業をあげています。これを実践するにはまず，スクールソーシャルワーカー（SSWer）が学校（教育制度）に適切に配置されることが前提的な条件となります。

次に，援助論としては社会福祉固有の視点から，4つの原理にのっとった社会福祉援助をしていくことが重要です。SSWerは，児童や生徒の抱える問題を解決するために社会関係の主体的側面から，児童生徒本人の主体性が発揮できるように学校や家庭，地域社会に対して働きかけていくことが求められています。

さらに，社会資源が乏しい場合には，SSWerは，学校や地域が連携して児童生徒を支えることができるように援助していくことが求められます（**地域組織化活動**）。個別援助にとどまらない地域援助活動が必要です。 （小野達也）

▷3 **社会福祉の対象**
岡村理論での「社会福祉の対象」は，社会福祉援助を受ける対象者のことではなく，社会福祉援助が取り上げるべき問題を指す。

▷4 社会福祉的援助の4つの原理とは，社会性の原理，全体性の原理，主体性の原理，現実性の原理である。

▷5 **地域組織化活動**
岡村は，問題の徹底的解決のためには，個人に対する援助だけでなく，地域社会の構造や社会関係の欠陥に迫る福祉活動が必要と述べている。地域組織化活動には，地域社会全般に働きかける一般的地域組織化活動と，福祉コミュニティをつくる福祉組織化活動が含まれる。

Ⅵ　スクールソーシャルワークの基礎理論

2 システム理論における スクールソーシャルワーク

1 システム理論の特徴

一般システム理論は，1950年代，理論生物学者ベルタランフィ（Bertalanffy, L. V.）によって初めて提唱された理論です。一般システム理論は，研究対象であるシステムが家族や人間であっても，また，より微細な細胞であっても，その存在を環境との関係から理解しようとします。一般システム理論をソーシャルワークに初めて導入したのはハーン（Hearn, G.）ですが，1970年代以降現在まで，システム理論はソーシャルワークの基本的な視点を示す理論として重要な位置を占めています。システム理論の主要な概念として「開放システム」と「円環的因果律」があります。

▷1　ピンカス（Pincus, A.）とミナハン（Minahan, A.）の4つのサブシステム

ソーシャルワーカーは4つのサブシステムの相互作用に注目しつつ，支援を展開する。以下にその4つをあげる。①クライエント・システム（個人，家族，グループ，組織など，援助の対象となるシステム），②チェンジエージェント・システム（ソーシャルワーカーと所属する機関や施設，構成している職員全体），③ターゲット・システム（クライエントとソーシャルワーカーが，問題解決のために介入していく対象となる人々や組織），④アクション・システム（援助に参加する人々や資源）。

◯開放システム（open system）

開放システムとは，ほかのシステムと関係をもち，お互いに影響を及ぼし合うシステムのことです。つまり，構成する要素やエネルギーおよび情報を環境と変換する，インプットとアウトプットがあるシステムです。一方，閉鎖システム（closed system）はその逆で，ほかのシステムとの情報交換をもたないシステムのことを指します。

学校システムを例にすると，学校は複雑に組織化され，生徒と教職員が相互交流する開放システムです。一方，学校は閉鎖システムだともいわれます。それは学校内あるいは学校外との情報のやり取り（インプットとアウトプット）が，スムーズに行われていないことから生じます。スクールソーシャルワーカー（SSWer）は，外部機関との橋渡し役となると同時に，校内では組織や情報の流れが機能的なものとなるように働きかけをしていく必要があります。

◯円環的因果律（circular epistemology）

直線的因果律とは原因が結果を規定する，原因重視の見方です。しかし，円環的因果律では，最初の原因は必ずしも結果を規定しません。つまり，純粋な意味での原因も結果も存在しないという捉え方であり，原因と同時に結果も重視します（図Ⅵ-2）。

非行という問題にあてはめると，直線的因果律では，たとえば子どもの非行は母親のヒステリーが原因であるという，原因（ヒステリー）→結果（非行）という理解になります。それに対して円環的因果律では，子どもの問題行動や症状が，周囲の環境との相互作用のな

▷2　システム理論のその他の主要な概念として以下の3つがあげられる。①エントロピー：熱力学の用語。システムの種々の属性が常に均衡状態に向かう傾向。②ホーロン：システムはそれ自体を構成する小さなシステム（サブシステ

図Ⅵ-2　直線的因果律と円環的因果律

出所：遊佐（1984）より。

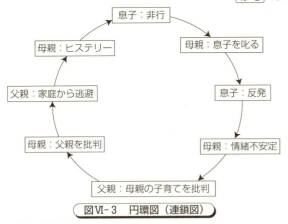

図Ⅵ-3 円環図（連鎖図）

出所：筆者作成。

かでどのように生じ，維持されているかに注目します（図Ⅵ-3）。円環的因果律，個人と環境との交互作用に注目するということは，問題そのものというよりも，問題のつながりや文脈をみていくことが求められます。つまり，問題をめぐる文脈（悪循環）が変われば問題の質も変わるのです。

2 SSWにおけるシステム理論の活用

システム理論は，SSWerが学校，家庭，地域などのシステムを客観的に理解し，分析するのを手助けしてくれます。従来，システム理論は**家族システムズ・アプローチ，家族療法**という形で活用されてきましたが，システム理論を家族ソーシャルワークに適応させた円環的実践モデル（円環図）も提唱されています。これは，家族などシステム構成員のコミュニケーションの連鎖や，交流パターンを図Ⅵ-3のような円環図（連鎖図）で仮説的に分析し，その連鎖への介入方法をより具体的に探るものです。システム理論は実践レベルでは具体性を欠いているといわれることもありますが，この円環図はSSWerのアセスメントを助けてくれる具体的なツールとなります。

3 コンテクストに着目する

SSWerがシステムを把握するには，コンテント（内容）だけではなくコンテクスト（状況や文脈）をみるトレーニングが必要になります。たとえば，図Ⅵ-3の円環図でいえば，コンテントでみると，「母はヒステリーでうるさい」，「父は家庭から逃避して頼りない」など，個人の行動や言動などの部分に注目することになります。一方，コンテクストでみると，「息子が問題行動を起こし，母がヒステリックに対応する時，父は息子に直接対処せず，母親を責める役割をとる」など，誰が誰に働きかけ，その結果どんな反応が見出されるかなどを非言語的な部分も含めて，つながりを観察することになります。そして，SSWerは，円環図のどの部分にアプローチをすれば機能的な問題解決のパターンを導けるかについて，検討する必要があります。

（大塚美和子）

ム）と大きな上位システム（スプラ・システム）から構成されており，これをシステム論の用語でホーロンと呼ぶ。③インターフェイス（境界）：システムには，ほかのシステムと資源，情報，エネルギーを交換する境界があると考えられる。

▷3 **家族システムズ・アプローチ，家族療法**
家族療法は家族を対象とした心理療法の総称である。システムズ・アプローチによる家族療法は，個人の問題は個人を取り巻くシステムの問題の反映と捉え，システムを変化させることで個人の問題も解消すると考える。問題を抱えた家族成員を，IP（Identified Patient：患者とみなされた人）と呼ぶ。

▷4 以下の文献を参照。
倉石哲也・池埜聡・大塚美和子・布柴靖枝・武田丈「システムズ・アプローチにおけるファミリーケースワークの現状と展望──円環的認識論の立場から」『社会福祉学』第31巻第2号，1990年，26～48頁。
倉石哲也『ワークブック社会福祉援助技術演習3 家族ソーシャルワーク』ミネルヴァ書房，2004年。

▷5 たとえば，東豊『セラピスト入門──システムズ・アプローチへの招待』日本評論社，1993年を参照。

参考文献

平山尚・平山佳須美・黒木保博・宮岡京子『社会福祉実践の新潮流──エコロジカル・システム・アプローチ』ミネルヴァ書房，1998年。
遊佐安一郎『家族療法入門──システムズ・アプローチの理論と実際』星和書店，1984年，13～61頁。

VI　スクールソーシャルワークの基礎理論

3　エコロジカル・アプローチにおけるスクールソーシャルワーク

1　エコロジカル・アプローチの特徴

　生態学は，生物とその環境との相互作用を扱う学問です。この生態学に基づいてジャーメイン（Germain, C. B.）とギッターマン（Gitterman, A.）によって提唱されたのがライフモデル（エコロジカル・アプローチ）です。ライフモデルでは，問題は生活空間の不適切な交互作用（transaction）にあると考え，人と環境の接触面（インターフェイス）に焦点をあてます。つまり，環境に対する人間の対処能力，潜在的可能性（ポテンシャル）を高め，それを可能にさせるように環境への応答性（responsiveness）を高めようとアプローチします。ライフモデルの主要な概念として，「交互作用」，「適応」，「ライフストレスと対処」，「ニッチとハビタット」などがあります。

◯交互作用（transaction）

　相互作用（interaction）は，ある過程のなかで1つの存在がほかの1つ以上のものに影響を与える直線的な因果関係ですが，交互作用（transaction）は相互的因果関係（reciprocal causality）をもたらす循環円フィードバックとして捉えられます。

◯適応（adaptation）

　適応とは，人間が物理的・社会的環境をつくったり，逆に環境によってつくられたりする交互作用的なプロセスを指します。交互作用が適応的（adaptive）な方向に向かっている時，人間の成長，発達，情緒的・肉体的な満足感，ウェルビーイングが増進されます。しかし，交互作用が不適応（maladaptive）に向かっている時，人間の情緒的・生理学的・認知的・社会的発達と機能が損なわれることになります。

◯ライフストレス（life stress）と対処（coping）

　人と環境の交互作用のなかで適合状態のバランスが崩れた時に，ストレスが生じ生活問題が生じます。ライフモデルではストレスの発生要因として，「生活の変化」，「環境の圧力」，「不適応な対人関係」の3つがあげられています。
　ラザラス（Lazarus, R. S.）らの「ストレス—対処理論」では，ある刺激がストレスになるかどうかは，人と環境の関係を個人がどう認知するかによると考えられ，こうした一連の認知や行動を「**対処**」（coping）と定義しています。ジャーメインらは，このラザラスのストレス—対処理論を重要な構成概念とし

▶1　**ジャーメイン**（Germain, C. B.）**とギッターマン**（Gitterman, A.）
1970年代，ソーシャルワークに初めて生態学的視点を取り入れた。主な著書として『ソーシャルワーク実践と生活モデル』（ふくろう出版，2008年）などがある。

▶2　ジャーメインは，人間と環境は一体で切り分けられないとして，「人間：環境」というような表記を行った。

▶3　ウェルビーイング
⇒Ⅱ-3参照。

▶4　ラザラス
（Lazarus, R. S.）
アメリカの心理学者で，ストレス学の権威である。主な著書として『ストレスとコーピング——ラザルス理論への招待』（林峻一郎編訳，1990年），『ストレスの心理学——認知的評価と対処の研究』（本明寛・春木豊・織田正美監訳，1991年）などがある。

▶5　**対処**
情動中心の対処（emotion-focused coping）と問題中心の対処（problem-focused coping）とに分類される。心理学の分野では，ストレスに対して無意識レベルで対処するメカニズムを「防衛機制」と呼び，区別している。

て導入しています。

○ ニッチ（niche）とハビタット（habitat）

ハビタットとは生息地と訳され、有機体が見出される場所、つまり家庭、学校、地域などの場所を意味します。ニッチとは適所と訳され、環境のなかの人間の居場所を表します。たとえば子どもにとって家庭が適所でないと、家出や深夜徘徊などの問題や家庭内での問題行動が出るかもしれません。また、学校が適所となっていない場合、不登校やひきこもりという形で問題が顕在化することもあります。

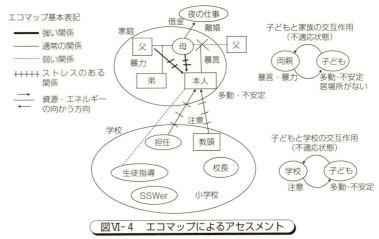

図Ⅵ-4　エコマップによるアセスメント

出所：筆者作成。

2 エコロジカル・アプローチをどのように活用すればよいのか

エコロジカル・アプローチは、アセスメントとそれに基づく介入の視点を提供してくれます。スクールソーシャルワーカー（SSWer）の目標は、子どもの健全な発達を促進するために、家庭や学校が子どもにとっての適所となるよう、子ども、環境、あるいはその両者に働きかけを行うことです。その際にエコロジカル・アプローチは、子どもが問題を示すに至った、子どもと環境間との交互作用ついてのアセスメントの視点を提供してくれます。また、**エコマップ**（ecomap）として活用する方法もあります。たとえば図Ⅵ-4では、経済的問題を抱える両親が子どもに暴力や暴言をふるうことで、子どもが不安定になり家庭の居場所を失うことが示されています。それと同時に、子どもは学校でも落ち着きがなくなり先生からも注意を受けることで、さらに不安定になり学校でも居場所を失っていきます。このように、スクールソーシャルワーク（SSW）の領域においても、エコマップを通して視覚的に子どもと環境の交互作用をアセスメントすることができます。

3 エコロジカル・アプローチの活用の際の課題

エコロジカル・アプローチは、認識論的な枠組みを提供し、ソーシャルワーク固有の専門的視点を確立した点が大変評価されています。しかし現在、具体的な実践モデルの確立にまでは至っていません。つまり、実践を行う際の具体的な介入方法を示すものではなく、事象を認識し方向性を示す説明概念だといえます。今後、学校現場に即したエコロジカル・アプローチに基づく実践モデルの構築と、実証的な研究が必要です。

（大塚美和子）

▶6　エコマップ
ハートマン（Hartman, A.）が一般システム理論と生態学という異なった理論を1つにした折衷的システムズ・アプローチを提唱し、一般理論と実践との間を媒介するものとして考案したもの。

参考文献

カレル・ジャーメインほか著、小島蓉子編訳・著『エコロジカル・ソーシャルワーク──カレル・ジャーメイン名論文集』学苑社、1992年。

ポーラ・アレン・ミアーズ、ロバート・O・ワシントン、ベティ・L・ウェルシュ編著、山下英三郎監訳、日本スクールソーシャルワーク協会編『学校におけるソーシャルワークサービス』学苑社、2001年、102〜132頁。

VI　スクールソーシャルワークの基礎理論

 協働理論における
スクールソーシャルワーク

1 協働とはなにか

協働とは、「コラボレーション」という言葉の訳です。コラボレーション（collaboration）とは「多様だが各自自立した行為者（組織あるいは個人）で構成されたグループが、共同主導権をもちながら、共有された問題を解決するあるいは共通の目標を達成する流動的プロセス」のことです。

学校現場では、子どもの問題行動の原因が複雑化しているため、問題解決に向けて、スクールソーシャルワーカー（SSWer）やスクールカウンセラー（SC）などの専門職に加えて、児童相談所、福祉事務所、警察などの専門機関を含めた協働が行われるようになっています。

2 協働の理論

○協働の「内容」に焦点をあてたモデル

ブロンステイン（Bronstein, L. R.）は、協働という考え方をより明確にする必要性から、協働モデルを提唱しました。ここでは、協働のための5つの構成要素と協働に影響を与える要因を明らかにしています（表VI-1）。影響要因は、協働を推進するものとなったり、障壁となったりするので、それぞれを十分理解した上で、協働を行うことが必要だといえます。

▷1 Abramson, J. S., Rosenthal, B.B., "Interdisciplinary and Interorganizational Collaboration", In R. L. Edwards et al. (eds.), *Encyclopedia of Social Work* (19th ed.), The National Association of Social Workers, 1995, pp.1479-1489.

▷2 Bronstein, L.R., "A Model for Interdisciplinary Collaboration", *Social Work*, vol.48, no.3, 2003, pp.297-306.

表VI-1　協働に関する構成要素と協働に影響を与える要因

5つの構成要素	相互の依存関係	各専門職が、目標を達成するために、他専門職の専門性や役割に依存すること。
	新たな専門職活動の創出	各専門職が、独立して活動を行う以上に、高い目標達成が可能である協働行為・プログラム・構造。
	柔軟性	各専門職が、意見の相違があった場合に、建設的に妥協すること。
	目標の共有	各専門職が協働する上で、明確で現実的なゴール設定を行うこと。
	プロセスのふりかえり	多専門職が一緒に取り組んできた実践プロセスや専門職間の関係性などを、お互いがふりかえり、意見を述べ合い、フィードバックすること。
影響要因	専門職の役割	各専門職がもっている価値・倫理・役割。
	構造的特徴	協働体制をサポートする機関や行政の構造と文化。
	個人的特徴	専門職としての役割とは異なる各個人の性格。
	協働の歴史	これまでに行われてきた協働体験。

出所：Bronstein（2003）より筆者作成。

○協働の「形態」に焦点をあてたモデル

アンダーソン・バトチャーとアシュトン（Anderson-Butcher, D., Ashton, D.）は、さまざまな専門職との協働のあり方を5つに分類しています[3]。

①機関内協働：子どもの支援やサポートに向けて、機関内のさまざまな専門職が制度化された関係を構築すること。

②他機関協働：さまざまなアイデンティティや財源をもつ機関が、子どものニーズを満たすために構築する相互依存関係。

③専門職間協働：さまざまな専門職や専門機関が、子どもや家族の支援のために活動を行うこと。

④家族を中心とした協働：家族を専門職としてのパートナーと考え、他専門職と活動を行うこと。

⑤コミュニティ協働：子どもの問題解決に向けて、コミュニティの関係者が参加し、他専門職と活動を行うこと。

各協働において、SSWerは、専門職や専門機関との間の調整を行い、さらに、多様な協働形態を統合するリーダーとして機能しなければならないといわれています。

3 協働理論を活用したSSWerの活動

以上の理論に基づいて、SSWerは、どのように行動することが求められているのでしょうか。学校現場は、組織や制度に独自の文化、つまり学校文化といわれる独特の構造的特徴をもっています。教師が強い責任感を抱き、自分1人で子どもの問題を解決しなければならないと思い悩む土壌も、学校文化からきているといえます。そういった現場では、多専門職が協働し、新たな専門職活動の創出や柔軟性を築いていくことは、なかなか難しいものです。

SSWerには、ジェネラリスト・ソーシャルワーク[4]理論に基づき、影響力のある人を関与させる、サービスの調整、組織を変化させるといった活動が必要となります。重要なことは、実際に行えそうなことから始めるという「現実性の原理」[5]にしたがうことです。目標の共有やプロセスの振り返りを密に行い、スモールステップで成功体験を教師を含めた多専門職と共有することで、学校現場の協働の困難性を軽減し、協働を根づかせていくことが可能となります。

また、SSWerが学校という新たな現場で専門職活動の創出を行えるように、教育委員会との協働が必要です。これは、継続的にスクールソーシャルワーク（SSW）事業が展開していくことにもつながり、SSWerのマクロ実践と呼ばれるものです[6]。

協働の歴史を蓄積し、多様な協働のあり方を模索することが、教師の問題の抱え込みや負担の減少、SSWの市区町村での発展、最終的には子どもの最善の利益の保障につながるといえるでしょう。

（厨子健一）

▷3 Anderson-Butcher, D., Ashton, D., "Innovative Models of Collaboration to Serve Children, Youths, Families, and Communities", *Children & Schools*, vol. 26, no. 1, 2004, pp. 39-53.

▷4 ジェネラリスト・ソーシャルワーク
ケースワーク、グループワーク、コミュニティワークという3方法を統合した、1990年代以降に確立されたソーシャルワーク理論の構造と機能の体系。

▷5 岡村重夫『社会福祉言論』全国社会福祉協議会、1983年、101～103頁。

▷6 マクロ実践については、Ⅶ-8～Ⅶ-10参照。

VI　スクールソーシャルワークの基礎理論

5 ジェネラリスト・ソーシャルワークとスクールソーシャルワーク

1 ジェネラリスト・ソーシャルワークの概要

ジェネラリスト・ソーシャルワーク（generalist social work）は，1990年代以降，北米において体系化されたソーシャルワーク理論です。ソーシャルワークの統合化を経て，また1980年代のエコロジカル・ソーシャルワークの影響を受けつつ，個人，グループ，地域という対象別の方法ではなく，対象をシステムとして一体的に捉えた方法論として示されています。

ジェネラリスト・ソーシャルワークは，実践領域や対象に共通する単なる基礎的または入門的な内容を意味するものではなく，統合化以降のソーシャルワークを構成する知識・技術・価値を一体的かつ体系的に構造化したものです。そして，時代背景のなかで埋没しがちであったソーシャルワークがもつ不変の価値を表に引っ張り出し，それを現代の潮流とソーシャルワークの変遷を背景とした新しい枠組みでもって再構成したものといえます。

▶1　ジェネラリスト・ソーシャルワークは，抽象的な理論として概念的に説明される傾向があることから，筆者はこれを基礎理論とした「地域を基盤としたソーシャルワーク」の体系化を図ってきた。参考までに，その定義を示しておく。「地域を基盤としたソーシャルワークとは，ジェネラリスト・ソーシャルワークを基礎理論とし，地域で展開する総合相談を実践概

2 ジェネラリスト・ソーシャルワークの特質

ジェネラリスト・ソーシャルワークの特質に関して，①点と面の融合，②システム思考とエコシステム，③本人主体，④ストレングス・パースペクティブ，⑤マルチシステム，の5点について，その基本的視点を提示しておきます。表Ⅵ-2では，「ジェネラリスト・ソーシャルワークの特質」として，5つの特質の内容を一覧にしました。

○点と面の融合

「点と面の融合」は，「個」と「地域」を一体的にとらえて働きかけるジェネラリスト・ソーシャルワーク全体を性格づけることになります。システム理論を基礎とした個と地域との一体的な対象把握，当事者システムから環境への波及的展開，

表Ⅵ-2　ジェネラリスト・ソーシャルワークの特質

	特質	内容
1	点と面の融合	○システム理論を基礎とした個の地域との一体的な対象把握 ○当事者システムから環境への波及的展開 ○交互作用を促進する媒介機能 ○直接援助と間接援助の一体的アプローチ
2	システム思考とエコシステム	○システム理論に基づく相互作用と交互作用 ○交互作用を活用した専門的介入 ○エコシステムの視座からの対象把握 ○エコシステムとしての「コミュニティ」と「機関」
3	本人主体	○取り組みの主体としてのクライエント本人 ○エンパワメントに向けたストレングスの活用 ○ソーシャルワーク過程へのクライエントの参画 ○クライエント個々の「人間の多様性」の尊重
4	ストレングス・パースペクティブ	○基調としてのポジティブ思考 ○本人と環境に存在するストレングスの活用 ○ストレングスを重視した課題解決過程 ○本人に合致したサポートシステムの形成と活用
5	マルチシステム	○マルチパーソンクライエントシステムとしての対象把握 ○家族とグループ等のストレングスの活用 ○マルチパーソン援助システムによる連携と協働 ○マルチシステムによる多様な援助形態

出所：岩間伸之「地域を基盤としたソーシャルワークの特質と機能──個と地域の一体的支援の展開に向けて」『ソーシャルワーク研究』37-1，相川書房，2011年，12頁．

交互作用を促進する媒介機能，従来分離される傾向が強かった直接援助と間接援助の一体的アプローチが含まれます。「一つの事例が地域を変える」という地域を基盤としたソーシャルワークの基礎的な考え方につながります。

○システム思考とエコシステム

ジェネラリスト・ソーシャルワークは，システム理論と生態学の考え方から大きな影響を受けています。人と環境とをシステムとして一体的にとらえ，生態学の考え方を援用しながら援助の視点と方法を導き出すものです。システム理論を背景として相互作用（interaction）と交互作用（transaction）が強調され，交互作用を活用した専門的働きかけが重視されます。交互作用とは，2つの要素間に生起する複数の相互作用から影響を受けた相互作用と説明できます。さらに，広域的かつ多様な要素を包含した交互作用の概念を重視するエコシステムの考え方が強調されるようになり，「コミュニティ」や「機関」のとらえ方もこの概念枠組みに含まれます。

○本人主体

「本人主体」の視座，つまり本人をニーズ充足及び課題解決への取り組みの主体としてとらえるというこの特質は，ソーシャルワークが内包する不変の価値への原点回帰ともいえます。具体的には，エンパワメントに向けたストレングスの活用，ソーシャルワーク過程へのクライエントの参画，クライエント個々の「人間の多様性」の尊重が強調されます。

○ストレングス・パースペクティブ

「ストレングス・パースペクティブ（ストレングス視点）」（strengths perspective）は，個人，グループ，家族，コミュニティには「できること」と「強み」があること，そしてクライエントを取り巻く環境には活用できる多くの資源があるという考え方を基本としています。そこを基点として，ストレングスを重視した課題解決過程，本人に合致したサポートシステムの形成と活用という視点に基づいて展開されることになります。

○マルチシステム

「マルチシステム」とは，援助の対象を「マルチパーソンクライエントシステム」（multiperson client system），つまり複数の人で構成されるシステムとしてとらえ，また援助する側も「マルチパーソン援助システム」（multiperson helping system）としてとらえるということです。支援する側も支援を受ける側も複数で構成された人との協働作業で支援過程が展開されることになります。

以上のジェネラリスト・ソーシャルワークの5つの特質は，家庭と地域を視野に入れるスクールソーシャルワーカー（SSWer）の実践に重要な視座を提供することになります。

（岩間伸之）

念とする，個を地域で支える援助と個を支える地域をつくる援助を一体的に推進することを基調とした実践理論の体系である。」（岩間伸之「地域を基盤としたソーシャルワークの特質と機能——個と地域の一体的支援の展開に向けて」『ソーシャルワーク研究』37-1，相川書房，2011年，7頁）。

VI スクールソーシャルワークの基礎理論

教育福祉とスクールソーシャルワーク

1 教育と福祉の関連が問われる問題

　スクールソーシャルワーク（SSW）は，学校という教育の領域に，ソーシャルワークという福祉の領域が入り込む仕事です。教育と福祉は，現在の日本の制度ではそれぞれ別々の仕組みになっています。その意味でSSWは教育と福祉という，2つの仕組みを結びつける役割をもつことになります。

　教育と福祉を結びつける役割が期待されるのは，それぞれが別々の仕組みになっていることによって困った問題が起こっているからです。

　たとえば，児童養護施設で生活している子どもたちの教育の問題があります。児童養護施設は，児童虐待をはじめとしたさまざまな事情で，親といっしょに暮らすことができない子どもたちが生活する児童福祉施設です。社会福祉の仕組みの1つですから，憲法第25条の生存権に基づき，健康で文化的な最低限度の生活を保障することが基本となります。しかし，教育の仕組みにはあてはまらないことから，そこで生活する子どもたちには憲法第26条の教育を受ける権利は十分に保障されていません。その結果，高等学校や大学に進学する機会などが，一般家庭の子どもと比べて著しく制約されています。そのため，施設退所後にも，多くの困難を背負わざるを得ないという問題が起こっています。

　また，児童福祉法に基づく保育所と，学校教育法に基づく幼稚園との関係は，これらを1つの仕組みにすべきだという議論が昔からありました。いわゆる「幼保一元化」問題です。同じ年齢の幼児にとって，本人とは無関係の事情で別々の施設に入ることにより，本来平等に保障されるべき保育の条件や内容に違いが生ずるということが問題とされてきました。

　さらに，近年大きくクローズアップされている問題として，貧困家庭の教育の問題があります。生活が困難な家庭に対しては，生活保護などの福祉の仕組みで援助が行われるはずですが，1990年代後半以降，長期不況に加えて福祉の仕組み自体が崩されてきていることから，修学旅行の積立金や給食費さえ払えない家庭が増えているなど，貧困問題が目にみえるようになってきました。その場合，まっさきにしわ寄せを受けるのが子どもです。貧困のもとにある子どもは，十分な教育条件が保障されないだけでなく，未来への希望をとざされるなど，大きなストレスをかかえることになります。その苦しみを，非行やいじめ，不登校など，さまざまな形で現す子どもも出てきます。このような問題に

▶1　保育所は児童福祉法第39条等に基づき，保育を必要とする乳児・幼児を保育し，幼稚園は学校教育法第26条等に基づき，3歳以上の幼児を保育している。幼保一元化は，小学校就学前の幼児の発達保障という共通性から，両者の統一を求める考え方や運動である。

▶2　小川利夫「児童観と教育の再構成──『教育福祉』問題と教育法学」小川利夫・平原春好編『教育と福祉の権利』勁草書房，1976年，5頁。

▶3　**医療福祉**
医療福祉は主として病院等でのメディカル・ソーシャルワーカー（MSW）の業務である。MSWは，患者の生活問題に関する個別の相談から，医師や看護師等のスタッフとのカンファレンスによる治療計画への参加等，医療におけるチームアプローチの重要な一翼を担う。

▶4　**司法福祉**
司法福祉は，主に家庭裁判所の審判や裁判の過程，および少年院や刑務所を出た後の自立支援などにおいて，調査官や弁護士，保護観察官など司法関係者が，加害者や被害者に関わる場合の福祉的手法のことを指す。

対応するためにも，教育と福祉の統一によるSSWが期待されます。

2 教育福祉という言葉で考えるとみえてくること

このような教育と福祉の関連が問われる問題について，教育福祉という言葉を使うことによって「教育と福祉の谷間」を埋め，その解決策を提起したのが小川利夫（1926～2007年）です。小川は，「社会福祉とりわけ児童福祉サービスそのものの性格と機能の中に，いわば未分化のままに包摂され埋没されている教育的機能ならびに教育的条件整備の諸問題」を教育福祉問題と定義して，問題解決の道筋を明らかにしようとしました。

小川の考え方は，簡潔にいえば，教育福祉問題を引き起こす根本的要因には，現代社会に生きる人間を抑圧する「貧困，差別，障害」の問題があり，これらの問題に対して，「平和，自立，発達」を目標とする，人間解放のための教育と福祉の実践と運動，政策と行政を展開する必要があるということになります。SSWも，このような考え方を基本とする教育福祉実践ということができます。

小川による問題提起に応え，教育福祉問題に関する理論的な詰めが展開されました。たとえば，教育福祉は，**医療福祉**や**司法福祉**などのように異分野の連携や共同で成り立つ分野というものではなく，教育のあり方，福祉のあり方を根本的に問い直す概念であるという考え方が提起されました。また，教育福祉は，地域住民の主体形成を担う社会教育と，地域における生活課題解決を担う地域福祉とを結びつけ，福祉教育との関連のなかで捉えて展開されるべき政策運動領域であるとの考え方も提起されました。また，小川理論とは別に，教育福祉を**福祉国家**における教育のあり方の問題として，教育改革の視座に位置づける理論的な提起も行われました。

3 教育福祉論がSSWに提起するもの

教育福祉という視点により，SSWの営みは，学校教育現場が抱えている問題を福祉的な方法の導入によって解決するだけでなく，学校制度そのものやその背景にある問題解決の展望を提起することができます。教育福祉論は子どもの権利に立ち返って教育と福祉の関連を追究しています。その意味で，2010年に国連・子どもの権利委員会によって指摘された日本の子どもの基本的な問題，すなわち「驚くべき数の子どもが情緒的幸福度（well-being）の低さを訴えていること」，「その決定要因が子どもと親および子どもと教師との間の関係の貧困さにあること」，またその背景に「極度に競争的な教育制度があること」などはSSWにとっても基本課題です。SSWには，公教育制度として確立されている学校教育の制度・内容・方法を学校教育の内部から問い直し，人間の解放に寄与するものに変革する活動を展開することが期待されているのです。

（望月　彰）

▷5　土井洋一「教育福祉問題の史的展開と研究の動向――1930年代の検討を中心に」小川利夫・土井洋一編著『教育と福祉の理論』一粒社，1978年。

▷6　大橋謙策「社会問題対策としての教育と福祉――戦前の歴史的構造の一考察」小川利夫・土井洋一編著『教育と福祉の理論』一粒社，1978年。

▷7　**福祉国家**
貧困と格差の拡大等，資本主義社会において必然的に生ずる問題を，社会主義革命を避け資本主義の体制内で解決して，国民の福祉を実現しようとする国家体制のこと。

▷8　持田栄一・市川昭午編著『教育福祉の理論と実際』教育開発研究所，1975年。

▷9　SSWerが学校現場の内部にいることで，外部のソーシャルワーカーや大学教員等の専門家が福祉的な視点で援助するのとは異なり，福祉と教育の視点を駆使しながら子どもの権利を保障していく複合的な活動が，学校の機能として展開されることになる。

▷10　UN Committee on the Rights of the Child (CRC), Fifty-fourth session, 2010, 'Consideration of reports submitted by States parties under article 44 of the convention Concluding observations: Japan'.（正文はCRC〔http://www2.ohchr.org/english/bodies/crc/sessions.htm〕に，日本政府の仮訳は外務省〔http://www.mofa.go.jp/mofaj/gaiko/jido/index.html〕に，それぞれ掲載されている。）

VI　スクールソーシャルワークの基礎理論

7　グループワークとスクールソーシャルワーク

▷1　門田光司・奥村賢一『スクールソーシャルワーカーのしごと――学校ソーシャルワーク実践ガイド』中央法規出版，2009年，141〜142頁。

▷2　**社会化**
人間が他者との関係のなかで，既成の社会に適応，同化していくこと。

▷3　**シュワルツ**
(Schwartz, W.)
1960年代以降の北米におけるグループワーク理論の一派を代表する人物。彼の理論は一般的に「交互作用（相互作用）モデル」と呼ばれ，グループワークをソーシャルワーク理論のなかに包み込み，注目を集めた。

1　グループワークの原理

　グループワークではソーシャルワークの価値を基盤として，個人やグループの目標を達成するために，グループの原理を活用します。重視されるグループの原理としては，1つ目はグループメンバーが同じ状況や関心をもっているという共通性です。たとえば，同じクラス，同じ困難な状況を抱える子どもたちやその保護者，生徒対応で苦慮している教員たちなどがあげられます。2つ目は，互いの考えを交換し合うことで，問題解決に向かっていく力が生じることです。1人ではなく，複数の人たちが知恵を出し合うことで，状況改善に向けた良い考えや問題に取り組む意欲などを引き出すことが可能となります。3つ目は，小集団の力です。互いの意見交換や活動を通して，グループ内の結束力や相互作用が醸成され，一致団結して取り組んでいく力が生まれるのです。

2　グループワークの活用方法

　スクールソーシャルワーカー（SSWer）が関わる子どもたちは，**社会化**の過程にあります。しかし，いじめや不適切な養育などを経験した子どもは，人間関係への不信感を募らせています。また，人との交流が乏しいゆえに，他者との関わりが苦手な子どももいます。このような子どもたちの支援に対しては，

表Ⅵ-3　グループワークの留意点

```
＜準備期＞
・対象者（たとえば，子どもなど）の抱える状況や，ニーズ，グループ参加への態度（積極的か
  消極的か）などを事前に理解しておく。
・クラスに入る場合は，事前に学校長の理解を得て，教員と十分に打ち合わせをしておくことが
  必要である。
＜開始期＞
・参加人数は，対象者の状況によって増減がある。
・メンバー間のつながりが希薄な状況であることが多く，メンバーの緊張をほぐし，互いに自由
  に交流が図れるような，笑いがもれる雰囲気をつくっていくことが必要である。
＜作業期＞
・クラスや教育支援センターで行うグループワークは，子どもが目的をもって自主的に参加して
  いるという前提での始まりではないため，いかに参加への動機づけを高めていくか，人間関係
  のつながりを深めていくか，活動での協力的態度を育てていくかが，SSWerに求められる技
  術である。それは，子どもの人格的成長や社会的スキルを育てていくことでもある。
・活動のマンネリ化をふせぐために，プログラム活動を工夫する必要がある。
＜終結期＞
・グループワークの終結は，終業式を迎えたり，目標を達成した時である。
```

出所：門田光司『学校ソーシャルワーク入門』中央法規出版，2002年，143〜146頁より筆者作成。

ケースワークなどによる状況改善に加えて、良好な人間関係を体験させることが重要です。その支援方法としてグループワークは活用できます。

また、同じような困難な状況を抱える子ども、保護者、教員に対して、グループワークを活用することで、孤立することを防止し、ともに支え合う状況を作ることができます。その活動がグループの成長につながり、セルフヘルプグループに発展していくこともあります。

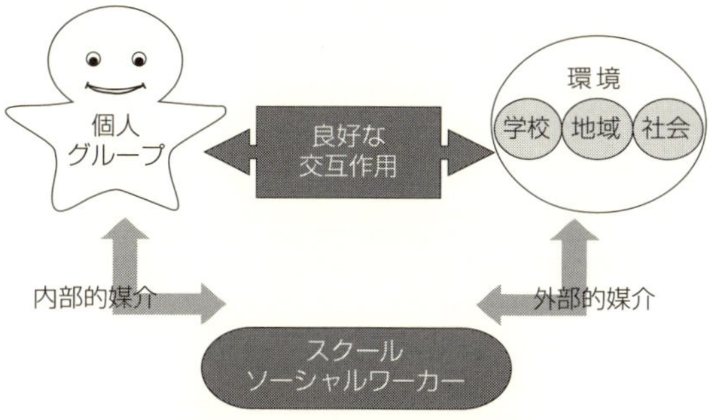

さらに、さまざまな予防機能のあるグループワークも行えます。いじめ防止を目的としたプログラムなどが例としてあげられます。

図Ⅵ-5　SSWerの媒介機能
出所：門田・奥村 (2009)、142頁より筆者作成。

3 活用における留意点

グループワークは、準備期→開始期→作業期→終結期という展開過程で進んでいきます。準備期では、目的をもったメンバーがグループワークに参加できる状況をつくります。開始期では、メンバーが初めてグループワークに参加します。作業期では、プログラムを進めていきます。そして、終結期でグループが終結するのです。各期の留意点は表Ⅵ-3の通りです。

4 グループワークにおけるSSWerの役割

グループワーク実践のなかで、門田と奥村はシュワルツ (Schwartz, W.) の理論を用いて、SSWerが果たす2つの役割を述べています。1つ目は、「内部的媒体」としてグループ活動による良好な交互作用の形成とソーシャルスキルの習得、またパワー回復に向けたグループによる問題解決の話し合いを進めていくことです。2つ目は、「外部的媒体」として、学校や地域、社会の方にも積極的に子どもたちに関わっていくように働きかけることです。これにより、子どもたちと学校や地域、社会が良好な交互作用を与え合うことを目指すのです（図Ⅵ-5）。

5 グループワークの効果

効果として、子どもの自尊感情が高まった、対人関係問題に改善がみられた、子どもたちが集団のなかで、みずから社会環境に働きかけ、問題を解決していく主体性やリーダーシップが養われる等の報告がなされています。また、グループワークは効率がよくコスト的にも有益な介入であるともいわれています。

これらのことから、グループワークは、SSWerにとって有効な援助方法であると考えられます。そのため、状況に応じてSSWerがグループワークを活用できる実践力をつけることが重要です。

（浜田知美）

▷4　門田光司・奥村賢一『スクールソーシャルワーカーのしごと――学校ソーシャルワーク実践ガイド』中央法規出版、2009年、141～142頁。

▷5　浜田知美「2006年活動報告『児童生徒がいきいきと学校生活を送るためのチーム支援』についての考察」『香川スクールソーシャルワーカー協会SSW実践報告』2007年、47頁。

▷6　西谷清美「ソーシャルワーク活動を振り返って――スクールソーシャルワークと生活支援」『香川スクールソーシャルワーカー協会SSW実践報告』2007年、31頁。

▷7　中村みのり「ニューヨークでのスクールソーシャルワーク実践報告――個人治療アプローチを超えて」『学校ソーシャルワーク研究』第5号、2010年、78頁。

▷8　ポーラアレンシアーズ他編著、山下英三郎監訳『学校におけるソーシャルワークサービス』学苑社、2001年、452頁。

VI スクールソーシャルワークの基礎理論

 # 8 修復的対話とスクールソーシャルワーク

1 修復的対話とは

修復的対話とは、世界各地の地域社会のなかで伝統的に行われてきた問題解決の方法です。その特徴は、コミュニティの人々が参加し、対話を通して問題を平和的に解決することにあります。1970年代の後半頃から、刑事司法の分野で修復的司法（restorative justice）として取り入れられ、被害者と加害者および関係者が対話によって、自分たち自身で解決策を探るという方法です。

ゼア（Zehr, H.）は、修復的司法を「生じたダメージを癒し、事態を適切な状態に戻すために、①問題に関係がある人々を参加させ、②損害やなすべきことを全員で明らかにすると同時に、今後の展望を模索するプロセス」と定義しています。関係者が集まって対話を行うことをカンファレンスといい、それに参加する場合のルールが4つあります。それらは、①お互いを尊重すること、②相手の話に耳を傾けること、③相手を非難しないこと、④無理に話をする必要はないことです。

利害が対立する者同士が話し合いをした場合、混乱が生じる恐れがあるため、カンファレンスには**ファシリテーター**の存在が不可欠です。彼・彼女は当事者が混乱したり、感情的になったりすることがないよう気配りをして、対話がスムーズに流れるように調整します。

この修復的司法の考え方と方法は、司法分野だけではなく国内紛争から地域内のトラブル解決まで、世界各地で広く取り入れられています。1990年代の半ばからは、教育現場でも導入が進んでいます。この場合は、司法の枠組みで行うわけではないため修復的対話と称します。

2 SSW実践における活用の可能性

私たちの生活の質を損なう要素として大きな部分を占めるものの1つが、人間関係です。子どもたちの間でも、いじめや友人関係、先生や先輩との関係、家族との関係などは、精神的なストレスを生じさせています。そうした状況に対して、修復的対話では当事者である子どもたちだけではなく友人、保護者、教師なども参加して、関係を修復するにはどうすることがもっともいいかを話し合ったり、直接謝罪をしたり、謝罪を受けたりすることによって関係を築きなおそうとします。それを実現するためにはファシリテーターの役割が重要な

▶1 Zehr, Howard, *The Little Book of Restorative Justice*, Good Books, Intercourse, PA, 2002.

▶2 Zehr, Howard, *The Little Book of Restorative Justice*, Good Books, Intercourse, PA, 2002.

▶3 **ファシリテーター**
推進者、あるいは促進者と訳されることが多いが、ここではカンファレンスをスムーズに進行させる役割を担う者をいう。

のですが，スクールソーシャルワーク（SSW）はもともと仲介や連携など，人と人，人と組織の間に立って行動するという機能を有しますから，このファシリテーターの役割をスクールソーシャルワーカー（SSWer）が担うことは，まさに適役だといえます。

また，修復的対話の基本的な理念は人間尊重であり，傾聴や**非審判的**[4]な考え方はソーシャルワークと共通点があることから，SSWerがファシリテーターとしての役割を担うことには違和感がないといえます。しかしながらSSW実践は，具体的なスキルがないために第三者に認知されにくいという難点があり，SSWに携わる者はそれを身につけることによってSSWのイメージを具体化することが求められています。その点からも，SSW実践に修復的対話を取り入れることは，活動の内容を広げ可視化するという意味でも意義があります。

さらに，修復的対話は単にトラブル対処の技法としてとどまるのではなく，欧米の教育現場では理念とサークルを日常の学校生活に取り入れ，子どもたちが安全で安心できる学校環境をつくる手段としても取り入れられています。これらの点から，わが国のSSW活動においても導入の意義と可能性は大いにあるといえます。

> **4　非審判的**
> バイスティックのケースワークの原則の1つとしてあげられているが，クライエントの行動や考え方について良いとか悪いとか，あるいは正しいとか間違っているなどと決めつけないことを意味する。

❸　活用において留意すべき点

修復的対話の実践において気をつけなくてはならない点は，まず対話への参加は自由意志によるものであって，決して強制であってはならないということです。周囲がいくら対話が有効だと判断しても，当事者がそれを望まない場合は，修復的対話は成立しません。それから，このプログラムは誰がいいとか悪いとかを判断する場ではないということです。加害者が存在するいじめなどのケースなどでは，加害者を責めることになりやすいですが，そうなっては修復的対話の目的とはズレが生じてしまいます。大切なことは，全員がこれからどうやっていくかという，将来に向けた方策を見出すことなのです。

❹　今後の課題

修復的対話の課題としては，対立している者同士が同じ場に集まり平和的に話し合いをするのは，容易ではないということがあげられます。利害が対立する人間同士は，感情的になり相手と対面することを避けたがる傾向があります。

次に，対話には時間がかかることも課題だといえます。複数の関係者が参加してそれぞれに発言するので，短時間で終わることはありません。現代のように効率が重視される時代においては，敬遠されるおそれがあります。さらに，わが国に馴染みがない考え方と方法を，どのように学校現場に導入していくかも大きな課題としてあります。最後に，対話の結果を左右するファシリテーターの養成をどのように行うかも解決すべき課題です。

（山下英三郎）

参考文献
ハワード・ゼア著，西村春夫・細井洋子・高橋則夫監訳『修復的司法とは何か——応報から関係修復へ』新泉社，2003年。
山下英三郎『いじめ・損なわれた関係を築きなおす——修復的対話というアプローチ』学苑社，2010年。

Ⅵ　スクールソーシャルワークの基礎理論

 コミュニティワークとスクールソーシャルワーク

1　コミュニティソーシャルワーク

　コミュニティソーシャルワークとは，援助を個別化するだけではなく，地域における総合的なサポートシステムの構築などを主な柱としたソーシャルワーク実践の統合的な方法であり，将来，同様なニーズの発生を予防または減少させるために，むしろ社会化する志向に力点が置かれた実践です[1]。

2　学校を拠点にしたコミュニティソーシャルワーク

　「学校」は地域に密着して存在するために，さまざまな地域課題がもちこまれます。地域の子どもの万引き，夜遊び，近隣でのもめごとなど何かあれば，まず学校へというのが日本の風潮です。しかし，学校は問題が起こった背景を広い視野から検討するという方法を一般的にもち得ておらず，子どもへの直接指導という形になりがちです。学校，家庭，地域という概念で新しい学校づくりといわれて久しいですが，文部科学省は**中央教育審議会答申**[2]に示すように地域と学校の関係の強化を図ろうとしている段階でしょう。子どもたちの問題を学校の責任として追及されるパターンが多いため，学校がすべて引き受け，支援を求めて地域に開く形ではなく，閉ざす方向となる傾向さえみられます。

　しかし，発見機能や予防機能をもち得る「学校」であるからこそ，そして誰もが行く「学校」だからこそ，子育ての孤立や虐待を予防できる可能性があります。その位置をいかして，子どもや家族が集ったり，さまざまな情報や支援が集まることが可能となるように地域の活性化を果たすことは，学校づくりの課題にもつながるでしょう。

3　地域診断

　子育て家庭の現状をみると，子育ての孤立や貧困問題等が外からみえにくいということがもっとも大きな地域課題であり，これが親の行き詰まりや子どもの問題行動の発生につながっていると考えられます。このような地域課題に有効なアプローチがコミュニティワークです。

　学校を拠点にしたコミュニティソーシャルワークの例をあげます。まず，たとえば地域の子育て家庭が何に困っているのかニーズ調査をし，地域診断をします。その結果，あるところでは子育て不安に悩み，地域から孤立している家

---

[1] 田中秀樹「コミュニティソーシャルワークの概念とその特徴」日本地域福祉研究所『コミュニティソーシャルワーク』第1号，中央法規出版，2008年，5～17頁。

[2] **中央教育審議会答申**
⇒Ⅳ-9参照。

[3] **子育てサークル**
子育て中の母親が集まって，日常生活の悩みや子育てに関するさまざまなことを話し合ったり，情報交換を行ったりするもの。共同での子育ての場ともなっている。

[4] 山野則子「子育てネットワーク」許斐有・望月彰・野田正人・桐野由美子編『子どもの権利と社会的子育て――社会的子育てシステムとしての児童福祉』信山社出版，2002年。

庭が多いという課題がでてきました。また別のところでは，遊び場がない，**子育てサークル**のリーダーが継承されない等の問題が浮かび上がりました。ほかにも，関係機関が知られていないことなども明らかになりました。

4　計画策定

こういった状況を打開するために，目標を立て，計画を策定していきます。たとえば，孤立状態にある子育て家庭が多いことについて，先に例としてあげたところでは，どのようにしてその親子を引っ張りだすかを専門職のみで考えずに，中学校で子どもたちとともに考えました。その結果，赤ちゃん連れの親子を学校に呼び，交流を始めるというプランがでてきました。また，専門職ではなく，すでにある子育てサークルの力を借り，ともに検討を重ねることで，子育てキャラバンという，母親たちが当事者性をもって地域に出向くというような企画をしたところもありました。地域に遊び場がなく，子育てリーダーが継承されない悩みに対して，**インターグループワーク論**を活用して，母親たちの主導で子育て交流会やリーダーママの会を企画した地域もあります。子育て支援者と子育てサークルのつながりがないことが明らかになって，中学校を拠点に**子育てネットワーク**づくりにつながるワークショップの実行を計画したところもあります。

5　計画の実行，そして結果

赤ちゃんと中学生の交流は，思いのほか，中学生にも母親にも効果的だったと報告されています。非行化傾向に走りがちだった学生が，赤ちゃんの素直な心に向き合い，行動が前向きなものに変化したと報告されています。また，子育てに見通しがもてなかった母親にとっては，中学生をみて子どもの育った姿がイメージでき，子育てに見通しがもてるようになったということです。

母親たちの子育てキャラバンも孤立への対策となり，専門職ではなく，子どもたちや子育て中の母親が考えることで，その地域らしさやパワーがいかされ，思わぬ発想や展開が生まれました。こうした力が生まれやすいようにワーカーが黒子になって，間接的支援を行うことがコミュニティワークです。

6　学校の地域力

こうした蓄積による地域の力が，学校が荒れた時に地域の人たちが自分たち（地域）の課題として捉え，校門の前に立つなどの協力をしたり，生徒会みずからが動き出したり，新しい力が生まれ状況が変化する例もあります。地域に学校が存在するという利点を活用した取り組み，地域に密着した学校だからこそ柔軟に使える新たな社会資源の開発など，学校を拠点にしたスクールソーシャルワーク（SSW）の展開に大きな期待が寄せられます。

(山野則子)

▷5　梅花女子大学現代人間学部山野研究室「子育て支援システム策定のための研究事業報告書」2007年。

▷6　日本児童福祉協会『赤ちゃん交流モデル事業』2004年。

▷7　**インターグループワーク論**
地域内の協働を実現させる過程で，各集団の代表者をコミュニティワークの主導集団に結集させ，協働の結論に達成するよう援助すること。その際，そのことを通じて，各集団を連帯させるという手続きが必要になる。この集団の代表者を通じて各集団を協働させるための援助技術過程が，インターグループワークである。

▷8　山野則子「子育てネットワーク」許斐有・望月彰・野田正人・桐野由美子編『子どもの権利と社会的子育て──社会的子育てシステムとしての児童福祉』信山社出版，2002年。

▷9　**子育てネットワーク**
子育てサークルと子育てサークルがつながって，ネットワークをつくるようなグループ。単体の子育てサークルが結集するので，大きなイベントや活動方法や工夫を交換したり，相互支援するようなさまざまな取り組みがある。

▷10　梅花女子大学現代人間学部山野研究室「子育て支援システム策定のための研究事業報告書」2007年。

▷11　日本児童福祉協会『赤ちゃん交流モデル事業』2004年。

Ⅶ　スクールソーシャルワークの展開過程

1 ミクロ実践の展開過程①
スクールソーシャルワークにおけるアセスメント

1　SSWにおけるミクロ実践とアセスメント

　ソーシャルワークにおいては、対象を大中小の3段階、つまりマクロ、メゾ、ミクロに分け、支援を行う場合があります。この3段階に明確な基準があるわけではないのですが、一般にミクロとは、個人や夫婦、家族などを指す場合が多いのです。スクールソーシャルワーク（SSW）においては、問題を抱える個別の児童生徒やその家族と考えればよいと思います。

　さて、ソーシャルワークの実践上、アセスメントはとても重要なものです。その流れは、次のようになります。

①対象者との信頼関係とパートナーシップを形成する

　対象者に受容的・共感的態度で関わり、その主体的課題解決の姿勢を引き出す。

②対象者とその環境に関する情報収集を行う

　対象者自身についてと、その人がもつ課題やニーズ、その人の生活する環境などについての、正確な情報収集を行う。

③収集した情報を用いて、個人と環境との全体状況について分析理解する

　分析理解の際は、問題点だけでなく、その人の**ストレングス**（強さや健康な部分）と、今後生じうるリスクにも着目する。

　これらの経過を通して対象者の改善への意欲も高まるし、真のニーズが明らかになることから、支援の糸口も明らかになり、次のプランニングの段階への効果的な移行を果たすことができます。もっとも、児童虐待や非行など、当事者の参加を予定しないで、アセスメントを行う場合も少なくありません。

2　学校におけるアセスメント

　スクールソーシャルワーカー（SSWer）が、学校で活動する際には、学校がもっているアセスメントへの認識との調整が必要です。今のところ、学校でアセスメントという表現が定着しているとはいえない段階ですが、最近の生徒指導などの文献には、アセスメントの必要性が強調されるようになっています。

　なお特別支援教育においては、アセスメントが不可欠であることから、特別支援に積極的な先生との間では、アセスメントという用語が定着しつつあります。もっとも特別支援教育分野でいうアセスメントとは、対象児童生徒の個人

▷1　ストレングス
⇒Ⅶ-2 参照。

の状態像を理解し，必要な支援を考えたり，将来の行動を予測したり，支援の成果を調べることと考えられていて，個人の状態のみに特化した傾向をもちますが，環境への視点はあまり重視されていません。

3 SSWのアセスメント

SSWのアセスメントは，ソーシャルワークにおけるアセスメントを学校現場で行うという意味をもちますが，学校向けに表現を変えたアセスメントの解説には次のようなものがあります。

　「見立て」とも言われ，解決すべき問題や課題のある事例（事象）の家族や地域，関係者などの情報から，なぜそのような状態に至ったのか，児童生徒の示す行動の背景や要因を，情報を収集して系統的に分析し，明らかにしようとするものである。硬直している状態をいったん本人や家族の視点に立って見ることで，本人や家族のニーズを理解することもできる。アセスメントを行うに当たっては，校内で組織的対応を行うことが重要である。

　例えば，暴力行為には，思春期の心理，発達の課題，児童虐待や薬物の影響，友人関係など様々な要因が考えられる。その理解により指導方法が異なるので，要因を情報に基づいて的確に明らかにすることなどが重要である。

（文部科学省「生徒指導提要」2010年）

◯支援の根拠と，学校の限界を明らかにできる

不登校には，心理的行き詰まりの場合もあれば，クラスのいじめや家庭でのネグレクトなど，いろいろなタイプがあります。その原因がわかることが，適切な支援につながります。ていねいにアセスメントすることで，やみくもに家庭訪問するなどの非効率な支援を避けることができ，どのような根拠で，またどのような支援を行うかを明らかにすることができるようになります。

また，課題の内容によっては，学校だけで支援できることと，学校だけでは無理なことも明らかになります。たとえば病気であるとか，虐待を受けている場合などには，確信をもって外部と連携することが可能になります。

◯学校は情報の宝庫である

学校には児童生徒とその環境に関する，実にさまざまな情報があります。以前通っていた学校からの情報や，兄弟を担当した先生，なかには保護者を担当したなどという場合もあり，教室やクラブ活動，家庭訪問での様子など，学校はまさに情報の宝庫です。この情報を整理するだけで，かなり正確なアセスメントが可能となります。SSWerがアセスメントを成功させるには，教員と協働したアセスメントが有効です。そのためには，アセスメントシートやエコマップなどのツールの活用も効果的です。慣れてきたら教員自身が活用する場合も出てきます。

（野田正人）

▷2　ネグレクト
児童虐待の1つで，児童の心身の正常な発達を妨げるような著しい減食または長時間の放置，保護者以外の同居人による虐待と同様の行為の放置，その他の保護者としての監護を著しく怠ることをいう。

▷3　アセスメントシート
アセスメントを効果的に行えるようにするツールで，ビジネスや福祉におけるさまざまな分野で作成されている。SSWに関して共通のものがあるわけではないが，シートに必要事項を記入することで，アセスメントに必要な情報が整理される形式のものが多い。

▷4　エコマップ
⇒ Ⅵ-3 参照。

Ⅶ　スクールソーシャルワークの展開過程

ミクロ実践の展開過程②
スクールソーシャルワークにおけるプランニング

1 プランニングとは何か

　プランニングは，アセスメントを踏まえて支援の目標を決め，それを達成するための具体的な手立てについて決定していく過程（プロセス）です。したがって，アセスメントが不十分なままのプランニングは，支援の効果が得にくいだけでなく，子どもの状況を悪化させる危険性もあることに留意します。

　プランニングでは，長期目標とそれを踏まえた短期目標とを設定し，次に短期目標達成のための具体的な手立てを検討します。

　校内でアセスメントからプランニングを行うと，役割分担による教職員主体のチームアプローチが自然に始まることが多くあります。そして，そのチームの一員として，スクールソーシャルワーカー（SSWer）が専門性を生かした役割を担うこともあります。

○目標設定のポイント

　長期目標は，子どもにとってより適切な教育環境での，より望ましい状況を長期的視野で設定します。

　長期目標の期間は年単位になることが多いと思われます。学年末や卒業時，また中学生以上の場合は，進路を念頭に設定することが少なくありません。

　短期目標は，長期目標を踏まえて実現可能な具体的目標とします。ケースによって異なりますが，期間は学期ごとまたは月単位（場合によっては週単位）になります。種類の異なる支援を同時進行で実施する必要がある場合もあり，短期目標は1つのこともあれば，複数になることもあります。

　目標は，支援チームのメンバー全員が共有しておくことが大切です。

○手立てと役割分担を決めるポイント

　子どもへの関わり方，学習指導の方法，機関連携の方法などについて，「（いつ，どこで）だれが，だれに，なにを，どうする」というように，具体的な役割分担と手立てを決めます。その際，小さな役割であっても，参加者が各自のできることを提案するなかで，合意され決定されることが望ましいでしょう。

　役割分担は，まず「当事者にとって受け入れやすいかどうか」，次に「校内での担当者の立場として不自然でなく，実行可能であるか」の順で考えます。

　手立ては，アセスメントで把握した「ストレングス」を生かし，「得意なことから」，「できそうなことから」を念頭において検討することが肝心です。

当事者に直接関与する場合は，まず相手と信頼関係をつくることが不可欠です。したがって担任等が「子ども（保護者）の話を傾聴する」が手立ての1つになることも少なくありません。また，さらに必要だと思われる情報の収集についても役割分担に組み入れます。

役割は押しつけになったり，1人に集中しないように配慮します。またプランの見直しのなかで前回の手立てが継続されることもあり，さらに新たな手立てを検討する場合は，継続される手立てを考慮して，無理のない設定をします。

○支援の中心は子ども

保護者等に支援を集中させる必要が生じる場合もありますが，支援の中心が当該子どもであることを，常に支援者全員が意識することが必要です。

○効果的なプランニングのために

検討したプランは実行し，状況の変化に合わせて再アセスメントをし，それを踏まえて再プランニングを行うことで，現実に即した支援を実現します。

○法令遵守（コンプライアンス）

アセスメントで子どもについて虐待や要保護性が疑われた場合，法の規定によって「通告」することが重要な手立ての1つになります。その他，個人情報の扱いなど，法の規定に沿って決まる対処法が少なくありません。

② ストレングスの活用

当事者のもつ**ストレングスの活用**は，子どもや保護者が主体的に課題解決に取り組むために大変有効です。それはソーシャルワークの価値を促進し，当事者の自尊感情を高め自信回復を助けます。また，子ども自身のストレングスの活用は，教育の目指す「もてる能力の発達」に融合していくものです。

③ 役割分担とチームアプローチ

アセスメントを踏まえると，子どもの課題解決などのためには，当該子どもだけでなく，そのきょうだいや保護者などに関わっていく必要があることが明確になり，担任1人が抱え込んで対応することや，学校だけでは解決できないことが共通理解されます。すると，子どもや保護者に直接関わる担任や担当者以外の教職員も，自分の立場でできる役割に気がつきます。たとえば毎日子どもに声をかける役割や，保護者の話を聞く役割，日常の担任の相談を受ける役割，わからない情報を収集する役割，機関連携の窓口の役割など，具体的にいくつもの役割分担が可能になります。こうして1人の子どもの「最善の利益」のための，複数の教職員による**チームアプローチ**が継続されると，校内の教職員集団の連帯感が高まります。そして，子どもや保護者の状況の改善が促進されると，その相互作用によって関係者全体も勇気づけられます。このような「つながり」が，子どもが安心できる環境を形成するのです。 　（佐々木千里）

▷1　ストレングスの活用
ストレングスは，当事者自身の心理的側面や生物的側面，当事者の環境である社会的側面に存在しており，それらの相互作用によって困難が生じている部分に着目した時，そこに見出せることも少なくない。たとえば，ある子どもの「行き渋り」の背景にある「パターン化した行動へのこだわり」は「規則正しく活動できる」というストレングスで，それが学級の重要な役割を遂行するのに役立つことがある。それが周囲から認められることで，子どもの自己有用感（集団のなかで，自分が役に立つ大切な存在であると実感すること）が高まり，「居場所」が学級内に形成され，それが保護者を安心させ，家庭と学校との協働を促進させることは珍しくない。

▷2　チームアプローチ
子どもを支援の中心とし，子どもとその環境を支援対象として視野に入れ，担任や担当者以外の教職員や，ほかの機関の専門職がチームを組んで支援していこうとすることをいう。

参考文献
ジョナサン・パーカー，グレタ・ブラッドリー著，岩崎浩三・高橋利一監訳，三上邦彦・渡邉敏文・田中秀和訳『進化するソーシャルワーク――事例で学ぶアセスメント・プランニング・介入・再検討』筒井書房，2008年。
文部科学省「スクールソーシャルワーカー実践活動事例集」2008年。
鈴木庸裕・佐々木千里・髙良麻子編『子どもが笑顔になるスクールソーシャルワーク』かもがわ出版，2014年。

Ⅶ　スクールソーシャルワークの展開過程

ミクロ実践の展開過程③
スクールソーシャルワークにおけるモニタリング

1　モニタリングを学校で行うことの意義

○モニタリングとは

　ミクロ実践における最後の展開過程がモニタリング（monitoring）です。この意味について広辞苑では，「観測・調査・分析すること」または「監視すること」と記されていますが，これをスクールソーシャルワーカー（SSWer）が行う実践に照らし合わせると，学校を拠点に教職員という1つのチームを中心に行われる一連の支援活動が，あらかじめ立案された計画に沿って適切かつ的確に行われていることを，チェックしていく機能として捉えられています。このようなモニタリングでは，プランニングにおいて定められた支援計画（目標，役割分担，支援介入方法等）を元にして行われる具体的な支援介入（インターベンション）の結果，および経過状況を対象に評価・査定を行います。

○モニタリングに必要な視点

　SSWerがモニタリングを行う際にもっとも意識すべきことは，支援介入前後で人と環境の関係性に生じた"変化"に着目していくことです。これには，子どもや家族など，いわゆる「個人」に焦点化した"変化"と，学校や家庭，さらには地域などの「生活環境」に焦点化した"変化"の2つがあり，実際のモニタリングでは，この両方に視点を置いて丁寧に評価・査定を行っていかなければなりません。また，その際に明らかにしていくのは，支援を行うことで改善または解決された成果だけではありません。その結果として改善に至らないことや，支援介入前と比較して状況の後退が確認された場合においても，そこで明らかとなった課題として提起することを含みます。SSWerが学校でモニタリングを行う意義は，単に支援計画の成否を判定するのではなく，問題を抱える子どもが安全・安心，そして安定した学校生活を送れるように，現状より一歩でも「よりよい状況」（ウェルビーイング，well-being）へと導かれているかを見極めるためであり，そのためにはアセスメントやプランニングを適正な基準や明確な根拠からモニタリングしていく必要があります。

2　学校におけるモニタリングの特徴

○教職員の専門性を理解する

　今日の学校現場は，教師以外にも多くの専門職種（養護教諭，栄養職員，ス

クールカウンセラー〔SC〕など）が配置されています。また，教師のなかでも校長，教頭，教務主任，学年主任，生徒指導など学校の体制により，さまざまなポジションから子どもたちの教育に携わっている人たちがいます。これらの組織において，SSWerは教職員チームの一員として，子どもの支援活動に参加していきます。そのため，そこで行われるモニタリングというものは，SSWer個人だけでなく，支援を行う教職員チームに対しても還元されるものでなければなりません。それらを実施していく際には，各教職員の専門性が異なることで得ることができる新たな"気づき"も多くありますので，SSWerはこれらの多様な視点を学び，モニタリングへ反映していくことが求められます。

◯ 支援成果と課題の共有化

　支援活動の成果や課題を明らかにしていくモニタリングは，アセスメントやプランニングの有効性や妥当性などを評価する上でとても重要な位置づけにあります。そして，その内容については可能な限り教職員チームで情報を共有して，その後の支援（再アセスメント→プランニング）へ反映させていくということが，学校でモニタリングを行う特徴の1つでもあります。その成果と課題を整理していく方法としては，支援により得た結果を主観的事実と客観的事実に分別し，前者であれば，子どもや家族の語りの変化（**セルフレポート**），支援者側からみた対象者の行動変容などから，支援による効果を測定していきます。一方，後者では**相談主訴**が不登校の場合であれば出席日数などを情報として集め，障害などの事由で専門的な個別学習支援を実施したのであれば，試験等の点数の推移などを数値化するなどして，支援結果を評価・査定することが可能です。ちなみに，これらはあくまでも一例ですので，モニタリングのすべてではありません。事例内容により評価・査定方法は異なりますので，これらの例も参考にして創意工夫していくことが重要になります。

3　SSWとモニタリングの課題

　SSWerはあくまでも教職員チームの一員として活動を行う専門職です。そのため，メンバー間による一定の合意形成を基盤に支援を行っていくことは，円滑にチームアプローチを進めていくための必須条件になります。そのことを十分に留意した上でモニタリングを行う必要がありますので，SSWerの独断による一方的な評価・査定にならないよう注意しなければなりません。立場の異なる他専門職がチームとして協働していくためには，モニタリングにおいても「共通理解」と「共通実践」は欠かすことができないのです。そのためには，SSWerは日頃より学校教育・文化などの理解を深めることが重要であり，その上で教職員にもSSWerの専門性について理解を深めてもらう必要があります。教職員との相互理解の促進は，協働していく上での最重要課題といえます。

(奥村賢一)

▷1　セルフレポート
支援過程において，対象者（児）が，みずからの置かれている状況について語った内容を逐語的に記すこと。

▷2　相談主訴
相談者（子ども，家族，教師ほか）が問題（課題）として捉える主要な訴え。

Ⅶ スクールソーシャルワークの展開過程

4 メゾ実践の展開過程①
学校アセスメントから変革へのプランニング

1 メゾ実践とは

メゾ実践とは，ミクロ環境の機能に影響を与えるもので，学校や仕事，協会やレクリエーション活動，そして地域資源といった個人の毎日の生活に影響を与えるグループや組織，制度間の関係を含みながらアプローチすることです。つまり，組織が発展するように推進する活動ともいわれています。

スクールソーシャルワーク（SSW）の領域では，もっとも身近な組織は学校組織といえます。子どもたちが毎日生活する場であり，最善の利益を保障できるように，スクールソーシャルワーカー（SSWer）は組織変革を考えていきます。通常，児童相談所等の福祉の人間が，教育の世界のなかで問題点を指摘したり，介入したりすることは難しいことですが，SSWerは学校組織の一員であることから，決して上からの指示ではなく，対立構造でもなく，協働，共有が生まれるなかで学校組織に介入することが可能になります。

2 学校アセスメント

SSWerは，クライエントのアセスメントを行うのと同様に，地域アセスメント，学校アセスメントを行うことが大切です。ここでいう学校アセスメントは，学校にやってくる子どもたちの家庭背景を，地域の特徴とともに個別事例ではなく全体的に把握することを指します。たとえば，経済的支援を受けている子どもたちが，学校全体の何パーセントを占めるのか，この学校での一番の困りごとは何なのか，それから，校内の意思決定がどのようになされるのか，学年の特徴はどうなのか，パワーバランスがどうなっているのか，キーパーソンは誰が担っているのかという，教員組織そのものに関係するアセスメントも行います。また，関係機関との関係や地域の関係機関の動き方も確認します。さらに，地域の力はどうなのか，地域のなかで子どものことを把握しているキーパーソンは存在するのかなどといった，学校に通ってくる子どもたちの家庭や地域背景の全体像をつかむ地域アセスメントを行います。

3 変革へのプランニング

学校現場では，子どもの課題を同僚と共有できず，担任１人で抱え込んでいる，あるいは教師が一致団結して子どもたちと対立構造になってしまっている，

▶1 Compton, B., Galaway, B., *Social work processes*, Dorsey Press, 1975.

▶2 Miley, K.K., DuBois, B.L., *Generalist social work practice : an empowering approach*, Pearson Education, Inc., 2007.

▶3 学校アセスメントについてはⅨ-4も参照。

Ⅶ-4　学校アセスメントから変革へのプランニング

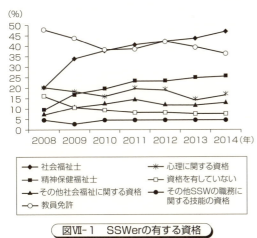

図Ⅶ-1　SSWerの有する資格

出所：山野（2010）と文部科学省（2015）より筆者作成。

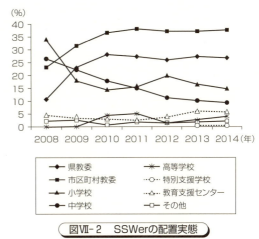

図Ⅶ-2　SSWerの配置実態

出所：図Ⅶ-1と同様。

　暴力行為を行うとして問題視されている子どもたちへの対応が学年間でばらばらである，ポジティブに子どもたちをみられないほど疲弊しているなど，個別事例から発展して，さまざまな組織の課題が生じることがあります。逆に組織に課題があって，個別事例が前に進みにくい場合もあります。そのような時にSSWerは学校アセスメントを行い，協力できる教師とともに改善のための計画を考えていきます。協力相手が，市町村教育委員会指導主事であることも多いでしょう。学校を子どもの問題に柔軟に対応できるよう機能させていくためには，学校を責めるというような，上からの指示を出すのではなく，学校の一員として，しかし教師とは違った視点で提案できる位置を有効に活用して，プランを考えていきます。

　具体的には，チームアプローチをつくることが重要で，その方法にはケース会議，組織づくりがあります。個別事例にチームで取り組んだことによって，結果的に学校組織が変革した事例は複数存在しています。これには，SSWerが**学校配置型**，**拠点校型**であろうと**派遣型**であろうと，教師に心理的・物理的に近いことが重要です。

　図Ⅶ-1と図Ⅶ-2をみると，配置場所が県教育委員会や市町村教育委員会が多いことから派遣型が多くなっていると考えられ，現段階では，SSWerは全数把握ができる学校という場にいても，全校配置になっていないため，実際は子どもたちの個々の問題を直接発見することは難しく，教師を通じて発見や対応を行うことが多い状況です。そのため，多くの子どもたちをみている教師に働きかけることが重要で，福祉の視点を理解してもらう必要があります。そのためには，一同に集まるケース会議等の活用が有効であるといえます。

（山野則子）

▷4　山野則子「日本におけるスクールソーシャルワークの実証的研究——福祉の固有性の探求　平成19年度報告書」文部科学省科学研究費（基盤研究〔C〕），2008年，7頁。
　山野則子「スクールソーシャルワークの役割と課題」『社会福祉研究』第109号，2010年，10〜18頁。

▷5　**学校配置型**
⇒Ⅲ-6 参照。

▷6　**拠点校型**
⇒Ⅲ-6 参照。

▷7　**派遣型**
⇒Ⅲ-6 参照。

▷8　文部科学省が2008年から始めたスクールソーシャルワーカー活用事業には，学校配置型，派遣型，拠点校型（1つの学校を拠点にそこから派遣していく形）などのパターンがある。しかし，2009年度，100％国が補助する事業から3分の1補助事業になったために，前年度と比較して，社会福祉専門職の割合は増えたが，各都道府県でSSWerの人数の削減と市教委配置で派遣型が増加するという変化があった。

Ⅶ　スクールソーシャルワークの展開過程

5 メゾ実践の展開過程②
校内にチームアプローチをつくる

1　SSWer もチームの一員

　学校の諸問題を解決するためには，教職員や他職種とともに「問題」をチームで考える体制が必要となります。そのため，スクールソーシャルワーカー（SSWer）には，教職員と協働して，学校内外にチーム体制を築いていくことが求められているといえます。ここでは，校内におけるチーム体制を築き，実質的なチームアプローチを可能にするために必要な視点を紹介します。

2　校務分掌とチームアプローチ

　学校の教職員は，教科指導以外にもさまざまな仕事があり，その役割は**校務分掌**によって分担されています。従来から学校現場では，この校務分掌による役割分担のなかで，支援の必要な子ども（児童生徒）についての方針などを決めてきました。たとえば，学年会議，生徒指導委員会，特別支援教育委員会，進路指導委員会などです。しかしそれぞれの委員会で，子どもの問題行動等を現象ごとにわけて対応方針を検討するだけでは，名前があがりながらも，その子どもに関わっている教職員が同時に支援方法を検討できません。子どもが抱えている問題の背景は複雑ですから，実質的なチームアプローチを可能にするためには，子どもに応じて，チームメンバーを変更していく柔軟性が必要となります。そのため，校務分掌の設定の工夫や，時には校務分掌を超えて教職員がチームを組むということが重要になります。

　SSWer には，既存の体制のなかで，どのようにチームアプローチを可能にするのかという視点と，組織変革の視点，つまり，個々の子どもの支援方針を考えられる体制を新たに築いていくという意識が必要です。これは，SSWer が1人で組織を変えるということではありません。重要なことは，教職員と話し合いを重ねながらソーシャルワークの視点から，組織体制についての意見を出すということでしょう。そのためには，学校内にチームを**コーディネート**する教員の存在が必要でもあります。SSWer は，そのような教員とともに組織体制について話し合うことも仕事の1つとなります。

3　チームアプローチの手順

　図Ⅶ-3は，筆者がSSWerとして関わったある学校のチームアプローチの

▷1　文部科学省「生徒指導提要」（2010年）によると，チームによる支援とは，「問題を抱える個々の児童生徒について，校内の複数の教職員やスクールカウンセラーやスクールソーシャルワーカーなどがチームを編成して児童生徒を指導・援助し，また，家庭への支援も行い問題解決を行うもの」と定義されている。

▷2　2000年代に入ってから，対人援助の領域で連携の大切さやチーム体制での取り組みの必要性が議論になり，現在はチーム体制のあり方についての研究が進められている（福山和女「ソーシャルワークにおける協働とその技法」『ソーシャルワーク研究』第34巻第4号，2009年，4頁）。

▷3　**校務分掌**
　⇒ Ⅳ-4，Ⅳ-5 参照。

▷4　コーディネート
　「対等にする」という意味合いをもっている。つまり，立場の異なる教職員同士に「対等性を築き上げる」という視点が重要になる。

▷5　コーディネーターを誰が担うのかは，学校によって異なるが，生徒指導主事や特別支援教育コーディネーターなどにはその役割が期待されている。
　コーディネーターの役割としてまず求められるべき点は，立場の異なる教職員が意見や方針を出し合える場をつくるという姿勢である。コーディネーターがこのような視点に立ってこそ，

VII-5 校内にチームアプローチをつくる

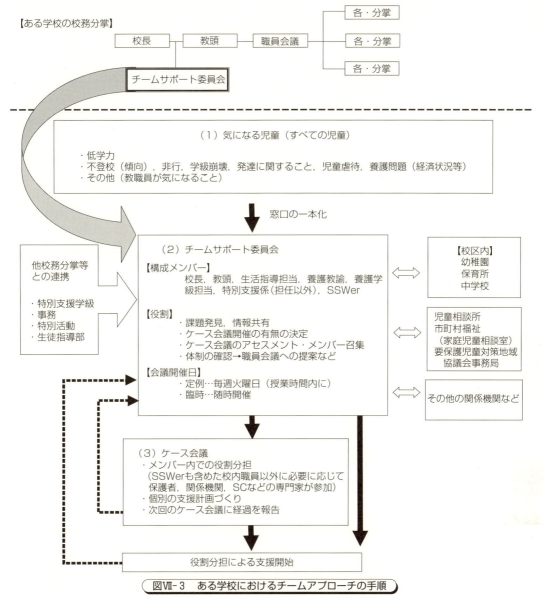

図VII-3 ある学校におけるチームアプローチの手順

出所：金澤ますみ「スクールソーシャルワーカー活用のパターンモデル」山野則子「日本におけるスクールソーシャルワークの実証的研究——福祉の固有性の探究　平成19年度報告書」文部科学省科学研究費（基盤研究〔C〕），2008年を筆者一部修正。

手順を示したものです。この学校ではもともと，職員会議や学年会議，生徒指導委員会以外には，個別の子どもについて，校務分掌を超えて話し合う場がありませんでした。

そのため，スクールソーシャルワーク（SSW）活動を開始した当初は，**ケース会議**を導入しながら，個別の事例を検討することから始めました。ただし，ケース会議を開くかどうかをどのように決めるのかなど，組織的なマネジメントについての課題も生じてきたために，そのつど検討を重ね，「チームサポート委員会」という組織を校務分掌上に新たに位置づけ，問題の現象にふりわけない支援検討の体制がつくられました。　　　　　　　（金澤ますみ）

教職員の抱え込みを防ぎ，一緒に考え，一緒に行動するためのチーム体制を築くことが可能となる。
▷6　ケース会議
⇒ VII-6 参照。
▷7　このような体制が初年度から可能になったわけではなく，学期末や年度末の職員会議などで体制変更プランを提案し，検討を重ねながら，年数をかけて少しずつ変わってきた。

Ⅶ　スクールソーシャルワークの展開過程

 メゾ実践の展開過程③
ケース会議の展開

1　ケース会議とは

　チームアプローチの目的は，チームメンバーが同じ方向性をもってケースに関わることです。その方法として有効なものに「**ケース会議**」があります。ここでいうケース会議とは，問題を抱えている１人の子どものことについて，複数の教職員で支援のあり方を考える会議のことです。「複数の教職員」がチームメンバーにあたり，そのメンバーを決める場合には，その子に「関わっている」または，「関わっていた」という関係性の視点が大切になります（たとえば，担任，前担任，養護教諭，生徒指導，スクールソーシャルワーカー〔SSWer〕，教頭など）。このメンバーは必要に応じて流動的にいれかわります。

2　ケース会議の展開

　ケース会議は以下のようなプロセスで行われます。①チームを組んで対応すべき問題かどうかを検討し，ケース会議開催の目的に応じて参加メンバーを決めます。②子どもの生活状況全般の現状把握を行い，問題の情報を共有するとともに，問題の背景や原因を分析し総合的な「見立て」を行います。③誰がどのような対応をするのか，具体的な役割分担（「手だて」）を決めます。たとえば家庭訪問には担任と教頭が一緒に行き，訪問先では担任が子どもと話をし，教頭が保護者と話をするというように，具体的に決めていきます。そして，④実際に支援を行い，⑤その結果をさらにチームで報告し合います。そこで場合によっては役割分担の見直しや，関係機関への援助要請（調整・代弁・外部機関とのケース会議のコーディネート）が必要になってくることもあります。つまり，単なる情報共有に終わらず，小さな目標を設定し，できそうなことを「やってみる」ということです。

　ここにあげた①～⑤までの手順は，①インテーク（受理）→②アセスメント（見立て）→③プランニング（手だて）→④インプリメンテーション（実施）→⑤モニタリング（点検活動）→⑥エヴァリュエーション（終期評価）というソーシャルワークの手法に沿うものです。スクールカウンセラー（SC）やSSWerなど他職種が，早い段階から同じ場で意見を出し合える体制が理想的でしょう。

▷1　ケース会議
名称は学校によってさまざまである。「ケースカンファレンス」や「気になる生徒の支援会議」などと呼んでいる学校もある。統一された名称になっていないため，何を目的に，誰が話し合う会議かということが組織のなかで共有されている必要がある。また，ケース会議には，関係機関が参加する場合もあり，このような会議では，守秘義務の範囲の確認などがさらに重要である。SSWerは，学校が主催の会議なのか，要保護児童対策地域協議会の要保護児童に関する会議なのか，といった「会議の位置づけ」に細心の注意を払い，確認することが重要である。

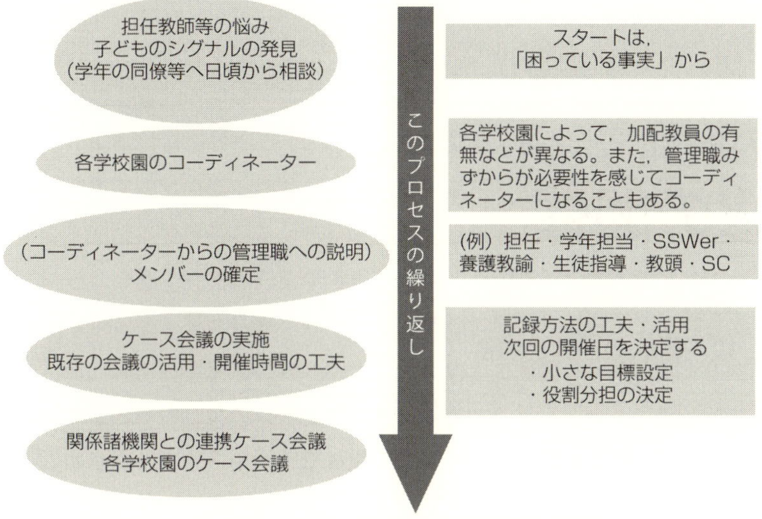

Ⅶ-6 ケース会議の展開

図Ⅶ-4 ケース会議の手順と留意点

- 担任教師等の悩み
  子どものシグナルの発見
  （学年の同僚等へ日頃から相談）
- 各学校園のコーディネーター
- （コーディネーターからの管理職への説明）
  メンバーの確定
- ケース会議の実施
  既存の会議の活用・開催時間の工夫
- 関係諸機関との連携ケース会議
  各学校園のケース会議

このプロセスの繰り返し

- スタートは，「困っている事実」から
- 各学校園によって，加配教員の有無などが異なる。また，管理職みずからが必要性を感じてコーディネーターになることもある。
- （例）担任・学年担当・SSWer・養護教諭・生徒指導・教頭・SC
- 記録方法の工夫・活用
  次回の開催日を決定する
  ・小さな目標設定
  ・役割分担の決定

出所：筆者作成。

③ ケース会議場面における留意点とSSWerの役割

SSWerは，ケース会議を開く前に，図Ⅶ-4のようなケース会議の留意点をコーディネーターと確認しておくことが重要です。そのことで，ケース会議が有益なものとなる可能性は高まります。

また，以下の点にも注意すべきでしょう。①ケース会議を開くことを目的としない，②参加メンバーの疑問や異なる意見を大事にする，③明日からできそうなことを確認する，④ケース会議で決定したことが，すべてではない，⑤決まったことを記録し，次回のケース会議日程を決める，この5点です。

④ ケース会議の意義と当事者参加の視点

ケース会議の意義は，子ども（人間）の行動を多面的に捉えることができることです。また，支援者として関わっている大人自身のふりかえりにもなります。上記の「明日からできそうなことをやってみる」というのは，大人（＝子どもにとっての環境の一部）の側が変わっていくことも意味します。

ここで意識しておきたいのが，当事者参加の視点です。子どもの**意見表明権**や，自己決定の原則をどのように保障するかということはソーシャルワークの根幹でもあります。保護者が参加するケース会議の実践を行っている学校は，少しずつでてきているようです。ただし，すべてのケース会議に子どもや保護者が参加しなければならないということではありません。大切なことは，「子ども自身が自分のことを決める場に，違和感なく存在できるあり方」や「子どもが，提示された支援内容について，自分の意見を言える環境を保障すること」です。このことは，学校の支援体制の中にケース会議を位置づけていこうとする時に重要なソーシャルワークの視点ではないでしょうか。 （金澤ますみ）

▷2 ケース会議は，子どもの支援方針をチームで共有するための方法の1つである。ケース会議開催そのものが目的になってしまうと，時間や人数の調整がつかないままに実施されてしまい，結果として「何を話し合うのか」が共有されないまま，疲労感だけが残る会議となってしまう。SSWerは，「何のために会議を開くのか」をメンバーが共有できるように，事前に会議の目的を確認しておくことが大切である。

▷3 立場によって，意見が異なることは当然である。そのため，司会者には，会議メンバーの対等性を重視するような働きかけが求められる。SSWerはこのことを意識し，教職員の年齢や性別，経験年数に関係なく，すべての教職員が，気兼ねなく自分の意見を述べられる場をつくることを心がけておく必要があるだろう。

▷4 手だて（役割分担）を決める時に，具体的にできそうな小さな目標を設定することがポイントとなる。

▷5 ケース会議で決めた役割分担は，あくまでも目標である。決めたとおりに実行できないことが問題なのではなく，どのような要因で実行できなかったのかを確認することが，次の支援方法を決める上でとても重要になる。

▷6 **意見表明権**
⇒Ⅱ-2参照。

Ⅶ　スクールソーシャルワークの展開過程

7 メゾ実践の展開過程④
校内研修の開催

1　校内研修の目的と内容

　校内研修は，スクールソーシャルワーク（SSW）の視点や方法を，教職員に理解してもらう重要な場です。特に学校配置型でスクールソーシャルワーカー（SSWer）が学校に入る場合は，できるだけ早い時期に研修の日程調整を行い，SSWerとの連携の方法を教職員に理解してもらうことが大切です。

　校内研修で主に伝えたい内容は，①SSWの価値や視点などの基本姿勢，②ケース会議のもち方などの具体的な支援方法，③児童虐待や不登校などの子どもの問題理解，④制度や社会資源についての情報提供などをあげることができます。

2　校内研修の具体例

　研修の具体例を表Ⅶ-1のモデルプランで示します。時間枠によって研修で扱える内容は異なりますが，講義形式だけではなく**ロールプレイ**や**事例検討**，ケース会議などの演習を含めた研修内容にするとわかりやすく，教職員が実践しやすいものになります。

　エコマップは，学校からは大変好評で，研修の後すぐに実際の事例に適用して，取り組みを始める学校もあります。エコマップが好評である一番の理由は，問題を担任教師が1人で抱え込まずに，学年や学校全体で取り組むための話し合いの場をつくり出せる点があげられます。エコマップを囲みながらケース会

▷1　ロールプレイ
学校での日常の役割と異なる役を演じてもらうことで（たとえば，担任が養護教諭の役割を担うなど），教職員が新たな視点や役割に気づくことも多い。

▷2　事例検討
事例は模擬事例を用意するか，校内の実際の事例をあげてもらう。校内の事例を取り上げる場合は準備段階で学校と十分な打ち合わせを行い，その事例を取り上げる意味やねらいについて話し合っておくとよい。

▷3　エコマップ
⇒ Ⅵ-3 参照。

表Ⅶ-1　モデルプラン

```
所要時間：2時間
テーマ：ケース会議による問題理解と支援の実際
内容：
①SSWの視点とケース会議についての説明（30分程度）
②演習（1時間）
　・グループで校内の事例を共有し，エコマップなどを作成し，アセスメントを行う
　・グループでプランニング，具体的な支援について検討する
　・ケース会議のシートに目標や役割分担を記入する
③全体共有…グループ発表と解説（20分）
④ふりかえり…グループで気づきをふりかえる（10分）
　使用するもの：模造紙，マジック，付箋，ケース会議のカンファレンスシートなど
　補足：校内で教職員が情報共有をしている実際の事例を取り上げることで，研修の場
　　　 のプランがダイレクトに日常の実践につながるためより効果的である。
```

出所：筆者作成。

議を展開すると、子どもの問題を原因と結果という直線的な狭い見方ではなく、もっと広い多角的な視点から理解することができるようになり、教師がそれぞれの立場から何らかの支援ができるという気持ちになります。つまり、学校現場で求められているチームワークと、そのためのムードづくりが可能となるのです。多くの難しいケースを抱えて疲労している教師には、明るい見通しをもって子どもと関われそうだと思えるようになることが重要です。

３ 校内研修を実施する際のポイント

◯研修の目的の明確化

管理職や校内のキーパーソンの教職員と一緒に、学校が抱えている課題を共有し、何を目的に研修を行うのがよいのかを研修前に明確にしておく必要があります。「子どもの問題の背景を理解し、支援にいかしたい」という希望があれば、具体的な事例を元にソーシャルワークの視点からアセスメントを行う演習を実施してもよいでしょう。また、「校内支援体制が弱く、校内チームづくりを意識した研修がしたい」という希望があれば、校内の資源をあげてもらい、模造紙などに校内支援マップをつくり、情報の交流と意思決定がスムーズに行える枠組みを絵にして、協議してもらってもよいでしょう。

◯教師をエンパワーする場に

参加者が「研修を受けて元気が出た」と思ってもらえる研修を目指す必要があります。そのためには、子どもや保護者、教師自身の問題部分ではなく、**ストレングス**[4]（強さ、能力）に注目し、教師がエンパワーされることが大切です。たとえば、演習をグループで行う場合など、初めに自分の**リソース**[5]（re-source）を含めて自己紹介してもらえば、打ち解けた明るい雰囲気で取り組めるようになります。また、事例検討で問題を抱えた子どもをアセスメントする際も、子どものリソースを教師から語ってもらうことで、「もう一度子どもとしっかり向き合ってみよう」という気持ちを抱いてもらいやすくなります。

◯チームワークを促進する場に

研修は事例検討やケース会議などの演習を、グループワークによって行います。校内支援体制がまだ十分に整っていない学校では、グループで意見交換する研修の場そのものが、教師どうしのチームワークを促進する大切な場となります。

◯研修は関係機関との連携の場、情報提供の場に

研修には、教育の関係者だけでなく、福祉や保健などの関係機関からも参加してもらうことが効果的です。たとえば事例の内容が虐待事例であれば、市町村の虐待対応の職員に声をかけて研修に参加してもらうようにします。また、市町村が出しているリーフレットなどの地域の資料を活用して、福祉や保健などに関する情報提供を行うことも効果的です。

（大塚美和子）

▶4 **ストレングス視点**
1980年代以降、アメリカのソーシャルワーク実践理論において提唱されている視点。それまで支配的であった病理・欠陥モデルを批判する立場をとる。ストレングスは能力・資源・強みという言葉で表現できる。具体的には、人々がもつ特性・才能・知識をはじめ、逆境を乗りこえてきた力や経験なども含まれる。

▶5 **リソース**
再び自分が生き生きできる源となるもの、自分をいかすもの。「内的リソース」とは、能力、興味、関心など、子どもの得意分野、力の部分を指す。「外的リソース」とは、家族、学校、友人、動物（ペット）、外部機関、地域などの子どもの周囲にある資源を指す。プランニングを考える際は、子どもと家族、また学校のリソースをしっかり把握し、支援計画をたてることが大切である。
⇒ Ⅰ-10 参照。

Ⅶ　スクールソーシャルワークの展開過程

8　マクロ実践の展開過程①
マクロアセスメントからプランニングへ

1　マクロ実践の領域と焦点づけ

○どこでマクロ実践は行われるのか

「ソーシャルワークにおけるマクロ実践とは何か」についての考えはさまざまありますが，2008年に発行された国会・参議院の資料のなかでは，「関係機関とのネットワークづくり」，「関係機関連携ケース会議の実施」，「自治体の相談体制づくりへの関与」といった，「学校を含めた教育行政システムの構築」をスクールソーシャルワーク（SSW）におけるマクロ実践と説明しています。つまり，地域（市区町村・都道府県など）にある組織（学校および関係機関）を動かし，地域における支援体制の改革を行うことをマクロ実践と呼んでいます。ここでは，地域や組織をマクロ実践の行われる場（arena）として捉えて，マクロ実践の展開過程を説明します。

▶1　鵜飼孝導「スクールソーシャルワーカーの導入——教育と福祉の連携の必要性」文教科学委員会調査室『立法と調査』第279号，2008年，59～68頁。

○マクロ実践における3つの焦点

一般にソーシャルワーカーがマクロレベルの変革を起こす際，①問題，②対象集団（population），③場所（地域と組織，arena）の，たがいに重なりあった3つに焦点を当てます。また，それらはより広い政治的・政策的コンテクスト（political and policy context）に存在するものとして捉えられています（図Ⅶ-5）。

▶2　Netting, F. E., Kettner, P. M., McMurtry, S. L., *Social Work Macro Practice* (4th ed.), Pearson Education, Inc., 2008.

2　アセスメント

○問題への焦点づけ

マクロ実践を始める前には，まず地域や組織における問題（例：学校で児童虐待を疑うケースを発見した時，関係機関と円滑な連携がとれない）についてよく理解する必要があります。そのため，対象となる地域や組織についての情報を集め，その地域内にある組織の状態を確認します。その上で，現状や問題，ニーズなどについての専門的知識を得て，問題の原因を探ります。

○対象となる人々への焦点づけ

次に，問題やニーズに関連する人々（例：生徒やその家族・地域住民・教師・児童福祉司等）についての理解を深

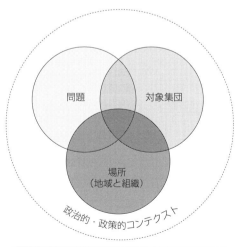

図Ⅶ-5　マクロ実践の概念的枠組み——問題，対象集団，場所の理解

出所：Netting et al. (2008) より筆者和訳。

めます。そのためには，直接その問題を経験した人から話を聞く，市民にアンケート調査を行うなどして，多様な見方を得ます。問題の原因に関連する過去に行われた調査研究や，問題の原因についての理論的説明なども調べます。

そして，問題と対象となる人々についての分析から，因果関係についての仮説を立てます（例：学校と関係機関との連携が不十分だ。そのために虐待を受けている子どもの保護が遅れて，支援がより困難になる）。

○**場所（地域と組織）への焦点づけ**

地域についてアセスメントするには，まず対象となる人々に焦点をあて，地域の特徴を見定めます（例：地域内に子育て中の親を支援するための組織が少ない）。そして，地域内部での多様性を理解し，地域の構造（例：地域内のさまざまな支援機関がどのように結びついているか）を見極めます。組織についてアセスメントする際には，組織の存続や組織の性質に影響する外部環境（例：機関とその収入源との関係，どこがその機関を管轄しているのか，その機関に対する一般市民の見方など），および組織内部（機関内の構造，機関内の意思決定がどのように行われるかなど）の両方をアセスメントします。

3 プランニング（計画立案）

次に行うのは，アセスメントに基づいたプランニング（計画立案）です。まず，①変革を行うための介入仮説を立て，②参加者を決めます。その際には，誰（どのシステム）が主たる変革者となり，変革をサポートするのか，また，提案した変革に公的に許可が出されるのか，さらには誰（どのシステム）が資金を出すのか，変革の努力が成功するために，誰（どのシステム）に変革が生じなければならないのか，誰（どのシステム）が意思決定を行い変革を達成するのかなどを考慮します。そして，③変革のためのシステムの許容量（変革に向けた取り組みに前向きか，協力して行うことが可能か，変革を継続するために十分な資源はあるか，変革を阻止しようとする人や集団はないかなど）を考慮し，④変革のために用いる手法を選択します。その上で，⑤介入の詳細を計画します。

介入の詳細について計画する時には，目標設定を行い，目標に到達するための段階的課題も設定します。そして目標達成のために，実際にどのような活動をいつまでに，どれくらいの頻度で行うのかを決めます。その活動を行う際の役割や責任の所在も明確にします。さらに，進展状況の**モニタリング**方法や，介入の効果（目標を達成できたかどうか）を判断するための基準も定めます。

▷3　モニタリング
⇒Ⅶ-3 参照。

このように，詳しいアセスメントを行い綿密な計画を立てることで，変革へ向けたマクロ実践を効果的なものにすることができます。

（馬場幸子）

Ⅶ　スクールソーシャルワークの展開過程

 **9　マクロ実践の展開過程②
結果としてのスクールソーシャルワーク制度成立**

1　SSW活動の成立に向けて――3つの焦点

まず，スクールソーシャルワーク（SSW）事業そのものをつくりあげる過程をマクロ実践として検討してみましょう。Ⅰ-1〜Ⅰ-11であげたような子どもの問題行動の背景には，親の状況や学校の状況があり，そこに視点を向けた時，全数把握できる，誰もが通う学校に着目して，草の根から動いてきた個別の活動はたくさん存在します。

しかし，これを政策に結びつけるには，マクロレベルの実践が必要です。その際，Ⅶ-8で示したマクロレベルに変革を起こす際の「焦点化」が重要です。つまり，①問題：子どものさまざまな問題の増加，②対象集団：問題が複雑化している子ども・家族，③場所（地域と組織）：誰もが通う学校，といった重なり合った3つに焦点をあて，この3つを広く政治的・政策的コンテクストに存在するものと捉えます。

2　草の根の活動から――自治体事業へ

歴史的に古くから取り組まれてきた活動としては，過去に実績がある**訪問教師制度**[1]や同和教育の推進のなかでの活動，特定地域におかれた学校内のケースワーカーの配置などがあります。また市民活動レベルでは，スクールソーシャルワーカー協会の活動があります。ほかにも各地域に多くの活動事例があります。ここでは，大阪府のSSWの基盤となった専門職の活動を例にあげます。

大阪府では児童虐待の多発や問題の多様化を前に，すべての子どもが在籍する「学校」に着目して，ある地域の子どもに関わる専門職有志が実態調査を行い，教育委員会や学校を巻き込んで相談システムをつくろうと積極的に活動してきました。それが，さらに関西レベルの活動へとつながり，大阪府のSSW事業の始まりのきっかけとなりました。この経緯から，2005年に始まった大阪府のSSW事業では，スーパーバイザーを置き，事業作成段階から教育行政と外部の専門職が協働で組織的に進めています。

マクロ実践のコミュニティ中心の政策分析には，①政策立案集団を立ち上げる，②政策課題の定義，③事実の把握，④可能な解決策を考える，⑤代替解決案のランクづけ，⑥ベストな解決策の選定，⑦政策提言の策定，⑧政策の施行といった流れがあります[2]。大阪府の取り組みでは，④までを自主的な集団で取

▶1　**訪問教師制度**
⇒Ⅲ-5参照。

▶2　ウィリアム・G.ブルーグマン著，水沢みずほ訳『マクロ・ソーシャルワークの実践法』トムソンラーニング，2005年，84頁。

▶3　**システム**
システムとは，政策プロセスに積極的にインプットを行い，結果として政治的，社会的，経済的アウトプットが生じ，それがさらなるインプットにつながるという，フィードバック・ループを指す。1つのアウトプットが新たな決定へのインプットの素材をつくり出す，これが繰り返される過程のことである。各自治体レベルでもいえる。たとえば教育行政に働きかけSSWerを導入し，親の参観が増加するなどアウトプットがみえるとする。そうすると親の参観の増加がインプットとなり，そのことで非行行為が減少するというアウトプットを生むかもしれない。そのような繰り返しが起きるという意味である。経済的には，非行減少で非行施策に投入した財源を，今度はまた別のものに投資できるようになる。

▶4　ウィリアム・G.ブルーグマン著，水沢みずほ訳『マクロ・ソーシャルワークの実践法』トムソンラーニング，2005年，79〜83頁。

VII-9 結果としてのスクールソーシャルワーク制度成立

り組み，⑤⑥を教育委員会とともに実行し，⑦⑧を教育委員会が引き受けた形といえます。ここでは教育委員会と専門職の集団の協働が，非常に重要なポイントでした。

3 自治体の事業から国の制度へ──大阪府の実践からみる5つのポイント

さらに，自治体の事業からマクロ実践としての国の制度策定，制度充実につなげるプロセスをみてみましょう。自治体から国の制度としてつなげるにあたり，政策決定過程を意識しながら活動することが重要です。なかでも着目すべきこととして，①制度策定を行う国会や議会，②利益集団（ここでは主にスクールソーシャルワーカー〔SSWer〕），③官僚（文部科学省や教育行政の職員），④以上の3つを含む**システム**といった視点が重要でしょう。

これらを視野に考えると，SSW事業の策定，拡充への重要なポイントとして，①SSWモデルづくり（利益集団，官僚），②文部科学省へのアクション（官僚，システム），③養成の検討（利益集団），④社会福祉研究としての確立（利益集団，システム），⑤認知を高める活動の実施（国会や議会），の5つがあげられます（図VII-6）。つまり，①は，SSWモデルを明確化しなければ，官僚や教育行政など制度策定する側も利益集団にあたる活用する側も，そして実践する側も，よくわからないまま進むことになります。各地域での教育行政とのモデルづくりももちろんですが，日本社会福祉士養成校協会は，いち早く2008年から一定の統一したモデルづくりを行ってきました。②の官僚への働きかけについては，SSW事業を始める当初，不登校対策の**スクーリング・サポート・ネットワーク整備事業**（SSN）の後継事業として，2007年に大阪のSSW事業が紹介され，2008年の制度化につながりました。その後も不登校の減少などのアウトプットを絶えず提示し，新しい提案をしてきました。日本社会福祉士養成校協会は③の養成についてのシステム化も行ってきました。④としては，学会レベルでも複数の研究者によって，共同でSSWの実践と最近の動きを明らかにしてきました。⑤については，さまざまなところでの研究会や取り組みがなされ，SSW事業開始当初から国会での議論があり，マスコミにも働きかけ，取り上げられてきました。このような5つのポイントを意識して実践を展開することで，制度策定・拡充につながってくるのです。

（山野則子）

▷5 山野則子「対抗的公共圏と児童をめぐる福祉問題」『社会福祉学』，第51巻第2号，2010年，124～128頁。

▷6 スクーリング・サポート・ネットワーク整備事業
2003年，不登校児童生徒数が10年前と比較して倍増し，教育上の大きな課題と捉えられた。このため，不登校児童生徒の早期発見・早期対応をはじめ，より一層きめ細かな支援を行うため，教員や教育支援センター（適応指導教室）指導員の研修，家庭への訪問指導など，不登校対策に関する中核的機能（スクーリング・サポート・センター）を充実し，学校・家庭・関係機関が連携した地域ぐるみのサポートシステムを整備する，スクーリング・サポート・ネットワーク整備事業（SSN）が2003年から始まった。

▷7 文部科学省「第165回国会参議院教育基本法に関する特別委員会会議録第3号」2006年。

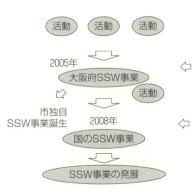

図VII-6 マクロアプローチの例──SSW制度策定

出所：山野（2010）を筆者加筆修正。

Ⅶ　スクールソーシャルワークの展開過程

マクロ実践の展開過程③
マクロ実践としてのスクールソーシャルワーク制度定着と拡充

1　制度定着と拡充に向けて

　本来のスクールソーシャルワーク（SSW）としてのマクロ実践は，地域課題に視点を向けたり，学校組織の変革を含めて，学校組織から市の相談体制に提案したり，地域を拠点にした利用者主体の仕組みづくりを行うことです。SSW事業を定着させたり，拡充させたりすることはマクロ実践そのものです。

　2008年SSW活用事業開始当初から，SSWのマクロ実践も含めて動きの明確化に取り組み，集約されてきています。制度の定着や拡充を図るには，教育委員会の役割を理解し協働していくことがカギになります。

2　SSWerによるマクロ実践と教育委員会のプランと各役割

　SSW活用事業が始まって8年たち，SSWが徐々に教育委員会や学校に知れ有効性が認められるようになってきました。しかし反面，ミクロに困っている事案にのみ視点が行き，正確な理解がないまま浸透することも起きています。例えば，学校に常時クレイムを訴えにくる親への対応，児童相談所がすぐに対応しない事案をすぐにでも動かしてほしいという要望などです。そもそもSSWの目的は何なのか，活用自治体や学校として何を狙うのかを問うことなく，支援が始まってしまうことで，結局うまくいかない場合もあります。

　SSWの制度確立としてのマクロ実践の意味は，とにかく動くことではありません。スクールソーシャルワーカー（SSWer）は目的や意味を明確化し，教育委員会や学校のニーズとのすり合わせを行い，正しい理解と仕組み作りを意識すべきです。その働きかけで教育委員会も動くという相互作用が起こります。

　マクロ実践において重要な関わる組織や人と主な内容をあげます（図Ⅶ-7）。

①都道府県教育委員会：事業全体の企画，事業管理，情報提供，市町村支援。
②市町村教育委員会：具体的実施の管理，計画の策定と実施，学校支援。
③学校：SSWerの活用を工夫し，教職員の理解を深めること。
④SSWer：アセスメント・プランニング・モニタリングの実行，子どもや家族との面接，教師との面接，校内ケース会議の実行，連携ケース会議の実行，子ども・親，学校の代弁，関係機関の通訳，機関間調整などの実践。
⑤スーパーバイザー（SV）：都道府県教育委員会とともに事業企画，事業管理，情報提供，SSWer支援，SSWerとともに市町村教委支援，学校支援。

▷1　Ⅸ-4 参照。

▷2　山野則子「第1章　スクールソーシャルワークとは」文部科学省「スクールソーシャルワーカー実践活動事例集」2010年，1〜6頁。

具体的には，以下のプロセスに沿って動きます。
① 介入仮説立て：学力向上，児童虐待の予防，不登校や非行の未然防止，というような介入仮説や目標設定を各自治体で立てます。
② 参加者決め：変革を起こすためにはどうすべきか，どこの組織の誰を中心に展開すべきか，戦略を都道府県教委とSVとで考えます。
③ 変革のためのシステムの許容量：市町村教委や学校の状況，SSWerの力量など変革を継続するための資源を見極めます。
④ 変革のための手法の選択：校内ケース会議の定着，子どもへのプログラムの実行など，自治体や学校におけるSSWの展開方法について確認します。
⑤ 詳細な介入計画を立案：丁寧に目標設定をすると同時に，SSWerや市町村教委が学校に出向く，検討会議を策定するなどプランを立て，目標に到達するための達成課題を設定し，変革成功の判断基準も定めます。

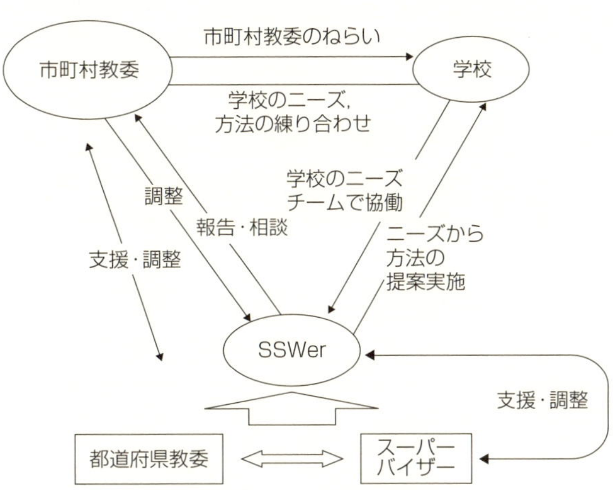

図Ⅶ-7　各役割と関係

出所：山野（2010）より。

▷3　プランニングについては，Ⅶ-8 参照。

3　SSW制度定着のためのマクロ実践のポイント

　教育委員会に向け通常の場合もマクロ実践として以下①〜⑤をともに行います。①SSWer活用に関する目標設定，②SSW活動の定期的な報告・連絡・相談，学校との調整の場を形づくる，③困難事例などに向けた具体的協働を重ねる，④プランの実行（①②③ほか新しい取り組みの実行），⑤教育委員会担当者とのモニタリング（①②③④の確認と見直し）。あえて，SSW制度定着に焦点を絞ると，さらに⑥SSWの手法を浸透させるための働きかけ，⑦SSW事業化への働きかけを行うことになります。

　以上を実行するには，教育委員会担当者が各自治体にあった構想を描けるようにSVやSSWerは支援することです。最も困っている領域に支援できるかどうかが鍵になるでしょう。SSW関係者と教育関係者が，①指導的関係ではなく，対等な関係を保持すること，②制度がうまく機能しているか事業評価，事業管理を教育行政と協働で行うこと，③柔軟な変更を恐れないこと，④都道府県教委，市教委，学校，SV，SSWerの位置づけを場あたり的でなく，構造的に明示して実施すること，が重要といえます。

　これらが機能すると，SSWがマクロ実践を行うことが可能になります。例えば，地域課題に視点を向け，学校組織の変革を含め，学校組織からの発信として学校や地域を拠点にした子どもの主体的活動作りまで行うこともあります。

（山野則子）

VIII スクールソーシャルワーク実践

教育・福祉施策とSSW ①
教育行政におけるスクールソーシャルワークの位置づけ

① 教育行政における位置づけで明確化される SSWer の役割・専門性

　スクールソーシャルワーカー（SSWer）の活用は，小中学校における学級担任制と教科担任制の違いに大きく影響されます。

　学級担任制である小学校では，情報が集中する学級担任が，初期対応，継続支援の中心となります。そのため，関係者によるチーム支援は，これまでの担任の取り組みを共有し，担任と異なる立場をいかして，いかに本人・保護者へかかわれるかが大きなポイントとなります。ただ，それ以前に，小学校では組織対応の意識も体制も定着していない場合も多く，そのため SSWer は，チーム支援の仕組みづくりから関わる状況も想定されます。

　一方，教科担任制である中学校では，各教員の情報が断片的であることから組織対応は常態化しており，そのため SSWer には，仕組みづくりよりも個別ケースへの助言，具体的な関係機関等の連携調整等，専門性をいかした直接支援が求められます。

　教育委員会は，SSWer の活用にあたって，こうした小中学校の活用の特徴や地域の実情，学校と関係機関との連携状況を考慮し，活動領域（生徒指導，特別支援教育等），活動目的（生徒指導分野であれば，問題行動，不登校，虐待対応等）を明確にし，領域・目的にそった活動形態を定める必要があります。

　もちろん，児童生徒の行動を環境との関係性に着目して読み解く視点は，多くの分野に共通するものであり，SSWer の活用をある分野に特化して誘導するのは現実的ではありません。運用面では柔軟な対応も必要でしょう。しかし，活動領域や活用目的が曖昧なままスタートすると，SSWer が担任やスクールカウンセラー（SC）を支援する人材として扱われるなど，果たすべき役割や専門性が失われ，資格の必要性に対する認識も薄くなります。

　教育委員会があらかじめ活用の枠を規定することは，こうした問題を防ぎ，SSWer の専門性を保障することにつながるのです。

② SSWer を活用した生徒指導体制の充実と児童生徒理解の推進

　学校と関係機関等が連携した児童生徒への支援は，空間的連携から時間的連携へ進展します。学校だけで対応が困難なケースでは，まず教職員は，「今」

この児童生徒の状況を救えるのはどの機関かと考え，関係機関との連携を探ります。連携によって一定の落ち着きや改善が果たされると，次に，「未来」へこの状態を維持するにはどういう連携が必要かを考えます。

SSWer を導入する際に，「連携が必要ならば，直接学校が関係機関に相談すればよいではないか。なぜ，仲介者（調整役）が必要なのか」という疑問や批判がありました。たしかに，緊急ケースでは直接の対応が必須です。

しかし，課題となっているのは，緊急対応に至る前段階での機関連携です。そのために必要なのは，「今」と同時に「未来」を意識して関係機関に相談する教職員の姿勢，学校と地域・関係機関とのネットワークづくり，対応が本人の最善の利益に基づくものとなり得ているかを検証するシステム，そして，何よりも，機関連携を進めようとする関係者の共通理解です。

教育委員会が，SSWer を媒介にこうした体制や意識の重要性を，所管小中学校や関係機関に働きかけ，幼稚園・保育所も含め，中学校区における早期対応のシステムを構築することが，児童生徒・保護者への大きな支援となります。

③ 小学校の生徒指導体制の課題と SSWer の活用例

家庭で暴力をふるわれている児童が，学校で他児童に暴力をふるうケースなど，当該児童を取り巻く環境が直接問題行動につながるケースも少なくありません。そのため，学級担任は，家庭の情報も含め児童の状況を総合的に把握し対応しており，厳しい家庭環境の改善を図ることが問題行動の防止・抑制につながるという認識が中学校以上に強くあります。

ある都道府県教育委員会調査では，小学校において SSWer が関与し，機関連携したケースの6割は福祉部局や児童相談所等であり，警察機関との連携は1割にも満たないという結果も出ています。

このように小学校段階での環境改善には，福祉機関との連携が重要であり，そのためには保護者との信頼関係構築が欠かせません。しかし，近年，大都市では団塊世代の教職員の大量退職等もあり，学級担任が毎年変わるなど，児童を支える力（担任への信頼感や，担任によって引き出された自己有用感等）が毎年リセットされ，児童や保護者にとって大きな不安や不信を生み出す要因となっています。また，児童虐待や発達障害等のケースでは，学級担任だけの対応では保護者との間に緊張関係が生じる場合もあります。

今後，小学校においては，以下の例のように学級担任の情報をいかしながら，児童の最善の利益のために関係者が課題を共有し，保護者への働きかけも含め，役割分担して対応する仕組みづくりが必要不可欠になります。

●チーム支援の土台づくり──A小学校における SSWer の活用

A小学校では，多くの情報が総合的に担任に集まる学級担任制の長所をいかしつつ，組織で効果的な取り組みを行うため，関係者によるケース会議を定例

図Ⅷ-1　A小学校の関係図

出所：筆者作成。

化しています。情報を共有した関係者が役割を分担して取り組み，定期的に成果と課題を検証することは，小学校におけるチーム支援推進の土台といえます。また，これまでの取り組みの記録を整理し一括管理することが，有効な支援の継承にもつながります。

　SSWerの役割は，ケース会議において教職員がもつさまざまな情報を一元化し，福祉的視点から状況をアセスメントし，必要に応じ，福祉機関のどういうサービスを活用するか，誰が窓口となるかなど，プランニングを行うことです。そして，一定の期間をおき効果の検証を行い，今後の対応も協議します。

　こうした一連の対応により，教職員は，さまざまな情報を集めてアセスメントを行うソーシャルワークの考え方の重要性やケース会議の有効性を実感し，小学校の課題とされる「関係者による情報の共有化」の必要性を理解します。

　ケース会議は，関係者が可視化できる場で，アセスメント，プランニング，モニタリングを行うため，誰が，どんな意図をもち，何を行うかが明らかになります。そのことが互いを補完しチームで対応する意識を高めます（図Ⅷ-1）。

○チーム支援のシステム化──B小学校におけるSSWerの活用

　ケース会議の定着には，コーディネート役の教員の明確な位置づけが必要です。中学校ではその役割を主に生徒指導主事が担いますが，小学校では教頭が担う場合もあります。これは，学校規模による教員定数の問題や学級担任制というシステムを考えればやむを得ないところもあります。しかし，教頭がコーディネート役を担うことで，コーディネートが円滑に機能しているかを点検する本来の教頭の役割を校長が担わねばならず，組織対応といいつつ，結局，管理職が始終全体を動かすという体制を強めかねません。

　また，管理職のリーダーシップがうまく機能していない学校では，学級担任の問題の抱え込み，学年間の情報共有の不徹底が常態化し，ケース会議が単発的なものにとどまるか，あるいは，特定の学年でしか機能しない状況に陥ります。

　こうした課題に対処するため，B小学校の校長は，コーディネート役の教員（生徒指導主担当者）に情報を集中させ，生徒指導組織の中核に生徒指導主担当者とSSWerを位置づけています。また，生徒指導主担当者に負担が偏りすぎないよう教務主任，養護教諭，保健主事をチーム支援のスタッフとし，複数で学級担任や学年を支援できる体制をつくり上げています。

　SSWerと生徒指導主担当者はケース会議後に，次回会議でどのケースを扱うか，また，関係者として誰を加えるか，どのような情報をいつまでに誰が集めるか，綿密に打ち合わせます。それは，ケース会議の定着のみならず，報告・連絡・相談等，学校における情報管理や情報伝達のあり方を点検し，情報共有の流れを整備することでもあります（図Ⅷ-2）。

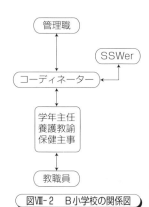

図Ⅷ-2　B小学校の関係図

出所：筆者作成。

4 中学校の生徒指導体制の課題とSSWerの活用例

○中学校特有の問題

中学校においては，本人の問題や友人関係，家庭の問題等，多様化・複雑化した状態で問題行動が表出・深刻化します。また，教科担任制であり，部活動も含め生徒の活動が多面的であることから，各教員は自分の情報は断片的・一面的であると認識しており，生徒の問題行動に関する情報不足を補うために，さまざまな連絡調整機能が整備されています。

しかし，一方で，学校の荒れに伴い，教員による組織対応はともすれば表出する問題行動への対処に偏りがちとなり，当該生徒が抱えるさまざまなストレスへの対応は，学級担任やSC任せになってしまう場合もあります。

さらに，問題行動が多発すると，そのつどの「モグラ叩き」的な対応に終始し，一人ひとりの生徒の環境を改善することで解決を促すという中・長期的な取り組みが後回しになりがちです。では，どうすればいいのでしょうか。

○福祉的視点からの生徒理解の深まり──C中学校におけるSSWerの活用

C中学校では，毎週，生徒指導主事がSCや養護教諭，学年主任との連絡会を実施し，学級や学年の状況について協議します。問題行動を繰り返す生徒への対応や学校に批判的な保護者との関わり方について，異なる視点が必要と感じた場合，校長はSSWerの派遣を市教育委員会に要請します。

生徒指導体制が整備された中学校でのSSWerの役割は，個々のケースにおいて問題行動と環境との関係性に着目させることです。「困った子どもは困っている子ども」という言葉に代表されるように，膠着したケースにおいて，これまでの情報を元にしつつ教職員とは違う視点からの解釈をしてみせ，その上で対応の視点を提示する，それが状況の改善に結びつけば，小学校よりも組織体制が整っている分，学校全体に与える影響は大きいものがあります。

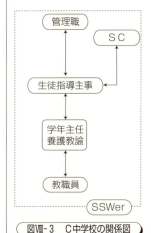

図Ⅷ-3　C中学校の関係図

出所：筆者作成。

派遣されたSSWerは，まず，関係者から聞き取りを行い不足情報の指摘や関係機関との連携状況を把握し，次回のケース会議の日時を調整します。ケース会議では，SCのアセスメントを踏まえ，環境要因や発達課題についてアセスメントし，機関連携も含めたプランニングを協議します。ケース会議は複数回実施し，短期目標を定め，その効果を定期的に点検し，柔軟に対応を変えることで，生徒のストレス軽減や環境の改善にバランスよく取り組んでいます。

また，生徒の行動を環境との関係性に着目し，見立てるSSWerの手法や情報収集の視点は，ケース会議に参加した教員の資質向上にもつながります。そして，日常の教育活動における生徒理解の深まりにもつながっています（図Ⅷ-3）。

（中野　澄）

VIII　スクールソーシャルワーク実践

2　教育・福祉施策とSSW ②
社会教育とスクールソーシャルワーク

1　社会教育とは何か

○生涯教育と社会教育

　社会教育とは，学校で行われる教育（学校教育）以外の，すべての教育のことを指します。「学ぶ」という行為は，学校での「勉強」と一般に呼ばれることの多い，「学力」といった問題にのみ関わるものではありません。自動車の運転の仕方や折り紙の折り方，また子育ての仕方や人生の生き方までもが「学ぶ」ことのうちの1つです。社会教育は，すべての「学び」を対象とした営みです。学校教育は，学習指導要領に基づいて，国民が学ぶべき共通の内容が設定されますが，社会教育には，そのような固定的な取り決めはありません。「どこでも，いつでも，だれでも，なんでも」学ぶことを支える営みが社会教育です。広くは，文化活動やスポーツ活動も含む言葉です。社会教育のなかで，特に家庭で行われる教育を「家庭教育」と呼んで区別する場合もあります。

　1965年にユネスコ（国連教育科学文化機関）から出された「**生涯教育**」の考え方は，こうした社会教育の考え方にも大きな影響を与えました。これからの社会のあり方や人間の幸福のあり方を考えたときに，子どもが大人になるためのものであったり，学校期に行われたりするだけのものであると教育を捉えるのではなく，生まれてから死ぬまでの間の一生涯を通じて，どんな人間にも必要なものであると捉え直そうというのが「生涯教育」という言葉です。さらに，生涯にわたって学ぶこと＝「生涯学習」を支える社会の側の営みこそが，「生涯教育」という言葉であるとも整理されていきます。

○生涯学習と社会教育

　この考え方からは，社会教育は，むしろ「生涯教育」と言い換えてもよい言葉です。また学校教育も，卒業後の「生涯学習」につながる営みであるとともに，そもそも学校期という生涯のある場面における「生涯学習」そのものでもある，ということになります。こうして教育は，「生涯学習」という言葉をプラットフォームとして，学校教育，社会教育，家庭教育が独立してあるのではなく，連携や結合が強調される営みになりました。さらに，1987年の臨時教育審議会（臨教審）が，これからの社会のあり方として「生涯学習社会への移行」ということを強く打ち出したこともあり，社会教育をより生涯学習という言葉のなかに包み込む動きが盛んとなっていきます。しかし，社会教育には，

▷1　生涯教育
1965年にパリでユネスコが開催した成人教育推進国際委員会でユネスコ成人教育課長ラングランが提出した報告にある概念。人生のどの時期にも（life-long），という「縦のつながり」と，だれにとっても（for all），という「横のつながり」から，教育の捉え方に新しい観点をもたらしたものであった。

▷2　連携については Ⅳ-9 参照。

地域の生活課題の解決や主体的な地域住民の形成といった，内容の共通性を大切にする考え方も含まれており，「生涯学習」が個人への志向性がやや強いのに対して，地域や生活集団への志向も含まれているために，「生涯学習の成果を還元し，主体的で民主的にこの育成と，地域や社会をともに形成する」という意図のもとに，その言葉の個性を理解しておく必要もあるように思われます。

2 ネットワークのなかの教育

○連携と協働

こうしたなかで，2015年12月に中央教育審議会から，今後の学校や地域での教育のあり方を大きく改革することを促す3つの答申が出されました。また2016年1月には，答申内容をさらに推進していくために「『次世代の学校・地域』創生プラン──学校と地域の一体改革による地域創生」が文部科学省から示されました。ここで強調されたのは，これからの教育のあり方として，地域と学校が連携・協働し，子どもを支え地域を創生することをめざすという，「ネッワークのなかの教育」という考え方です。

これは，子どもや家庭を取り巻く現代的な環境が変化し，教育課題の複雑化・困難化・多様化が進むなか，それに伴う学校の教師の多忙化，さらには21世紀型の新しい能力や資質を育むための子どもの学びの「量と質」の改革といった新しい教育課題を受けて，新しく試みようとされている取り組みです。特に，従来は連携したり協力したりすることがまだまだ少なかった，教育と健康支援や福祉との連携のあり方を捉え直し，教師とスクールカウンセラーやスクールソーシャルワーカー（SSWer）ら他職種が連携する「チームアプローチ」から，課題を抱える子どもや家庭に対して教育を用意しようと考えられています。このような考え方のなかで，「チーム学校」「地域学校協働本部（活動）」「**訪問型家庭教育支援**」といった次世代型の教育施策が打ち出されています。学校教育，家庭教育と社会教育が密接に，そして双方向での連携や協働を進め，「つながり」のなかで教育を改革しようとする姿がここでは顕著です。とりわけ「地域学校協働本部」の取り組みや「訪問型家庭教育支援」の取り組みは，社会教育の取り組みにおいて，ソーシャルワーカーとも連携，協働することで，子育てを中心とした地域の中での「学び」を再生し，地域そのものを再生しようとするものです。

「地域学校協働本部」では，地域に広がるさまざまな教育活動を，広く，そして緩やかに結びつけ，学校教育と社会教育が双方向での協働や連携を深め，子どもたちと地域での学びを総合的に活性化し，地域や社会の基盤をより強いものにしようとしています。社会教育の特徴の1つに，「教える側」と「学ぶ側（教えられる側）」が，内容や場面に応じて交代することがあげられます。「地域学校協働本部」は，このような「学び合い」「教え合う」ことのもつ，私

▷3 以下の3つの答申が示されている。「新しい時代の教育や地方創生の実現に向けた学校と地域の連携・協働の在り方と今後の推進方策について」「チームとしての学校の在り方と今後の改善方策について」「これからの学校教育を担う教員の資質能力の向上について──学び合い，高め合う教員養成コミュニティの構築に向けて」（中央教育審議会，2015.12）。

▷4 国立教育政策研究所から，2013年3月に出された「教育課程の編成に関する基礎的研究，報告書5」において提案されたもの。「キー・コンピテンシー」や「21世紀型スキル」に見られるような世界の教育動向の分析を基盤としてまとめられている。

▷5 **訪問型家庭教育支援**
⇒Ⅳ-9 参照。

▷6 「学ぶこと」を通じた双方向での関わり合いを通して，地域が抱える課題をみんなで解決するとともに地域や社会を活性化し，一人ひとりが自立する，主体的で民主的な個が育てられることを社会教育では目指している。

たちの生活や社会にとっての「力」を高めようとする取り組みです。SSWerが，学校スタッフの一員でもあることから，このような取り組みを進めるにあたって，一定の役割を担っていくことが求められているといえます。特に，さまざまな環境のなかにある子どもたちやその家庭に対して，社会生活が有する総合的な視点から，支え守るための「つながり」を生み出し持続させることは重要です。また，社会教育主事，図書館司書，学芸員などの社会教育専門職との連携，協働や，公民館，図書館，博物館などの社会教育施設での活動のあり方などについても，教育支援者としてのSSWerが求められています。

○教育支援とは

教育支援とは「子どもを支援する場合と教育者を支援する場合の2つを含む，学びに関わる他者の行為への働きかけであり，その意図を理解しつつ，補助・連携・協働することを通して，教育の営みの質を維持・改善する一連の活動を指し，最終的には，「学び」ということがらをなす，子どもの力をつけることをいう」と定義づけることができます。学校教育の主体者や，連携や協働を強めようとしている社会教育の主体者の意図をよく理解するとともに，教員や教育専門職員では届きにくい，専門性に基づく知識や技術を発揮して，子どもたちや家庭の「学び」が十分に保障されることが，社会教育とSSWerを結びつける，基本的な考え方の軸となっているということだと思われます。

3 学校，家庭そして地域に広がる子どもの空間

○「3年からでいいよ！」

中学3年生は高校受験を前に緊張し，落ち着かなくなります。その頃，校則違反を承知で髪を染め，つけまつげをつけ，教室になじめない生徒がコミュニティハウスに来るようになりました。**地域コーディネーター**は，たわいない雑談をしながら，ひとときの居場所になればと見守っていましたが，ある日思いきって「もし，タダで小学校1年生から算数を教えてくれるところがあったら，勉強する？」と問いかけてみたところ，にこっと笑い「3年からでいいよ！」と即答。この生徒は小学校3年生から算数がわからなくなったことを，はっきり覚えている，今までどんな気持ちで教室にいたのかと衝撃を受けました。といっても，すぐにアクションを起こすことはできず，そのまま彼女は卒業してしまいました。そして翌年の夏，赤ちゃんを抱いて来館した彼女と話しながら地域コーディネーターとして何ができるか改めて考えさせられました。

このようなことがきっかけとなり，地域でできることとして，基礎的な学習をサポートする活動がスタートしました。学校の授業を基本に，家庭学習を大切にと言っても，何らかの理由でこぼれる子どもがいるという現実があります。繰り上がり繰り下がりの計算や九九がわからないままにせず，ひとりひとりの子どもに合わせて学ぶ機会を持てれば，その後の学習が積み重ねられるのでは

▷7 松田恵示「教育支援とは何か」『教育支援とチームアプローチ』HATOプロジェクト報告書，2016年，5頁。

▷8 横浜市・東山田中学校コミュニティハウスなど，地域活動の場，学校と地域をむすぶ場として，中学校施設内に設置されている施設。「大人も子供も一緒につどい，学ぶ」「学校と地域をむすぶ」をスローガンに，学校支援地域本部（やまたろう本部）事務局を置いている。各地にある公民館，社会教育施設等もすでに同様の活動をしているところもある。

▷9 地域コーディネーター
2008年度よりスタートした学校支援地域本部事業は2015年には全国で9,712校に実施され，約11万4,000人の地域コーディネーターが地域住民や保護者，学校との連絡調整を行う活動をしている。

と動き出しました。

　子どもの学習支援の前に研修をしました。研修内容は，①ボランティアマインド，②学校や教育課程の理解，③子どもとのコミュニケーション，④人権や個人情報，さらに⑤小学校教員を講師に迎え指導のポイントを学びました。地域の人が子供にかかわるボランティアとして活動するためには，善意や熱意だけではなく，大人も学ぶことが大切です。

○「修学旅行へ行けないかもしれない…」

　コミュニティハウスは赤ちゃんから高齢者までが日常的に利用すると同時に，中学生の居場所でもあります。その生徒はコミュニティハウスのパソコンを使うために週末になると来ていました。いつも下を向きあまり口を開かない生徒で，学校ではどんな存在なのか気になり，先生とも情報交換していました。

　ある日ギターをたずさえ，「中古だけど母に5000円で買ってもらった」と教えてくれ，そっとギターをパソコンの横に置いて初めて嬉しそうな表情を見せました。その後，大学生主催のアカペラコーラス講座に誘ったところ，地域の人と一緒にパート練習をしたり，講座後大学生に勉強を見てもらうこともあり，日に日に元気になっていく様子を見守っていました。その後中3になった4月，地域コーディネーターが「もうすぐ修学旅行ね」と声をかけると，しばし沈黙の後，「行けないかもしれない…」とぽそりと答えました。義父が修学旅行代を使ってしまったこと，母は行かせてあげたいと言ってくれていることを聞き，すぐに学校と連絡を取り，なんとか行けるよう配慮をしてもらうことができました。

　このようなケースは珍しいものではなく，旅行参加費は払えても，こづかいの準備などができず，当日休む生徒もあるということです。

　コミュニティハウスには人と情報が集まりますが，そのなかで学校でも家庭でもない居場所を提供し，気づきにくい子どもの声を地域コーディネーターが学校につなぐこともあります。

❹　学校と地域をむすぶコーディネート

　社会総がかりで子どもの未来を保障するために，各地でさまざまな団体，機関そしてボランティアが活動しています。その活動を円滑にすすめるためには学校支援地域本部等のコーディネート機能が不可欠で，各地で地域コーディネーターが活動しています。地域はゆるやかにつながっています。とかく縦割りになりがちな学校や行政をつなぐことも，多彩な担い手をイコールパートナーとして連携・協働できるよう働きかけることも，地域コーディネーターの役割です。気になる子どもがいる，地域として何ができるかを問う時，教職員，SSWerのほか，多彩な人や組織がチームとなり活動することが，求められています。

（松田恵示・竹原和泉）

▷10　「新しい時代の教育や地方創生の実現に向けた学校と地域の連携・協働の在り方と今後の推進方策について（答申）」平成27年12月21日，中央教育審議会，49頁において「地域における学校との協働体制の今後の方向性」は以下のように示されている。
・地域と学校が地域・協働として，地域全体で未来を担う子供たちの成長を支えていく活動を「地域学校協働活動」として，その取組を積極的に推進。
・従来の学校支援地域本部，放課後子供教室等の活動を基盤に，「支援」から「連携・協働」個別の活動から総合化・ネットワーク化を目指す新たな体制としての「地域学校協働本部」へ発展。
・地域学校協働本部には，①コーディネート機能，②多様な活動，③持続的な活動の3要素が必須。

Ⅷ　スクールソーシャルワーク実践

教育・福祉施策とSSW ③
家庭教育とスクールソーシャルワーク

1　今求められている家庭教育支援

　2006年度に改正された教育基本法には，新たに「**家庭教育**」についての規定が追加され，教育施策としてより具体的な推進が求められるようになりました。特に，保護者が子どもの教育について第一義的責任を有すること，及び国や地方公共団体が家庭教育支援に努めるべきと規定されたことは，「**子どもの最善の利益**」のために，家庭（保護者）に対して必要な働きかけが求められるスクールソーシャルワークの実践の観点からも非常に重要な点であるといえます。

　そんななか，2016年度，文部科学省は厚生労働省と連名で，地方公共団体に対して，「生徒指導，家庭教育支援及び児童健全育成に係る取組の相互連携について（依頼）」の中で，「家庭教育支援の推進に当たっては，子育てや教職の経験者をはじめとした地域の様々な人材からなる**家庭教育支援チーム**の組織化等により，保護者への相談対応や地域とのつながりづくりの充実に努めること。問題の未然防止や早期対応のためには，学校等における児童生徒の状況の把握や，専門的人材，児童健全育成関係者等との連携が重要であり，学校等の教職員との情報共有や，家庭教育支援チームの構成員としてスクールカウンセラーやスクールソーシャルワーカー，民生委員・児童委員，主任児童委員などの地域の人材の活用に努めること。あわせて，「地域学校協働本部」の活用や，放課後子ども総合プラン関係者，児童館等関係者，子育て支援団体・NPO等との一層の連携が図られるよう努めること」と通知して，これまでの講演会や講座，啓発資料配布等が中心であった家庭教育支援について，より実践的な取り組みが求められています。

2　湯浅町における家庭教育支援

○訪問型家庭教育支援チームの立ち上げ

　和歌山県湯浅町では，2009年度から，スクールソーシャルワーカー（SSWer）がリーダーとなって，家庭教育支援員十数名による「家庭教育支援チーム『とらいあんぐる』」を組織し，全戸訪問型の家庭教育支援を行っています。そのきっかけとなったのが，2008・2009年度の文部科学省による訪問型家庭教育相談体制充実事業を2009年度に実施したことです。しかし，それに先立って，本町では2008年度にスクールソーシャルワーカー活用事業を実施し，

▶1　家庭教育
教育基本法第10条では，以下のように定義されている。「父母その他の保護者は，子の教育について第一義的責任を有するものであって，生活のために必要な習慣を身に付けさせるとともに，自立心を育成し，心身の調和のとれた発達を図るよう努めるものとする」（第1項），「国及び地方公共団体は，家庭教育の自主性を尊重しつつ，保護者に対する学習の機会及び情報の提供その他の家庭教育を支援するために必要な施策を講ずるよう努めなければならない」（第2項）。

▶2　子どもの最善の利益
⇒Ⅱ-2参照。

▶3　2016年5月20日に発表された依頼であり，今後，教育分野と福祉分野がそれぞれの特長を生かしながら，学校・地域が一体となって子どもや家庭を巡る状況把握を行い，子供や家庭に対する支援体制の一層の充実を図ることが重要であることから，文部科学省と厚生労働省の連名で依頼したもの。

▶4　家庭教育支援チーム
すべての親が安心して子育てや家庭教育が行える地域づくりに取り組む中で，地域の子育て経験者や民生委員・児童委員など身近な人たちによる「家庭教育支援

元保育所長をSSWerとして教育委員会に配置し，町内の学校と連携して，スクールソーシャルワークの実践に取り組んでいました。

湯浅町SSWerは，保育所長時代から保護者対応に非常に長けており，子育て相談対応も経験豊富であることから，当初より，ケース会議等でのアセスメントやプランニングに加えて，直接保護者と会って教育相談をしたり，場合によっては福祉施策を利用するための手続きを役場の窓口まで一緒に行って行うなどの支援をしてきました。つまり，本来学校が家庭や保護者とつながるべき部分の代わりをするのではなく，学校や担任が時間的あるいは立場的に支援しにくいことを中心に行うことから始めていきました。そのため，学校として助かる部分が多く，特に管理職から高く評価され，学校と連携した活動をスムーズに行うことができました。

しかし，そのなかで課題となってきたのが，家庭に問題が起こっていても学校が把握するのが遅くなり問題が複雑化した後の支援開始になる点や，孤立傾向にある家庭の保護者が精神的に不安定となり，学校への信頼も崩れ，大きな問題までには発展しなくても子どもの学校生活等にマイナスに働くことが多くなるという点でした。

そこで，SSWerをリーダーに，訪問型の家庭教育支援チームを編成して，SSWer一人では不可能であったよりきめ細かい支援を，各家庭を直接訪問して相談対応することで，これまで家庭教育支援で課題となっていた，支援が必要な家庭に支援を届けるということができるのではないかというねらいで「家庭教育支援チーム」による訪問型支援を行うことにしました。

○組織・体制づくり

支援員の人選については，子育て相談の専門家というよりも，地域住民で傾聴に徹することができる人の中から，可能な限り，子育て支援関係機関とのつながりのある人ということで行いました。その結果，元校長，元保育士，元役場職員，民生児童委員，保護司，母子推進委員，栄養士，読み聞かせボランティア，地域住民等でリーダー（SSWer）とサブリーダーを含めて12名で活動を始めました。

家庭訪問を実際に行うにあたって，最も懸念されたのが，訪問時の不信感をどう克服するか，ということでした。唐突に訪問しても拒否される可能性が高く，学校からの紹介としても，「なぜ，我が家だけ？」となることが予想されます。そこで，本町の規模であれば，1中学校4小学校であることから，小中学校のすべての家庭の世帯数を合わせても約1,000世帯程度，これを3か月に1回のペースで訪問しても一人あたり1か月30軒程度を担当すれば全戸訪問も可能となります。また，初めから「何か相談はありませんか」と訪問するのではなく，家庭教育に関する情報誌を作成し，それを配布するということであれば，さらに訪問も受け入れやすくなり，そのなかで相談にもつながるのではな

チーム」を組織し，孤立しがちな保護者や仕事で忙しい保護者など，地域とのコミュニケーションや学習機会等をなかなか得ることのできない保護者や家庭に対する支援するため，文部科学省が推進する組織。
⇒Ⅳ-9参照。

Ⅷ　スクールソーシャルワーク実践

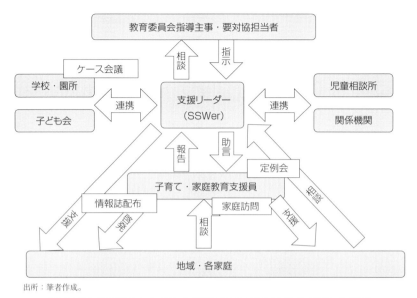

出所：筆者作成。

図Ⅷ-4　SSWerを中心とした子育て・家庭教育支援体制（湯浅町）

いかと考えました。

情報誌の内容も，子育てで最も伝えたい・考えてほしいことについては，文字だけでは読んでもらえないと考え，毎回テーマを設けてオリジナルの漫画を掲載しています。また，表紙を毎回学校や園所の行事等，子どもたちの活動写真を掲載するようにし，さらに，食育の観点から，簡単朝食レシピや子育てサロン・講座，行事の案内等，手に取って読んでもらえる工夫をしています。

○情報の一元化による支援体制

支援員が訪問して相談を受けた場合，情報はすべてリーダーであるSSWerに集約するようにしています。支援員が個々に直接学校などに訪問して報告すると，学校はその都度対応が必要となってしまいます。また，些細な噂話や一方的な誹謗中傷など，あえて学校に伝えない方がいい情報などもあります。そこで，リーダーに情報を集約し，日ごろからSSWerとして学校や関係機関からも児童生徒や保護者について情報を把握している利点も活かして，最終的には担当指導主事や要保護児童対策地域協議会（要対協）担当者とアセスメント・プランニングをして，どの情報をどう処理するか精査し，より効果的な支援を行うようにしました。

○福祉部局との協働（０歳児から中学生家庭まで）

2015年度からは，福祉部局と協働で，これまで小中学生の家庭だけを対象にしていたのを，０歳児から保育所，幼稚園児の全戸家庭も加えて，「子育て・家庭教育支援チーム」として訪問支援の拡充を図りました。つまり，０歳児から中学生までのすべての家庭に対して，３か月に１回，支援員が訪問し，情報誌の配布や子育て相談に対応する体制が整い，子育て家庭の全数把握が可能となり，切れ目のない，孤立を生まない子育て支援・家庭教育支援を行えるよう

になったのです。

　また，福祉課児童係や保健師との連携が今まで以上に密になり，未就学児家庭からの相談も増え，しつけのような基本的な内容から，発達に関する相談，中には虐待やDV等の相談もあり，早い段階からの支援が行えるようになりました。

○訪問支援の実例

　実際に訪問支援を行うと，さまざまな相談が寄せられますが，最も多いのは，子どもの友だち関係や日々のしつけ，進路等，親として誰もが悩むような内容です。また，学校へのクレームについては，一時的な感情によるものは，支援員に話をするだけで気持ちが落ち着き，その後のクレームに発展しないこともよくあります。保護者自身が話をしているうちに，自分の言っていることの矛盾に気づいて，自己解決で終わることもあります。ただ，中には，学校側の対応のまずさに起因しているものもあるので，その場合は，より深刻化する前に管理職に情報提供し，学校側が保護者のニーズに応じて対処することで，問題解決を図るようにしています。

　SSWerが介入したケースとしては，支援員が訪問した際，「夕方遅くまで遊んでいて，家に帰らない児童がいる」という情報が寄せられ，すぐに，学校や保育所，要対協担当者等で情報共有しました。すると，両親の帰りが遅く家に入れず，食事も十分とれていないということがわかり，児童相談所に通告しました。その後，学校や保育所と情報連携しながら児童相談所職員とSSWerで何度も家庭訪問し，数か月にわたって支援を続け働きかけましたが，ネグレクト状態が改善されず，最終的に一時保護から養護施設入所措置となりました。その間，家庭教育支援員の見守りや保護者への相談対応も大いに役立つものとなりました。

3 まとめ

　以上のことから，全戸訪問することで，全数把握ができ，特に孤立傾向にある家庭の継続的な見守り支援や未然防止，早期発見・早期対応が可能であることがわかります。また，SSWが多くの家庭・保護者と直接対応できない分，家庭教育支援員が地域住民としての立場を生かして相談活動ができることも示されました。SSWが学校や関係機関と連携する中心となっているので，情報も一元化して，より効果のある支援を行うことができています。さらに今後，この体制を維持していくための人材をいかに確保していくかが重要だといえるでしょう。

　人口の多い市などで実施する場合，全戸訪問を特定の学年に限ったり，訪問する家庭を学校と連携して絞った上で訪問支援するなど，地域の実情や課題に即した訪問支援の取り組みが求められます。

　　　　　　　　　　　　　　　　　　　　　　　　　　　　（川口厚之）

Ⅷ　スクールソーシャルワーク実践

4　教育・福祉施策とSSW ④
特別支援教育とスクールソーシャルワーク

1　障害児教育と福祉

　障害児教育の歴史は，障害児の教育を受ける権利の保障と，**ノーマライゼーション**▷1に代表される福祉理念の流れから考えることができます。

　わが国の教育制度は，1872年の「学制発布」によってスタートしました。当時の国策から良質な人材育成が基本とされ，1878（明治11）年に設置された京都盲唖院に代表されるように，視覚障害児・聴覚障害児には，鍼，灸，あんま，縫製などの職業教育がなされてきましたが，重度の障害児は，就学猶予・就学免除という形で教育の対象外とされてきました。全員就学が認められたのは，1979年の養護学校義務制の実施からです。これは障害児の教育を受ける権利保障の実現として位置づけられますが，障害の種類と程度により選別し，障害児教育を特殊教育と位置づけ，障害児と健常児の分離教育体制の確立も意味していました。そのなかで保護者などから「地域の普通学級へ」という運動が起こり，地域の普通学級への就学の実現，統合教育も行われましたが，学校体制等の法的整備がなされないままで，課題を残すものでした。

　一方欧米では，1950年代末のノーマライゼーションの理念の誕生から，障害児の教育を受ける権利の保障と同時に，**インクルーシブ教育**▷2の理念も広がりつつありました。ノーマライゼーションの理念は，1981年の国際障害者年を契機に，わが国にも広がりをみせることになりました。その後の「国連・障害者の10年」（1983～92年）や1989年「子どもの権利条約」，1993年「障害者の機会均等化に関する基準規則」により，その流れは加速し，1994年，ユネスコとスペイン政府共催「特別なニーズ教育に関する世界会議：アクセスと質」で出された**サラマンカ声明**▷3では，「特別教育」を「特別ニーズ教育」と表現するようになったのでした。

　国内では発達障害者支援法が2005年に施行されました。通常学級における特別支援のニーズの高まりと，障害の重複化，多様化へ対応するため，「学校教育法等の一部を改正する法律」が2006年に出され，2007年より特別支援教育がスタートしました。図Ⅷ-5は障害児教育の歴史的流れの概要です。

2　特別支援教育の概要

　特別支援教育の理念は3つあげられます。1つは，障害のある幼児児童生徒

▷1　**ノーマライゼーション**
障害者と健常者が区別されずに，地域社会のなかでともに生活するのが当たり前という理念。

▷2　**インクルーシブ教育**
従来の障害児と健常児の統合教育（インテグレーション）という考え方ではなく，包含（インクルージョン）という考え方に基づき，個々の多様性，ニーズに基づいた教育を行うものであり，2006年に国連で採択された「障害者の権利に関する条約」でも教育条項（第24条）において，インクルーシブ教育が謳われている。

▷3　**サラマンカ声明**
インクルーシブ教育を促進するために必要な基本的政策の転換を検討することによって，「万人のための教育」の目的をさらに前進させるために採択されたもので，すべての子どもの教育を受ける権利や，子どもの多様な特性やニーズを考慮に入れた教育計画の実施が謳われている。

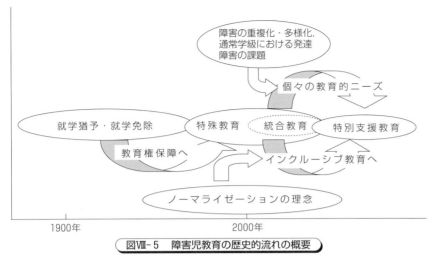

図Ⅷ-5　障害児教育の歴史的流れの概要

出所：筆者作成。

一人ひとりの教育的ニーズを把握し，適切な指導および必要な支援を行うことです。2つ目は，発達障害を含めた，特別な支援を必要とする幼児児童生徒が在籍するすべての学校において実施されることです。3つ目は，障害の有無やその他の個々の違いを認識しつつ，さまざまな人々が生き生きと活躍できる共生社会の形成の基礎となることです。そしてそのための具体的な改正点として，盲・聾・養護学校を，障害種別を超えた「特別支援学校」に統一し，特殊学級の名称が「特別支援学級」に変更されました。また盲・聾・養護学校の教員免許状も特別支援学校の教員免許状に統一されました。

また体制整備と具体的な取り組みとして，全校的な支援体制の確立と発達障害を含む障害のある幼児児童生徒の実態把握，そして支援方策の検討等を行う特別支援教育に関する校内委員会が設置されました。その校内委員会や研修の企画・運営，関係機関との連絡調整，保護者からの相談窓口の役割を担う**特別支援教育コーディネーター**が校務分掌に位置づけられました。

そして医療，福祉，労働などの関係機関との連携を図った「個別の教育支援計画」を活用した効果的な支援，個々に応じた「個別の指導計画」の作成およびそれを活用した指導も位置づけられました。特別支援学校には，さまざまな障害種別に対応できる体制づくりや，地域における特別支援教育のセンター的機能として，幼稚園，小学校，中学校，高等学校等の要請に応じ，個別の教育支援計画の策定への援助などを含めた支援を行うなどの役割も位置づけられています。

このような個々の教育的ニーズに基づいた特別支援教育において，スクールソーシャルワーカー（SSWer）には，特別支援教育コーディネーターをサポートしながらその専門性を発揮し，児童生徒や保護者のニーズを中心にした支援，関係機関との連携に取り組む役割が求められています。

▷4　**特別支援教育コーディネーター**

特別支援教育のスタートにともない，体制整備の一環として校務分掌に位置づけられた。校内の特別支援教育の推進と，校内および関係機関との連絡調整の役割を担っている。2015年度の文部科学省の調査によると設置率は，公立小学校・中学校ではともに100％であった（文部科学省「平成27年度特別支援教育体制整備状況調査」2016年）。

Ⅷ　スクールソーシャルワーク実践

図Ⅷ-6　ジェノグラム

出所：筆者作成。

3　発達障害児の不登校支援の事例──家族へのアプローチ

○事例の概要

　発達障害をもつ中学2年のA男は，母親，弟との母子家庭でB市D区の公営住宅で生活しています。両親は本人が小学生の時に離婚し，母親が生命保険のセールスの仕事をしながら子ども2人を育ててきました（図Ⅷ-6）。

　A男は中学1年時，登校できていましたが，学校で不適応を起こすことも多く，2年時より不登校となり部屋にこもりゲームをして過ごし，生活リズムも不規則になっていました。

○相談依頼の経緯と状況

　A男の中学校の特別支援教育コーディネーターから，「A男が自室にこもり，壁を叩くなどの暴力がみられる。どこか緊急相談できる機関はないだろうか」との連絡がSSWerへ入りました。SSWerは危険性が高い場合は警察に行くべきだが，それ以外は地域精神保健の機関である保健所が相談窓口になることを説明し，その後学校を訪問し状況確認をしました。保健所への相談結果は，何かあれば警察に，との返事があっただけで，またA男は**自閉スペクトラム症**の診断を受けているが，今はどの医療機関にもつながっていないこと，同様のことは今までもあり，その度に母親は相談に来るが，落ち着くと相談が途切れていることがわかりました。また区障害福祉課も以前相談を受けたことがあり，相談支援事業所へつなげましたが，それも途切れていました。SSWerは母親と関係機関が上手くつながれていないことと，関係機関同士の不信感もみられたことから，まず関係機関の調整をする必要性を感じ，ケース会議を開催しました。

○ケース会議の概要

　参加者：中学校教頭，特別支援コーディネーター，養護教諭，区障害福祉課担当者，相談支援事業所相談員，SSWerです。

　内容：SSWerは今までの情報を整理し，事例の肯定的な側面に焦点をあてたアセスメントシートを作成し，それを参加者で共有しました。

　結果：母親に寄り添った援助関係が必要であることが確認され，SSWerがその役割を担うために母親との面接を実施することと，そのSSWerとの援助関係を中心に母親が関係機関とつながっていくことを目標として，取り組むことになりました。

○援助経過

　SSWerは母親への面接を中心に支援を進め，A男の医療機関への受診や緊急時の対応について，保健所と連携を図っていきました。その後，再度A男から母親への暴言・暴力がみられるようになりました。SSWerは，母親の不安を受け止めながら相談に同行をする形で，母親に**精神科病院のPSW**を紹介し

▶5　**自閉スペクトラム症**
自閉症スペクトラム障害とも呼ばれ，「持続する相互的な社会的コミュニケーションや対人的相互反応の障害」と「限定された反復的な行動，興味，活動様式」が特徴であり，以上の症状が幼少期早期から認められ，日々の活動に制限や障害が存在する場合に診断される。以前，早期幼児自閉症，小児自閉症，カナー型自閉症，高機能自閉症，非定型自閉症，広汎性発達障害，アスペルガー障害などと呼ばれていたものが，2014年にDSM-5によって包括され，再定義されたものである。

▶6　**精神科病院のPSW**
精神科病院のソーシャルワーカー。社会福祉学を基盤とし精神科領域で活動する相談援助の専門職。精神保健福祉士の国家資格を有し，精神科病院においては受診相談から経済問題，家族関係問題の調整，退院支援，日常生活援助などの幅広い業務を行っている。

ました。そのなかで危機的状況時の対応の確認と，Ａ男が強く受診を拒否しているため，当面の支援としてＡ男への関わりを目的にSSWerと保健師が家庭訪問を実施することになりました。

母親は，家庭訪問についてＡ男の反応を気にし，不安を訴えましたが，SSWerと保健師はその不安を受容し，「Ａ男を心配して訪問に来てもらう」ことを母親がＡ男に伝えられるように支援しました。

SSWerと保健師は家庭訪問を繰り返しましたが，Ａ男には拒否され会えませんでした。母親との面接を行い，受診への働きかけをサポートしました。

数か月後，母親が受診への促しを丁寧に繰り返すなかで，ようやくＡ男の病院受診につなげることができました。しかしその結果は，主治医より勧められた服薬をＡ男が拒否したため処方されず，Ａ男もその後の受診を拒否するという状況でした。母親は受診できたが何も変わらなかったことに落胆してしまい，再度の受診をあきらめていました。SSWerと保健師は家庭訪問を実施し，その落胆した母親の気持ちを受け止めました。そして母親が再度，Ａ男に働きかけていけるように支援しました。

しばらくして母親から，Ａ男が再度受診し，薬を服用し始めたとの連絡がSSWerに入りました。SSWerは母親の力を評価し，学校へもそのことを伝えました。しばらくして今度は学校から連絡が入り，久しぶりにＡ男が登校してきたこと，そして学校生活でのさまざまな刺激がつらかったことなどを，特別支援教育コーディネーターに話してくれたとのことでした。その後Ａ男の登校状況は安定していきました。卒業後は高校に進学し，毎日登校できるようになりました。

○事例の考察

この事例は，発達障害からくる**二次障害**により不安定な状況に陥っているＡ男と，その対応に困惑してしまっている母親への支援といえます。SSWerはＡ男自身に会うことはできませんでしたが，Ａ男への対応で疲れ切って**パワーレス状態**に陥っている母親の不安，困惑を受け止め，その思いを関係機関で共有し，母親の支援チームを形成したのです。そのことが母親の**エンパワメント**につながったと考えられます。母親の変化はＡ男が抱えているニーズに働きかけることにつながり，それがＡ男の行動へとつながりました。この体験からＡ男と母親が自分たちの力に気づき，その力によって改善していくことができたと感じることができれば，SSWerの支援の意義があったと考えられます。

このように特別支援領域のチームにSSWerが入ることにより，さまざまな課題を抱えている児童生徒や保護者の不安軽減に取り組み，そのニーズを中心に関係機関をコーディネートすることによって，児童生徒にとって必要な支援につながっていくことが可能となります。

（岩永　靖）

▷7　二次障害
その人に本来ある障害ではなく，周囲の十分な支援や理解が得られないことにより派生してくる障害のことを指す。

▷8　パワーレス状態
さまざまな困難と抑圧により本来もっている力を奪われている状態。

▷9　エンパワメント
⇒Ⅷ-7参照。

参考文献
杉本章『障害者はどう生きてきたか――戦前・戦後障害者運動史（増補改訂版）』現代書館，2008年。
精神保健福祉士養成セミナー編集委員会編『精神保健福祉士養成セミナー4　精神保健福祉論（改訂第3版，増補新版）』へるす出版，2008年。
American Psychiatric Association編，日本精神神経学会日本語版用語監修，高橋三郎・大野裕監訳，染矢俊幸・神庭重信・尾崎紀夫・三村將・村井俊哉訳『DSM-5　精神疾患の診断・統計マニュアル』医学書院，2014年。
冨永光昭・平賀健太郎編著『特別支援教育の現状・課題・未来』ミネルヴァ書房，2009年。
文部科学省「特別支援教育の推進について（通知）」19文科初第125号，2007年4月1日。
文部科学省「平成25年度特別支援教育体制整備状況調査」（調査日2013年9月1日），2014年。

5 教育・福祉施策とSSW ⑤
いじめとスクールソーシャルワーク

1 いじめとは

　いじめは暴力です。暴力にさらされると，人は著しく生きる力を奪われていきます。生きる力とは感じるままに感じそれを適切に表現し，そして行動を選択し，実行するための力です。暴力には身体的なものだけではなく，心理的な攻撃も含まれます。たとえば存在を無視されたり，面と向かって，あるいは本人がいないところで，言葉による中傷を受けたり，性的な辱めを受けたりすることを意味します。それによって悩みを抱え，その結果として，いじめを行う人物がいる場所に近寄ることができなくなったり，うつ状態になって何をするのも嫌になったり，時には身体的な症状が出る場合もあり，それらの症状はすべていじめという暴力の影響によるものであるといえます。

　2013年に「いじめ防止対策推進法」が施行され，そのなかで，いじめは「児童生徒に対して，当該児童生徒が在籍する学校（小学校，中学校，高等学校，中等教育学校及び特別支援学校）に在籍している等当該児童生徒と一定の人的関係にある他の児童生徒が行う心理的又は物理的な影響を与える行為（インターネットを通じて行われるものを含む。）であって，当該行為の対象となった児童生徒が心身の苦痛を感じているもの」と定義され，基準を「他の児童生徒が行う心理的又は物理的な影響を与える行為」により「対象児童生徒が心身の苦痛を感じているもの」と明確にしました。

2 いじめの構造

　いじめはいじめる側がいて初めて起こる現象です。いじめられる側はいじめる側に選ばれた対象者にすぎません。では，なぜいじめる側はいじめ，いじめられる側は対象者として選ばれてしまうのか，という点について見立てる必要があります。いじめは特定の人間関係のなかで発生するため，ある集団のなかに生まれたいじめという構造へのアプローチが必要なのです。森田によるといじめは，いじめる児童生徒，観衆，傍観者，いじめられる児童生徒の4層構造により成り立っており，いじめの持続や拡大には，いじめをはやしたてる「観衆」や，みてみないふりをしている「傍観者」である児童生徒が大きく影響しているといわれています。いじめにより崩壊するのは人と人との信頼関係です。いじめられる児童生徒は，守ってくれない教師や，誰が味方になってくれるか

▶1　森田洋司・清水賢二『いじめ——教室の病い（新訂版）』金子書房，1994年。

わからない友人に不信感をつのらせます。またほかの児童生徒たちも，次は誰がいじめられる対象になるのかがわからない恐怖心から，互いへの不信感をつのらせ，親は学校に不信感をつのらせます。このようないじめの構造に巻き込まれることで，学級担任や学校はどこから手をつければよいのかを，次第に見失っていくのです。

　子どもの自死等の報道のなかで，学校がいじめはなかったとコメントする状況が生まれるのは，いじめの構造を捉え損ねているからにほかなりません。それほど，いじめている側ですらいじめているという認識がないことがあったり，また，メールやネットなどでの中傷など，いじめの構造が教師や大人の目にふれないように，巧妙に仕組まれていたりすることが事実としてあるということを，認識しなければなりません。

　いじめる側の行動は黙認され集団化することで，信じられないほどにエスカレートします。一方で，いじめられる側は，忍耐強く，自分がされていることを誰にもいわず，自分のなかに友人とうまくいかない原因を一生懸命さがそうと努力をしていることも少なくありません。だからこそ，努力しても一向に改善されない状況に苦しみつづけるのです。暴力を受けた人は怒りをためこみ，その怒りはいつしか必ず人に向かうか，あるいは自分に向かうかという形で現れます。その結果，今度はいじめる側にまわったり，自傷行為を繰り返すようになったり，遺書を残して自死するなどという行為でしか，いじめた相手への怒りを表現することができず，助けを求める術をもたなくなるまでおいつめられるのです。

3 SSWにおけるいじめへのアプローチ

　いじめ防止対策推進法において，いじめに対する対処方法が明確化されました。学校には，いじめの防止等に関する措置を行うための，心理，福祉等の専門家その他の関係者と教職員により構成される組織が設置されます。そして，いじめが発生したときには，①いじめの事実確認，②いじめを受けた児童生徒又はその保護者に対する支援，③いじめを行った児童生徒に対する指導又はその保護者に対する助言を行い，いじめが犯罪行為として取り扱われるべきものであると認めるときには，児童相談所や警察等との連携を取ることが定められています。また，いじめられている児童生徒の生命又は身体の安全が脅かされているような場合には，ただちに警察に通報し，懲戒，出席停止制度の適切な運用等その他いじめの防止等に関する措置を定めることが規定されています。

　スクールソーシャルワーカー（SSWer）は分断された関係性をつなぐことを意識しながら，いじめの構造そのものを崩し，いじめを受けた子どもが安心して登校できるようになることに支援の目的をおきます。日常的に同じ学年のほかの教師，学年主任，**養護教諭**，**スクールカウンセラー**（SC）などと情報を

▷2　**養護教諭**
学校内で保健室などに常駐し，在学生のけが・疾病などの応急処置を行ったり，健康診断・健康観察などを通して，在学生の心身の健康を支える学校職員。「保健主事」にあてられ，養護と学校保健を担当する。
⇒ Ⅳ-4 参照。

▷3　**スクールカウンセラー**
⇒ Ⅱ-4 参照。

共有しながら，校内体制へのアプローチを開始します。

4 事例──いじめの背景にある家庭不和

○母親からの訴え

「もう娘を学校には行かせません」，A子の母親からの電話を受けた担任は驚きました。「うちの子はいじめられています。先生，ご存知ですか」といわれ，担任はすぐに家庭訪問をしましたが，追い返されました。A子の欠席を気にとめないクラスの様子が担任には不気味に思えました。

連絡がとだえたまま1週間後，母親から学校に電話が入り，A子が自殺未遂をしたと担任は聞かされました。入院している本人に会いたいと担任が申し入れましたが，母親に頑なに拒否されたため，学校長から教育委員会の指導主事を通してSSWerの派遣要請がかけられました。指導主事とともに学校に駆け付けたSSWerは管理職と生徒指導主事，学年主任と担任とで緊急の校内ケース会議を開き，自殺未遂と母親の拒否により，1週間A子と面会ができていない事実をもって，市の要保護児童対策地域協議会（以下，要対協）から要保護児童として通告を行うことをSSWerは助言しました。

○情報の共有と危機介入

その後すぐに要対協担当者，指導主事，校長，教頭，生徒指導主事，担任，学年主任，養護教諭，SSWerのメンバーで連携ケース会議が開かれました。会議では，情報が少なく担任が拒否されている現状のなか，家庭へどうアプローチすればよいかということが検討され，突破口として，A子がよく訪れていた保健室の養護教諭が家庭訪問を申し入れ，拒否された場合には，要対協を通じてA子が入院している医療機関との連携を行うことも取り決められました。

○アセスメント──A子の家庭状況や学校生活

同日夜，養護教諭と学年主任とが家庭訪問をすると，玄関で母親は泣き崩れました。A子の家庭は父親と母親，A子の3人で，昨年，一家は他市から転入してきました。父親は単身赴任で，母親はまだ地域になじめていません。A子は2年生になってから家であまりしゃべらなくなり，母親が問いただしたところ，クラス替えがあり仲の良かったB子がC子と仲よくなり，だんだん避けられるようになり，次第にクラスメイトからも避けられるようになったといったそうです。母親はその話を聞き，感情的になって担任に電話をしたけれど，その直後からA子が部屋に閉じこもり，どうしてよいかわからなかったといいます。

翌日，母親の了解を得て，養護教諭と担任とで病院へ行きました。主治医によると，母親が混乱していたため入院をすすめたのですが，いつでもA子は退院可能とのことでした。その後，担任と面会したA子は，C子から「あんたが学校に来ないから，いじめていると私が疑われている」とメールが入り，手首を切ったと話しだしました。「突然，無視されるようになった。何が起こった

のかわからない。お父さんも帰ってこないし」、A子はそういいました。

その翌日、担任の空き時間にSSWerは再度学校を訪れ、担任へのコンサルテーションを行い、落ち込む担任に寄り添いました。放課後、担任はB子とC子を呼び出し、泣き続けるC子に対して責めているのではないということを伝え、今回のことでA子にどんな影響があったのかを考えるよう指導しました。

◯ケース会議におけるアセスメント

SSWerは情報が集まったタイミングで、情報整理とアセスメントのためのケース会議の開催を提案しました。会議のなかでは、A子についてはこのような状況になっても帰宅しない父親や、相談相手がなく孤立している母親という家族の状況を踏まえた上での本人と母親への支援が必要であること、また、C子についてはSCの見立てによると、C子の母親に気に入られている優秀な姉とA子が重なり、嫉妬心が生まれたのではないか、とのことでした。そうした理解を元に寄り添うことが必要であること、クラスの子どもたちについては、ほとんどが傍観者であり、思っていることを口にださない子どもが多いという事実が浮かび上がってきました。

◯プランニングの実施と展開

A子が退院すると、放課後に担任が家庭訪問をし、本人が気にかけていた学習指導を通して、母親も交えてA子と関係づくりを始めました。母親にはSCを紹介し、地域の活動にも積極的に声をかけました。クラスでは朝の会で簡単なグループワークを導入し、仲間づくりを進めています。1か月後、A子は校内の保健室や相談室などへの別室登校を始め、B子との関係は修復されました。C子は懇談会で自分の母親に、寂しい思いを告げることができました。

5 いじめへの対応とSSWerの役割

本事例は本人のみならず、孤立した保護者が不安を抱え相談する相手がいなかったため、いじめの発見と早急な対処ができずに事態が深刻化したケースです。動揺した保護者が担任の教師に怒りをぶつけることで、関係性が難しくなることはよくあります。そのような時、SSWerはすぐにチーム対応で役割分担を行うことを考える必要があります。

SSWerの視点は、なぜいじめをせざるを得なかったのかという視点をもち、二度といじめを繰り返させないような働きかけについても検討します。これらのいじめの解消にむけた学校の取り組みについては、保護者・本人に丁寧に伝えながら、安心で安全な学校生活に戻れるようSSWerは寄り添っていきます。

いじめはどこででも起こり得る現象であるという認識のもとに、学校は人権意識、およびオープンなコミュニケーションを学ぶ場であることが期待されます。

（郭　理恵）

参考文献

武田さち子『あなたは子どもの心と命を守れますか！』WAVE出版、2004年。

藤岡孝志『いじめ——果てしない連鎖は断ち切れるか』日本社会事業大学社会事業研究所、2008年。

森田ゆり『子どもと暴力——子どもたちと語るために』岩波書店、1999年。

森田洋司・清水賢二『いじめ——教室の病い（新訂版）』金子書房、1994年。

山下英三郎『いじめ・損なわれた関係を築きなおす——修復的対話というアプローチ』学苑社、2010年。

Ⅷ　スクールソーシャルワーク実践

6　教育・福祉施策と SSW ⑥
不登校とスクールソーシャルワーク

1　不登校とは

　文部科学省は，不登校児童生徒を「何らかの心理的，情緒的，身体的あるいは社会的要因・背景により，登校しないあるいはしたくともできない状況にあるために年間30日以上欠席した者のうち，病気や経済的な理由による者を除いたもの」と定義しています。文部科学省は，病気や経済的理由による学校の欠席，また30日未満の欠席以外を不登校と捉えています。

2　SSWer は不登校に対してどのように機能するのか

　不登校児童生徒に対しては，その学習権を保障するために小学校・中学校の担任がまず関わります。しかし，教師の教育者としての役割が脅かされ，ほかの児童生徒への教育に影響をおよぼした時，心のケアを行うスクールカウンセラー（SC），不登校児童生徒の学校復帰を目的として設置された**適応指導教室**の教育指導員など，関係機関の支援者も当該児童生徒に関わることになります。また，彼らが暮らしている家庭環境が原因で不登校となっている場合，福祉関係の専門職が彼らの家庭への支援を行っていきます。スクールソーシャルワーカー（SSWer）は，学校，保護者および各専門職が互いに連携して不登校児童生徒の学習権を保障することができるよう，「**アドボカシー活動**」，「**グループワーク**」，「**サービス情報の提供および関係機関の紹介**」，「**学校ケースマネジメント**」，「**社会資源の開発**」，「**コンサルテーション**」を組み合わせて実施していきます。

　SSWer に限らず，すべての分野のソーシャルワーカーは，対象者を支援するために，彼らに関する情報を収集し，それに基づいて状況を把握し，支援計画を立てていきます。得られた情報から，支援を必要とする人が置かれている状況を把握し，分析するのです。これらのことを，ソーシャルワーカーはアセスメントと呼びます。ここでは，次に示す事例に基づいてアセスメントの方法を中心に検討します。

3　不登校事例より SSWer の役割を探る

　ここで紹介する中学2年生男子生徒の不登校事例は，当該生徒の担任が，SSWer に対して，対応方法に関する相談をしたことから，その支援が始まっ

▶1　文部科学省ホームページ「不登校への対応について」(http://www.mext.go.jp/a_menu/shotou/futoukou/main.htm)．

▶2　**適応指導教室**
適応指導教室は，不登校児童生徒が在籍している学校と連携して，児童生徒のカウンセリングによる情緒の安定，集団活動による集団への適応，教科指導による基礎学力の補充，日常生活指導による基本的生活習慣の改善等により，学校復帰を支援する場所である。近年では教育支援センターといわれることが多い。

▶3　**アドボカシー活動**
⇒ Ⅷ-7 参照．

▶4　**グループワーク**
共通課題を抱えた人々を集め，相互交流を働きかけながら信頼関係を高め，状況改善に向けてともに取り組んでいくために用いる方法。
⇒ Ⅵ-7 参照．

▶5　**学校ケースマネジメント**
児童生徒・学校・関係機関のサービスを結びつけること。

▶6　**社会資源の開発**
児童生徒の思いが満たされる新たなサービスを築きあげること。

たものです。それでは，事例より SSWer の役割を探っていきます。

○情報収集から支援計画へ

まず，SSWer は，当該生徒の担任から話を聞き，次のような情報を得ることができました。

　　当該生徒は，母（34），弟（小5），妹（保育所5歳児クラス）の4人家族です。当該生徒が小6の時に，父（34）が行方不明になってしまったそうです。当該生徒は小学生の頃は登校することができていました。母親は，子どもを養うため，パートで働いています。また，家庭訪問時に，当該生徒から母親について「夜は，お金だけを置いて外出し，朝帰りである」という話を担任は聞きました。
　　当該生徒の学習環境が整うように支援していきたいと担任は考えていますが，母親に問題意識がないように感じられるので，担任はどのように関わればよいのか迷っていました。母親の帰宅時間を主任児童委員より教えてもらい，出向くようにして話をしていましたが，最近は会えないことが多いようです。

SSWer は，当該生徒の学習環境が整うように支援するために担任と相談するなかで，母親が当該生徒の抱える課題に向き合うだけの気持ちが減退している可能性が考えられることを伝えました。そこで，家族のことを関係者に聞き，情報を収集することとなりました。SSWer は，当該生徒の家族に関することを，弟妹が通う小学校の教師と保育所保育士に尋ね，詳細な情報を収集しました。同時に，地域における当該生徒の暮らしを知るために，主任児童委員からも話を聞きました。弟が通う小学校の担任から，弟と母親に関する次のような話を聞くことができました。

　　小学校へは毎日通ってきますが，最近，万引き事件を起こしました。今後の彼への対応について検討する必要があるので，児童相談所と連携を図っています。母親には弟の学校での様子を伝え，協力を仰ぐようにしています。最近は話をすることができているようです。

また，妹が通っている保育所保育士から，妹と母親に関する次のような話を聞くことができました。

　　毎日保育所には通ってきていますが，同じ服を着て通園することが気になるそうです。母親とは毎日挨拶をする程度ですが，妹への子育てに関する話をすると「わかりました」というものの，改善がみられません。保育士との会話を避けているように感じられます。

主任児童委員からは，家族に関する次のような話を聞くことができました。

　　父親が行方不明の後，母親と子ども3人の4人で生活をしているとのことです。母親はパートをしていましたが，その収入では子どもを養うことができなかったのかもしれません。弟の万引き事件があったので気になり，

▷7　コンサルテーション
⇒ II-4 参照。

▷8　門田光司「学校ソーシャルワークの支援方法を知る」門田光司・鈴木庸裕編著『ハンドブック　学校ソーシャルワーク演習──実践のための手引き』ミネルヴァ書房，2010年，25～26頁。

▷9　ここで紹介する事例は次の文献などに基づいている。
　牧里毎治・山野則子編著『児童福祉の地域ネットワーク』相川書房，2009年。
　山野則子・峯本耕治編著『スクールソーシャルワークの可能性──学校と福祉の協働・大阪からの発信』ミネルヴァ書房，2007年。
　山野則子「分科会1　ケース会議の運営方法」『2009年度スクールソーシャルワーク研修』日本社会福祉士会，2009年，55～65頁。

家庭訪問をしました。夕方に訪問しましたが母親は不在で、子どもたちの話から、「最近母親は、夜、仕事に出て、朝方に帰ってくるという生活のようである」と思われたそうです。近くに親戚が住んでいるので聞いてみましたが、当該家庭の様子については把握していないとのことであり、関係ないので尋ねて来ないでほしいといわれたそうです。

小学校の弟の担任より、児童相談所との連携をとっているとの話があったので、これも中学校の担任と相談の上、SSWerが話を聞きにいきました。児童福祉司より次のような情報を聞くことができました。

　　弟の万引き事件があり、小学校から連絡が入っているので当該家庭のことはケースとしてあがっているそうです。母親にも一度出向いてもらい、話をしたことがありますが、そのなかで当該生徒の不登校についても話が出ています。母親が相談をしてくれれば支援をするつもりだそうです。

SSWer は、これらの情報を収集して当該生徒の担任とともに、彼およびその家族のおかれている状況の把握に努めました。

○ **支援計画の作成**

このような作業を通して、SSWer と中学校の担任は、当該生徒の不登校が彼への支援だけではなく、彼の家族への支援によって暮らしの安定をもたらす必要があることを共有しました。そしてSSWer は、当該生徒の不登校は、中学校のみで解決をもたらすには限界があり、関係者に協力を求めることが望ましいということを当該生徒の担任と確認しました。このように中学校・当該生徒の担任と支援の方向性の共通理解をした上で、SSWer は、再度関係者のもとを訪れ、彼らの対応を確認し、連携に基づいた支援計画を立てました。

小学校側とは、弟の担任が中心となり、弟にとって小学校は大切な居場所であるためこの状況を維持すること、母親に対しては弟の小学校での様子を引き続き伝え、子どもに目が向くように働きかけることを確認しました。SSWer は、母親と弟のことで話をするなかで、兄妹に関する話も出てくる可能性があると思うので、その時は関係者が集まって話し合いをして対応していきたい旨を、母親に伝えてほしいとお願いしました。弟の担任はそのSSWer の提案を了承しました。

保育所保育士とは、妹にとって保育所は楽しい場所と考えられるので、この状況を維持すること、母親に対しては挨拶を今までどおりに行い信頼関係を築いていくことを確認しました。また、母親がアドバイスに抵抗を感じているという保育士の言葉から、子育てに関するアドバイス的対応はしないことを確認しました。SSWer は、保育士と母親の関係ができてくると、兄2人に関する話が出てくることもあると思うので、その時には小学校・中学校を交えて対策を練ってはどうかと母親に提案してほしいとお願いしました。保育所保育士もSSWer の提案を了承しました。

主任児童委員とは、引き続き当該家庭の見守りを続けることを確認し、児童福祉司とは母親が相談すれば協力をしてもらうことを確認しました。

これらの関係者との確認事項を当該生徒の担任に伝え、中学校としてできること確認しました。そのなかで担任は、引き続き当該生徒宅への家庭訪問を続けること、母親に対しては見守り支援を行うことを確認しました。

○支援の実施

それぞれの役割を確認した後（支援計画作成後）、支援を実施していくことになりました。支援実施の間、SSWerが各関係者のもとを定期的に訪れ、当該生徒を取り巻く状況を確認していきました。そのような関係者の関わりにより、母親は当該生徒の不登校に関して小学校教師、保育所保育士、主任児童委員に話すようになったことをSSWerは耳にすることとなりました。また、関係者を含めてどのような支援ができるのかを考えたい旨を母親に話していることも聞きました。そこでSSWerは、担任を含めた中学校側に、母親を交えたケース会議を開催することを提案しました。

それにより、中学校関係者を中心に、小学校関係者、保育所関係者、主任児童委員および母親が集まり、当該生徒に対するケース会議を開き、支援を模索することとなりました。当初、母親が欠席するのではないかという懸念がありましたが、母親も参加のもとで、今後の支援のあり方についての検討がなされました。関係者は母親に対して各機関として実施しようと考えていることを伝えました。母親に対しては当該生徒を朝起こしてほしいこと、朝食をつくってほしいことを伝え、同意を得ました。SSWerは、母親が帰宅した後にケース会議に参加し、母親が取り決めたことを継続できるよう、関係者に継続対応の必要性を伝えました。関係者は皆、SSWerの提案に同意し、支援を行っていくこととなりました。そのような関係者による支援が、当該生徒の保健室登校をもたらすこととなりました。当該生徒の学習環境が整い、再登校がなされたので、SSWerによる支援はこれで終了となりました。その後、SSWerは、母親による当該生徒への関わりが継続するよう、折にふれて関係者に母親への今までどおりの関わりを続けてほしいことを伝えているところです。

○まとめ

この事例におけるSSWerは、先述のなかの「アドボカシー活動」、「学校ケースマネジメント」、「サービス情報の提供および関係機関の紹介」、「コンサルテーション」を行い、支援関係者をつなぐ役割をしていることがわかります。

児童生徒の不登校については、学校・家庭の協力が特に大切です。SSWerは、支援関係者が児童生徒の学びの充実に見通しがもてるように、これらの方法を用いて働きかける必要があるといえます。

（中　典子）

▷10　スクールソーシャルワーク（SSW）では、取り決めたことは最低2か月続けることが望ましいとされている（山野則子「分科会1ケース会議の運営方法」『2009年度スクールソーシャルワーク研修』日本社会福祉士会、2009年、55～65頁）。

Ⅷ　スクールソーシャルワーク実践

教育・福祉施策とSSW ⑦
学力保障とスクールソーシャルワーク

1　SSWの始まりと学力保障

　スクールソーシャルワーク（SSW）は，19世紀初頭にアメリカで始まった訪問教師の活動がその起源とされています。それは，学校に通わずに労働を強いられている移民やアメリカ人の子どもたちが，読み書きができないことを懸念して始まった，最低限度の教育を受ける権利を保障するための活動でした。訪問教師となった**セツルメントワーカー**たちは，子どもたちの将来の生活が学力と深く関わっていると考え，貧困家庭に育ち，教育の機会を阻害されている子どもたちを，学校につなぐ支援を始めたのです。

2　学力保障と自立支援

　雇用条件にもよりますが，日本ではほとんどの場合，スクールソーシャルワーカー（SSWer）が支援を必要とする子どもたちやその家族に職務として関わることができるのは，中学校を卒業するまでです。一部の高校や大学ではSSWerが配置されていますが，その場合でも，それぞれの卒業時までの関わりとなります。しかし，子どもたちの人生は学校を卒業した後の方が圧倒的に長いということを，SSWerは忘れてはいけません。

　ソーシャルワークの目的の１つは自立支援です。これはSSWerにとっても変わりません。子どもたちに関わることができる期間は限られていますが，SSWerは子どもたちの卒業後の自立を視野にいれた支援活動を考える必要があります。学力保障はその自立支援の重要な要素の１つなのです。

　ここでいう学力保障とは，単なる知識ということではなく，豊かに生活していく力，あるいは将来にわたって多様な進路選択ができる力ということです。1985年の第４回**ユネスコ国際成人教育会議**で採択された「学習権宣言」には，「学習権」とは「読み，書く権利であり，質問し分析する権利であり，想像し，創造する権利であり，自分自身の世界を読み取り，歴史をつづる権利であり，教育の手だてを得る権利であり，個人および集団の力量を発達させる権利である」とあります。学力や学歴だけで人生が決まるわけではありませんが，学力や学歴が就職先の選択肢をある程度限定させたり，将来の経済状況に少なからず関連することは否定できません。子どもたちの将来の自立生活をより豊かにするためにも，学齢期での学力保障は欠かせないのです。

▶１　セツルメントワーカー
セツルメント活動に携わった知識人たち。セツルメントとは，知識人や学生が貧困地域に移り住み，教育，育児，授産，医療などの生活改善のために，住民と直接接しながら支援する社会事業である。

▶２　ユネスコ国際成人教育会議
ユネスコの活動の１つで，成人教育の進展のために成人教育問題の議題に取り組んでいる。1949年にエルシノアで第１回会議が始まり，その後12年ごとに開催されている。

3 子どもたちの生活状況と学力の関係

子どもたちの学力を保障していくためには，学習の場を提供していくことも大切ですが，子どもたちが学習できる環境への配慮も同様に必要です。

「平成22年度**全国学力・学習状況調査**」(文部科学省)の結果を分析したところ，読書時間や学習時間の長さ，自尊感情や規範意識への肯定的な回答は，学力と相関関係が高いことが確認されました。また，「家で学校の宿題をしている」「朝食を毎日食べている」「学校にもっていくものを前日か，その日の朝に確かめている」などの生活・学習習慣が，学力に影響していることも明らかになりました。さらに，親の子どもへの接し方や親の行動も，学力に関係していることがわかりました。

さらに，「平成25年度全国学力・学習状況調査」(文部科学省)では，家庭の**社会経済的背景**が高い児童生徒の方が，より学力が高い傾向にあることが示されています。このことから，家庭の社会経済背景が家庭での学習環境や学習資源へのアクセスに影響している可能性がうかがえます。

▷3 全国学力・学習状況調査
⇒ Ⅰ-9 参照。

▷4 社会経済的背景
保護者に対する調査結果から，家庭所得，父親学歴，母親学歴を3つの変数を合成した指標。

4 学力保障に向けた環境整備

深刻な学力不振は，学ぶことの意味やおもしろさがわからないという状況をつくりだします。そして，劣等感を高め，自己肯定感を低下させ，学習意欲を失わせます。生活困窮家庭や虐待家庭などでは，学力向上との相関関係が強い生活環境が整いにくく，それが学習意欲の低下や学力不振に拍車をかけることにもなります。子どもたちの学力を向上させるためには，まずは学習意欲を高めなければなりません。そのためには，子どもたちの生活環境を整えることや，低下した自尊感情を高める支援が必要です。

マズローの欲求段階説(図Ⅷ-7)が示すように，もし「基礎学力の獲得」を自己実現の1つだとみなした場合，「基礎学力の獲得」という自己実現を達成するためには，生理的欲求，安心・安全欲求，所属・愛情欲求，承認欲求がある程度満たされなければなりません。子どもたちの学力保障に向けて，SSWer はこれらの欲求を充足するため，さまざまな支援を提供することになります。空腹な状態では学習に集中できません。虐待されたり，家族間が不和な状態では，心身ともに落ち着いて勉強することはできません。保護者に愛されていると感じられない状態では，勉強する気持ちになれません。どんなにがんばって勉強しても，他者からその努力を認めてもらうことがなければ，勉強する意欲は湧きません。学力保障への支援は，そのための環境を整えることから始まるのです。

図Ⅷ-7 マズローの欲求段階説

出所：齋藤勇『心理学入門』誠信書房，2000年，53頁を筆者一部修正。

5 「杉並中3勉強会」の取り組み

○「杉並中3勉強会」とは

　勉強をしたいという思いがあっても，学校の勉強にはついていけなかったり，さまざまな理由で家庭では勉強ができない子どもたちがいます。勉強はした方がよいと思いながらも，さまざまな理由で自尊感情が低くなっており，とても勉強ができる心身状態にない子どもたちもいます。そんな子どもたちに，学校や家庭以外の場所で安心して学習できる場を提供するために，SSWer の呼びかけにより，2009年8月から東京都杉並区で「杉並中3勉強会」が始まりました。週1回，地域の会議室を借りて，さまざまな事情で学校や家庭での勉強に不安を抱えている子どもたちの学習をサポートしています。

　東京都杉並区では2007年度から SSW を導入しています。SSWer は教育センターに配置され，区内23中学校を対象に派遣型による支援活動を行っています。2010年度は4名の SSWer が雇用され，教育・心理・医療・福祉の専門家で構成される「SAT（School Assistant Team）」の構成メンバーとして活動しました。

○「杉並中3勉強会」の参加者

　"中3"勉強会という名称ですが，参加者はあえて中学3年生に限定せず，すべての中学生を対象としています。ただし，今のところは誰でも参加できるものではなく，SSWer たちと関わりのある子どもたちに限定されています。それは，参加する子どもたち一人ひとりの状況や背景，家庭や中学校での様子などを把握していることで，よりきめの細かいサポートができるからです。

　勉強会には高校生も参加しています。勉強会の OB や OG もいますが，高校から新たに参加し始めた人もいます。杉並区の SSW サービスは中学生までを対象としているため，中学校卒業を区切りに終結を迎えます。しかし，中学校卒業や高校進学が子どもたちにとってのゴールではありませんし，卒業後の新しい生活のなかで大きな不安や困難に直面するかもしれません。そうなった時に，子どもたちが安心して立ち寄れる居場所が必要となります。「杉並中3勉強会」は，SSW サービス終結後のアフターケアの場としての機能も果たしているのです。

○まずは"居場所"であること

　「杉並中3勉強会」は，"勉強会"というよりも"居場所"としての要素が大きいのが現状です。勉強も大切ですが，まずは「杉並中3勉強会」が参加する子どもたちにとって心安らげる居場所であることや，自分を支え応援してくれる人の存在をみつけられる場であることを優先させています。勉強会のモットーは「子どもたち本人のやる気が出るのを待つ」というものですが，子どもたちのやる気を引き出すためには，物理的環境を整えると同時に，本人のやる

表Ⅷ-1　杉並中3勉強会の方針
〈杉並中3勉強会の方針〉 　1．子どもたちが安心できる，居場所であること 　2．子どもたちの権利を尊重し，本人のやる気を待つこと 　3．子どもたちと一緒に，明るい組織を作り上げていくこと

出所：日本スクールソーシャルワーク協会主催秋季研修会シンポジウム「SSWの地域活動──杉並中3勉強会の取り組みから」配布資料，2010年。

気を行動に移すことができるだけのエネルギーを蓄える必要があります。勉強会では，スタッフは子どもたちのもっている強さ（ストレングス）を信じ，その成長を見守りながら，子どもたちが次のステップに踏み出せるように根気強く寄り添っています（表Ⅷ-1）。

○「杉並中3勉強会」を支える人々

「杉並中3勉強会」は，SSWerの業務時間外に行われています。このような活動が毎週安定して行われるためには，この活動を支える地域のスタッフが必要です。SSWerがきっかけづくりをしましたが，実際に発足する際には，杉並社会福祉士会の強い後押しがありました。また，毎週の運営にあたっては，杉並社会福祉士会，福祉事務所ワーカー，子ども家庭支援センター職員，サラリーマン，主婦，大学生などのさまざまな大人が関わっています。2010年度はSSWer 4名と，学生スタッフ4名を含む15名程度のスタッフで運営していました。

○「杉並中3勉強会」からみるSSWerの機能

「杉並中3勉強会」は，SSWerが既存の社会資源では充足されない子どもたちのニーズに応えるために，新しい社会資源を構築した事例です。また，学校や家庭で居場所が見出せない子どもたちに，安全・安心な場を提供していますが，これは子どもたちの成長発達の権利を擁護する**アドボカシー活動**[5]です。さらに，学習の手助けをすることや，高校生にも居場所を開放することなどは，中学校卒業後の自立支援を視野に入れた活動だといえます。

勉強会の参加者は，SSWerと一対一の関わりのなかで，SSWerとの信頼関係をある程度構築できた子どもたちです。勉強会への参加は，一対一の関わりを通じて築いた人間関係を，複数の大人スタッフやほかの参加者である子どもたちに広げていくという意図もあります。つまり，子どもたちに対する援助を，ケースワークからグループワークへ発展させているのです。このような，子どもたちの活動の場を広げていく支援は，**エンパワメント**[6]実践といえます。

「杉並中3勉強会」では，まずは子どもたちに居場所を提供し，子どもたちの状況を受容しています。そして，子どもたち自身の自己決定を尊重しながら，子どもたちの自尊感情を高め，子どもたちが次のステップに進むのに必要な力を蓄えるための支援を行っています。学力保障は大切なことですが，まずは学習への意欲を育むことを重視した活動となっているのです。　　（半羽利美佳）

▶5　アドボカシー活動
クライエントの権利を擁護するための代弁・弁護活動。1人のクライエントの権利を守るケースアドボカシーと，同じような状況下にいる複数の人たちの権利を守るコーズアドボカシー（ケースアドボカシー）がある。

▶6　エンパワメント
ストレングスへの着目や社会資源の活用・開発などを通して，社会的制約によって発揮されていなかった，クライエント自身が本来もち備えている力を引き出し，クライエントが主体的に問題解決に取り組めるようにする側面的支援のこと。

参考文献

文部科学省「平成25年度全国学力・学習状況調査の結果を活用した学力に影響を与える要因分析に関する調査研究」。

VIII スクールソーシャルワーク実践

8 教育・福祉施策とSSW ⑧
保護者対応とスクールソーシャルワーク

1 保護者の状況

　家族の問題が影響し、子どもが十分に力を発揮できずに、問題とみなされることがあります。具体的には、親のアルコール・薬物などへの依存症、自殺や死亡、両親の離婚や再婚、親からの見捨てられ行為（ネグレクト）などを含む虐待、家族の病気（難病、介護）などで子どもが不利益を被ることがあげられます。

　また、保護者の経済的困窮のため、子どもが社会生活に必要なものの欠乏状態におかれ、発達の諸段階におけるさまざまな機会を奪われた結果、人生全体に影響を与えるほど多くの不利を負ってしまうこともあります。

　さらに、保護者の子育てへの自信喪失からくる学校への依存度の高さ、そして、依存感情の強さから、拒否されたり思い通りにいかなかったりすると、その反動が学校に対する要求として強く現れることもあります。この背景には、3世代同居の減少、ひとり親の増加、地域とのつながりの希薄化などがあげられ、家庭の孤立がみてとれます。

　このような保護者の状況を改善することが、子どもの支援において重要です。

2 保護者に対する支援の必要性

　ソーシャルワークの特徴としてあげられるのが、その実践場面が「人間の対処様式」と「人が接する環境」が、相互作用する中間面（インターフェイス）にあるということです。実際スクールソーシャルワーカー（SSWer）は、「子ども」と「学校」の間のみならず、「家庭」と「学校」・「地域」との中間点にも立ちます。したがって、SSWerは、子どもだけではなく、保護者や家族が社会的力量を高めるための援助をする必要もあります。社会的力量とは、社会生活を上手くやっていくための力です。それは、自尊感情やアイデンティティの考え方とつながるものです。

　そのためSSWerには、子どもの支援を行う時に、保護者や家族の状況も含めてアセスメントを行い、支援目標・計画を立てることが求められます。その際、保護者の話を可能なかぎり**傾聴**し、信頼関係を形成し、保護者が受け入れることができる支援目標・計画にすることが重要です。そうすることによって、保護者と協働して問題解決に取り組むことができるのです。ただし、虐待への

▷1　門田光司・鈴木庸裕編著『ハンドブック　学校ソーシャルワーク演習——実践のための手引き』ミネルヴァ書房、2010年、4～5頁を参照。

▷2　カレル・ジャーメインほか著、小島蓉子訳編・著『エコロジカルソーシャルワーク』学苑社、1992年、135頁。

▷3　傾聴
批判、批評、助言するのではなく、相手の話を理解しようと熱心にきくこと。

危機介入等の例外状況も存在します。

3 支援方法

SSWer が行う，保護者に対する支援として主に下記の方法があります。これらの支援方法を単独で，または組み合わせながら，保護者支援を行っていくのです。

○相　談

保護者から必要に応じて相談を受けます。相談内容は多岐にわたりますが，その解決主体は当事者です。相談を受けた後，SSWer は必要に応じて直接援助技術等の方法を利用して，問題解決の支援を行います。[4]

○代　弁

学校現場で問題が生じると，家族は弱い立場に立たされることもあります。その場合 SSWer は，当事者の権利擁護のために，その要望や意見を保護者に代わって学校関係者に対して表明し，解決を図るように支援します。[5]

○調　整

問題の根本は人間関係のこじれであることが多いです。それは親子間，または教師と保護者間での人間関係等です。その際に，SSWer は中間的な立場でその人たちの間に立ち調整していく役割を担います。そして，時には問題解決に関係する専門職間の役割分担の調整も行います。

○情報提供

保護者が，必要な情報をもち合わせていない場合，必要な情報を当事者の視点で提供します。[6]

○仲　介

SSWer が仲介者（ブローカー）となり，保護者と社会資源をつなげるようにします。[7]

○アウトリーチ（家庭訪問）

援助の必要があるのにもかかわらず，みずから援助を求めない者に対しては，援助する側から働きかける必要があります。その1つの方法が家庭訪問です。これは，学校内での活動を原則とするスクールカウンセラー（SC）とは異なる点であり，SSWer は必要に応じて家庭・地域に積極的に足を運び解決の糸口を探ります。

4 ケースの紹介──学校の対応に不満をもつ母親への支援

○ケースの概要

中学校1年生のA君は**アスペルガー症候群**[8]と診断されています。性格はおだやかでおっとりしています。学習面に関しては，遅れはありません。入学してすぐ，母親が，本児への同級生からのいじめや学校の対応についての不満を，

▷4　たとえば，保護者が「子どもを叱りすぎてしまう」と悩んでいる時，まず話を傾聴する。そして，SSWer が継続して話をきくこともあり，必要に応じてカウンセラーや児童相談所等を紹介することもある。

▷5　たとえば，保護者が学校に不満をもっているのに伝えられない場合，SSWer が保護者に代わって学校関係者に伝えることがある。

▷6　たとえば，保護者がアルコール依存の問題を抱えている場合，地域の医療機関やセルフヘルプグループ等の社会資源等の情報を，その人の視点に立って提供する。

▷7　たとえば，発達障害の可能性がある子どもが受診する時，保護者に了解をもらった上で医療機関に連絡をとり，事前に情報を提供し，保護者が子どもを受診させやすい環境を整える。

▷8　**アスペルガー症候群**
アスペルガー症候群とは，知的発達の遅れを伴わず，かつ，自閉症の特徴のうち言葉の発達の遅れを伴わないものである。文部科学省ホームページ「特別支援教育」(http://www.mext.go.jp/a_menu/shotou/tokubetu/004/008/001.htm) を参照。

担任や管理職に訴えるようになりました。そこで，校長が「SSWerに相談してみては」と母親に提案し，SSWerが母親の面接を行うことになりました。

<u>母親の話を傾聴する</u>と，子どもが上手く学校生活を送れているのか不安に
①
なり，何度も「いじめられてないか，困っていることはないか」と子どもに聞いていることがわかりました。また，「先生にうちの子のことをもっと理解してほしい」という希望が確認されました。そこでSSWerは，「お母さんがお子さんのことを気にかけて大切に思っていらっしゃることがよくわかりました。<u>今の状況を少しでも良くするために，学校の先生方と一緒にお子さんの支援を考える場をもちませんか</u>」と，ケース会議の提案を行い母親に了承されました。
②

ケース会議の当日，校長，教頭，特別支援コーディネーター，養護教諭，担任，母親が参加し，SSWerが**ファシリテート**を行いました。母親の気持ちを
③
教員が傾聴したのち，「A君が楽しく安心して学校生活を送れるようにする」ことを目標に，それぞれがどのような役割を果たすのかを具体的に協議し，役割を分担しました。また，各先生からみたA君の資源（特定の友達がいる，まじめに学習に取り組める，など）が報告されました。

そのケース会議以降，母親が学校に対して不安や不満を訴えてくることはなく，担任と母親の連絡帳には学校に対しての感謝の言葉が記載されるようになりました。もちろん，A君もいじめにあうことはなく，安心して楽しい学校生活を送れています。

5 ケースのポイント

<u>下線①</u>の母親の話を傾聴するというのは，相談の支援方法を使いながら，保護者の気持ちを受け止め，信頼関係を構築していくようにすることです。

教職員からの依頼で保護者の面接を行う時，まずは本人（ここでは母親）の話を批判批評するのではなく，しっかり傾聴する姿勢が必要です。そして，母親の資源（ここでは，子どもを大切に思っている気持ちなど）を話のなかから探し，伝えます。SSWerと保護者の関係づくりができると，子どもにとっても保護者にとっても，より良い状況をつくっていくためにどんな方法があるのかを，一緒に考えていく姿勢が求められます。

<u>下線②</u>では，母親はケース会議という場があることを知らないと推測されたので，情報提供を行いました。

<u>下線③</u>では，ケース会議による共通理解と役割分担が行えるように，調整を行いました。

このケース会議の目的は，保護者と学校の関係がぎくしゃくしていたため，関係を調整することと，A君への具体的な支援方法を提示することで母親に安心してもらうことでした。

SSWerは，ケース会議に先生方が気持ちよく参加できるように，先生方の

▶9 ファシリテート
ケース会議を進めていく際，参加者を指導するのではなく，参加者の主体性，自立性，選択性を尊重し，参加者みんなの意向に沿ったケース会議になるように援助すること。

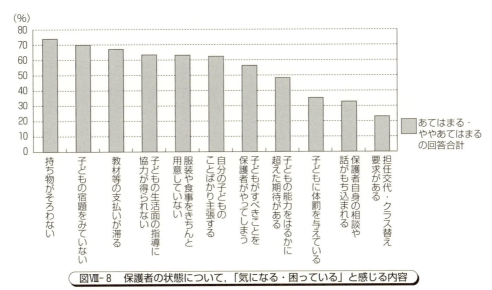

図Ⅷ-8　保護者の状態について，「気になる・困っている」と感じる内容

出所：山野（2010），12頁より。

話も傾聴し，先生方の資源（ここでは，校長先生がお母さんにSSWerを紹介してくれたこと，担任の忍耐強さ，など）も話のなかから探し伝えたり，日頃の取り組みをねぎらうようにしました。

さらにSSWerは，先生方に，ケース会議までにA君の出来ていることを探しておくことと，当日はまず保護者の話をきく姿勢を示してください，とお願いしました。

ケース会議を通して，母親は先生方が自分の話をきいてくれたことを認識し，A君の資源を先生方から伝えてもらい，安心した様子がうかがえました。また，共通の目標をもち役割を分担することで，母親と先生方がチームとなり，A君の支援にあたれるようになりました。

❻ SSWerに対する保護者対応への期待

山野が大阪府内の小中学校の教員対象に行ったアンケート調査によると，「今までに保護者との関係で苦労したことがある」と答えた教員が83％にのぼることが明らかになりました。また，60％以上の教員が「気になる・困っている」と感じる内容のなかに，「持ち物がそろわない」「教材等の支払いが滞る」「服装や食事をきちんと用意していない」などがあります（図Ⅷ-8）。

これらのことには，福祉制度の問題や家族支援の視点が必要であり，学校に福祉の力が必要であることを表しているといえるでしょう。その期待に応えるためにも，SSWerは福祉の立場から，保護者対応ができるように力量をつけておく必要があるといえます。

（浜田知美）

▷10　山野則子「スクールソーシャルワークに関するハンドブック──3年間の調査研究より」文部科学省科学研究費（基礎研究〔C〕），2010年，11～12頁を参照。

Ⅷ　スクールソーシャルワーク実践

9　教育・福祉施策とSSW⑨
児童虐待とスクールソーシャルワーク

1　児童虐待とは

　児童虐待の防止等に関する法律では，「児童虐待」を，保護者がその監護する児童（18歳に満たない者をいう。以下同じ）について行う次のような4つの行為であると示しています。まず，児童の身体に外傷が生じ，または生じるおそれのある暴行を加えること（身体的虐待）です。次に，児童にわいせつな行為をすること，または児童にわいせつな行為をさせること（性的虐待）です。第3に，児童の心身の正常な発達を妨げるような著しい減食または長時間の放置，その他の保護者としての監護を著しく怠ること（ネグレクト）です。第4に児童に対する著しい暴言または著しく拒絶的な対応，児童が同居する家庭における配偶者に対する暴力，その他の児童に著しい心理的外傷を与える言動を行うこと（心理的虐待）です。

　児童虐待の現状として，2017年度に児童相談所に報告された虐待数は13万3,778件となっており，増加の一途をたどっています。また，主な虐待者としては，実母が46.9％と最も多いですが，実父も増加傾向にあり40.7％です。（図Ⅷ-9）。しかも小学生への虐待が33.3％を占めています（表Ⅷ-2）。

2　SSWerは児童虐待に対してどのように機能するのか

　小学校および中学校の教師は，児童虐待が生じているまたはその疑いがある時，福祉機関に連携を求め，協働して児童生徒の暮らしの安定をもたらしていく必要があります。学校が連携する福祉機関として，安部は児童相談所，福祉事務所の**家庭児童相談室**，保健センターをあげています。

　まず，児童相談所は，児童の一時保護（児童福祉法第33条）や施設入所への仲介，里親への委託（同法第27条第1項）などを行います。保護者による児童虐待が明らかになり，児童相談所が施設入所相当と判断しても，親権者が同意しない場合には，家庭裁判所に児童の施設入所の承認を求めます（同法第28条）。また，2012年4月より児童を守るために親の親権停止を求めることも可能です。保護者が家庭への立入を拒否している時は，手続きを経て，家庭内に入ることも可能です（児童虐待の防止等に関する法律第9条）。児童福祉司は，これらの権限のもと，児童の暮らしの充実をもたらす支援をしていきます。

　そして，福祉事務所の家庭児童相談室には家庭相談員がいます。この相談員

▶1　2016年6月の児童虐待の防止等に関する法律の改正に伴い，しつけを名目とした児童虐待が禁止された（第14条）。

▶2　2010年度の表Ⅷ-2の虐待数，虐待者の割合については，東日本大震災の影響により，福島県を除いて集計した数値である。

▶3　**家庭児童相談室**
家庭における児童の健全な養育・福祉の向上を目的とする，社会福祉事務所のなかの機関。

▶4　安部計彦「児童虐待を受けている子どもたちへの支援」門田光司・鈴木庸裕編著『ハンドブック　学校ソーシャルワーク演習――実践のための手引き』ミネルヴァ書房，2010年，78〜79頁。

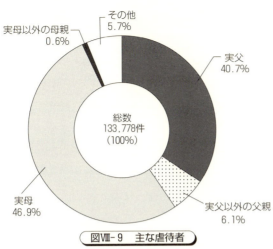

図Ⅷ-9 主な虐待者

出所：厚生労働省「平成29年度福祉行政報告例 結果の概要」2015年より筆者作成。

表Ⅷ-2 被虐待者の年齢別対応件数の年次推移

	2012年度	13年度	14年度	15年度	16年度	17年度
総数	66,701	73,802	88,931	103,286	122,575	133,778
0～3歳未満	12,503	13,917	17,479	20,324	23,939	27,046
3歳～学齢前	16,505	17,476	21,186	23,735	31,332	34,050
小学生	23,488	26,049	30,721	35,860	41,719	44,567
中学生	9,404	10,649	12,510	14,807	17,409	18,677
高校生・その他	4,801	5,711	7,035	8,560	8,176	9,438

出所：厚生労働省「平成29年度福祉行政報告例 結果の概要」2015年より筆者作成。

は，福祉事務所で児童と家庭への専門的相談にあたる職員です。家庭児童相談室には児童相談所のような権限はないので，家庭相談員は児童相談所と連絡をとりながら児童家庭福祉に関する相談に応じています。

保健センターは，母子手帳の発行や1歳半，3歳児などの健診事業を担当しています。子育て家庭を訪問している場合もあります。つまり，児童虐待を発見しやすい立場にあります。

また，主任児童委員も，児童虐待に関与できる立場にあります。民生委員は業務の幅が広いです。そのため，「主な任務としての児童委員」という意味の主任児童委員制度がつくられました。彼らは，地域で生活しているため，見守り支援を行いやすい立場にあります。

スクールソーシャルワーカー（SSWer）は，小学校・中学校で虐待を受けているまたは受けている可能性のある児童生徒が生じている場合，情報を収集し，学校関係者と福祉機関との連携ができるように働きかけます。

3 児童虐待事例より SSWer の役割を探る

ここで紹介する事例は，ネグレクトが疑われる小学1年生の女子児童の担任からの相談で，SSWer が介入した例です。

▷5 **民生委員**
民生委員は，児童委員も兼ねているため，民生・児童委員とも呼ばれる。行政委嘱のボランティアである。

▷6 山﨑千栄子「児童虐待を受けている子どもたちへの支援（事例）」門田光司・鈴木庸裕編著『ハンドブック 学校ソーシャルワーク演習――実践のための手引き』ミネルヴァ書房，2010年，79～85頁。

Ⅷ　スクールソーシャルワーク実践

> 7　ここで紹介する事例は次の文献などに基づいている。
> 　加藤曜子・安部計彦編『「子どもを守る地域ネットワーク」活動実践ハンドブック——要保護児童対策地域協議会の活動方法・運営Q&A』中央法規出版, 2008年。
> 　子ども虐待の予防とケア研究会編著『子ども虐待の予防とケアのすべて』第一法規, 2006年。

◯情報収集から関係機関との連携へ

SSWer は，担任より次のような情報を得ることができました。[7]

　　当該児童が暮らしている家庭は，父親（32），母親（30），当該児童（小1），妹（幼稚園年中）の4人家族です。父親は単身赴任中でほとんど家に帰ることができず，普段は，母親，当該児童，妹の3人で生活しているようです。しかし，ここ数か月，身の辺りの世話をしてもらっていないようで，服装の汚れが目立つとともに，おなかをすかせているようであることが担任は気になっています。妹には発達障害があり，保健センターで指導を受けた経験があることを母親から聞いているそうです。

SSWer は，これらの情報に基づき，小学校の担任と相談の上，家族と児童相談所とをつなぐことを目的として，保健センターの保健師に妹の様子を含めて当該児童の様子について尋ねることとなりました。保健センターの保健師より次のような情報を得ることができました。

　　母親は，子育てに関して保健センターに相談の電話をかけてきたことがありました。相談を受けた頃，母親は，父親が単身赴任中で不在であり，育児についての協力者もいないことを話していたそうです。センターも状況を尋ねようとしましたが，母親が電話を一方的に切ってしまい，それ以降対応ができなくなりました。保健センターとしては，気になる状況であったため，母親の了解を得ることなく親戚に相談したそうです。親戚の話によると，父親は単身赴任中ではなく別居しているとのことでした。その情報を収集した後，保健センターが母親の了解を得ずして親戚と関わったことが母親の耳に入り，母親から保健センターへ抗議がありました。それ以降，状況が気になるものの，連絡は取れずじまいだそうです。保健センターでは，このことを児童相談所へ通告しています。

SSWer はこの情報を基に小学校の担任を含めた学校関係者と相談し，母親，児童福祉司および妹が通う幼稚園教諭にも話を聞いてみたいことを伝え，情報収集を行いました。SSWer は，当該児童の担任に母親を紹介してもらい，話をするなかで次のような情報を得ることができました。

　　父親は親戚の話では別居ということでしたが，これまで単身赴任をしていたそうです。ここ数か月，生活費を家に入れてくれない状況にあるようです。母親は何とか子どもたちとがんばってきましたが，離婚を切り出され，どのようにしたらよいのかわからないといっています。以前，保健センターで子育て相談を受けたことがあったので電話をしてみましたが，勝手に親戚に連絡をとられてしまい，落ち込んでいました。子どもにも目が向けられない状況にありました。

SSWer は，この情報を聞いて，子育てに関することを相談する場所に児童相談所があることを伝え，一度相談をしてみてはどうかと提案しました。その

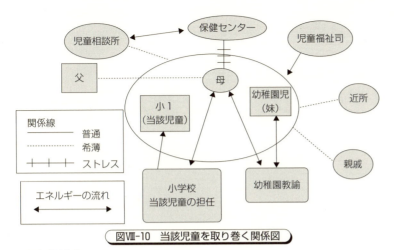

図Ⅷ-10 当該児童を取り巻く関係図

出所：筆者作成。

ことについて母親より了解が得られたので，母親同席のもとで児童相談所と連絡をとり，SSWerもともに出向くこととしました。また，母親に対して，小学校の担任にこの旨を伝えて，ともに支援していくことが子どもへの支援充実につながることを説明し，母親より了承を得て，担任に伝えました。SSWerは，これらの情報に基づいて小学校の当該児童の担任，母親とともに当該児童を取り巻く環境を把握することに努めました（図Ⅷ-10）。

○支援終了後も見守り，支える

児童相談所は母親の話から，母親は今，自分のことで精一杯の状況であり，このまま放置すれば，当該児童および妹の生活に影響すると判断しました。児童福祉司は，母親が落ち着くことができるまでの間，彼らの施設入所の可能性を提示しました。母親からそのことについて同意が得られたので，彼らは施設で生活することになりました。子どもたちもそのことに同意しました。そして，小学校・幼稚園に対しても，児童相談所からそのことが伝えられました。児童相談所と当該家庭がつながったので，SSWerによる支援は終了となりました。

児童相談所は母親の状況から，医療保護が必要と考え，母親を医療機関につなぎました。そして，母親が入院した精神科病院と連携を図り，今後の方向について検討を重ねているところです。SSWerも児童の生活環境を整えるために，定期的に母親が入院する病院を訪問し，母親を支えているところです。

○まとめ

この虐待事例におけるSSWerは，「情報の収集」，「学校と関係機関の連携調整」を行ったことがわかります。SSWerが児童虐待問題に関わる時，親が抱えている課題も知ることになります。上述のような支援はもちろんですが，その家族の暮らしの安定を図るための支援も考えておくことが必要です。

（中　典子）

VIII スクールソーシャルワーク実践

教育・福祉施策と SSW ⑩
貧困とスクールソーシャルワーク

1 貧困により選択肢の幅が狭められる子どもたち

　貧困家庭の子どもたちは，学校生活のなかでさまざまな制約を強いられ，それによって自分の興味関心を思うように広げることができないでいます。たとえば，クラブ活動はその1つです。部活動によっては，ユニフォームやシューズ，楽器の購入や遠征費などが必要になります。しかし，貧困家庭の子どもたちは，そうした備品などの費用を準備することができず，興味があってもそのクラブ活動に参加できないという事態が生じます。こうした事態は，子どもたちの劣等感や，やる気の減少につながります。近年では，パソコンを活用した授業なども増えていますが，貧困家庭の多くはパソコンを所有しておらず，家庭で復習をすることや，自由に自分の興味を広げて活用することができません。また，貧困家庭の子どもたちが学力不振であることが多々ありますが，金銭的な理由で塾に通えなかったり，家庭で勉強しようにも家事の手伝いを強いられるなど，家庭で勉強ができる状況がつくれない場合もあります。家庭内の状況は，子どもたちの学校での様子からだけではみえにくいですが，貧困家庭の子どもたちには，こうしたみえにくい部分への配慮が必要です。

　学校と家庭内では，全く違う姿をみせている子どもたちも少なくありません。一側面からみて子どもの状態を理解したつもりにならず，学校外での子どもたちの姿についての情報収集も必要です。子どもたちのストレングスをいかしてモチベーションを上げていくような関わりができるように，関係者や関係機関が集まって情報を共有し，より効果的な支援プランを考える必要があります。その点で，学校現場や教育のことだけではなく，子どもの生活全体に着目するエコロジカルな視点をもつスクールソーシャルワーカー（SSWer）の関わりが重要です。

2 貧困と虐待

　経済的な課題を抱えている家庭にネグレクトがみられるケースは少なくありません。たとえば，保護者は昼夜働いていて食事の準備がなされず，子どもが規則的で栄養バランスに配慮された食事をとっていないことがあります。なかには給食が唯一のまともな食事という子どももいます。子どもだけで過ごすことで生活習慣が乱れ，深夜までゲームやテレビに没頭して朝起きれず，遅刻や

欠席が繰り返されることもあります。貧困による過剰労働や心身的な負担により，保護者が日々の生活に疲れ，掃除や洗濯が行き届かず，その結果，子どもが不衛生な環境のなかで生活していることも少なくありません。金銭の使い道の優先順位が適切でなく，保護者の娯楽などに収入のほとんどを使い，子どもの衣食にお金を費やさない保護者もいます。そのため子どもは空腹に耐えられず，食べ物を万引きするなどの行為に至ってしまうケースもあります。サイズにあった衣服を購入してもらえなかったり，洗濯が行き届かず汚れた服を着て学校に行くため，そのことでいじめられることもあります。そして，こうしたいじめが不登校のきっかけになることも少なくありません。また，生活の苦しさから保護者のイライラが募り，暴力を加えるなどの身体的虐待や，子どもに過剰に辛くあたるなどの心理的虐待を引き起こすこともあります。

虐待を繰り返し受け精神的に不安定になった子どもたちに，学校で落ち着いて勉学に励んだり，良好な友人関係を築くことを期待することはできません。このように貧困が招く虐待は，家庭生活だけでなく学校生活をも脅かすのです。

3 貧困に対する支援とSSW

このように，貧困家庭が抱える問題は非常に複雑です。経済的な困難だけではなく，保護者の養育能力にも関連する問題であり，学校生活上での子どもたちに対する支援だけで解決できる問題ではありません。子どもの生活基盤を安定させるためには，家庭への経済的な支援の模索に加え，養育能力の向上を含めた保護者に対する支援が必要となります。しかし，こうした家庭の生活問題の領域には，学校教員の立場ではなかなか踏み込みにくいのが現状であることから，SSWerの介入が求められます。

子供の貧困対策に関する大綱等を受け，生活困窮世帯の子どもたちに対する学習支援や食事の提供（**子ども食堂**）が全国的に地域で展開されています。SSWerには，こうした地域資源と連携し，時には資源開発にも携わりながら，これらの支援が必要な子どもたちに届くような働きかけが期待されます。

▷1　**子ども食堂**
⇒ I-5 参照。

4 経済的な問題を抱える母子家庭への支援

○ケースの概要

家族構成は，母親（35歳），長男たけし君（9歳，小学3年生），次男（2歳）の3人です。たけし君は，小学2年生の2学期に他市からA市に転校してきました。当初はおとなしい印象でしたが，3学期頃からクラスメートとのトラブルが少しずつ増えてくるようになりました。いずれも原因は些細なことでしたが，最初に暴言を吐いたり手を出すのはたけし君の方でした。小学3年生になってからはトラブルの回数がさらに増え，加えて担任にも反抗的な態度をとるようになりました。これからどうたけし君に接すればよいか迷った担任から，

SSWer に相談が入りました。

　SSWer は担任から話を聴くとともに，担任の許可を得て授業中や休み時間のたけし君の様子を観察しました。また，家庭の状況を把握するために，担任とともに家庭訪問をしました。

○アセスメントに向けての情報の整理

　SSWer は，たけし君のトラブルの背景には何か別の理由があるのではないかと考え，担任や母親から話を聞きました。

【担任】学校では特にトラブルの理由になるようなことは思い浮かばないとのことです。ただ，**就学援助**を受けているにもかかわらず，給食費や教材費の納入がたびたび遅れることを，担任は気にかけています。

【母親】離婚後地元の隣町であるA市に引っ越してきました。前夫からは養育費がもらえず，現在は無職なので生活がかなり苦しいようです。今は実家の援助を受けていますが，今後は援助を受けるのが難しくなりそうとのことです。車を手放したくないので生活保護は受けずに生活したいそうです。働きたいのですが，次男がいるので就職活動ができません。次男は多動で手に負えないため，実家では預かってもらえず，保育園に預ける金銭的余裕もありません。これからの生活を考えると不安でたまらないようです。落ち着いて考えたいのに，子どもたちがバタバタうるさいのですぐに怒鳴ってしまうとのことです。

○アセスメントとプランニング

　上記の情報を受けて，校長・教頭・担任・生徒指導担当教員・養護教諭・SSWer・SC（スクールカウンセラー）で構成されたケース会議が開かれ，今後の対応が検討されました。たけし君の学校でのトラブルの背景にあるものとして，母親との関係性が上手くいっておらず，たけし君の自尊心が低くなっていることや，母親の経済的不安が大きく精神的に不安定になっていることが確認されました。そして，家庭生活が安定するよう母親に対する援助を行うことと，低くなったたけし君の自尊感情を高めることを目標に，以下の役割分担で支援を行うことになりました。

【全員】まずは，母親のしんどさを受容しながら，母親との信頼関係の構築を目指します。

【SSWer】生活保護は受けたくないという母親の意思を尊重し，母親の就職に向けての支援を行います。就職活動中の次男の世話は，**ファミリー・サポート・センター事業**の利用や，一時保育を行っている保育園を紹介することになりました。その費用の捻出が難しい場合は，社会福祉協議会の**生活福祉資金貸付制度**などを紹介します。知らない土地へ引っ越してきて，知り合いや相談できる相手がいないことから，**民生委員**や**主任児童委員**を紹介します。

【担任・SC・SSWer】母親はかなりのストレスを抱えているので，担任から母親にSCについての情報提供をしてもらい，母親が希望すれば定期的にカウ

▷2　就学援助
⇒ⅠⅠ参照。

▷3　ファミリー・サポート・センター事業
「子育ての援助を受けたい人」と「子育ての援助を行いたい人」が会員登録し，会員相互で子育て支援を行う事業。保育施設までの送迎，放課後や冠婚葬祭，学校行事の際の子どもの預かりなどを行う。援助を行った会員は援助を依頼した会員から報酬を得るが，報酬額は地域によって異なる。

▷4　生活福祉資金貸付制度
低所得者や高齢者，障害者の安定した生活を確保し，経済的自立を促すことを目的に設けられた制度。実施主体は各都道府県社会福祉協議会で，窓口は市区町村社会福祉協議会が担っている。連帯保証人を立てる場合は無利子だが，立てない場合は貸付利子が年1.5%となる。

▷5　民生委員
⇒Ⅷ-9参照。

▷6　主任児童委員
民生委員は児童委員を兼ねているが，1994年1月から，一部の児童委員は児童に関することを専門的に担当する「主任児童委員」として指名を受けている。個別のケースに対する支援や児童健全育成の推進活動のほか，児童福祉の関係機関や学校とのネットワークづくりの調整役も担っている。

ンセリングを行うことになりました。また，SSWer から保健師や地域の療育サービス，子育てサークルについての情報提供を行います。

【担任・養護教諭・SSWer】たけし君は家庭環境や生活環境が変わり，不安定になっているので，養護教諭と SSWer が頻繁に声かけをしながら，たけし君が SOS を出しやすい環境をつくります。担任はたけし君のストレングスをみつけ，それを学校生活に活かすよう工夫します。注意や指導よりも，褒める回数をできるだけ増やします。

○その後の経過

母親は生活福祉資金を借りて一時保育を利用し，就職活動を始めました。就職活動中のストレスは，SC によるカウンセリングや民生委員の声かけで軽減したようです。その後，市内の食品工場での仕事が決まり，経済的にはかなり安定しました。そのことで精神的な余裕もでき，子どもたちとの関係も徐々に改善されていきました。母子関係も安定し，担任との関係性もよくなり，たけし君の学校でのトラブルは激減しました。

5 大阪・西成高校が取り組む「反貧困学習」

西成高校がある大阪・西成区には，日本最大の日雇い労働者の街・釜ヶ崎があり，区内の全世帯の約3割が生活保護を受給しています。西成高校の生徒たちの多くも貧困に直面するなか，教員たちは「夢を追いかけろ」「がんばれ」と叱咤激励する教育を行ってきました。しかし，生徒たちと向き合っていく中で，貧困の連鎖から脱却するために今の生徒たちに必要なのは，「貧困」を理解し，それに立ち向かえるようにしていくための教育であるという考えにたどり着きました。そこで同校では，「格差の連鎖を断つ」ことをミッションとし，2007年より「反貧困」を軸にした人権総合学習を始めました。

「貧困」は個人の問題ではなく，社会の問題です。生徒たちがこのことに気づき，貧困を生み出す社会構造を知るとともに，このような社会構造を変える主体になってほしいという思いから，反貧困学習には7つの視点があります。それらは，①自らの生活を「意識化」する，②現代的な貧困を生み出している社会構造に気づく，③「西成学習」を通して，差別と貧困の関係に気づく，④現在ある社会保障制度についての理解を深める，⑤非正規雇用労働者の権利に気づく，⑥究極の貧困である野宿問題をとおして生徒集団の育成をはかる，⑦「新たな社会像」を描き，その社会を創造するための主体を形成する，です。「ストリートチルドレン」を題材に，「子どもの貧困」「子どもの権利」について考えたり，「ネットカフェ難民」や「ワーキングプア」から「社会保障制度」や「セーフティネット」について学んだり，この他にも，日雇い派遣や労働者を守る法律や制度など，さまざまな角度から授業が展開されています。

（半羽利美佳）

参考文献

大阪府立西成高等学校『反貧困学習——格差の連鎖を断つために』解放出版社，2009年。

阿部潔「大学における人権教育の課題——「貧困の連鎖を断つために—人権教育を通じて何ができるのか？」を振り返ってから」関西学院大学人権研究15号，43-47，2011年。

毎日新聞「反貧困学習——貧困なぜ？授業で学ぶ大阪・西成高校の取り組み」2009年7月17日（朝刊）。

林田照男「社会問題が集積する西成で，『反貧困』学習に取り組む」財団法人大阪府人権協会（http://www.jinken-osaka.jp/essay/vol68.html）。

VIII スクールソーシャルワーク実践

教育・福祉施策とSSW ⑪
非行とスクールソーシャルワーク

 非行と呼ぶことは慎重に

非行という語は、色々な意味に用いられます。学校では、服装や頭髪の乱れ、怠学などを非行と呼ぶこともあります。非行は児童生徒に「非行少年」などのレッテルを貼ることですし、児童生徒や保護者の私生活に警察などの関係機関が介入することにもなるなど、大きな影響力のある概念です。社会では、ある人を犯罪者や非行者と断定するには裁判を経る必要があり、有罪が確定するまでは、無罪が推定されるのが原則です。そのため、ある行為を非行と呼び、ある児童生徒を非行を行ったと断定するには、正確な非行の定義と事実の確定が必要になります。学校ではしばしばこれらの2点が曖昧なままで、教師が指導を急ぎすぎたため信頼関係が失われたり、無用なトラブルを招くきっかけになったりということが生じています。不適切なレッテル貼りは、人権侵害にもなるため、非行と思われる事例への対応は、慎重さが必要なのです。

　○**少年法に基づく非行**

　非行の定義は1つではありません。学校が外部の専門機関と連携するには、学校内で用いる定義だけでなく、外部機関と共通の定義を用いないことには、正確な連携は行えませんから、まずは定義を理解しておく必要があります。

　非行についての基本的定義は、**少年法**第3条に規定されたものです。これは家庭裁判所が審判の対象としたり、警察が検挙したりする場合などに用いられる、厳格な定義です。この場合、非行少年は、犯罪少年、触法少年、ぐ犯少年の3つに分類されます。

　犯罪少年は、14歳以上で犯罪を行った少年を指します。触法少年は、14歳未満で犯罪少年と同じ行為を行った少年のことです（犯罪は14歳以上が対象とされるため、14歳未満は犯罪とは呼ばず、法に触れる行為といいます）。ぐ犯少年は、犯罪や触法レベルまではいかない、家出などの具体的な問題行為があって、今後犯罪や触法行為を起こすおそれがある少年です。

　これは非行のもっとも狭い解釈であり、この定義に従うと、喫煙や深夜徘徊などは非行にはなりません。ですから、ぐ犯少年でない生徒の喫煙行為を家庭裁判所は非行とはみなしてはくれないのです。

　○**不良行為など**

　もう少し広く非行を捉えたものに、不良行為少年があります。これは警察が

▷1　**少年法**
非行少年の保護、つまり立ち直りのための手続きを定めている法律。主として家庭裁判所の手続きについて規定している。

補導の対象とするものです。**少年警察活動規則**第2条に「非行少年には該当しないが，飲酒，喫煙，深夜はいかいその他自己又は他人の徳性を害する行為（以下「不良行為」という。）をしている少年をいう」と規定されています。

しかし，この場合も単に校則を守らないとか，服装が乱れている等は含まれないのです。もっとも学校にとっては，問題行動があれば不良行為に該当しなくても，教育上指導する必要がありますし，家庭においても同様です。しかし，こういった問題行動まで非行と表現すると，学校外では通じない可能性があります。一方でいじめや教員への暴力行為が，犯罪や触法行為にあたる場合も少なくないため，学校が非行として考える場合には，どの枠組みで非行とするのかを明確にして，誤解を生じないようにする必要があります。

② 非行における事実の確認の重要性

非行に関しては，事実の確認が大切です。たとえ本人が非行行為を認めていても，決めつけるようなことを避けて，正確に事情を聞き取り，それを客観的に記述することが必要です。まして，本人が否定していることについては，頭から嘘だとか，言い逃れだと決めつけずに，いったんはその言い分をしっかりと聞きとることが必要です。また，その行為の関連事項や共犯者の話なども記録しておくことが，特に必要です。

本人の意見を十分に聞かないことは，**意見表明権**の侵害で法的にも不適切な行為とされるのですが，後に保護者などからの異議申立てなどがあると，指導する側が立場を守れず，後の指導に支障を来しているような例もあります。

③ 非行を担当する機関

非行について判断し，処分を決める機関として，警察，児童相談所，家庭裁判所があり，その役割・機能を知ることが大切です。

警察は，種々の非行の第1の窓口であり，事案の捜査や調査を行い，児童相談所や家庭裁判所に送るほか，直接補導をしたり，**少年サポートセンター**や**少年補導センター**など関係する指導担当部門を活用して，継続的に補導する場合もあります。

児童相談所は，触法少年を独占的に対応することになっています。そのため，14歳未満の少年を警察が補導した場合でも，一時保護や施設入所などは児童相談所の判断で行われることになります。なお児童相談所が必要だと判断した場合だけ，14歳未満でも家庭裁判所に送致することができ，家庭裁判所は強制的な施設入所が可能なため，12歳でも**少年院**に行くことがあります。

家庭裁判所は，非行少年を担当し，少年鑑別所，少年院，**児童自立支援施設**などの施設入所や，**保護観察**，**試験観察**などの在宅での指導の判断をします。

▷2 **少年警察活動規則**
警察庁の定めた，非行少年の検挙や補導についての規則。不良行為などについても規定されている。

▷3 **意見表明権**
⇒ Ⅱ-2 参照。

▷4 **少年サポートセンター**
警察の非行についての相談機関であり，非行の初期段階で，少年や保護者からの相談を受理して，必要な助言やほかの公的機関の紹介など問題を抱えた少年や家庭の支援を行う。

▷5 **少年補導センター**
地域における非行防止に関する合同活動の拠点として設置されており，該当巡回，相談活動，環境浄化活動，広報啓発，その他の活動を行っている。

▷6 **少年院**
少年院法に規定される，法務省が管轄する国立の施設。家庭裁判所の決定による非行少年を収容して，矯正教育を行う。

▷7 **児童自立支援施設**
児童福祉法第44条に規定される児童福祉施設で，かつては教護院と呼ばれていた。不良行為をなし，又はなすおそれのある児童及び家庭環境その他の環境上の理由により生活指導等を要する児童を入所させ，または保護者の下から通わせて，個々の児童の状況に応じて必要な指導を行うことを主たる業務としている。

▷8 **保護観察**
更生保護法に基づき，少年や成人の対象者に行われる社会内処遇。具体的には，生活指導や就職援助などを行うことで，その人たちの立ち直りを支援しようとす

④ 事例にみる非行と生徒指導の流れ

○発　端

定期試験終了日の夕方，X中学校の生徒指導主事S先生のところに，近くのコンビニエンスストアから電話で，X中学2年生のM（男子，14歳）が万引きをしたので事情を聞いているが，保護者に連絡がつかないとの連絡がありました。S先生は保護者にかわってMを引き取るために店に出向いたところ，近くの交番の警察官も来ていました。店はMが何も話さないので困り，警察にも連絡していたのでした。S先生は，保護者に連絡をとって警察に連絡を入れるよう伝え，Mを引き取り，いったんは学校で事情を聞こうとしました。Mは普段の様子からは，万引きをするようなタイプとは思われませんでした。

Mが盗ったのは，同じ種類のお菓子5個で金額は700円程度，小遣いで買えない金額ではありません。Mは盗ったことは認めましたが，「食べたかったから」としかいわず，事情聴取は不完全なまま，駆けつけた保護者に連れられて帰宅しました。S先生も校長と担任に電話報告をして，帰宅しました。

○学校のチーム対応とアセスメント

翌朝，Mの母から，「Mが何を聞いても答えない。一応注意はしたが反応がないのでどうしたらよいか」との電話があり，S先生は答えに困ったので，学校でも対応し，後日相談するといって電話を切りました。その日Mは登校してきましたが，今回の件については前日同様に何も答えませんでした。

学校では，その週にMについてのケース検討会をもつことにして，S先生や担任，学年主任のほか，スクールソーシャルワーカー（SSWer）も参加しました。SSWerは，法制度などの助言を行い，現在の学校のもっている情報に基づくアセスメントが必要と考え，会議をリードしました。そこで，Mの学校生活が全体として崩れているとは思えないことや，保護者が対応に前向きであることなどが明らかにされ，万引きへの対応は家庭と警察に任せ，学校はMの安定した学校生活を確保しつつ支援するという方針が確認されました。それを的確に実施するには，Mについてのより深いアセスメントが必要なため，特に最近の人間関係や，本人の様子についての情報を集めることにしました。

またMに対しては，直接事件のことを聞き出そうとするのではなく，特にMと信頼関係のある前担任のT先生が，機会をみて話をすることとしました。

○アセスメントの確認

1週間後のSSWerの勤務日に再度ケース会議を開き，得られた情報を整理したところ，Mが同級生で同じクラブのO（男子，13歳）に金品を渡しているのをみた生徒が数人いることがわかりました。最近Mがクラブをさぼりがちで急に成績が下がったこと，万引きの日もOとともに下校していたことなどの情報もありました。このOは度々校内で暴力をふるい，校外でも他校生とけんか

るもので，保護観察所によって実施され，専門職員である保護観察官とこれを補佐する保護司とが担当する。

▶9　試験観察
少年法に基づき，家庭裁判所が非行少年に対して最終決定を行う前に，試験的に指導しつつ様子を観察するという手続き。家裁調査官が担当し，少年の自宅で生活させるほか，少年を預ってくれる方に委託して観察する補導委託という方法もあり，その結果で最終決定がなされる。

をして補導されるなど，問題行動がエスカレートしている生徒で，保護者も放任しており，虐待の可能性もあり，交友関係の問題が大きいということでした。

そこで，Mに対してT先生が何気ない形で，最近の様子やクラブ活動の話などを聞いたところ，Oの話となり，実はいじめられ金品を要求されていることをMは話しました。ただしそのことは，秘密にしてほしいとのことでした。

○ MとOへの対応

次のケース会議で，Oのことをどう扱うかについては，意見が分かれました。MについてはT先生との関係を重視し，Oの話は直接出さず，T先生から，Mのことは信頼して支えるから，警察に本当の話をするよう伝えることにしました。一方Oは，今回の件がなくとも生活上の課題が大きく，保護者も十分な対応がとれていないため，今後問題行動がエスカレートすることが十分予想されました。そこでSSWerは，Oのアセスメントのために情報を収集し，本人は物事の理解力に課題があり，背景に虐待が考えられる衝動性があり，実際の暴力も激しいことがわかりました。家庭は，Oの家出や夜遊びを止められないだけでなく，保護者も夜不在がちで，監護力は期待できず，学校が保護者を呼び出しても，なかなか会えないことから，学校だけの指導で改善は図れないという判断にいたりました。そこで，関係機関との連携を検討しましたが，Oは14歳になっていないため，非行は児童相談所が担当することになりますが，Oの生活状況から，対応は早いほうがよいと判断されました。そこで，まずは児童相談所に対し，児童福祉法第25条の**要保護児童通告**[10]を行い，今後問題行動がエスカレートした場合には，直ちに一時保護や施設収容なども可能なように準備してもらうことにしました。学校は通告書を作成し，S先生とSSWerが児童相談所に持参し，今後の方針について話し合いました。

児童相談所は，Oの通告を非行相談として受理し，児童福祉司による指導として保護者への働きかけを行いましたが，目立った改善がないため，近日中に一時保護がなされる予定になっています。

Mはその後，警察でOに脅されてお菓子を盗んだことを話し，家庭裁判所に**簡易送致**[11]されましたが，呼び出しはなく落ち着いて生活しています。

○ 事例のまとめ

本事例では，S先生が非行について叱るのではなく，事実の把握，アセスメントの実施，関係機関と連携するといったことを通して，M自身も語ることができなかった真相にたどりつき，校内のいじめにも対応できました。

今日の生徒指導では，適切なチーム対応が求められており，SSWerやスクールカウンセラー（SC）の活用も求められています。一方で，SSWerは専門的知識を活用して，学校を支援しましたが，決してSSWerだけで活動することなく，教師による学校本来の活動を支えるという姿勢を守りました。その点がSSWer活動の大切なポイントなのです。

（野田正人）

▷10 **要保護児童通告**
児童福祉法第25条により，要保護児童については市町村や児童相談所等への通告が国民の義務とされている。要保護児童とは，保護者がないか保護者に監護させることが不適当な児童のことで，主として非行を行った児童や被虐待児童をいう。

▷11 **簡易送致**
警察や検察官は，補導・検挙した犯罪少年のうち，被害額が少額の場合など一定基準に基づき，簡単な書類だけを家庭裁判所に送る形で済ますことができ，これを実務上，簡易送致と呼ぶ。呼び出されずに審判不開始の決定がなされることがほとんどである。

VIII　スクールソーシャルワーク実践

12 教育・福祉施策とSSW ⑫
精神疾患とスクールソーシャルワーク

▶1　**精神障害者**
「精神保健及び精神障害者福祉に関する法律」において、精神障害者とは、統合失調症、精神作用物質による急性中毒またはその依存症、知的障害、精神病質そのほかの精神疾患を有する者と定義されている。

▶2　精神保健福祉研究会監修『我が国の精神保健福祉〈平成22年度版〉——精神保健福祉ハンドブック』太陽美術、2010年、1頁。

▶3　**エンパワメント**
⇒ Ⅷ-7 参照。

1 わが国の精神障害者を取り巻く環境

近年、わが国において、うつ病や自殺が社会問題化していることを背景に、こころの健康について見直されてきています。WHO（世界保健機関）では、健康が「健康とは、病気でないとか、弱っていないということではなく、肉体的にも、精神的にも、そして社会的にも、すべてが満たされた状態にあることをいいます（日本WHO協会訳）」と定義されているように、こころの健康は身近な問題として捉えることができます。人々の健康のうち、主として精神面の健康を対象とし、精神障害を予防・治癒し、また精神的健康を保持・向上させるための諸活動を精神保健といいますが、今後さらに注目されるでしょう。

わが国における精神障害者の歴史は、社会の偏見と差別を抱えながら今日に至っています。「精神病は治らないもの」として捉えられ、長らく収容型の施策が行われてきました。それが、世の中に誤解と偏見をもたらす結果となってしまい、精神障害者は社会から排除される対象となっていました。1993年制定の障害者基本法において、ようやく精神障害者も身体障害者、知的障害者とともに、障害者として位置づけられるようになりました。これまでの保健医療施策に加えて、福祉施策の充実が図られることとなりました。収容型施策から地域生活支援への移行とともに、当事者のニーズ中心、**エンパワメント**、自己決定に重きをおいた支援が謳われるようになったのです。2005年には、障害者自立支援法（現：障害者総合支援法）が成立し、身体障害者や知的障害者と精神障害者が、同じ法律のもと、共通した福祉サービスを受けられるようになりました。

精神障害者が、施策の上でほかの障害者と同じ立場に立ったことは意義がありますが、根強い偏見が残っているのも事実です。精神障害者は、身体障害者や知的障害者とは異なり、見た目には把握しづらく、他人が理解するのが困難です。図Ⅷ-11は精神障害者の生活のしづらさを表したものです。精神障害者には、疾患に対する医療だけの関わりではなく、生活のしづらさに焦点をあてた福祉的支援も必要となります。糖尿病や高血圧症者も、治療をしながら自分らしく生きていくように、精神障害者も症状をコントロールしながら「回復」していくことは可能です。

生活のしづらさを抱える人たちにとって、生活のしやすい社会づくりを行う

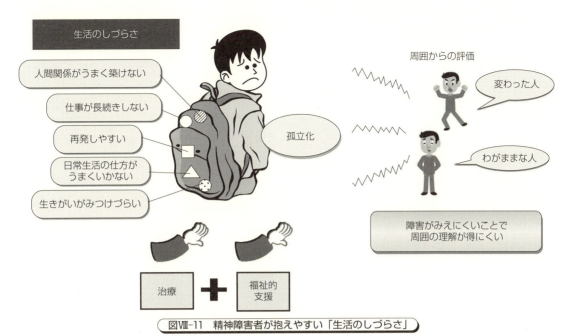

図Ⅷ-11　精神障害者が抱えやすい「生活のしづらさ」

出所：筆者作成。

ことは，誰にでも生活のしやすい社会をつくることになります。地域住民と精神障害者が一緒になり，社会や地域への理解を進めるための啓発を行っていくことも1つの方法でしょう。

最近では，疾患を抱えたとしても，早期に医療や福祉が関われば，社会との関係性が遮断されることが防げるので，「回復」が早いとわれています。

2　精神保健福祉士の業務の拡大

精神保健福祉士は，精神障害者の社会的復権と福祉のためのソーシャルワーク実践から生まれました。精神保健福祉士とは，精神保健福祉士法の定義によると，精神障害者の保健および福祉に関する専門的知識および技術をもって，精神科病院等で医療を受ける人や，精神障害者の社会復帰施設等を利用している人への相談援助を行うものとされていますが，最近では活動の場が，司法，教育，就労などの分野にも広がりをみせています。スクールソーシャルワーク（SSW）の分野においても，精神保健福祉士の専門性が生かされ，役割が期待されています。

3　子どもと精神疾患

子どもの精神保健に関するニーズは，精神科病院でも増えてきています。不登校や暴力問題，あるいは学校での不適応状態から，精神疾患や発達障害が疑われ，精神科受診となることが多いようです。

○事例1——子どもの精神疾患とSSWer

中学校3年のA子さんは、個別支援が必要なために、特別支援教室に通っていました。2学期頃から、異性への関心が高まり、B君を追いかけたり、抱きつこうとする行為が出てきました。先生たちは、A子さんに注意をするようになりましたが、このような行為が治まらなかったことから、担任は、何らかの精神的な問題を疑い、両親に精神科受診を勧めました。しかし、そのことで両親と学校の関係性が悪化してしまい、スクールソーシャルワーカー（SSWer）に相談することになりました。

SSWerの面接などを通して、学校とA子さんの家族との間に、対応や気持ちの行き違いがあったことが明確になりました。学校では、A子さんへの対応方法がわからず、何度も状況を家族へ伝えるだけになってしまっていましたが、A子さんの両親は、娘が精神障害者と思われていることが辛かったのです。

SSWerからみても、A子さんには精神疾患が疑われました。まず、学校側と両親の同席の上で、双方の気持ちを整理し、共通理解に至るよう働きかけました。それからSSWerは、わが子が精神科病院にかからなければならない辛さや不安などを聞き、受容しながら、具体的に精神科病院のシステムについて説明をしていきました。

近隣の精神科病院を紹介し、両親の不安が軽減できたことで、受診に結びつけることができました。A子さんは**統合失調症**の疑いがあると診断され、治療の継続が必要となりました。経済的な不安がありましたが、病院の精神保健福祉士より**自立支援医療費**の制度の説明がなされ、経済的な不安を抱えながらも、継続した受診が可能となりました。結果、学校と病院が連携しながら支援していくこととなりました。

ここではSSWerが、学校側と家族側の状況や気持ちを整理したことが、A子さんの受診につながりました。また、精神疾患や、精神科病院の知識をA子さんの家族が有することで、より具体的な介入ができました。

精神科病院の受診に至るまでには、さまざまな葛藤が生じます。それは、「自分の子が精神病だなんて信じたくない」、「近隣の人に知られたくない」、「精神病になってしまったら、将来はどうなってしまうのだろう」という、否認や悲しみです。支援者は、それらを受容するプロセスを理解する必要があります。受診は家族（親）がさせることが多いのですから、家族支援も重要です。

子どもに多くみられる精神疾患としては、**不安障害**や**強迫性障害**、**解離性障害**、**気分障害**、**摂食障害**、統合失調症などがあります。子どもは自分のニーズを表現しづらいこともあることから、支援者や治療者は、診察場面の対応だけではなく、実際の生活場面を把握し、治療することが求められています。

○事例2——精神疾患を抱える母親への支援

小学校2年のC男君は母子家庭です。1学期に入って間もなく、服が汚れて

▶4 **統合失調症**
2002年までは精神分裂病と呼ばれていた精神疾患の代表的なもの。分裂という言葉が精神の分裂との誤解や偏見を招くということで、改められた。妄想、幻覚、滅裂思考、感情鈍麻などを主症状とする。

▶5 **自立支援医療費**
障害者総合支援法に基づく、公費医療負担制度。申請し適用できた場合、1割負担となる。病状の重症度や所得に応じて上限額がつく場合がある。

▶6 **不安障害**
過度の不合理な不安によって、心身のコントロールを失うこと。不安発作などを起こすこともある。

▶7 **強迫性障害**
本人の思考に反して繰り返し心に浮かぶ思考（強迫観念）や、無意味で効果がないと気づいても、何度も繰り返してしまう行動（強迫行為）からなっている。

▶8 **解離性障害**
耐えがたい問題やストレスフルな状況で、心の葛藤を回避するために起こる防衛反応。意識が部分的に失われたり、別の人格となって現れたりする。

▶9 **気分障害**
気分や感情の障害。主に、躁うつ病、うつ病がある。

▶10 **摂食障害**
拒食症と過食症に大別される。食事と体重、体型へのこだわりをもち、全く食事を摂らないか、大量の食事を摂ってしまうといった食行動の異常を示す。原因は不明だが、「やせていると認められる」という社会文化的背景が影響しているといわれている。

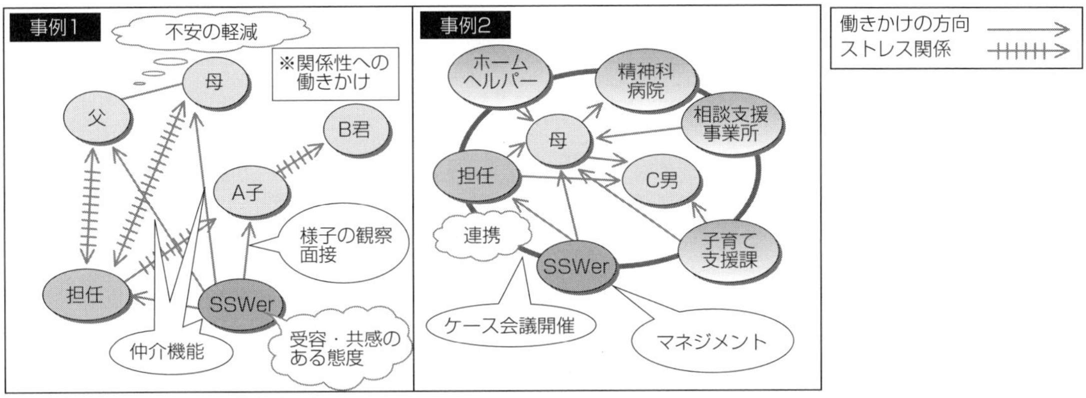

図Ⅷ-12 事例1，2のSSWer介入状況を図式化

出所：筆者作成。

いることや，忘れ物をすることが目立つようになりました。担任は，母親へそのことを電話で伝えますが，「すみません」と謝るのみで，改善はしません。声に覇気がないことが多く，それ以上どう伝えればよいか，担任はわかりませんでした。後ほど母親はうつ病で療養中であることがわかり，母親にどのように声かけをしたらよいかと，担任からSSWerに相談がありました。

SSWerは母親と面接し，母親が受診している精神科病院と，市役所の子育て支援課，相談支援事業所との連携を提案し，了解を得て，ケース会議を開催しました。子ども支援と母親支援を2本柱とし，各機関が役割分担を行うようにしました。母親は調子が悪い時は寝て過ごすことが多いため，相談支援事業所の支援により，障害者総合支援法によるホームヘルプサービスを利用することとなりました。また，調子が悪くなると，受診もままならなくなるため，病院による定期的な訪問看護を行うことにしました。子育て支援に関しては，時々子育て支援課が家庭訪問し，様子を見守ることにしました。

サービス利用開始後，比較的安定した生活環境を保つことができたため，C男君の忘れ物は減り，服装も清潔なものを着てくるようになりました。SSWerがケース会議を通して，地域のネットワークや社会資源を利用し，うつ病である母親を支えたことで，C男君の環境が改善されました。

4 子どもと家族の支援

親が精神疾患を抱えている場合は，養育環境上何らかの問題が生じやすいため，支援者による親の理解と，周囲の人々の支えが自立へとつながります。

学校と福祉，医療が連携する必要がありますが，3者にはそれぞれ文化の違いが存在し，困難さをはらんでいます。SSWerは状況を把握した上で，当事者への直接的な関わりに加え，コーディネートやマネジメントを行うことが求められます。

（岩井佑美）

参考文献

門田光司『学校ソーシャルワーク入門』中央法規出版，2002年。
日本精神保健福祉士協会事業部出版企画委員会編『日本精神保健福祉士協会40年史』2004年。

Ⅷ　スクールソーシャルワーク実践

13　教育・福祉施策と SSW ⑬
児童福祉施設とスクールソーシャルワーク

1　児童福祉施設の現状と課題

　児童福祉法上の**児童福祉施設**[1]は，設置目的，生活形態，利用方式などが施設により異なります。ここでは，特に学校との関わりの多い児童養護施設について，その現状と課題を考察します。

　児童養護施設はかつて孤児院といわれ，何らかの事情で親をなくしたりして身寄りがない児童が生活する施設でした。しかし現在，児童養護施設に入所する児童で両親がいない，あるいは不明であるという児童は全体の1割にも達しません。ほかの居住（入所）型児童福祉施設も含め，今日の特徴としてほとんどの児童には親がいますが，それでも何らかの事情で児童養護施設に入所せねばならないのです。そして，その一番の理由はネグレクトを含めた虐待です（表Ⅷ-3）。

　虐待を受けて育ってきた児童のなかには，乳幼児期に特定の人との関係で形成される愛着（アタッチメント）や安心感，基本的信頼感が十分に形成されていなかったり，不完全であったりすることが多く，世の中や人そのものに対する基本的な不信が強く，自己肯定感が極端に低い傾向があります。入所後，「自分が悪いから施設に入所することになった」，「家族を崩壊させた」と被害者であるにもかかわらず，自責感に苦しむこともあります。さらに，児童養護施設には虐待を受けていなくても，複雑な家庭環境のなかで，分離体験や喪失体験により**トラウマ**[2]をかかえる児童もいます。そのため児童養護施設では心理療法担当職員も配置しています。また，国は養育環境面で家庭的養護を推進しているため，ケア単位の小規模化が少しずつ進んでいますが，現在でも児童養護施設の約5割はいわゆる**大舎**[3]といわれる形態で運営されています。

　児童養護施設では，近年，長年据え置かれた職員（保育士・児童指導員）の配置基準が，ようやく見直しがなされましたが，人的体制の充実とともに職員の専門性がさらに求められています。このようななかで，施設の職員は援助者として，また学校や地域では保護者として二重の役割を担っています。

表Ⅷ-3　養護問題発生理由別割合（児童養護施設）

総　数	100%
父の死亡	0.5
母の死亡	1.7
父の行方不明	0.5
母の行方不明	3.8
父母の離婚	2.9
父母の不和	0.8
父の拘禁	1.4
母の拘禁	3.5
父の入院	0.6
母の入院	3.7
父の就労	3.2
母の就労	2.6
父の精神疾患等	0.6
母の精神疾患等	11.7
父の放任・怠だ	1.8
母の放任・怠だ	12.9
父の虐待・酷使	7.3
母の虐待・酷使	10.8
棄　児	0.4
養育拒否	4.8
破産等の経済的理由	5.9
児童の問題による監護困難	3.8
その他	12.1
不　詳	2.9

出所：厚生労働省雇用均等・児童家庭局「児童養護施設入所児童等調査結果の概要（平成25年2月1日現在）」2015年より筆者作成。

2　学校との連携

○問題行動の背景を考える

原則として児童養護施設に入所している児童は，その地域の学校に通うことになります。児童にとっては，施設に入所するということだけでも大きな環境変化ですが，今まで通っていた学校を離れ転校することも大変な心労となり，入所後，不登校傾向になる児童もみられます。また，学校から落ち着きのなさや集中困難，学力不振などを指摘されることや，暴力やいじめ，万引き行為など，反社会的な行動を示す児童もみられます。これらに対して，教師や職員がその現象面だけに捉われ，問題行動の改善のためという理由から厳しく罰を与えることだけに力を入れると，逆効果になることが多く，丁寧にアセスメントを行い，児童の育ちの背景を共感的に理解し，なぜこのような状況になったのか，今この児童に何が必要なのかと，学校教師，施設職員がともに考える姿勢が強く求められます。

○家庭復帰にむけて

児童は家庭復帰が困難な場合を除き，児童相談所と児童養護施設との連携により，家庭復帰にむけた**親への指導**や環境調整が行われます。しかし，家庭復帰には適切な準備と判断が必要です。親からの引き取り要求により，十分な準備のない家庭へ子どもが帰り，引き取り後，再虐待が生じたケースも少なくありません。施設への再入所や転校を繰り返すことは，児童にとって大きな負担になります。2005年から，施設には家庭復帰支援のために家庭支援専門相談員（ファミリーソーシャルワーカー）が配置されています。スクールソーシャルワーカー（SSWer）は児童だけではなく，家庭や地域も視野に入れ，児童相談所や施設と協働して家庭復帰にむけた環境調整を行うことが必要です。

○教育の保障

施設で育つ子どもたちのなかには，これまでの育ちのなかで，落ち着いて勉強をする環境がなかったという子どもも多く，学習習慣が定着していません。また，経済的な理由も含め，児童養護施設出身者の高校，大学などへの進学率は一般家庭の子どもと比べると低く，逆に退学率は高い傾向にあります。施設や学校では児童の自立支援，自己実現のための学力保障，進路保障ができる環境をつくる努力も求められます。

3　実践の紹介

○対象児童の家族構成

和美（小2，女児）：母親からの身体的虐待により，4歳の時に児童養護施設に入所しています。時々父親が面会に来て，外に連れ出してくれることを楽しみにしています。

▷1　**児童福祉施設**
児童福祉施設は乳児院や児童養護施設などのように措置制度をとる入所型施設だけではなく，保育所や児童館のように，選択利用制度や自由意思により通所利用ができる施設，障害児施設などのように利用契約制度で運営する施設など多岐にわたる。

▷2　**トラウマ**
事件，事故，災害などに遭遇したり，人生の重大な出来事などから心身に強いショックを受け，その記憶が自己意識に統合されない場合，断片的に脳に残存する記憶のこと。

▷3　**大舎**
全国児童養護施設協議会では，施設での生活単位が20人以上を大舎，13〜19人を中舎，12人以下を小舎と呼んでいる。

▷4　**親への指導**
家庭復帰にむけた親への指導プログラムについては，サインズ・オブ・セイフティ・アプローチなど，欧米のプログラムなどが導入実施され始めている。

▷5　厚生労働省は，2011年に「児童養護施設等及び里親等の措置延長等について」のなかで，「中学校卒業後就職する児童や高等学校等を中途退学し就職する児童については，卒業や就職を理由として安易に措置解除することなく，継続的な養育を行う必要性の有無により判断すること」と通知しているが，今日でも所属を失った児童が退所を迫られる例が少なくない。

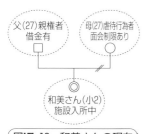

図Ⅷ-13 和美さんの現在のジェノグラム

父親（27）：離婚し，現在は単身ワンルームマンションで暮らしています。和美の親権者です。借金を返し，生活が落ち着いたら小学生の間に本児を引き取りたいと思っています。

母親（27）：離婚し，単身生活中です。本児には，食事を無理やり食べさせたり，体罰を繰り返したりしていました。精神的に不安定で通院中ですが，本児への思いはあるようです。面会には制限があり，入所後一度も和美には会っていません（図Ⅷ-13）。

○SSWerへの相談の経緯

小2の和美の担任は今春，ほかの学校より転勤してきたばかりの20代の教員です。クラスにはほかにも児童養護施設から通う男児1名がいますが，最近，和美が落ち着かず，クラスの友人の文房具をとったり，靴を隠したりという問題行動が目立ってきているということです。さらに，ウソをつくことも多く，友人も次第に少なくなってきているとのことでした。また担任には「私は3年生になったらお父さんが迎えに来て転校するの」といっているらしいのです。「どうしてこのような言動をとるのでしょうか。あの子のことがわかりません」というのが担任からのSSWerへの相談です。

○アセスメント

SSWerは早速，担任とともに本児の情報や現況をアセスメントシートに整理するために，生育歴をふりかえりました。小2の和美は4歳から施設で生活をしています。入所理由は母親から食事の好き嫌いがあるとの理由で叩かれたり，無理やり食べさせられたりというもので，保育所からの通告で児童相談所が入所措置（同意）をとったのです。父母はその後離婚，父親には借金があり，その整理がつくまでは和美を引き取れないという状況です。和美は入所後一度も母親とは会っていません。母親が突然学校へやって来ても，児童相談所からの面会制限があるので，和美を母親に会わすことはできないということです。

ここまでが，施設からすでに聞いていたことです。小2の女児が親と離れて生活をする寂しさを，担任とSSWerは追体験しました。友人の文房具をとったり，靴を隠したり，ウソをついたりすることは決して許されることではありませんが，和美の言葉にできない怒りや，愛されたい，承認されたいという欲求などを2人は感じ取りました。

○施設への訪問

次に担任とSSWerは施設の担当指導員と面会し，学校での様子を伝えました。施設では集団生活のなかで，どうしても職員の目が行き届かないため，和美は年長児のいいなりになっている傾向があり，ストレスをため込んでいることが多いとのことです。また，夏休みなどの長期休みには多くの児童が一時帰省をし，家庭へ帰りますが，和美はこれまで一度も長期の外泊をしたことがなく，たまに父親と外出することが和美の唯一の楽しみであり，父親はできるだけ早

く引き取りたいといっていますが，まだ当面難しく，和美のいうような小3で引き取りという話も出ていないことも確認できました。「小3になったらお父さんが迎えに来る」というのは彼女の願いだったのです。施設では学校での様子を受け，できるだけ職員が和美と個別的に関わる時間を増やすこと，心理療法の対象児童として検討すること，父親に定期的で安定した面会や通信を継続してもらうことなどを中心として和美の支援を行いたいとのことでした。

○SSWerによる職員研修の実施

当該校は校区内に児童養護施設があり，これまでに施設から通う子どもたちを沢山受け入れてきましたが，最近は和美の担任のように転勤してきた教員や新任教員が多く，児童養護施設の実態を十分知らない教員が増えていました。また，教員の多くは虐待通告をある程度意識していますが，被虐待児童の行動上の特徴や心理などについては，いまだ理解が十分とはいえません。そこでSSWerは職員会議の一部の時間を利用し，児童養護施設の現状や課題，虐待を受けた子どもたちの行動上の特徴などについて話をする機会をもちました。

○教員の変化

担任はSSWerとのアセスメントや施設への訪問，研修により虐待を受けた子どもたちのことが少し理解できたと話しています。何よりも和美に対する見方が「ウソつきで，困った，理解できない子」というものから，「虐待のなかを生き抜いてきた，誰よりも承認欲求の強い子」というように変化してきたことが大きいといいます。不思議なことに担任の見方が変わるのと時を同じくして，次第に和美の行動はおさまってゆきました。もちろん，施設や父親の関わりの変化も大きな影響があってのことです。

○考　察

児童養護施設に入所すると，子どもたちは施設のある地域の学校へ通うことになります。家族と離れ，これまで慣れ親しんだ学校や友人と別れ，新しい環境に適応することは容易ではありません。学校生活上の問題としては，児童の多くがこれまで落ち着いた家庭環境でなかったために，学習習慣が定着しておらず，低学力であることが少なくありません。また，整理整頓の習慣も十分でないため，配布物や教科書を失くすことや忘れることも多いのです。さらに，虐待を受けた子どもたちや発達上の課題のある子どもたちは，対人関係を構築していく力や自尊感情が低いことも多く，それがさまざまな形で問題事象として表出されることがあります。学校と施設が見立てや手だてを共有し，協働して支援を行っていかなければ，子どもの現象面に振り回されることになります。

この事例では担任がSSWerや施設職員と協働して本児の生育歴をふりかえり，アセスメントを行うことによって，本児への見方が変化してきています。「わからない子」をわかろうとするプロセスが，施設職員にも学校教員にも共通して大切なことではないでしょうか。

（浦田雅夫）

VIII　スクールソーシャルワーク実践

教育・福祉施策とSSW ⑭
外国籍の子どもたちへの対応とスクールソーシャルワーク

▶1　日本語教室
外国籍の子どもたちが多く在籍する小中学校では，日本語指導のための専用教室を設置している。自治体によっては，日本語指導を行う学校（センター校）を決めて，各学校から日本語指導が必要な子どもたちをそこに集める方式をとっているところもある。また，国際交流協会や自治体，NPO，そのほかの個人や団体が主催しているものもある。実施主体だけでなく，規模やスタッフの状況にも違いがある。

▶2　日本語指導等に対応した教員
この名称によって加配措置が採られているが，制度上，加配教員に専門的な素養が求められているわけではない。日本語指導にかかる資格については，文部科学省が日本語教員資格にかかるガイドライン（「日本語教育施設の運営に関する基準について」）を示しており，大学で所定のカリキュラムを修めたり，日本語教育能力検定試験に合格したりすることで，「日本語教員」の資格が得られるようになっている。ただし，その資格取得基準はきわめて緩やかなものであること，さらに加配される教員が日本語教員の資格を取得しているとは限らないことなど，資格と任用にかかる課題が残されている。

1　母語が違うということ

　外国籍の子どもたちがしばしば直面する壁が，言葉の問題です。この課題に対応するため，**日本語教室**が設置され，**日本語指導等に対応した教員**が，一定の基準のもと，加配されます。

　特に言葉の問題について注意しなければならないことは，日常生活で使う「言葉」（生活言語）と，本を読んだり議論したりする時に使用する学習言語が違うということです。たとえば，日常会話では「（物語を）書く」という表現が理解できれば十分ですが，学習場面では，日常生活であまり使わない「執筆する」等の表現も使われます。そのような表現を知らないということが重なると，国語の読み書きで苦労する可能性があります。このように，学習場面では，いわゆる話し言葉ではない言葉がしばしば用いられています。スクールソーシャルワーカー（SSWer）は，子どもが日常会話では流暢に話せるのに，学習活動に困難を示しているような場合，学習言語の獲得が困難である可能性を考えてみる必要があります。

2　言葉の齟齬と人間関係

　日本語を理解できない子どもたちは，どうしても学習に集中ができず，クラスのなかで落ち着きをなくすこともあります。そうした子どもたちが間違って「発達障害」と診断される例もありますし，教員が誤解をして「怠けている」といった見方を子どもに向けてしまうこともあります。

　クラスメートとの関係では，外国籍の子どもたちがうまく周囲と人間関係をつくろうとして，「わかったふり」をすることがあります。しかし，その「ふり」が後々になって「嘘だった」ということになると，その子どもたちの間でトラブルになったりします。その一方で，人間関係がつくれないため，ひきこもる子どももいます。

　また，保護者が日本語を解さない場合，学校とのやり取りについては，子どもたちの通訳が不可欠となります。しかし，子どもたちの嘘や情報の伝え忘れなどによって，保護者が振り回されることも出てきます。あるいは保護者が日本の教育制度をはじめとする，学校教育に関わる情報を入手できず，進路決定などに対して意見できないこともあります。

3 言葉以外での「わからなさ」

　私たち日本人が意識せずとも実行している，生活様式があります。しかし，後述する事例でみられるように，学校生活で「何をどのように用いるか」についてさえ，外国籍の子どもやその家族にとっては自明のことではないのです。

　教科学習においては，母国と日本とで学習内容が異なる場合，外国籍の子どもたちは，母国で積み上げた「基礎」を活用できず，母国とは別体系の学習活動に放り込まれることになります。仮に，学習内容は一緒でも，進み具合が日本と母国とでまったく一緒ということは，なかなかありません。そもそも，日本人とは教育観が異なるということも，珍しくありません。

　こうした違いを経験するなかで，後述の事例で出てくるように，外国籍の子どもたちがいじめられる場合もあります。そして，自国の文化を捨て，日本人になりきろうとする子どもたちもいますし，子どもによっては日本に連れてきた家族への恨みも生じたりします。

　急激に「国が変わる，文化が変わる」ことは，相当なストレスを生み出します。子どもや家族とともに，彼らが経験してきたことに丁寧に耳を傾けながら，日本人との違いを大切にし，違いを楽しむような実践を大事にすべきです。

4 困難な高校進学

　言葉や学習内容・方法に関する違いは，受験が必要な高等学校への進学を困難にします。現に，外国籍の子どもたちの高校進学率はきわめて低いものとなっており，中学に在籍する外国籍の子どもたちのうち，高校まで進学しているのはおおよそ60％であるといわれています。

5 多文化共生の橋渡しとして

　外国籍の子どもたちに関しては，不就学の問題が大きく横たわっています。これは先進諸国のなかでは珍しいケースです。その理由の1つとして，日本では，自治体にもよりますが，日本国民にのみ就学義務があるという考え方が強いということがあります。就学を支援することは**国際人権規約**を遵守する行為ですので，就学にあたって外国籍の子どもの家庭をSSWerが訪問する実践を積み重ねている自治体などを，参考にしたいところです。

　不就学のほか，これまで述べてきた課題に加え，実際に発生しているもっと多様で複雑な問題を解決するためには，外国籍の子どもと家族に寄り添い，必要に応じて関係者（外国人支援では，**国際交流協会**，当事者による支援団体やNPOなど，活用頻度の高い社会資源があります）の理解と協力を引き出し，あわせて社会的な多様性を保障するスクールソーシャルワーク（SSW）が必要です。

▷3　たとえば，中国人のように，学校への期待が高く，受験対策も望むような傾向がみられる外国人もいる一方，南米出身者に散見されるように，「出稼ぎに来ているだけで，いずれ帰国する」という意識が強く，また現に日々の労働に追われ（場合によっては転居を繰り返し），結果的に（場合によっては意図的に）学校をその場しのぎの「託児施設代わり」にしてしまう傾向もみられる（太田晴雄・宮島喬編『外国人の子どもと日本の教育――不就学問題と多文化共生の課題』東京大学出版会，2005年）。

▷4　中西久恵「日本で暮らす外国の文化的背景をもつ子どもへの教育支援」『社会福祉研究』第107号，2010年，84～91頁。

▷5　**国際人権規約**
社会権に関わるA規約と，自由権に関わるB規約からなるもので，世界人権宣言を引き継ぐ包括的な人権擁護に関わる条約である。このうち，A規約の第13条において，国籍にかかわらずに教育保障をすることが求められている。

▷6　太田晴雄・宮島喬編『外国人の子どもと日本の教育――不就学問題と多文化共生の課題』東京大学出版会，2005年，48～49頁。

▷7　**国際交流協会**
外国人と日本人の交流促進のために設置されている団体。すべての都道府県にあるわけではなく，設置箇所数は限られる。事業内容としては，各種相談や日本語指導等のための教材，そのほかの図書や資料の貸し出し，ボランティア等の人材養成，啓発活動等が含まれる。

6 アジアからの転校生——新たな学校環境への不適応の予防的支援

○事例

母親は日本語がまったくできない中国籍の女性、父親は中国残留孤児の3世です。父親は、10代半ばで日本にやってきたので、今では日本語の不自由さはありません。後になってからわかったことなのですが、父親自身学年を下げて在学した中学校時代に、「変な日本人」といわれていじめを受けた経験があるため、学校には不信感があります。そのいじめが原因で「日本人とは結婚したくない」と思い、離婚経験のある子もちの中国人女性と結婚し、その女性の実子（日本の学制では小学校2年生）とともに日本に迎えいれました。

母子が到着して数日後、学校長との面談のため転校先の小学校に家族そろってやって来ました。SSWer も同席させてもらえるようにあらかじめ学校長に依頼をしておいたので、教員とSSWer が一緒に面接をすることができました。

面接を始めてみると、子どもは、担任の先生とどうやって意思疎通を図るかという不安を口にしましたが、その一方で、筆談を交えながら、子どもから積極的に担任の先生と話をしようとする姿を観察できました。本人が新たな環境でうまくやろうとする強い気持ちがあることに加え、本人の希望もあることから、その後、日本語習得のために、すぐさま教育委員会へ依頼して、中国語を話せる日本語指導の先生が派遣されることになりました。保護者、特に母親は日本の学校が初めてであったので、校長先生から学校について説明がなされ、父親が通訳をしました。来日して間もないこともあり、先生方の配慮で「何ももたなくても大丈夫です」との言葉がけがなされたのでSSWer が、「でも先生、最低限、上履きがないと困りますよね」と伝えると、「あっ、そうでした」と先生も気づいた様子でした。引き続き、もち物についての説明がなされましたが、母親がイメージできないと思われたのでSSWer から先生方にお願いをして、上履きや上履き入れ、体操服、給食着など、すぐに必要なものの実物をいくつか提示してもらいました。父親はそんな様子を黙ってみていました。

○解説

このケースは予防的支援を目的として、SSWer が子ども・家族と学校、および地域との相互作用上の変化を期待して、いくつかの機能を発揮したものです。特に、学校としての役割（この場合は、転校にあたっての基本的なガイダンス、およびそれを通した学校と家庭との協力関係の構築）が遂行できることに主眼が置かれているものです。つまり、SSWer が学校の役割を肩代わりするのではなく、学校がその業務を遂行できるよう側面的に関わったものです。その関わりを、アセスメント結果および介入の概略を示した図Ⅷ-14では、イネーブリングという言葉で表しています。

ここでのイネーブリングとはシステマティックな概念で、単純に学校に働き

▶8 筆者が過去の支援経験を元に、SSWerの支援をわかりやすくするために創作したものである。

Ⅷ-14　外国籍の子どもたちへの対応とスクールソーシャルワーク

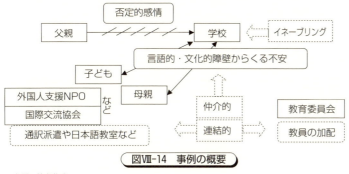

図Ⅷ-14　事例の概要

出所：筆者作成。

かけることで出現する機能ではありません。そうではなく，SSWerによる2つのシステムへの働き掛けの結果として生じているものです。

1つは，母子と学校との橋渡し，すなわち仲介による機能改善です。母子は，学区制，上履きや体操服などにあまりなじみのない国から来ています。生活習慣上，「何もわからない」という大きな不安を抱えているのです。こうしたニーズを踏まえて，学校側の具体的対応を仲立をすることが欠かせないことはおわかりのことと思います。この時外国人に対して，不安にならないようにとの親切心から「何も心配はいらない」といってしまうと，反対に「不親切」な対応になってしまうことがありますので，気づきにくいニーズに接近して，ニーズを明示していくことが，仲介者には求められます。こうしたことがないと，学校・家族間でストレスが高まり，社会関係の失調へと発展します。

もう1つの役割が，ニーズの充足のため，社会資源を連結していくことです。この事例では，SSWerがある程度中国での学校教育についての知識があったので対応がスムーズでしたが，SSWerに知識がない場合は，教育委員会のほか，国際交流協会，あるいは外国籍住民を支援するNPOなどを活用して，この役割を担ってもらうというプレリミナリ・ワーク（予備的な活動）が必要です。

また，残された課題としては，父親へのアプローチがあげられます。父親は，日本で育ち，基本的に言葉の不自由さがないことから，家族にとって学校との窓口的役割を果たすポジションにいます。こうした重要な役割をもつ人の懸念を放置すると，学校のミスや誤解が不信感を強め，学校と協力して子どもの教育を考えるという肯定的な循環を阻害しかねません。

なお，中国残留孤児は，自分が育った国（中国）が，過去にもう1つの祖国（日本）からつらい思いをさせられたという歴史性を背負っています。しかもこの父親のように日本でいじめられるという経験をすることで，2つの祖国への思いはさらに複雑なものとなります。本事例では，SSWerが，中国残留孤児であるということが父親にとってどんな意味をもったのかに思いをはせながら，父親との面接を進めたということも大事なこととして付言しておきます。

（中條桂子・澁谷昌史）

VIII スクールソーシャルワーク実践

15 教育・福祉施策とSSW ⑮
子育て支援とスクールソーシャルワーク

1 子育てをめぐる課題と子育て支援

○子どもの育ちをめぐる課題

少子化や核家族化の進行，近隣のつながりの希薄化，労働環境の不安定さなどにより，現代は誰もが余裕のない生活を送っています。**出生率**は継続的に低下しており（図Ⅷ-14），また近年，離婚率の増加も進んでいます。若者の未婚率の増加や晩婚化の傾向も強くなっています。その結果，家族形態が激変し，その影響は子どもや子育てにおよんでいます。特に乳幼児をもつ親が孤立する状況が顕著にみられ，子育てに対して不安や悩みを抱えるケースが増加しています。また，保育所建設反対運動や，電車内でベビーカーをたたむかどうかの論争など，社会全体が子育て世代に厳しい現状も見うけられます。孤立しながら子育てに向き合う状況のなかで，虐待に至るケースもみられます。

就学移行期になると，さらに親子関係や子ども自身の課題が深刻になる場合が生じます。また近年では，**小1プロブレム**と呼ばれる現象もあり，スクールソーシャルワーク（SSW）の支援対象となることが多々あります。

だからこそ，就学前後をつなぐこともスクールソーシャルワーカー（SSWer）の大切な役割となっています。それは単なるケース対応の連携のみではありません。SSWerの役割として，岩井は「①子育て感性・技能の獲得，②子育て関係（関わり）の深化，③子育て価値観・倫理の形成といった観点からふさわしい親育ちのあり方とその応援・支援について配慮し意図する必要がある」と述べています。

○子育て支援の実際

子どもや親が抱える課題以外にも，地域の大人の不適切な関わりや，第三者による児童への暴力，子どもの遊び場の不足なども報告され，地域における子どもの安心・安全が揺らいでいます。子育て不安や孤立感が深まるばかりです。

日本における**合計特殊出生率**が急落した1989年の「1.57ショック」をきっかけに（図Ⅷ-15），政府は少子化対策に取り組み始めました。しかし，2005年の合計特殊出生率は1.26と過去最低だったことから，2006年少子化社会対策会議で「新しい少子化対策」が決定されました。この「新しい少子化対策」では，すべての子育て家庭を支援するという観点から子育て支援策が強化されています。また，家族，地域のきずなの再生や社会全体の意識改革も強調されていま

▶1 **出生率**
単に「出生率」といった場合，合計特殊出生率を指すことが多い。人口学における出生率は普通出生率と呼ばれ，これは一定人口（通常は1,000人）に対するその年の出生数の割合のことである。

▶2 **小1プロブレム**
幼稚園や保育所では子どもの自発的活動として「遊び」が重視される。それに対して小学校では，教員による教科学習を中心に時間割どおりに授業が行われる。これまでも小学校入学直後に，この違いに戸惑うケースがあったが，近年，いつまでも小学校生活になじめない子どもが増加し，私語や立ち歩きによって授業が成立しない状況が問題になっており，小1プロブレムと呼ばれている。

▶3 岩井浩英「就学前保育と学校（教育）をつなぐ取り組み」日本学校ソーシャルワーク学会編『スクールソーシャルワーカー養成テキスト』中央法規出版，2008年，203頁。

▶4 **合計特殊出生率**
人口統計上の指標。1人の女性が一生に産む子どもの平均数を示している。人口再生に必要な合計特殊出生率は2.07といわれている。多くの先進国では2.07を下回っている。

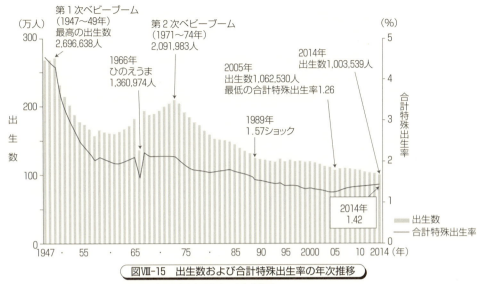

図Ⅷ-15　出生数および合計特殊出生率の年次推移

出所：内閣府「平成27年版少子化社会対策白書」を筆者一部加筆修正。

す。さらに，2010年には「子ども・子育てビジョン」が策定されました。このように地域における子育て支援の強化が図られてきました。

　子育て支援とは，「子どもが生まれ，育ち，生活する基盤である親及び家庭，地域における子育ての機能に対し，家庭以外の私的，公的，社会的機能が支援的にかかわること」と考えられています。市町村が実施する地域子育て支援拠点事業について，厚生労働省は要綱を定め，2014年4月より適用しています。この事業には，一般型，連携型があります。「公共施設や保育所，児童館等の地域の身近な場所で，乳幼児のいる子育て中の親子の交流や育児相談，情報提供等を実施」，「NPOなど多様な主体の参画による地域の支え合い，子育て中の当事者による支え合いにより，地域の子育て力を向上」することを目標としています。ほかにも乳児家庭全戸訪問事業（こんにちは赤ちゃん事業），養育支援訪問事業，ファミリー・サポート・センター事業，放課後児童健全育成事業なども展開されています。また，幼稚園での預かり保育，保育所での一時保育や「地域型保育事業」，「子育てサークル（サロン）」，子育て当事者によるサロンなど，多くの取り組みがあります。これらは，地域の子育て支援の柱となっています。

　さらに2012年8月に「子ども・子育て関連3法」が可決・成立しました。この3法にもとづき，幼児期の学校教育・保育，地域の子ども・子育て支援を総合的に推進するため，「子ども・子育て支援新制度」が2015年にスタートしました。

　子育てに伴う孤立感，閉塞感が増す現代社会において，このような子育て支援の活動は，今後ますます重要になってくると考えられます。

▷5　**子ども・子育てビジョン**
2010年度から2014年度までの，5年間で取り組む少子化対策をまとめたもの。「生命（いのち）と育ちを大切にする」，「困っている声に応える」，「生活（くらし）を支える」という3つの姿勢を示し，目指すべき社会への政策4本柱と12の主要施策が掲げられている。

▷6　柏女霊峰・橋本真紀『保育者の保護者支援――保育指導の原理と技術』フレーベル館，2008年，34頁。

▷7　厚生労働省ホームページ「地域子育て支援拠点事業とは（概要）」(http://www.mhlw.go.jp/bunya/kodomo/dl/kosodate_sien.pdf)。

▷8　**地域型保育事業**
2015年度から，「子ども・子育て支援制度」により，地域型保育事業として家庭的保育，小規模保育，事業所内保育という3つの事業が実施されている。

2 事例——SSW の子育て支援

○SSWer の役割としての子育て支援

人は，子どもが生まれたからといって，誰もがすぐに「親」になれるわけではなく，子どもが育つのと同じように，「親」として育っていきます。この親育ちの過程で，子育て中の親が孤立してしまっているのが，現代社会の課題であるといえます。そのために子育てへの不安感や負担感が増すのです。そして，子育て不安や負担感から，子どもへの不適切な養育につながることも考えられます。さらには子どもへの虐待にいたるケースもあります。

そのため，子育て支援への SSWer の役割として，親育ち支援という観点も大切です。たとえば，親による子どもへの不適切な養育や虐待を未然に防ぐことを目的とし，子どもをもった親が子育てに対する豊かな感性を獲得したり，子どもとの関わりを深めたりするための援助プログラムを考え，実践していくことも重要なのではないでしょうか。これは，SSWer が子育て支援，すなわち親育ち，子育ちの支援について配慮した活動を展開するということです。このような展開は，地域を基盤にした子育て支援（子育ち，親育ちの支援）であるといえます。子育ての課題は，地域の課題でもあるからです。よって，子育て支援を通じて，地域をエンパワメントする可能性も考えられます。

さらに，地域を視野に入れた子育て支援を展開することで，SSWer が子どもの就学前と後をよりよくつないでいくという，積極的な役割を担うことができます。学校に SSWer が存在する大きな意義の 1 つだといえます。

○「赤ちゃん抱っこ」体験を通した子育て支援の事例

それでは，SSWer は，子育て支援（親育ち，子育ちの支援）活動をどのように展開することができるのでしょうか。ここでは，厚生労働省が推進している**乳幼児と中・高校生のふれあい事業**をベースとして，SSWer が学校の先生と計画・実践したプログラムの例を紹介します。

大阪府茨木市では，2007年度から SSWer が中学校に配置されました。配置校の 1 つである A 中学校では，それ以前から性教育の授業実践がなされていました。10代の妊娠やそれに伴う生活課題などが地域でみられたことから，養護教諭が「いのち」をテーマにした授業展開を考えたことから始まりました。

授業の目的は，①生命を大切にする心を育む，②自分が今まで歩んできたこと，これからの生き方を知る，③第二次性徴について正しく理解する，とされています。第 1 学年では，担任と副担任によって，次のような流れで授業が実施されていました。まず第 1 次に，「生命」の観点から導入し，第 2 次では生命誕生に関するビデオ観賞の後，いのちのつながりについてワークショップを行います。第 3 次にはクイズ形式で赤ちゃんについて知り，第 4 次は，教師や保護者が出産や子育ての経験・思いなどを語ります。第 5 次には妊婦体験セッ

▶9　乳幼児と中・高校生のふれあい事業
厚生労働省ホームページには，乳幼児と中・高校生のふれあい事業の事例が紹介されている。乳幼児とふれあうことによって，中・高校生の自己効力感が高まったり，他者への思いやりが向上したりすることが報告されている（「乳幼児と中・高校生のふれあい事業の事例」〔http://www.mhlw.go.jp/bunya/kodomo/kosodate10/pdf/data.pdf〕）。

VIII-15 子育て支援とスクールソーシャルワーク

写真VIII-1　中学校における「赤ちゃん抱っこ」の授業風景

出所：筆者撮影。

トを使用しての妊婦体験と，赤ちゃんの人形を抱っこすることを体験します。

　A中学校に配置されたSSWerは，この授業に注目し，第5次で実際の赤ちゃんとその親の参加を提案しました。厚生労働省の報告では，赤ちゃんと触れ合った中・高校生の自己効力感が高まったり，他者への思いやりが向上することが指摘されているからです。一方，赤ちゃんの親は中学生の姿を通して，子育ての先の見通しを立てることが可能になります。また，子育て中の孤立を防ぐこともできます。つまり，「赤ちゃん抱っこ」の体験には，①中学生の自己成長を促すこと，②将来子育てに関わるかもしれない中学生のプレ親体験，③地域子育て家庭への支援の3つの目的があります。

　「赤ちゃん抱っこ」の当日，実際に赤ちゃんが教室に入って来た時，いつもの教室の空気が柔らかい雰囲気に変わりました（写真VIII-1）。日頃は反抗的であったり，引っ込み思案であったりと，さまざまな姿をみせる中学生が，素直にそして積極的に赤ちゃんと交流するのです。中学生は赤ちゃんを取り巻く家族の様子をみて，家族の話を聞きます。また，赤ちゃんの親は，中学生のかざらない姿をみることで，自分の赤ちゃんの成長の先を想像することができ，子育てをする上でプラスになる情報が与えられます。

　このような体験を発展させ，年に何度か行ったり，地域の子育てサークルと協働して実施したりしています。また，茨木市では現在，市内の別の中学校でも取り組まれるようになっています。この場にSSWerがいることで，親は気軽に悩みを相談でき，時には専門機関につなげることが可能になります。

○まとめ

　今日，子どもと大人たちをエンパワメントする人間関係を創出することが求められています。子どもを真ん中にし，人と人とがつながり合う地域をつくりあげていくには，地域における子ども支援の可能性を引き出すためのストレングス視点が必要です。この視点をもったソーシャルワークの専門職として，SSWerの役割が期待されています。

（野尻紀恵）

Ⅷ　スクールソーシャルワーク実践

16　教育・福祉施策とSSW ⑯
予防的なSSTプログラムとスクールソーシャルワーク

1　SSTとは

　SSTとは，ソーシャルスキルトレーニング（Social Skills Training）の略で，社会生活技能訓練，生活技能訓練などと呼ばれ，本人が希望する生活の実現に必要な，対人関係を形成するための技術や知識（ソーシャルスキル）を身につけるためのトレーニングで，本人と実際にやってみながら学んでいきます。

　SSTは，米国カリフォルニア大学ロサンゼルス校医学部精神科のロバート・リバーマン（R. P. Liberman, M. D.）教授らにより精神障害者の治療技法として考案されました。日本には1980年代に導入され，現在では，SSTは精神科領域だけでなく，学校教育や司法福祉分野等でも活用されています。

2　学校にSSTが求められている背景

　私たちは，日頃の生活における対人関係のなかで，相手の思いを推測して行動したり，コミュニケーションをとったりするなどの経験を積みながら，ソーシャルスキルを自然に学んでいます。しかしながら最近では，少子化や核家族化，都市化の進展に伴い，地域社会での人間関係の希薄化や遊びの変化により，子どもたちが家庭や地域のなかでソーシャルスキルを獲得しづらい状況になっています。そのため，子どもたちのなかには，友達との関わり方がわからなかったり，対人関係に不安感や緊張感を抱いたりする子どもがいます。

　したがって，対人関係での課題が生じやすい発達障害を抱える子どもの二次障害の予防としてだけでなく，どの子どもにおいても問題が生じるリスクの予防として活用されています。さらに，学校や学級全体の子どもを対象に，頻繁に生じる対人関係における課題の対処法を具体的に身につけること，豊かな人間関係づくりを育むことを目的に，SSTが実践されるようになってきました。

3　コミュニケーションの3過程

　たとえば，あいさつを行う場面で考えてみます。人に会ったらあいさつをすべきだという知識を本人がもっており，相手が自分の方に歩いてきていると判断し（認知），相手が自分に気づくにはどんな工夫がいるのか，本人の選択肢の中から決定し（情報処理），大きな声で「おはよう」と手を振りながら言葉を発する（表出）という一連の流れがあります。

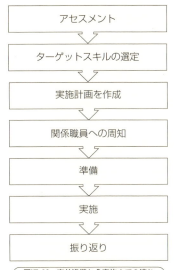

図Ⅷ-16　事前準備から実施までの流れ
出所：筆者作成。

表Ⅷ-4　SSTの一連の流れ

①インストラクション（言語的教示）	実施者がスキルの内容やその目的・必要性を言葉やツールを用いて説明したり，子どもと話し合ったりして，子どものSSTへの動機づけを高める。	
②モデリング	モデルを観察させてスキルの意味や具体的な展開方法を学ぶ。その際，行動のポイント等，言葉で説明を加えたり，スキルを行った結果肯定的な反応が得られたりするところを示す。	
③リハーサルロールプレイ	授業や学級の中で実際に学んだことをやってみる。リハーサルには，ゲームの中でスキルの練習を行う場合もある。	
④フィードバック（強化）	スキルに関してほめたり，肯定的な方法へと修正を求めたりすることで強化していく。具体的にほめた内容を明示することで，その行動への意欲を高める。	
⑤定着化・般化	学習したスキルが，どんな時・場所・相手でも実行できるように促す。その際，日常生活で実践できるように，課題を与えることもある。	

出所：筆者作成。

　認知とは，本人が相手の状況や感情を正確に認識することです。情報処理とは，認知した情報に基づいて自分の選択肢の中から適切な反応（表現方法，表現する内容，タイミング等）を意思決定することです。表出とは，意思決定した反応を言語的・非言語的コミュニケーションを用いて表すことです。

　この3つの過程が，ソーシャルスキルには相互に影響しあっています。そのため，対人関係に課題を抱える子どもの場合，ソーシャルスキルを獲得しているのか，それとも知らないのか，あるいは，不適切な方法を習得しているのであれば再学習の機会を設定すればいいのかどうか分析することが必要です。

4　SSTにおけるアセスメントの重要性

　SSTを効果的に実施するためには，子どもの行動観察・分析だけでなく，子どものソーシャルスキルの獲得や実行を妨げる要因やソーシャルスキルが向上することで変化する要因など，多面的なアセスメントが必要です。

　たとえば，友達との関係で悩む子どもについて，認知・表出の過程におけるソーシャルスキルが課題であるとアセスメントされた場合には，SSTの実施が効果的です。しかし，その子どもの興味関心と一致する友達が少ないというソーシャルスキルの遂行を阻害していることが課題であるとアセスメントされた場合には，SSTではなく環境調整等の他の支援が効果的です。

　そのため，SSTありきではなく，SSTの活用が有効であるかどうかをアセスメントし，効果的であると予測される場合は，目的や実施内容（回数・形態等）を明確にし，本人と実施者側が共通理解して取り組むことが重要です。

▶1　R. P. リバーマン著 西岡昌久総監督 池淵恵美監訳・SST普及協会訳『精神障害と回復――リバーマンのリハビリテーション・マニュアル』星和書店, 152～153頁。

▶2　相川充・佐藤正二編『実践！ソーシャルスキル教育』図書文化, 2006年, 26頁。

▶3　小関真美・小関俊祐「子どもに対する社会的スキル訓練の有効性が期待できる条件」『愛知教育大学教育臨床総合センター紀要』第4号, 2013年, 77～83頁において, 同じ「友達と上手に遊べない」という相談内容でも, アセスメントの結果からSSTが有効な場合と, SSTが本人への介入にリスクを生じさせたり環境調整などの別の支援が有効であったりする場合があることについて, 具体例を提示して考察されている。

5 SSTの基本的な進め方

○事前準備から実施までの流れ（図Ⅷ-16参照）

SSWerが学級や学校でSSTを行う際には，アセスメントを含めた事前準備を学校と十分に行うことが重要です。その際，実際に子どもたちの様子を観察したり，誰のニーズで誰のためのSSTであるのかをアセスメントしたりしながら，計画的に実施します。また，実施後も学校や子どもたちと振り返ることで，次のSSTを効果的に実施できるようにします。

○ターゲットスキルの決定

実施する個人や集団の特性や実態に合わせたアセスメントに基づき，ターゲットスキルを選択します。

○基本的な展開内容

基本的な一連の流れで展開されます（表Ⅷ-4）。なお，まとまった時間でなくても，何らかの活動の一部に取り入れたり，課題が生じたときにソーシャルスキルの教示を行ったりするなど，手軽にさまざまな場所や場面で実施できますが，一貫性をもって行うことが大切です。

○SSTの実施上の留意点

SSTを実施する際，子どもが不安等の感情を抱えている場合はその解消を優先したり，効果がみられないときはターゲットスキルがその対象者・集団の実態に合っているのかどうかを検討したりする必要があります。また，子どもの実態に合わせて市販されているワークシート等を活用することも可能です。

6 個別SSTの実践事例

個別SSTの実践事例モデルを提示します。なお，個別SSTは，本人をエンパワメントしながら，本人のニーズや力，状況に応じて実践可能です。

対人関係でストレスをためるA（中学3年生，男子）とスクールソーシャルワーカー（SSWer）は定期的に面接していました。面接時に，「イライラして物を壊しては，先生にいつも注意されるので何とかしたい」とAが訴えてきました。そのため，ワークシート（図Ⅷ-17）を活用し，どんな時にイライラするのか，イライラする度合いを客観的に捉えることが可能なのか，イライラしている時にどのような対処をしてきたことがあるのかをAと確認しました。そのなかで，Aが「噴火直前のやばい時期がわかる」，「やばいからと友達に伝えて，とめてもらう」と話したため，本人なりの対処方法を褒めました。その上で，学校でも取り組める感情のコントロール方法（深呼吸，別のことを考えるなど）をい

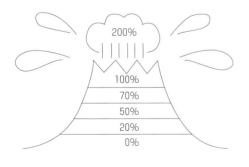

図Ⅷ-17 火山噴火グラフ

出所：髙畠佳江「資料18 火山噴火グラフ＆「レッツゴー」カード」山岡修他編著『個々のニーズに応じた指導と教材・教具』明治図書，2013年，139頁。

くつか提示し，Aと取り組めそうな行動を選択しました。その後，担任も同席して一緒に検討し，Aの気持ちが限界になる前に担任等の先生にサインを送ることと，その際には気持ちを落ち着かせるために顔を洗いに行く，その場を少し離れるという対処方法をやってみることになりました。2週間後，Aや担任に確認すると，本人が先生に伝えながら対処していました。その後も，時折面接場面で感情のコントロール方法をAと一緒に考えました。

7 集団SSTの実践事例

学級の様子から判断し，計画的にSSTを実施した2例を紹介します。集団SSTでは，**グループワーク**の原則を参考に進めていくことが重要です。

◯実践事例1

学級担任とSSWerとのSSTの計画段階で，グループ活動の中でソーシャルスキルを意識してやってみることが学級の子どもたちには効果的であると判断されたため，リハーサルにグループワークを取り入れて行いました。

最初に，子どもたちと「チクチク言葉」や「ふわふわ言葉」の具体例をあげ，言われるとどんな気持ちになるのか，どうしていきたいのかを考えました。その後，「ふわふわ言葉」を意識してグループワークを行い，その言葉を使えたのかどうか，言ってもらえたのかどうか等を振り返りました。最後に担任から感想や，「ふわふわ言葉」を学校生活で使ってみることや帰りの会で使えたのかどうか等を確認しあうことが提案されました。

◯実践事例2

学級で頻繁に生じる対人関係のトラブルへの対処にSSTを活用することになりました。相手の気持ちを考えるとはどういうことなのか，「相手の気持ちを推し量るスキル」について確認しました。そして，頻繁に生じる具体的場面に関して，「こんな時どうする？」とグループで相手の思いやどんな言葉かけができたらいいのかを考え，発表し合いました。各々のグループが適切な対処方法を考察しながらも実践できない背景に，気持ちのコントロールへの困難さがありました。そのため，子どもたちが日頃行っている気持ちのコントロール方法をあげてもらったり，スキルを提示したりして，自分なりの気持ちのコントロール方法を選択し，実践しました。

8 SSWerがSSTを実践する上での留意点

ソーシャルスキルを学ぶことが困難な子どもたちにSSTが効果的とはいえ，SSWerはソーシャルワークの視点を忘れてはなりません。学校等のニーズに合わせて子どもに変容を求めるのではなく，子どもたちの思いを中心に，子どもたちの力や可能性に焦点をあてながら，ともにSSTに取り組むことが重要です。

(藤澤　茜)

▷4　グループワーク
⇒Ⅵ-7 参照。

▷5　「チクチク言葉」とは，「死ね」「むかつく」などの相手から言われると，悲しくなったり，イライラしたり心が傷つく言葉である。「ふわふわ言葉」とは，「ありがとう」「すてき」などの人から言われるとうれしくなったり，元気が出たり，心があたたかくなる言葉である。

▷6　この時には，学校グループワーク・トレーニングの「誕生日おめでとう」（坂野公信監修 日本学校GWT研究会著『協力すれば何かが変わる──続・学校グループワーク・トレーニング』遊戯社，1994年，53～58頁）を実施した。

▷7　「相手の気持ちを推し量るスキル」として，「①姿勢や動き，②顔全体の表情，③目の表情・視線・アイコンタクト，④沈黙，⑤話し方」などが記載されている（NPO 星槎教育研究所編著『クラスで育てるソーシャルスキル』日本標準，2009年，97頁）。

Ⅷ　スクールソーシャルワーク実践

教育・福祉施策とSSW ⑰
災害支援とスクールソーシャルワーク

1　学校教育における災害支援のとらえ方

　学校はその堅牢性や施設設備，地域の誰もが知っている場所として，災害避難所や地域防災の拠点になることが多くあります。在籍する子どもやその保護者，教職員に限ることなく，そこでは多様な地域住民と向き合うことになります。スクールソーシャルワーカー（SSWer）にとっては，平常時の学校の管理下における事件や事故への対応や支援にあわせて，地震や洪水，津波などの自然災害への支援も不可分なものとして把握する必要があるといえるでしょう。

　学校保健安全法には，総合的な学校安全計画の策定，学校環境の安全確保，危険発生時の対処の策定，警察などの関係機関や地域のボランティアとの連携を通じた学校安全の体制方策が定められています。この学校安全の領域とは，①生活安全，②交通安全，③災害安全（防災）とに分けられます。①生活安全には，教科学習や特別活動などにおける安全や始業前・休憩時間・清掃時間・放課後における安全，犯罪被害の防止などがあります。②交通安全には，道路歩行時の安全や交通機関利用時の安全，自転車の点検整備と正しい乗り方，そして安全な交通社会づくりへの参画などがあります。③災害安全（防災）では，火災の防止と安全な行動，地震災害の防止，火山災害や気象災害の防止，原子力災害発生時の安全な行動，さらに地域の防災活動への理解と積極的な参加，災害時における心のケアなどがあげられます。

　日頃からこうした取り組みを根拠にしつつも，地方自治体の災害マニュアルや個々の学校の防災マニュアル，**災害対策基本法**や**災害救助法**などについても一定の知識と理解が欠かせません。とくに地震や津波，水害などによる広域な甚大災害には，さまざまな行政施策や手続きがあり，このことを理解しておくことは，学校を基盤として動くSSWerにとって，その後の多職種協働の礎の1つとなるでしょう。

2　災害支援における学校支援の実際

　東日本大震災の際，福島県では，地震や津波による震災被害に加えて放射能被害もあり，「安定」した生活をとりもどす上で複合的な課題を抱えました。震災から5年を過ぎた現在も，多くの子どもたちが区域外や県外への転居や仮設生活を余儀なくされています。その現状から考えて，次のような視点をもと

▶1　**学校保健安全法**
2015年6月に改正されたこの法律は，学校における子どもや職員の健康の保持増進を図るため，学校における保健管理と安全管理に関し必要な事項を定め，学校が安全な環境となることをめざすことを目的としている。

▶2　**災害対策基本法**
1961年11月に成立したこの法律は，1959年の伊勢湾台風を契機に作られ，国土や国民の生命，身体，財産を災害から保護するため，防災体制の確立やその責任の所在を明確にし，防災計画の作成，災害予防，災害応急対策，災害復旧及び防災に関する財政金融措置などを定めるものである。

▶3　**災害救助法**
2015年に改正されたこの法律は，災害に際して，国が地方公共団体などに対して，応急的に必要な救助を行い，被災者の保護と社会の秩序の保全を図ることを目的とするもので，避難所及び応急仮設住宅の供与，炊き出しなどの食品の給与や飲料

に長いスパンでの活動が求められるでしょう。

　第一に，住居が安定しない子どもや保護者へのきめ細かい心と生活のケアを維持しようとするなかで，個々の家庭生活のニーズを学校・教職員だけで抱え込まないようにしていくことが大切です。第二に，家庭の生活環境や保護者の生活の安定をめざす福祉的対応，たとえば震災後日増しに需要が高くなる社会福祉サービスや地域の保健福祉などへの橋渡しが重要になります。第三に，広域避難にある場合，被災自治体と受け入れ自治体同士の相互連携やサービス・支援の引き継ぎは極めて困難になります。第四に，保護者の無就労や家族の離散などが長期化するなかで，学校への保護者からの相談が子どものことを話題にしつつも，家庭生活自体の問題としてあがってくることが多くあります。第五に，教職員や支援にあたる関係スタッフ自身もめまぐるしく変化する学校や学級の環境にあり，「支援者である一方で同時にその多くが被災者である」ということの認識が大切になります。

　災害対応のSSWerの役割には，個別の支援対応のみならず，学校がもつ社会資源の実際やその関係を再確認し，具体的な支援活動を提案していくことがあります。そのことが教職員のみならず，保護者や関係者が抱える負担を軽減する下支えになると考えられます。災害時，子どもの主訴を適切にキャッチして「子ども理解」（アセスメント）を行うには，複数の専門的視点と支援チームをめぐるコーディネーターの存在が重要になるでしょう。

3　SSWerによる実践事例

○複数の自治体をまたいだSSWerの活動連携

　震災により被災地から転入してきた大勢の子どもの保護者を対象に，避難者を受け入れた自治体教育委員会所属のSSWerが定期的に「茶話会」を開催した実践があります。

　この茶話会は避難してきた人々同士で話のできる場を提供し，地元の人々とも知り合いとなり，新しい土地での生活が少しでも楽しいものになることを目的としたものです。「茶話会」への参加者ははじめ数名であったが，参加者のあいだで自由に会話ができるようになり徐々に参加者が増えていきました。

　SSWerやその協力者が託児を毎回用意することで，保護者も気兼ねなく話せる様子となり，その後，市の教育委員会から茶話会開催の通知を出してもらうようにもなり，さらには児童相談所の「心のケア」事業担当者も参加し，子どもの医療や健康に必要な情報を交換する場にもなっていきました。参加者からは，「普通の生活を子どもにさせてやりたい」「集合型の仮設住宅ではなく借り上げ住宅にいるために，情報交流の場がない」などの意見がありました。生活の基盤が変わったことで，不便さや孤独感を感じている家庭が少なくないため，社会福祉協議会や地域の民間団体とのつながりもできはじめ，この「茶話

水の供給，生活必需品の給与や貸与，学用品の給与などを救助の種類としてあげている。

▶4　災害対応SSWerの活動例
・避難者がいる地域の幼・保，小・中・高とのつながりや連接を視野においた活動。
・避難所や仮設住宅などでの子どもの放課後・休日支援への対応を通じた子どもの生活の安定。
・大災害後に多発する不登校や引きこもり，非行などへの予防的地域的対応。
・被災地区の医療機関や保健福祉などとの支援チームの一員となり，教職員などをバックアップ。
・スクールカウンセラーや教育相談員などとの連携。
・自治体に設置される「仮設住宅生活支援相談員」や自治体や社会福祉協議会・災害支援関係のセンター職員との連携。
・被災者同士の仲間づくりや地元住民との交流支援と地域資源の活性化。
・家庭訪問活動の重視，別居し遠方に点在する家庭への訪問活動。
・教職員と相談援助者との支援チームづくり。
・未成年後見，親族里親，離婚などの家族の異動，さまざまな補償・賠償問題などの案件への調整（リーガルサポート）。
・親の就労，若者・高校生などの就労支援。
・障害児者などの福祉避難所やデイサービス，学童保育などへの対応。
・災害時固有の情報共有やアセスメントシートの開発。
・教職員や支援者への研修やそのプログラム開発。
・定期的なディブリーフィングやスーパーヴィジョン体制づくり。

・教育委員会や地域行政への活動方針への提案・提言。

会」は避難してきた人たち同士のコミュニティづくりにも展開していきました。

この実践を提案し進めたSSWerによれば，災害後，早期から学校では子どもの問題行動の解決（ストレス症状など）に着目されがちですが，長期欠席や発達障害，ネグレクトといったいわば後発性や晩発性の家庭での問題状況を予防・軽減するために，その地域的な環境に関心をもつことの大切さを感じ取ったとのことでした。さらに，こうした活動を効果的になしえた背景には，避難元自治体のSSWerと避難先自治体のSSWerとが相互に連絡を取り合い，避難者の生活感覚にまで根ざした地域性にまで話題が交換できる連携があったということでした。

○家族丸ごとの支援をめざして

学齢期の子どもたちに対し災害支援においては，子どもの心のケアや学習支援に焦点がよくあてられます。しかし，子どもの命と暮らしを支える家族の生活基盤そのものが支援の対象とならねばならないことが多く，生活環境のケアも重要になります。避難所から仮設住宅などに居所が変わると，生活費等は全部自分でもたなければならず，家族だけの力による復旧や回復をめざさなければなりません。こうした「自己責任」が段階を追って待ち受けているのも現実です。しかも個々に喪失したものは異なり極めて個別性が高くなるため，被災者というひとくくりの表現は間違っているといえるでしょう。

きょうだいがどこの学校に通うのかによって，家族がバラバラになったり，父親が仕事探しで県外に行き，母子だけの家庭が増えるなどの家族分離もあります。その間，現実問題として家庭内での言い争いや落ち着かない家族の姿を子どもたちは日々目にしながら，悩み，親の気持ちを先に読み取って行動してしまうこともあります。こうした点が子どもの生活や学習の意欲に大きく影響をあたえる場合もあります。

そのとき，学校教育や保健・福祉行政は「家族問題には不介入」といった姿勢を取ることも少なくありません。SSWerの役割は，「学校福祉」つまり「学校が子どもの福祉に責任を負うことへの具体的手立ての発信」です。しかし，その一方で，子どもを含むその家族丸ごとの支援という発想も欠かせません。こうした発想を学校関係者と共有していくための対話を自ら発信していく立ち位置であることも確認しておきたいことです。

○「支援」のもつ加害性

「支援」がさらなる弱者を生み出すことがあります。このことは「がんばろう」，「絆」，「心のケア」といった被災地や被災者への言葉がけの帰結であり，SSWerは，支援がもつ加害性についても洞察できることが求められます。被災地では，教師やソーシャルワーカー，カウンセラー，保健師などの多くの人々が，支援を「する側」と「される側」という二面性をもつ当事者となります。支援する人を支援する体制のあり方とともに，支援を受ける当事者でない

とわからないこと，当事者だからこそ見えていること，気づいていることと向き合うことになります。

避難所などには連日数多くの支援者が来ることも予想されます。「Aの仮設住宅では支援団体から自転車が配られた」，「Bの仮設住宅ではもらえなかった」，「こっちには芸能人が来た」，「うちには来なかった」。こんな話題が1つの教室に集まり，子ども同士のいさかいになることもありました。支援する側の行為やビジョンが支援を受ける側の集団を分断したり，その集団社会丸ごとをディス・エンパワメントな状態にしてしまうこともあるのです。支援物資1つを見ても，支援のマネジメントや調整をめぐるコーディネートの大切さがここにあるといえます。

今日は保健師，今日は看護師，今日は医師，今日は心理士，今日は〇〇県の支援グループといった毎日では，誰もが訪問者にうんざりしてしまいます。良かれと思って行われる支援が生み出すストレスにより，その後，そもそも地域密着の地元自治体の関係者が締め出されてしまうことがあってはならないのです。

❹ これからの防災・減災の担い手として

SSWer としてこれからの防災や減災に対して何を想定しておけばよいのでしょうか。東日本大震災への対応のなかで得られた教訓をもとに，いくつかの観点を列記します。

- 子どもの学校通学と親の就労のどちらを優先して家族生活の立て直しをしていくのか。その場所や土地が重なり合わないことがある。子どもの声へ丁寧に寄り添うことは，家族の悩みに寄り添うことでもある。
- 災害理解をめぐる課題整理を行うなかで，災害によるダメージは，震災前にあった日常のなかに隠れていた課題を顕在化させ，課題を可視化させるものであるという視点が大切。
- 地域の復興と学校の再開がセットにされる風潮がある。学校再開や学習環境の復興が地域の復旧や復興の光となり，被災住民共通の「希望」になるのは事実であるが，子ども個々にとってみんなスタートラインが異なるという個別性への着目が欠けないようにする。
- 個々のニーズに応答する情報や人的物的サポート体制を整えようとするなかで，元の生活にもどすことだけでなく，「新たな生活の創造」という面にも視野をもつことが大切。
- 学校がワンストップサービスといわれる相談の窓口になる場面が少なくない。その際，「家族構成員丸ごとの支援」とともに「地域丸ごと支援」といった災害支援がもつ総合性や広域性について，日頃から関心をもつことが大切。

（鈴木庸裕）

参考文献
鈴木庸裕編『「ふくしま」の子どもたちとともに歩むスクールソーシャルワーカー』ミネルヴァ書房，2012年。
鈴木庸裕編『震災復興から問い直す子どもたちのしあわせ』ミネルヴァ書房，2013年。

Ⅷ　スクールソーシャルワーク実践

18　教育・福祉施策とSSW ⑱
自殺予防とスクールソーシャルワーク

1　自殺予防の視点をもつ必要性

　スクールソーシャルワーカー（SSWer）は学校で，「生徒が死にたいと言っている」，「保護者が自殺未遂で入院した」などの情報に接することがあります。このとき，これが自殺予防の課題であることを認識する必要があります。

　日本においては自殺者総数が1998年に3万人を超えたことを契機として自殺対策が進み，2006年に自殺対策基本法が施行，2007年に自殺総合対策大綱が策定されています。この大綱はメンタルヘルス対策だけでなく，失業，多重債務，児童虐待などに対する社会的な取り組みや教職員など早期対応に重要な人材への研修などを含む総合的なものです。文部科学省は自殺対策基本法の成立を受けて検討会を設置し，その報告をもとに，2009年3月に「教師が知っておきたい子どもの自殺予防」の冊子とリーフレット，2010年3月に「子どもの自殺が起きたときの緊急対応の手引き」を作成しました。さらに，2014年7月には，自殺予防教育と子どもの自殺が起きたときの対応をそれぞれ手引書にまとめています。阪中の指摘によれば，中高生の自殺率は漸増傾向にあり，原因・動機に「学校問題」が占める割合が高く，自殺予防における教職員の役割が重要です。これらのことから，SSWerが学校における自殺予防の視点をもつことが必要だとわかります。

2　「自殺予防の3段階」に則したSSWerの活動

　自殺予防にはプリベンション（prevention：予防活動），インターベンション（intervention：危機介入），ポストベンション（postvention：事後対応）の3段階があります。プリベンションは，自殺につながりかねない要因を取り除くことを指します。インターベンションは，自殺に関連する危険な行為を早期に発見して適切に対応することです。ポストベンションは，自殺が起きてしまったときの対応で，遺された人へのケアなどがこれにあたります。自殺予防を進めるためには，インターベンションだけでなく，プリベンションとポストベンションの充実をはかることが重要だといわれています。

　これらの段階ごとに，SSWerの活動として考えられることを以下にあげます。いずれも児童生徒を対象とした自殺予防を想定していますが，児童生徒の家族（特に保護者）の自殺予防にも応用できます。

▷1　「児童生徒の自殺予防に向けた取組に関する検討会」（2006年8月設置）。2007年3月に「子どもの自殺予防のための取組に向けて」（第1次報告）。

▷2　文部科学省による自殺予防の手引書は文部科学省のホームページからダウンロードでき，必読である。①文部科学省「教師が知っておきたい子どもの自殺予防」（平成21年3月）（冊子：http://www.mext.go.jp/b_menu/shingi/chousa/shotou/046/gaiyou/1259186.htm）。（リーフレット：http://www.mext.go.jp/component/b_menu/shingi/toushin/__icsFiles/afieldfile/2009/04/13/1259190_12.pdf）。②文部科学省　児童生徒の自殺予防に関する調査研究協力者会議「子どもの自殺が起きたときの緊急対応の手引き」（平成22年3月）（http://www.mext.go.jp/b_menu/houdou/22/04/__icsFiles/afieldfile/2010/11/16/1292763_02.pdf）。

▷3　文部科学省による最近の自殺予防に関する手引書には，以下の2つがある。①文部科学省　児童生徒の自殺予防に関する調査研究者協力会議「子供に伝えたい自殺予防――学校における自殺予防教育導入の手引」（平成26年7月）（http://www.mext.go.jp/b_menu/shingi/chousa/sh

○プリベンション（予防活動）

　学校が行う自殺予防教育や地域で精神保健福祉センターなどが行う自殺予防対策を把握します。児童生徒が友人から「自殺したい」と打ち明けられたときに適切な対応ができるように，学校が児童生徒に予防教育を行うことは大変重要です。また，地域のさまざまな医療機関や精神保健福祉センター，保健所などの公的機関を把握し，つながりを作ります。養護教諭や管理職を通じた，学校と校医の連携も視野に入れておきます。

　校内のチーム体制構築の支援を通じて，児童生徒や保護者が相談しやすい校内体制や学校風土をつくる役割もあります。いじめ防止対策推進法（2013年）にもとづく学校のいじめ防止対策組織に参画し，背景のアセスメントを通じてリスクを抱える児童生徒の早期発見を行うことも考えられます。

○インターベンション（危機介入）

　自殺の危険因子としては，自殺未遂，うつ病などの心の病，安心感のもてない家庭環境，二者択一思考や衝動性などの傾向，孤立感，喪失体験，繰り返される事故やケガなどがあげられます。自殺未遂は危険因子の筆頭にあげられ，速やかな介入が必要といわれています。また，リストカットなどの自傷行為は「明らかな自殺の意図なしに，非致死性の予測をもって，故意に非致死的な損傷を身体表面に加える行為」と定義されますが，「非自発性自傷がエスカレートする中で自己コントロールを失って，致死的な結果を招くこともあり，長期的には自殺の危険因子」だといわれます。

　自殺の危険が高まったり自殺未遂が起きたりした場合は，児童生徒への適切な対応と校内体制の両方を視野に入れます。そして，必要に応じて学校と関係機関との連携を支援しながら，学校とともに背景にある要因の解決・改善を目指します。うつなどの症状が重く入院となった場合，入院中から医療機関と学校が連携して退院や学校復帰に向けた支援ができるようにしていきます。

　自殺の危険が高い児童生徒への対応には「TALKの原則」があります。すなわち，「心配していることを伝え（Tell），『死にたい』という気持ちについて避けずにたずね（Ask），気持ちを受け取るように話を聴き（Listen），安全を確保します（Keep safe）」。

○ポストベンション（事後対応）

　不幸にして自殺既遂があった場合，学校は，その児童生徒と関係の深い人，もともとリスクの高い人，現場を目撃した人など配慮を必要とする人に対して心のケアをしながら，遺族，保護者，マスコミへの対応，背景調査などを組織的に行います。SSWerは，教育委員会，学校管理職，スクールカウンセラー（SC）などと連携しつつ緊急的な支援の一端を担います。

---

otou/063_5/gaiyou/1351873.htm)。
②文部科学省　児童生徒の自殺予防に関する調査研究者協力会議「子供の自殺が起きたときの背景調査の指針（改訂版）」（平成26年7月）（http://www.mext.go.jp/b_menu/shingi/chousa/shotou/063_5/gaiyou/135185 8.htm)。

▷4　阪中順子『学校現場から発信する　子どもの自殺予防ガイドブック』金剛出版，2015年，6～16頁。

▷5　高橋祥友編著『新訂増補　青少年のための自殺予防マニュアル』金剛出版，2008年，26～27頁からの引用。高橋はpreventionを「事前対応」と訳しているが，ここでは他の引用文献と揃えて「予防活動」とした。なお，それぞれの段階の具体的な内容については，▷2の①の14頁を参照。

▷6　児童生徒だけでなく，教員や保護者を対象とするものがある。詳細は，▷3の①および▷4を参照。また，自傷行為の予防についてはダグラス・ジェイコブほか著／松本俊彦監訳『学校における自傷予防』金剛出版，2010年を参照。

▷7　精神科病院や精神科クリニックだけでなく，小児科や内科などのかかりつけ医から専門医につながる場合もある。

▷8　2の①の16頁には「自殺予防に関する教職員等の役割例」の表が掲載されており，学校組織の理解に役立つ。

▷9　いじめ防止対策推進法第22条には，学校に設置を義務づけるいじめ防止対策組織の構成員として「心

3 事例でみる自殺予防の実際

以下は，生徒の自殺予防と保護者の自殺予防が複合する架空の1事例です。配置型の活動を想定していますが，派遣型にも応用できます。スーパービジョンを受けること，管理職や教育委員会と相談しながら対応することが重要です。

○プリベンション（予防活動）

A中学校に配置されて1年が経った頃，SSWerは，職員室での複数の教員との会話から，友人や担任に「死にたい」と打ち明ける生徒が少なくないことを知り，そのことをSSWerの受け入れ担当教員である養護教諭に話してみました。養護教諭は，そのような相談がこの1，2年目立ってきたこと，そのことでSCが継続的に関わる生徒も数名いること，夏休みに向けて生徒向けの自殺予防教育を計画していることを話してくれました。SSWerは，自殺予防教育の授業を自分も聞きたいと申し出て，自殺予防の資料を提供しました。

また，養護教諭と生徒指導主事に相談した上で校内生徒指導担当者会議に参加し，この会議で報告の対象となる生徒に自殺の危険要因を抱える者を加え，組織的に対策を取り，経過を追う体制を作ることを提案しました。

その後，SSWerは自分が所属する教育委員会の指導主事に以上の経過を報告しました。指導主事からは，「A中学校では，親からの期待に苦しむ生徒，生徒間の陰湿なトラブルが比較的多く把握されている」との情報提供がありました。このため，SSWerは，機を見て校内のいじめ防止組織への参加を学校長に願い出ることにし，指導主事に報告しました。

○インターベンション（危機介入）

ある日，養護教諭とSCから，SSWerに相談が入りました。SSWerが日頃から家庭に支援を続けてきた生徒Bが，友人Cとの交換ノートに「家のことが嫌でたまらない。消えてなくなりたい。昨日，マンションのベランダから飛び降りようとしたが，できなかった。死ぬ方法を考えている」と書いたというのです。交換ノートを見た友人Cが，Bを説得して一緒に保健室を訪れ，養護教諭に相談したといいます。Bは中学2年生の女子で，母親，母親の再婚相手（継父），B，小学生の弟妹，母親と再婚相手の間に生まれた乳児の6人家族です。母親の気分に浮き沈みがあり，母親が不調なときは家事も育児もBに任せきりになり，それとともにBの登校意欲も低下して学校を休む日が増えてしまいます。母親は精神科病院に通院しており，昨年度は母親に「死にたい」という気持ちが強くなって，母親が入院した経緯があります。

Bへの初期対応は養護教諭や学級担任が中心となって行い，Bの母親への報告は済んでいました。SCの面接予定も組んであります。SSWerとSCが加わって校内の生徒指導担当者会議が開かれ，この件に関する学級担任，教科担任，部活動顧問，養護教諭，SC，学年の生徒指導担当教諭，生徒指導主事，

理，福祉等に関する専門的な知識を有する者」などがあげられている。

▷10 ▷2の①の5～13頁参照。「自殺直前のサイン」が掲載されており，必読。

▷11 A.R.ファヴァッツァ著／松本俊彦訳『自傷の文化精神医学』金剛出版，2009年。

▷12 自傷行為については，松本俊彦「自傷と自殺のアセスメントとマネジメント」高橋祥友・竹島正編『自殺予防の実際』永井書店，2009年，153～163頁，松本俊彦『自傷行為の理解と援助』日本評論社，2009年などを参照。

▷13 ▷2の①の19頁に「自殺の危険が高まった場合，および自殺未遂への対応の流れ」のフロー図が示されている。

▷14 ▷2の①の10頁，▷4の199頁。

▷15 ▷2の①の25～30頁，▷2の②，▷3の②，▷4の204～210頁参照。

▷16 内閣府が2015年に発表した自殺対策白書によれば，過去40年間で18歳以下の自殺者数は9月1日が突出している。このことが報道された後，各地でさまざまな団体が夏休み明けの自殺予防対策の取り組み，児童生徒への呼びかけを実施している。たとえば，NPO法人「フリースクール全国ネットワーク」は，夏休み明けに登校したくない子どもを緊急的に受け入れたり，電話相談に応じたりする団体をホームページ上で公開している（2016年8月29日　毎日新聞夕刊1面より）。

管理職などの役割分担が決められ，校内での組織的な周知がはかられました。SSWerの主な役割は，このチームの一員として，Bが重荷に感じている家庭での役割を軽減するために，母親をはじめとするBの家族や関係機関との連携・調整をはかることでした。SSWerは日頃から母親の許可のもとで，精神科病院のソーシャルワーカー，保健所および市役所の障害福祉課の精神保健福祉士らとの連携体制を築いていました。そこで，養護教諭や学級担任との連携のもとで，Bの母親と継父に会って相談し，関係機関との連携のもとに保育所やホームヘルパーなどの福祉制度を利用して家事育児の負担軽減をはかる支援を進めることにしました。これまでサービス利用に消極的だった母親も，Bの負担を考えてサービスの利用を承知しました。また，SSWerは関係機関に母親のケース会議開催を働きかけ，関係機関とともに，母親の精神科デイケアの利用回数を増やす，保健師による家庭訪問回数を増やすなどの調整を行いました。一方，SCと養護教諭の勧めにより，Bは母親とともに児童精神科を受診し，通院してカウンセリングを受けることになりました。Bの治療は続き，「死にたい」と訴えることもなくなり，登校も安定していきました。

○ポストベンション（事後対応）

翌年の春休み，Bの母親が自殺により亡くなったとの知らせが教育委員会からSSWerに入りました。母親の状態が思わしくなく，入院が決まった矢先のことでした。SSWerが学校に連絡すると，知らせを受けた学校長と学級担任が家庭訪問して継父と面会したところでした。Bは，当初は何事もなかったかのようにふるまっていたものの，突然，自分を激しく責めるなどの行動がみられたため，継父が心配してBの主治医と相談し，春休みの間はBと小学生の弟妹を母親の妹の家に預けることにしたとのことでした。SSWerは，養護教諭とともにBが通院する児童精神科と連携して速やかにBのケース会議を開催し，Bが自殺のリスクを回避するための支援策を検討しました。そして，保健師とともにBの居所をたずね，Bの状態を確認するとともに新学期に向けて学校関係者と連絡を取りました。また，Bの弟妹が通う小学校との連携をA中学校に進言しました。新学期，Bはときどき休みながらも登校を継続しています。

○SSWerが本事例に関わった意義

SSWerは，A中学校に潜在していた自殺予防の課題を可視化し，校内の自殺予防体制の構築に貢献しています。危機に際しては，生徒が抱える根本的な課題の解決に向けてケースワークを行い，危険要因の低減をはかりました。事後にはSC，地域の保健師らとともに生徒のケアにあたり，関係機関とともに二次的な自殺を防ぎました。SSWerがかかわることで，家庭，校内のチーム，関係機関によるチームの機能が高まり，重要な課題の解決・改善につながっています。

（横井葉子）

Ⅷ　スクールソーシャルワーク実践

青年期の課題と SSW ①
若者の貧困とスクールソーシャルワーク

1　若者の貧困とその背景

　1990年代の終わり頃から，若者たちが直面する困難な状況について関心が集まり始めました。当初は，安定した仕事に就かない若者について本人の努力不足や親が甘やかしたことが原因だとみなされていましたが，企業社会の大きな変化のなかで非正規雇用への代替が進み，安定した仕事に就こうとしても働き口が急減したためにはじき出されてしまう，「残酷な椅子取りゲーム」状況に至ったことが主な原因であることが認識され始めました。さらに近年では，「ネットカフェ」で長期間暮らしている若い女性の姿が TV の報道番組で伝えられるなど，「若年女性の貧困化」が新たに注目を集めています。

　後にみるように，困難な状況に直面している若者は，子ども時代に不安定な家庭で育っている場合が多く，「若者の貧困」と「子どもの貧困」は直結した問題だといえます。ここでは，子どもたちの学校教育経験，学校を離れた後の若者たちの経験を通して，学校教育に求められる役割，課題について考えます。

2　貧困，不安定な生活のなかでの子どもの育ち

　ここでは 2 つの調査の知見から，貧困・生活不安定層の子どもたちがどのような経験をしながら大人に移行していくのか，そのプロセスを整理します。

○生育家族の不利な条件と学校教育からの早期の離脱

　貧困・生活不安定層の子どもたちが生まれ育つ家庭は，「不利が不利を呼ぶ」かたちで困難な事態が折り重なっていることが特徴です。親の失業，病気，不和，離婚と再婚，経済的困窮などがみられ，親が養育を放棄するケースも調査対象者のなかに何例かありました。こうした生活背景からもたらされる帰結として，多くが学習面でハンデを抱えることになり，「学校にあがってすぐ勉強がわからなくなった」と語る者が数人いるほか，「勉強しなくなった」，「遊んでばかりいた」といった語りが学年が上がるとともに増えていきます。

　2 つの調査の対象者中，中学卒と高校中退者の合計が 4 分の 1 を占めるなど，教育達成＝学歴が低い傾向が明らかで，その背景には，学力面の制約に加えて，経済的な要因も大きく働いています。「家計が苦しくて進学を断念した」というケースが多数みられたほか，アルバイトをしながら高校，専門学校に進学したものの，途中で断念せざるを得なかったケースも珍しくありません。

▷1　小杉礼子・宮本みち子編『下層化する女性たち』勁草書房，2015年，を参照。学校内で女子児童・生徒が経験する排除状況について本稿では扱っていないが，この問題については，すぎむらなおみ『養護教諭の社会学』名古屋大学出版会，2014年，が，重要な示唆を与えてくれる。「子どもの貧困・排除」を考えるうえで，養護教諭が担っている役割の大きさを忘れてはならない。

▷2　2003年に筆者らが実施した「大阪フリーター調査」と，2009年に連合総研が行った「ワーキングプア調査」。前者は中卒，高校中退者を多数含む40人の若者への生活史インタビュー調査，後者は東京，大阪を中心として行った質問紙調査と120人を対象とした聞き取り調査で，前者は部落解放・人権研究所編『排除される若者たち——フリーターと不平等の再生産』解放出版社，2005年，後者は連合総研『ワーキングプアに関する連合・連合総研共同調査報告書』（ケースレポート編〔2010年〕・分析編〔2011年〕ともに連合総研のホームページからダウンロード可能）として成果が公刊されている。西田芳正『排除する社会・排除に抗する学校』大阪大学出版会，2012年，にも概要を記している。

◯不安定な労働と住居の喪失

正規雇用で働き，業績悪化や過酷な労働条件から退職したケースも含まれていますが，対象者の多くが当初から派遣・アルバイトなど不安定な仕事に従事しており，学歴の低さ，資格・経験がないことがその要因となっています。

そして，「派遣切り」で寮から出ざるを得なかった，アルバイトがみつからなくなり家賃を滞納し退去を迫られたなどの経緯で住まいを失う者が増加しています。住居を失ってからも求職活動を続けるのですが，条件面であらかじめ不利な彼らが職を得ることは困難で，所持金が尽き「水だけの生活」となったケースもあります。

◯家族・教育・労働にみられる不安定さと困難の悪循環

ここまでの整理で浮かび上がるのは，家族の不安定さが学業達成の低さにつながり，不安定な仕事にしか就くことができないというプロセスでした。家族・教育・労働というそれぞれの段階での不安定さ，困難な状況が次のステップの不安定さと困難につながるという悪循環のループが存在しているのです。

この「不安定さと困難の悪循環」に囚われた人々は以前からいたのですが，今日そうした人々が増え，さらに一段と厳しい状況に追いやられています。その背景には，建設業や町工場での仕事など，学歴や資格が無くとも就労でき，ある程度の生活を可能にしてきた仕事が急減している状況があります。

本人の努力・能力不足に原因を求める見方はまだ根強いものですが，現実に起きていることは，社会の変化によりはじき出された，つまり排除された若者の急増であり，社会的な支援策が急務だといえます。

3 学校における排除・学校からの排除

では，こうした事態に対して学校ができること，なすべきことはいかなるものでしょうか。それを考えるための前提として，不利な状況で生まれ育った子どもたちが学校教育をどう経験しているのかを踏まえることが必要です。

◯低学力傾向

「勉強がわからなかった」という語りが少なくないことは先に述べましたが，学校を離れた後の日常生活でも，基本的な漢字の読み書きや計算もおぼつかず，苦労している事例が少数ですがみられました。これらはいずれも，前節でみたように家庭での生活に不安定な要因が折り重なり，義務教育初期段階から学習につまずきがちだったケースで，学校教育からのサポートが不十分であった結果というべきでしょう。「落ちこぼれ」は「落ちこぼし」でもあるのです。

◯学校での子どもたちの疎外＝学校における排除と教師の存在

勉強から背を向け不登校状態となるケースも多く，学校の外に「ツレのツレ」といった形で遊び仲間のネットワークがつくられますが，そこでつながっているのは不安定な家庭背景，疎外的な学校経験を共有する者たちです。そし

て学校内でも「ツッパリの子とは仲が良かった」,「話ができるのは荒れている子だけ」,「ひとり親の子とは打ち解けられた」という声が聞かれました。

教師からも差別的なまなざしを向けられた経験を語る者がいます。既存の研究のなかには,成績の低い者は教師との間に親密な関係をつくれないという子ども対象の調査結果や,担任するクラスのなかで,教師が「馬が合う」と評価するのは「勉強する意欲・姿勢があり,授業中指示を聞いてくれる子」だという教師対象の調査の知見もあります。教室の秩序を維持し,授業＝学習を成立させなければならないという教師に課せられた役割が,そうした意識をもたせてしまう背景として考えられるほか,比較的安定した家庭の出身で,「努力」によって学歴を得て教職に就いたという自分の経験から,学習でつまずきがちな子どもたちを「努力しない,勉強する姿勢が足りない」,「親の生活が乱れているから」などと表面的に捉えてしまい,背景にある貧困,家庭生活の困難さにまで理解が及ばないという傾向も指摘できます。

○低い学歴達成＝学校からの排除

家庭の不利な条件と学校からのサポートが得られないことから,子どもたちは学校で疎外される経験を重ね,学業成績でも低位のまま放置されます。そして,経済的な制約条件も加わり,中学卒や高校中退など早期に学校を離れることになるのです。学校での疎外的な経験を「学校における排除」と捉えれば,早期の学校からの離脱を「学校からの排除」と表現することができるでしょう。

4 排除に抗する学校とSSWer

若者が直面している困難な事態は,生まれ育つ家庭に折り重なる不利な条件,その背景にある親の就労の不安定性がもたらしたものであるため,福祉と労働における制度改変と,支援策が必要です。しかし同時に,学校教育も「不安定さと困難の悪循環」において重要な位置を占めており,学校から十分なサポートが提供されていないことが,不利を引き継がせる要因となっていました。「子ども・若者の貧困」問題を軽減するために学校教育がなし得ること,なすべき役割は非常に大きなものだというべきです。

○困難な状況にある子どもを支える学校

先に,排除する存在として学校・教師を描きましたが,困難な条件にある子どもたちを教師たちが支え,学力と進路を保障する実践が積み重ねられてきたことも事実です。被差別部落の子どもたち,外国人の子どもたち,貧困家庭の子どもたちなど,さまざまな形で困難さを抱えた子どもを支える実践が,同和教育・人権教育として取り組まれてきました。同和教育の伝統以外にも,全国の学校で,教師たちがさまざまな支援の取り組みを重ねてきたはずです。

○排除に抗する学校・教師への変革

同和教育で重視されてきた「差別の現実から深く学ぶ」という原則は,子

▶3 西田芳正「不平等の再生産と教師」八木正編著『被差別世界と社会学』(明石書店,1996年)で,関連する研究の知見を整理している。

▶4 テス・リッジ著,中村好孝・松田洋介訳,渡辺雅男監訳『子どもの貧困と社会的排除』(桜井書店,2010年)では,イギリスにおける貧困家庭の子どもの学校経験を,この2つの言葉で表現している。ただし,訳書では,前者の"exclusion within school"を「学校内部の排除」と記している。

▶5 同和教育の歴史と実践については,中野陸夫ほか編『同和教育への招待――人権教育をひらく』解放出版社,2000年,が好適なテキストである。

もや親の姿を表面的に捉えるのではなく、そうした状況をもたらす生活の現実と社会的背景を捉えること、さらには、困難な状況にある子どもや親に対するそれ以前の学校・教師の姿勢を反省的に捉え直すことの重要性を教えています。たとえば、非行、問題行動などの「荒れ」、進路を断たれた親子の悲嘆、施設に措置された子どもたちのやり場のない思いに接することで、教師たちがそれまでの教育実践を問い直すという歴史が積み重ねられてきました。▷6

これらの経験を、「排除する学校・教師」から「排除に抗する学校・教師」への変革と呼ぶことができます。そして今日では、スクールソーシャルワーカー（SSWer）がケース会議を通して生活背景についての読み取り方を教師たちに伝えていくことが、変革を促す契機として重要な意味をもっています。子どもが抱える貧困や困難な状況を、その社会的背景も含めて可視化し、学校・教師が支え働きかけるべき対象として捉え直すことができれば、「ケース」として取り上げられた子どもや親以外の、同様の状況に置かれた親子の姿が教師にとって改めてみえてくることでしょう。

ただし、それは容易な課題ではありません。先にみた通り、子どもの抱える困難の背景に教師が気づきにくいという側面があることに加え、現代の学校・教師が置かれている多忙な実態も忘れることはできません。

しかし、▷6で紹介した学校の事例では、子どもたちが置かれた厳しい現実とその背景に気づき、立ち上がった教師たちが、「教師はみな子どもを大事に思っている」ことを信じてほかの教師に働きかけ、教師集団を変える地道な努力を続けていきました。SSWerは、そうした先例に学ぶ必要があるでしょう。また、困難な状況に置かれた子どもや親、地域に対して教師たちが培ってきた関わり方を学ぶことで、福祉と教育が有機的に連携した、豊かな支援のあり方を模索する契機とすることができるはずです。

○中学卒・高校中退後の支援

若者たちが困難な状況に至る以前に、学校教育段階でなすべき課題についてここまで述べてきました。それでは、学校を離れた後の若者たちに対して、学校はどのような存在であることが求められるでしょうか。

学歴・資格をもたず、家族・親を頼ることのできない若者たちが非常に困難な経験を強いられている現実が調査からみて取れます。不利な立場にある若者を支える拠点と人材が不可欠で、たとえばリスクを抱えた層に対して、在学中から個人的なサポートを行う英国の支援制度などが注目されています。▷7日本でとりあえず実現可能な仕組みを考えるとすれば、中学卒や高校を中退した若者をフォローする体制を中学校を基盤としてつくることではないでしょうか。福祉的な知識、資源を提供することも必要です。その実現のためにも、不利、困難な状況にある子どもたちが多数通う学校にSSWerが配置されること、定員を超える十分な数の教職員が配置されることが求められます。

（西田芳正）

▷6　西田芳正編『児童養護施設と社会的排除』解放出版社、2011年、のなかで、施設の子どもたちを学校として支える実践例と、学校が変わる契機について述べている。
また、志水宏吉らの研究グループは、困難な条件にある子どもたちに基礎学力を身につけさせ、エンパワーしている学校を「力のある学校」と呼び、その実践の特徴と条件を明らかにしている（志水宏吉編『「力のある学校」の探求』大阪大学出版会、2009年）。

▷7　イギリスでブレア政権時代に進められた若者支援政策では、すべての若者に対して、パーソナルアドバイザーと呼ばれるスタッフを通して、個々人のニーズや障害等に応じた支援サービスを提供する体制がつくられた。詳しくは、小杉礼子・堀有喜衣編『キャリア教育と就業支援』勁草書房、2006年、参照。

Ⅷ　スクールソーシャルワーク実践

20　青年期の課題と SSW ②
性的マイノリティにとっての学校の安心・安全

1　小児・思春期の性同一性障害に関する文部科学省の通知

　2010年4月23日，文部科学省初等中等教育局児童生徒課およびスポーツ・青少年局学校健康教育課から，都道府県の教育委員会などあてに，「児童生徒が抱える問題に対しての教育相談の徹底について」と題する通知が出されました。そのなかでは，性同一性障害（GID）をもつ児童生徒について，担任や管理職，養護教諭，スクールカウンセラー（SC）などが協力して相談に応じ，学外の医療機関などとも連携を図る必要性が述べられています。

　こうした通知の背景には，近年，戸籍上とは異なる性別で受け入れ，学校生活を送ることを認めてほしいという当事者の訴えが増えていることがあります。報道されたごく一部の事例としては，2006年に報道された性同一性障害と診断された兵庫県の小学生の事例や，2010年に報道された埼玉県の小学生，鹿児島県の中学生の事例などがあり，いずれも当事者および保護者側の意向に沿って，「望みの性」で受け入れられることが決定しています。特に兵庫県の事例では，2010年に入学した中学校でも引き続き「女子生徒」として受け入れることが決定され，これ以外の児童生徒への対応も想定した支援対策会議が設置されています。

　性同一性障害の特徴は，「反対の性に対する強く持続した同一感」と，「自分の性に対する持続的な不快感，またはその性の役割についての不適切感」にあります。こうした性別違和を自覚し始める時期は「物心がついた頃」が多く，岡山大学ジェンダー・クリニックの調査（661名対象）では，「小学校入学以前」（52.3％）がもっとも多く，全体の90.2％が「中学校まで」で占められています。児童生徒における「反対の性に対する強く持続した同一感」の具体的な特徴は，①反対の性になりたいという欲求，または自分の性が反対であるという主張を繰り返し述べる，②男の子の場合は，女の子の服を着るのを好み，女の子の場合は，典型的な男性の服装のみを身につけたいと主張する，③ままごと遊びなどで，反対の性の役割をしたいという気持ちが強く持続したり，反対の性であるという空想を続ける，④反対の性の典型的なゲームや娯楽に加わりたいという強い欲求がある，⑤反対の性の子どもの遊び友達になるのを強く好む，などに現れます。

　ただし，この時期の性同一性障害の診断には困難が伴います。諸外国におけ

▶1　中塚幹也「【連載】性同一性障害の生徒の問題に向き合う　第2回　思春期における性同一性障害の子ども」『高校保健ニュース』2009年。

▶2　American Psychiatric Association 編，髙橋三郎・大野裕・染矢俊幸訳『DSM-Ⅳ-TR 精神疾患の診断・統計マニュアル（新訂版）』医学書院，2004年，537〜538頁。

る追跡調査では，成長に伴って「性別移行（性転換）願望」が消滅，あるいは弱まる事例が大半を占めると報告されています。また同時に，小児期の性別違和や異性役割行動は，同性愛指向と強く関連していることがわかっています。つまり，小児期に性別違和を訴える子どもたちの大半が，性別適合手術（日本を含む世界の多くの地域で，法定成人年齢以上に対する施行が認められている）に至ることなく，性別を移行（性転換）することなく，同性愛者や両性愛者としてのアイデンティティを確立して生活するようになるのです。

2 性的マイノリティの苦悩・生きづらさ

子どもたちが生活の大部分を過ごす学校生活には，男女別の制服，トイレや更衣室の問題，いじめ問題など，「生きづらさ」を引き起こすさまざまな要因を多く指摘できます。性別違和をもつ児童生徒の場合，第二次性徴の発来によって「望む性」とは反対に身体が変化するわけですから，それに対する焦燥感や抑うつ感などをもちやすくなります。またそのことが，性別違和をもつ子どもたちの学力低下や不登校，自殺念慮にもつながっていると指摘されています。

性別違和を主訴とする患者1,138名を調査した精神科医らの報告によれば，自殺関連の経験率は高く（自殺念慮62.0％，自殺企図10.8％，自傷行為16.1％），思春期でそのピークを迎えます。前出の岡山大学ジェンダー・クリニックの患者を対象とした調査においても，自殺念慮は全体の約7割，自殺未遂は約2割にその経験がみられ，ピークの1つはやはり中学校時代です。また，同調査では高い不登校経験も報告されており，全体の4分の1（小学校5.6％，中学校37.3％，高校31.1％）にのぼります。

同様の傾向が，同性愛者についても報告されています。男性同性愛者6,000名を対象とした調査によれば，「自殺を考えたことがある」が66％，「自殺未遂の経験がある」が14％となっています。同調査において「学校で仲間はずれにされていると感じたことがある」と回答したのは全体の42.7％，「教室で居心地の悪さを感じたことがある」が57.0％，「"ホモ"・"おかま"などの言葉による暴力をうけたことがある」が54.5％，「"言葉以外のいじめ"をうけたことがある」が45.1％，などの結果も示されています。

○「知らない，わからない，関係ない」では済まされない大人の責任

思春期は，一般的にも精神的に不安定な時期であるとともに，恋愛やおしゃれが気になる時期でもあります。好きな相手が同性だった場合（これは同性愛者に限らず，性別違和をもつ児童生徒にもあてはまります），告白した相手に「ヘンタイ」呼ばわりされて嫌われたり，周囲にもからかわれたりし，深刻ないじめに発展することもあります。児童生徒の恋愛話は，親や教師も「たわいもないこと」としてまともに取り合わないか，あるいは「同性を好きになるな

▶3 ケネス・J・ズッカー，スーザン・J・ブラッドレー著，鈴木國文・古橋忠晃・早川徳香・諏訪真実・西岡和郎訳『性同一性障害――児童期・青年期の問題と理解』みすず書房，2010年。

▶4 針間克己ほか「性同一性障害と自殺」『精神科治療学』第25巻第2号，2010年，245〜251頁。

▶5 日高庸晴ほか「ゲイ・バイセクシュアル男性の健康レポート2」厚生労働省エイズ対策研究事業『男性同性間のHIV感染対策とその評価に関する研究成果報告』2006年。

んておかしい」と拒絶，禁止されることが多いものです。

米国の調査ですが，性的マイノリティの子どもたち（7,261名対象）で，ハラスメント経験のある児童生徒の62.4%が，学校にはそのことを通知しなかったと報告しています。その理由は「どうせ何もしてくれないと思った」，あるいは「状況を悪化させるだけだと思った」というものですが，学校に訴えた児童生徒のうち33.8%が，「学校は何もしてくれなかった」と回答しています[16]。米国では2010年に性的マイノリティであることを理由とする深刻ないじめと，それを原因とする自殺が相次いで報道されました。社会的関心の高まりを背景に，米国大統領としては初めて，バラク・オバマが「君は1人じゃない。どうか周囲に助けを求めてください」と呼びかける緊急声明を発表するまでに至っています。

> 6 Kosciw, J. G., Greytak, E. A., Diaz, E. M., Bartkiewicz, M. J., "The 2009 National School Climate Survey : The experiences of lesbian, gay, bisexual and transgender youth in our nation's schools", GLSEN, 2010.

●直接的・間接的に経験される社会的排除

1990年2月，動くゲイとレズビアンの会（アカー）が，公共宿泊施設「東京都府中青年の家」で合宿利用中に，他団体による差別・嫌がらせを受けたということがありました。「青年の家」所長は，嫌がらせに対処するよう要請したアカー側に対して，「都民のコンセンサスを得られていない同性愛者の施設利用は，今後お断りする」と発言し，さらに東京都教育委員会（当時）はその後の利用について，「男女は別室に泊まらなければならない」という慣例（男女別室ルール）をたてに，同性愛者の宿泊利用を拒否しました。この事件は6年間にも及ぶ裁判に発展し，1994年の原告（アカー）側の全面勝訴に対する東京都の控訴を経て，1997年の東京高裁において改めて原告側の勝訴が確定しています。

その判決文では，教育関係者の責任が次のように明言されています。「平成2年当時は，一般国民も行政当局も，同性愛ないし同性愛者については無関心であって，正確な知識もなかったものと考えられる。しかし，一般国民はともかくとして，都教育委員会を含む行政当局としては，その職務を行うについて，少数者である同性愛者をも視野に入れた，肌理の細かな配慮が必要であり，同性愛者の権利，利益を十分に擁護することが要請されているものというべきであって，無関心であったり知識がないということは公権力の行使に当たる者として許されないことである。このことは，現在ではもちろん，平成2年当時においても同様である」[17]。

> 7 「損害賠償請求控訴事件　東京高裁平成6年（ネ）1580号　平成9年9月16日第4民事部判決」『判例タイムズ』第986号，1999年，206頁。

性的マイノリティの心を閉ざしてしまうのは，自己に向けられた直接的なハラスメント経験だけではありません。たとえば，テレビなどで活躍する「おかま」あるいは「オネェ」と呼ばれるタレントがステレオタイプな扱いを受け続ける姿に，自分を重ね合わせて傷つくことがあります。ごく一般的な日常会話でも「ホモ」や「おかま」が侮辱的・差別的な表現として使われることは少なくなく，疎外感や孤立感を深める原因になることがあります。

「男（女）のくせに男（女）を好きになるなんて…」，「女（男）のくせに男（女）になりたいなんて…」といった否定的なまなざしは，それに日常的にさらされ続ける当事者にとっても自然化してしまい，自分自身を嫌悪するようになることもあります。また，自立し，経済力のある大人はともかく，子どもたちはみずからの意志で住居や学校を変えることはできませんから，家庭や学校を中心とする狭い世界のなかで悩みを抱え，行き場がなくなってしまうこともあります。「どうせ誰にも理解されない」，「嫌われるのではないか」と絶望するなかで，友達にも，親や先生にも相談できないということは，「世界の誰にも相談できない，話せない」ということを意味します。

❸ かけがえのない子どもたちの成長を見守る環境づくりとは

　性同一性障害に関していえば，セーラー服での登校に「生きづらさ」を感じ，登校できずにいる生徒がいるならば，ジャージの体操着を選ぶこともできるようにするなどの対応が考えられますが，男女別の制服やトイレの問題など，具体的にどう対応してほしいと思っているかは，一人ひとりニーズが異なります。ホルモン療法や手術療法を要望するかどうかも，千差万別です。

　専門家であっても将来を予測することは難しく，「転ばぬ先の杖」になろうと，周囲が過剰に反応することが逆効果を生むこともあります。性別違和だろうが，同性愛だろうが，大切なのは目の前にいる児童生徒の話にじっくり耳を傾けることです。話を聞いてもらえるだけで安心する，ということもあります。先のことはわからないし，それでいいのです。今ある問題を一緒に解消できたらいいね，という態度が一番重要かと思います。気持ちに寄り添うという意味では，子どもだけなく，保護者に対する支援でも同じです。子ども自身も親も，戸惑う気持ちをさらけ出す「逃げ場」が必要なのです。

　具体的な問題への対応においては，いじめ問題に毅然とした態度で臨むことはもちろんのこと，できるだけ多くの選択肢が用意できること，柔軟に対応できる環境を整えることが理想的です。そのためには，子どもたちや保護者への情報提供だけでなく，教員や関係者の研修も必要になります。長い人生に多様な選択肢を提示するという意味では，医療の専門家や教育関係者だけでなく，地域社会にある自助支援グループとつなげる・つながる，といったことも大いに役立ちます。特に同性愛の場合，外見からは判断できませんし，日本ではカミングアウトしている人が極端に少ないことから，成長する過程でロール・モデルに出会う機会も非常に限られてきます。自助支援グループを通じて多様な当事者と接することは，孤独感や孤立感を軽減するだけでなく，マスコミを通じて知るワンパターンな性的マイノリティ像を払拭することにつながると期待できます。

〈東　優子〉

VIII スクールソーシャルワーク実践

21 青年期の課題とSSW ③
高等学校におけるスクールソーシャルワーク

1 高等学校へのSSWer導入と背景

　文部科学省によるスクールソーシャルワーカー活用事業（2008年）の実施により，教育の場にスクールソーシャルワーカー（SSWer）が導入されることとなりました。SSWerの導入は，「いじめ」や「不登校」，さらには「**メンタルヘルス**」に関する問題や課題（以下，問題等）が，子どもの生活環境と密接な関係にあるため，福祉的な視点をもって問題等に取り組むソーシャルワークが望まれたと考えられます。事実，全国に先駆けて高等学校にSSWerの配置を行った香川県では，県立高等学校・県立中学校におけるスクールカウンセラー等派遣事業のなかで，SSWerの配置目的を「生徒の問題行動等の解決に資する」と述べており，職務を「他機関との連携に関する助言」と明記しています。

　香川県におけるSSWerの配置は全国的にも早く，2001年に香川県教育委員会が健康相談活動支援体制整備事業においてSSWerを1名採用したことに始まります。その後，香川県教育委員会に教育の場におけるソーシャルワークの有用性が認められ，2004年には全国に先駆けて高等学校にSSWerが配置されました。また，2011年には定時制高等学校にSSWerを2名配置し，2013年には拠点校派遣型により，県内すべての公立高等学校にSSWerが配置されました。

2 高校生の生活の広がり

　高等学校は，自分の希望する学校を自由に選択できます。そのため，通学距離や通学手段によっては行動の範囲が広くなります。それにともない，高校生の生活圏は，中学生の時のような校区を中心としたものから，より広範なものへと変化していきます。この生活圏の拡大は，これまでにない活動の広がりと新たな人間関係によって，高校生の生活や人生観に大きな変化を生じさせることにもなります。とりわけこの時期は，自立心の芽生えや大人の社会に対する興味と関心の高まりと親から独立した行動がみられるようになり，生活圏は加速度的に拡大していきます。さらには，高等学校を卒業すると自分の将来に結びつく進路を決定しなければならない，いわば人生の選択の岐路に立たされる時期でもあります。

　総じていうと，高校生にとって多くのことを経験するこの時期は，みずから

▶1　メンタルヘルス
こころの健康のことをいう。メンタルヘルスの保持・増進には，ストレス対策が大切とされている。メンタルヘルスが損なわれると，こころの病にかかったり，最悪の場合には自殺に至ることもある。

の発達課題への取り組みを余儀なくされる慌ただしい時期であるとともに，著しく社会的，人間的成長を求められる時期であるといえます。

③ 高校生の抱える問題等と支援の視点

　高校生は，精神的にも社会的にも，急速に大人に近づいていくことから，小学生や中学生とはまた違った問題等を呈します。たとえば，精神的な問題が関係する非社会的行動として，人間関係や自我確立のつまずきが引き起こすひきこもりや**摂食障害**といったことがみられます。また，反社会的行動として，非行，暴力，いじめ，性の問題，薬物の使用といったことがみられます。これらの問題等は，高校生が生活している日常生活の場で，いい換えると社会生活や人間関係のなかで生じるため，高校生に変容を求めるだけでは根本的な問題解決に結びつかないことがあります。そのため，高校生が抱える問題等は，個人の責任にあるといった考え方ではなく，高校生の生活背景と関連づけて理解する，いわゆる社会との全体的関連で問題等を捉える視点が必要となってきます。また，思春期の高校生は自我の確立期にあり，社会経験を重ねたり，社会経験のなかで生じる葛藤を乗り越えることで成長し，大人になっていきます。そのためSSWerは，問題等を抱える高校生は無力な存在ではなく，ともに考え行動すれば，みずからの問題等に向き合い成長する存在であるという，発達の可能性を信じる視点が求められます。さらには，高校生みずからの力で問題解決に取り組めるよう支援するために，本人の意見を尊重し，自己決定を保障する視点も重要となります。これらの視点は，ソーシャルワーク特有の視点といわれるものです。これまでの学校のあり方を考えると，教育の場にソーシャルワーク特有の視点が導入されることは意義深いものがあります。

④ 多職種との連携

　生活者の視点をもって高校生を捉えた場合，高校生の抱える問題等は，社会，心理，教育の面から多角的に捉え，支援を行う必要があります。そのため，SSWerは，必要に応じて校内に設けられた部署と連携をもちながら高校生の支援を行います。

　SSWerが連携をもつ校内の部署として，教育相談部，環境保健部，生徒指導部等があげられます。職種としては，教師をはじめ，スクールカウンセラー（SC），養護教諭，特別支援コーディネーター（教師等）などがあげられます。

　また，校外の関係機関では，児童相談所，精神保健福祉センター，発達障害者支援センター，教育支援センター，医療機関等の機関があげられます。職種としては，精神保健福祉士，臨床心理士，医師等があげられます。

　連携の目的は，互いに情報を交換することにより，より的確で巾広い支援に役立てようとするものです。

▷2　摂食障害
女性に多くみられる。精神的なストレスが関係していることが多く，拒食と過食を繰り返すことがある。身体面や精神面への影響は著しく，過度の体重減少がみられる場合には，入院治療が必要となる。

▷3　生活者の視点
問題となる出来事に焦点をあてて本人を理解するのではなく，問題となる出来事を本人の生活体験の1つとして理解しようとするものである。

連携のもち方は，さまざまな形で行われます。具体的には，職員室内等で行われる教員等関係者との話し合いや，時間や場所などの枠を設けて行うケース検討会等があります。また，校外の関係機関との連携は，電話や面談等で行われます。ほかにメールやファックスによる方法もありますが，**プライバシーの保護**の観点から慎重に行う必要があります。ちなみに，情報の交換にあっては，信頼関係の問題やプライバシー保護の観点から，当事者に情報を得る了解を得たり，目的以外の情報の交換は行わないのが原則です。

> **4 プライバシーの保護**
> ソーシャルワーカーの倫理として守秘義務がある。ソーシャルワーカーは倫理においても，また対象者との信頼関係といったことからも，援助において知り得た個人情報は漏らしてはいけないことになっている。

5 高等学校における SSW 活動の実際

高等学校における SSWer の活動は，生徒をはじめ，家族や教師などに対する支援やソーシャルワークの理解を得るための啓発等，多岐にわたっています。以下，高等学校における SSWer の活動の一例について紹介します。

○事例──精神科受診援助とチームによる修学支援

【導入面接】

　Aさんは，高校2年生の2学期から，朝起きることができない，頭が重たいことを理由に学校を休むようになりました。担任もしばらくは様子をみていましたが，母親からAさんを心配する電話があったことをきっかけに，SSWerが関わることになりました。担任から相談を受けた数日後，SSWerは母親とAさんに会い，家での様子を詳しく聞きました。Aさんは，うつむいて口を開くことがないため，代わって母親が様子を話しました。母親の話では，Aさんは生気に欠け，何をするでもなく毎日を過ごしているとのことでした。

【当面の援助計画】

　Aさんの様子と母親の話から，Aさんはうつ病の可能性が考えられたため，SSWerは精神科を受診することを勧めました。受診にあたっては，精神科受診は初めてのことで不安であると母親がいうため，SSWerが受診に付き添うことを申し出て，総合病院の精神科受診の調整を行いました。

【チームによるアセスメント】

　後日，SSWerは，Aさんの担任や学年主任，教育相談部の教師と，Aさんの受診の必要性や受診後の対応について話し合いました。まずはAさんの精神面の健康の回復を図ること，次に医師による確定診断を受けることで適切な支援計画を立てることができるといったことを確認しました。受診後の対応については，必要以上に通学を勧めないということになりました。

【医療機関との連携】

　面接から2週間後，Aさん，母親，担任，学年主任，教育相談部の教師，SSWerとで病院を訪ね，診察を受けました。診察の結果はうつ病でした。診察後，医師を交えてAさんの修学について話し合いました。修学については，進級に必要な最低限度の出席を確保する程度の働きかけにとどめ，必要であれ

ば病院からの通学も行うということになりました。

【終結】

その後，Aさんは服薬を始めたことで精神的に回復をみせ，遅刻や早退はあるものの，休むことなく学校に通うことができるようになりました。そして，Aさんが学校に通えるようになったことで，SSWerの関わりはいったん終了となりました。

本事例は，うつ病にかかった生徒の精神科受診の援助と，学校での支援をチームで取り組んだものです。思春期は精神的に不安定な時期でもあり，本事例のように精神科受診を勧めることもあります。

本事例でSSWerの果たした役割を，事例の経過に沿って確認します。

導入面接では，SSWerが丁寧に話を聞くことで，子どもの変化を心配する母親の気持ちを受けとめ，Aさんや母親との関係づくりに努めています。当面の援助計画では，導入面接で得た情報をもとに，当面の援助として精神科受診を勧めています。また，精神科を受診することに不安を抱く母親に対して，付き添って受診をすることで不安を和らげています。チームによるアセスメントでは，関係者による話し合いの場を設け，関係者の役割を明確にし，学校全体でAさんを支える体制づくりを行っています。医療機関との連携においても，Aさん，母親，学校関係者，医療関係者による話し合いの場を設け，校外の関係者も含めた支援体制づくりを行っています。ケースの終了後は，学校に通えるようになったことを機に，必要以上の関わりをSSWerは控えています。

❻ 高等学校におけるSSWerの存在意義

高等学校では，メンタルヘルス以外にも，人間関係，家族との関係，経済問題，性に関する問題，学力，進路といったさまざまな問題が存在します。

このような問題に対して，**自我の確立**期にある高校生のなかには，自分の力で何とか解決しようと試みる生徒もいます。それだけに，誰に相談することもなく1人で悩み，さらには，解決の糸口がみつからないと閉塞的な状況に陥ってしまいます。このような時に，問題解決にむけて一緒に考え，行動をともにするSSWerの存在が，高校生みずからの力で問題解決に取り組むことを助け，さらには，社会的にも人間的にも成長する機会を提供することになります。このことは，高等学校へのSSWer導入の意義の1つとして考えられます。

また，多様な問題を抱える高校生に対しては，教師の力だけで問題解決を図るのは困難で，多職種によるチームアプローチが必要となります。そのためには，生活者の視点や社会資源の活用，ケースマネジメントなど，ソーシャルワークの視点や技術をもつSSWerの存在が必要不可欠といえます。

(富島喜揮)

▶5 **自我の確立**
思春期における発達課題として，アイデンティティ（自我同一性）の獲得がある。この時期の子どもはアイデンティティの獲得をとおして，自己イメージと他者イメージが一致した自己を確立していく。

VIII スクールソーシャルワーク実践

22 青年期の課題とSSW ④
学校での居場所づくりとスクールソーシャルワーク

1 高等学校での居場所づくりについて

○高等学校の中退・不登校の現状

　高等学校（以下，高校）中退や不登校は，学校生活不適応による孤立が原因になっているケースも多く，ひきこもりやニートなどの生活困窮に陥る危険性が高くなります。文部科学省による「平成26年度「児童生徒の問題行動等生徒指導上の諸問題に関する調査」について」によりますと，全国の高校中退者数は5万3,403人，不登校者数は5万3,154人に上ります。高校中退・不登校の理由はさまざまですが，学校生活不適応，無気力，不安などの情緒的混乱，人間関係，家庭の事情，学業不振等があげられています。そのなかでも，全日制課程における中退では「学校生活・学業不適応」が38.6％と最も高く，学校内での過ごし方や学業（授業）への困難さがうかがえます（表Ⅷ-5）。

○大阪府での「高校内における居場所のプラットフォーム化事業」

　大阪府では高校中退者数および高校中退率ともにワースト（中退者5,593人，中退率2.2％）であり，中退予防が喫緊の課題でした。そこで，2015年度に「高校内における居場所のプラットフォーム化事業」として，より多くの生徒が学校生活に適応できるように，民間支援団体と学校が連携して，学校内に「居場所」を開設し，福祉や労働等の関係機関（外部支援機関）と連携・協力するプラットフォームを構築し，生徒を支援しています（図Ⅷ-18）。この事業の前身となった「高校中退・不登校フォローアップ事業」として2014年度は8校，2015年度からは「高校内における居場所のプラットフォーム化事業」として21校で実施しています。公立高校19校，私立高校2校で，全日制・定時制・通信制の3種での実施となっています。それぞれの学校の特色や生徒の状況に合わせ，民間支援団体はそれぞれの強みを活かしながら，生徒への「居場所づくり」を行っています。

○「居場所」での具体的な支援内容

　「居場所」は学校内の空き教室などを利用し開設されています。既存の生徒相談室のように敷居の高いものではなく，お菓子や飲み物，カードゲームや雑誌などが用意されており気軽に生徒が来室できるような工夫がなされています。居場所の支援員は臨床心理士や精神保健福祉士，キャリアカウンセラー等さまざまな専門職が対応しています。生徒たちはお菓子を食べたり，ゲームをした

1　文部科学省「平成26年度「児童生徒の問題行動等生徒指導上の諸問題に関する調査」について」2015年。

表Ⅷ-5 全国の事由別高等学校中途退学者数

事由	国立 人数(人)	国立 構成比(%)	公立 人数(人)	公立 構成比(%)	私立 人数(人)	私立 構成比(%)	計 人数(人)	計 構成比(%)
学業不振	8	18.6	2,768	8.1	1,317	6.8	4,093	7.7
学校生活・学業不適応	7	16.3	12,246	36	6,369	32.9	18,622	34.9
もともと高校生活に熱意がない	0	0	5,003	14.7	2,443	12.6	7,446	13.9
授業に興味がわかない	0	0	2,197	6.5	689	3.6	2,886	5.4
人間関係がうまく保てない	1	2.3	1,957	5.8	1,272	6.6	3,230	6
学校の雰囲気が合わない	1	2.3	1,374	4	953	4.9	2,328	4.4
その他	5	11.6	1,715	5	1,012	5.2	2,732	5.1
進路変更	24	55.8	11,893	35	6,653	34.4	18,570	34.8
別の高校への入学を希望	10	23.3	3,027	8.9	3,399	17.6	6,436	12.1
専修・各種学校への入学を希望	0	0	495	1.5	271	1.4	766	1.4
就職を希望	1	2.3	5,603	16.5	1,174	6.1	6,778	12.7
高卒程度認定試験を受験希望	10	23.3	1,181	3.5	464	2.4	1,655	3.1
その他	3	7	1,587	4.7	1,345	6.9	2,935	5.5
病気・けが・死亡	2	4.7	1,120	3.3	1,018	5.3	2,140	4
経済的理由	0	0	251	0.7	957	4.9	1,208	2.3
家庭の事情	1	2.3	1,500	4.4	803	4.1	2,304	4.3
問題行動等	0	0	1,201	3.5	1,206	6.2	2,407	4.5
その他の理由	1	2.3	3,015	8.9	1,043	5.4	4,059	7.6
中途退学者数	43	100	33,994	100	19,366	100	53,403	100

(注) 1　中途退学者1人につき，主たる理由を1つ選択。
　　 2　構成比は，各事由における中途退学者数に対する割合。

出所：文部科学省「平成26年度「児童生徒の問題行動等生徒指導上の諸問題に関する調査」について」2015年，51頁。

学校生活不適応による中退・不登校を防ぐため，民間支援団体と学校が連携して，学校内に居場所を開設するとともに，福祉や労働等の関係機関（外部支援機関）と連携・協力するプラットフォームを構築。
〔2012年度の高校中退・フォローアップモデル事業（1校），2013，2014年度の高校中退・フォローアップ事業（各年度8校）の取り組みを踏まえつつ，連携校の拡大（20校をめざす）と，支援の質的向上を図る。〕

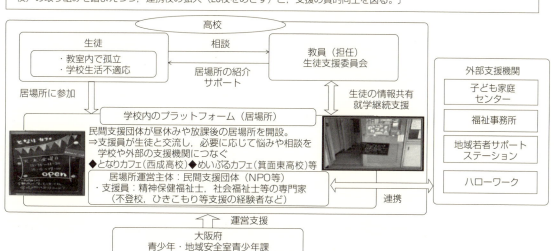

図Ⅷ-18　高校内における居場所のプラットフォーム化事業

出所：大阪府青少年課ホームページ（https://www.city.sakai.lg.jp/kita/machizukuri/kita_kaigi/kaigi/h27/1210kukyouken8.files/kita_kukyoukenkaigisiryou8.7.pdf）より筆者一部修正。

表Ⅷ-6　居場所スタッフの活動例（全日制高校の場合）

時間	スケジュール内容
10：30	スタッフ高校到着・担当教員との打ち合わせ
11：00	スタッフ間の事前ミーティング
12：00	窓口担当の教員と打ち合わせ
12：30	昼休み居場所オープン
13：00	居場所クローズ・スタッフ振り返りミーティング
13：30	生徒の担任との情報共有・生徒への居場所での方針検討
15：30	放課後居場所オープン
16：30	居場所クローズ・スタッフ振り返りミーティング
17：00	担当教員への報告
17：30	終了

出所：筆者作成。

りしながら，支援員やそこで知り合った生徒同士で談笑したりしています。また，季節に応じたハロウィンパーティやクリスマス会などのイベントを行っているところもあります

　生徒の状況に応じて，生徒と個別の時間をとって話を聴いたり，教育相談や養護教諭らと連携して生徒の対応にあたったり，学校に関わっているスクールソーシャルワーカー（SSWer）やスクールカウンセラー（SC），キャリアカウンセラーらとともに支援を行うこともあります。また，生徒外部の支援機関への紹介を学校と協力して行うこともあります（表Ⅷ-6）。

2　学校内居場所の機能

○生徒に対する効果

　高校内に「居場所」ができたことによりさまざまな効果が見られています。中学時代に不登校を経験した2年生のAくんは，高校には毎日通っているものの，友人関係をうまく築けずにいました。彼は発達障害の診断を受けており，人と比べて自分は劣っているという強い劣等感と孤独感を抱えていました。高校卒業後は就職を希望していましたが，本人自身も何がしたいのか不明確でした。教員も学校生活や卒業後の就職に向けての何らかの支援が必要であると感じていましたが，具体的な方法については悩んでいるところもあり，居場所スタッフに相談がありました。まずはAくん自身が学校の中で安心して過ごせたり，話を聴いたりしてもらえることが必要であると考えた居場所スタッフは，昼休みに担任にAくんを「居場所」へ誘ってもらえるようにお願いしました。「居場所」ではAくん自身の好きなことや休日の過ごし方などを話しながら関係性を作っていきました。また「居場所」に来る他の学年やクラスの生徒との出会いと居場所スタッフの仲介もありAくんはクラス以外での友人関係を構築していくことができました。居場所スタッフとの関係が深まっていくなかで，Aくんは将来への不安や希望などを少しずつ話してくれるようになりました。

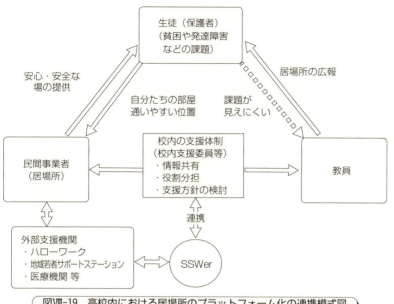

図Ⅷ-19　高校内における居場所のプラットフォーム化の連携模式図
出所：筆者作成。

　そのような時間を重ねていくことで，Aくんは就職についても少しずつ前向きに考えることができるようになっていきました。
　この事例のような生徒の他にも，留年している生徒や対人不安のある生徒，家庭環境が孤立していた生徒が「居場所」の常連になり，そこで新たな人間関係を構築することで，登校を継続することができています。また，教職員が把握していなかった家庭での悩みを居場所スタッフに話してくれたことで，教職員やSSWerと連携し家庭にアプローチすることができた事例もあります。このように教職員には見えにくい生徒たちのさまざまな問題が学校内に「居場所」があることでキャッチできるようになっています。

◯学校内の連携体制の構築

　生徒に対して効果的な支援を提供できる「居場所」を開設するためには校内体制づくりは必要不可欠です。学校の状況や課題に合わせて，居場所活動をアレンジしたり，居場所を機能させたりするためにまず重要なことは校内のコーディネートをする，学校側の担当教員の存在です。居場所事業の担当教員が明確であり，事業者との定例的な会議の実施，SSWerやSC，キャリアカウンセラーなど外部からの専門職との連絡会議などを設定することにより，よりきめ細やかな生徒への支援ネットワークが構築できます（図Ⅷ-19）。学校内居場所の効果の1つとして，そのような支援ネットワークの構築のきっかけを作ることができるということもあります。

（松浦宏樹）

VIII スクールソーシャルワーク実践

23 青年期の課題とSSW ⑤ 大学におけるスクールソーシャルワーク

1 大学におけるソーシャルワーカーの導入

近年，義務教育の小中学校だけでなく高等教育機関においても，ソーシャルワーカーが配置され始めています。大学に配置されているソーシャルワーカーの多くは，「スクールソーシャルワーカー」ではなく，「キャンパスソーシャルワーカー（CSW）」と呼ばれています。長沼らによる2014年の調査では，社会福祉士や精神保健福祉士を学生支援部門に配置している大学は，全体で59大学（13.5％）で，2010年の調査と比べ，ほぼ倍増しています。

CSW配置の背景には，学生のニーズの多様化があります。少子化により大学全入時代を迎え，大学や学部を選ばなければ志願者は大学に入学できるようになりました。大学進学率は年々上昇し，近年では高等学校を卒業した者，あるいは同等の過程を修了した者のうち5割以上が大学に進学しています。一方で2000年頃から，約5割の私立大学で定員割れが起こっています。大学進学率の上昇と少子化の進行により，大学は急激に様変わりしています。優秀な学生を確保しようと **AO入試** を実施したり，サービスを充実させようとして，入学後のスムーズな学生生活への導入支援，学費の補助，修学・資格取得・就職の支援，保護者向けのイベントなどに取り組む大学は珍しくありません。

以上のことから，これまで入学してこなかった学生層が大学に入学しています。たとえば，貧困，障害による社会的障壁，いじめ経験，コミュニケーションが苦手，ひきこもりがちなど，何らかの困難を抱える学生は，それに付随したさまざまな困難を抱えがちです。保護者の収入が低い学生は，学費や生活費を稼ぐために無理なアルバイトに精を出す場合が少なくありません。2016年現在，大学生の約半数が**日本学生支援機構**の奨学金を借りているという調査結果が出ています。学生時代に借りた奨学金は卒業時には数百万円に膨らむため，奨学金を借りた学生は社会人1年目から多額の借金返済に追われることになります（図Ⅷ-20）。その上，卒業後も非正規雇用率が高く，利用者の大半は奨学金の返済が困難となることが社会問題化しています。奨学金の返済を3か月以上滞納すると，信用情報機関に情報が登録され，全額返済後も登録が抹消されるまでには5年もかかります。

これまでの学生支援は，主に相談者の自発的な意思で支援が開始

▷1 長沼洋一・長沼葉月「キャンパスソーシャルワーカーの活用に関する2014全国調査」2014年（https://goo.gl/N2iAVy）。

▷2 文部科学省「平成27年度学校基本調査（確定値）の公表について」2015年。

▷3 日本私立学校振興・共済事業団私学経営情報センター「平成27（2015）年度私立大学・短期大学等入学志願動向」2015年。

▷4 AO入試
アドミッションズ・オフィス入試の略称。学科試験を課さず，面接や書類審査，小論文によって行う入学試験方法。日本では1990年頃から行われている。学力では測れない個性を求めることを目的とし，熱意ある学生を入学させるという名目

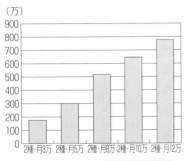

図Ⅷ-20 日本学生支援機構第2種奨学金の貸与額別返済総額

（注）4年間（48か月間），毎月各金額の貸与を受け，年利が3.0％だった場合の返済総額。
出所：日本学生支援機構ホームページ（http://www.jasso.go.jp/）より筆者作成。

されることがほとんどでした。しかしSOSを発信できず学内の社会資源につながることができない学生が増えており，待っているだけの支援では多くの問題が潜在化し，最終的には退学という形で，課題を抱えたままの学生が大学から姿を消していくのです。そこで注目されたのが，相談業務だけでなく下宿・自宅訪問などのアウトリーチ，コーディネート業務なども行うことができ，有機的に社会資源をつなぐことを得意とするソーシャルワーカーの大学への導入でした。

　日本の大学におけるCSWの画期的な導入例は，2006年の大分大学で創設された「キャンパスカフェ何でも相談室」での4名のCSWの配置です。2007年には沖縄大学，東北公益文科大学で配置，2008年の「学校ソーシャルワーク元年」には，四国学院大学，淑徳大学，日本福祉大学で専任のCSWが配置されました。これまで配置率の高かった社会福祉系の学部学科をもつ私立大学だけでなく，非社会福祉系の大学や国公立大学においても，各大学のニーズに合わせた形でCSWが配置され始めています。また，CSWは，小中学校に配置されているソーシャルワーカーよりも有資格者の割合や，平日に毎日勤務する者の割合が高いことが特徴的です。配置形態はCSWが独立して配置される場合と，既存の学生相談，精神保健相談，ハラスメント相談，障害学生支援部門などに配置される場合があります。2008年より，全国の大学で活躍するCSW同士のネットワークづくりが始められており，成果の積み上げや課題の共有，学内外への認知度の向上等が目指されています。

❷　大学で働くソーシャルワーカーに求められているもの

　2010年に行われた米村の聞き取り調査によれば，CSWが認識する学生のニーズは，「心理的支援，対人関係の問題に対する支援，修学についての具体的な支援，経済的な支援，**ソーシャルスキルトレーニング**，1人で居られない者への支援，望まない妊娠への対応，障害者への支援，ハラスメント・性的被害からの回復への支援」でした。また，CSWが大学から期待されている役割や業務は，「学生の問題への予防的な対応，心理的な相談に加えた現実的な問題解決，支援活動としての居場所作りと運営，1人暮らし学生への支援，教職員へのコンサルテーション，引きこもり学生への家庭訪問（アウトリーチ），退学者防止への支援，社会資源の紹介，教職員の学生対応への負担軽減，ハラスメント対応，学生支援としての危機的介入」でした。CSWに期待されている役割は幅広く，高度な専門性を必要とする業務内容となっています。

　先の2014年の調査ではCSWを配置したことで「学生への支援について教職員で話し合う機会が増えた」「学生が学内の支援部署につながった」「学生の生活状況が多面的に把握できるようになった」と，大学の管理者から評価されたとの報告もあり，CSWの配置により，学内での連携体制が強化されたことが

で行われている。しかし，AO入試で入学してきた学生の基礎学力の不足が問題となってきていることから，AO入試を廃止する大学も出てきている。

▷5　2016年4月より障害者差別解消法が施行され，特に「合理的配慮」（障害をもつ人々に対して必要な環境整備などの配慮を行うこと）が義務化された国公立大学では障害をもつ学生への支援体制の充実が求められている。

▷6　**日本学生支援機構**
日本育英会の奨学事業や留学生交流事業などを引き継ぐ独立行政法人。同機構の奨学金の利用者は，130万人から140万人で推移し，2015年度は134万人が利用。無利子と有利子があり有利子の割合が7割を占める。

▷7　日本学生支援機構の奨学金の返済を3か月以上滞納している人は2014年度で17万3,000人。無利子の奨学金の増額や返還の必要のない奨学金の給付を検討する動きも見られるが，抜本的な政策が実施される見通しは立っていない。

▷8　NPO法人「ニューベリー」が調査した結果をまとめた『中退白書2010――高等教育機関からの中退』（2010年）によれば，大学では入学からの4年間で8人に1人が中退している計算になるという。

▷9　現在は「ぴあルーム」の活動に移行。

▷10　**学校ソーシャルワーク元年**
文部科学省が2008年から小中学校におけるスクールソーシャルワーカー活用事業を開始したことから，

うかがえます。

3 大学でのソーシャルワークの実際

日本福祉大学の学生相談室に併設されたソーシャルワーカー室は、ソファのある相談スペースと、**ピアサポート**などのグループ活動が可能なスペースからなっています（写真Ⅷ-2）。CSWの業務は、「学業、友達関係、休学・退学の相談、精神的な悩み、教員とのトラブル、家族との問題、ハラスメントに関わる相談」などの個別相談のほか、ピアサポートグループ支援、ハラスメント防止活動、各種会議出席などです。

写真Ⅷ-2 日本福祉大学ソーシャルワーカー室の相談スペースの様子
出所：筆者撮影（2008年開室当時）。

▷10 2008年は「学校ソーシャルワーク元年」あるいは「スクールソーシャルワーク元年」と呼ばれている。

▷11 キャンパスソーシャルワークネットワーク（https://sites.google.com/site/campussw/home）

▷12 米村美奈「大学における『キャンパスソーシャルワーカー』の現状と課題――全国の大学のソーシャルワーカーへの聞き取り調査から見えてきたもの」『日本学校ソーシャルワーク学会 第5回全国大会報告要旨集』2010年、46～47頁。

▷13 ソーシャルスキルトレーニング
⇒Ⅷ-16 参照。

▷14 ▷1と同様。

▷15 ピアサポート
仲間同士の支え合いの意。大学においては学生同士で大学生活の悩みを相談し合ったり、居場所提供の場としてピアサポート活動が行われたりしている。

不眠、食欲不振、うつ状態などの精神症状を訴える学生も多く、必要があれば医療機関への紹介を行います。また、ケースによって学内教職員、学生の家族、下宿の大家、地域の社会資源等に働きかけ、環境調整を行います。性暴力やハラスメント相談の場合には、個別相談だけでなく、警察や病院への付き添い、申立て手続きのサポート、学内委員会との連絡、調査への同席、安心できる環境をつくるための学内調整、さらには地域安全活動を行う学生組織づくり、安全意識啓発のためのイベント企画、講義内での「ハラスメント防止に関する心理社会教育」などの業務を行います。

CSWは、学生支援センターの一員として多職種専門スタッフとともに、学生の包括的支援を目指す「心理社会的介入プログラム」を展開し、①安全で安心な、②多様性のある、③こころとからだの健康を大切にする「大学コミュニティづくり」や「学生の発達や成長を支えるための支援」を目指して活動をしています（図Ⅷ-21）。

また週に一度、臨床心理士、保健師、学生支援コーディネーター、障害学生支援の専門教員など学内スタッフとともに多職種専門職チームによるカンファレンスを行い、主に重複障害や対応困難学生のケースについて本人の了承を得た上で検討し、インテーク、見立て、介入、モニタリング、連携先の検討や担当者の決定、役割分担など、ケースマネジメントの共有を目指しています。カンファレンスでは、たとえば、①ゼミ教員からの「長期欠席している学生がいる」という情報を共有し、役割を確認した上で、下宿訪問を行うとともに保護者面接を行い、今後の継続した支援のあり方について検討を行う。②「突然、怒鳴りだす学生がいる」、「教室で机を蹴っている学生がいる」という複数の情報から、当該学生が以前相談機関に訪れた学生と判明した際には、医療機関につなぐための役割分担について話し合い、ゼミ教員の協力の下、支援計画を立てる。③「幻聴が聞こえる」といっている学生の最近の様子についての情報を共有し、大学に来ていないということであれば、その学生と同じアパートに住む友人に様子を聞いてみるなどの方針を決め、その後の対応を確認する。④入

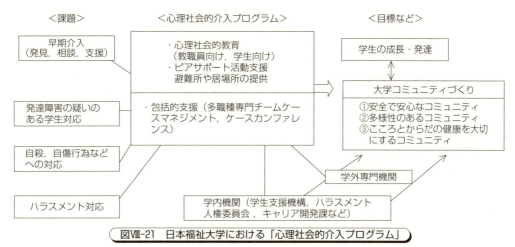

図Ⅷ-21　日本福祉大学における「心理社会的介入プログラム」

出所：若山隆・國中咲枝「大学の学生相談における早期介入の可能性」野中猛『スクールソーシャルワークをめぐる研究報告書』日本福祉大学，2010年，52頁より筆者作成。

学後ほとんど登校できていない学生の親からの相談内容を共有し，本人と面談した上で，体力回復のための休学とその後の復学に向けての方針を確認する。⑤「書類が出せない」，「スケジュール確認が苦手」といった学生の情報を共有し，独自に開発した「困り感尺度」や「便利帳」（写真Ⅷ-3）を活用し，学内生協でインターンシップを実施する中で，今後の進路について検討する，などの対応を頻繁に行っています（2014年度現在）[16]。

4　大学におけるソーシャルワークの可能性

　大学における専門的な学生支援は，これまで心理の専門職が中心となっておよそ60年の実践が積み重ねられています[17]。9割以上の大学で学生相談機関が設置され，必要に迫られる形で，カウンセラーがアウトリーチを含む支援を行っている大学もあり，大学におけるソーシャルワーク的対応は，より一層求められてくるでしょう。複雑な権力関係のもとに構成されている大学組織のなかで，孤立している学生や教職員の人権を守り，学内外の社会資源を有効活用しながらサポートすることで，問題が解決することも多いと考えられます。

　グローバル化，経済の二極化が進みつつある現代において，富める者がますます富み，貧しい者はますます貧困に陥る構図が，できあがりつつあります。CSWが働く大学が増えていけば，ソーシャルワーク的支援を受けることが身近となり，学生は卒業後も危機に直面した際には，さまざまな社会資源とつながりやすくなることでしょう。

　今後，CSWが，学内外の支援者と連携し，社会資源を活用・創造しながら，ソーシャルワーカーとしての固有性を発揮していくこと，常勤のCSWが全国の大学に配置され，学生が安心して成長し卒業後も希望を持てる大学コミュニティをつくるべく活躍していくことが期待されます。

（國中咲枝）

写真Ⅷ-3　便利帳

（注）出席管理や優先順位を確認し，日常的な支援に生かしている。

出所：若山隆・澤田佳代「キャンパス・ソーシャルワーカー（CSW）の配置後における心理社会的介入アプローチの展開」『CAMPUS HEALTH53（1）第53回全国大学保健管理研究集会報告書』2015年。

▶16　若山隆・澤田佳代「キャンパス・ソーシャルワーカー（CSW）の配置後における心理社会的介入アプローチの展開」『CAMPUS HEALTH53（1）第53回全国大学保健管理研究集会報告書』2015年。

▶17　大学における学生相談の活動は1950年代から始められ，1955年に結成された「学生相談研究会」は，現在「日本学生相談学会」へと発展している。

Ⅸ　スクールソーシャルワークの課題と展望

スクールソーシャルワークの抱えるさまざまな課題

今後のスクールソーシャルワーク（SSW）の展開を考えると，現在のSSWの実態を把握し，展開が不十分な領域を明らかにすることが重要です。さらに，より発展的に展開していくためには，実践研究のあり方や養成の問題も考えなければなりません。

1　SSWの実態

2008年から文部科学省がスクールソーシャルワーカー活用事業を研究事業として開始しましたが，2009年には都道府県政令市への3分の1補助事業に変更されたことで，いったん実施自治体数やワーカー数が減少しました。2011年からは，中核市まで補助の対象範囲を拡げたことで，再び増え始めています。

しかし，これまで本書のなかでも述べてきたように，現状として全校配置になっていないことなど，より効果的・効率的にSSWを展開するためには人数が不足している状況といえるでしょう。また，実践する際には，さまざまな機関や人と連携しながら展開することになりますが，たとえば，校内の教職員との連携のなかで，管理職との連携の割合は比較的低くなっています（表Ⅸ-1）。いじめや不登校，非行等の未然防止といった学校全体として取り組むべき課題を視野に入れて考えると，管理職等とも密に連携しながらSSWを展開していくことがますます重要になってくるでしょう。

2　展開が不十分な領域

また表Ⅸ-1から，展開が明らかに不十分な領域がわかります。たとえば，高校です。配置においても全体の4.1％しかありません。また対象児童生徒も小学校58.5％，中学校36.2％，高校5.0％と極端に低い状況です。また，手つかずのところでは，特別支援学校や外国籍の子どもたちへの支援，院内学級などに配置はほとんどなされていない状況です。これらの領域への展開が必要だと思われます。

3　展開していくための課題

領域の課題のみではなく，全体として展開を進めるためには，エビデンスを蓄積する必要があります。SSWは，まだ実践の始まりの段階であり，日本ではエビデンスの蓄積がない状況です。今後発展的に展開していくためには，ミ

▷1　文部科学省「平成25年度『スクールソーシャルワーカー活用事業』実施結果（概要）」2014年。

▷2　鳥取県において特別支援学校における配置が，2015年から始まった。また，日本聴覚障害者ソーシャルワーカー協会において日本財団から助成を得て，秋田県や群馬県の聴覚支援学校等にて実施している。

▷3　SSW領域をマクロ，ミクロレベルに評価を行った研究としては以下の研究報告を参照のこと。
山野則子ほか「スクールソーシャルワーカーによる支援プログラムに関する研究」白澤政和研究代表『ソーシャルワークの評価方法と評価マニュアル作成に関する研究』大阪市立大学，2011年。

表Ⅸ-1　SSWerの活用実績

1．SSWerとして雇用した実人数		1,186
2．教育機関ごとのSSWerの配置人数（複数回答）	①都道府県教育委員会（教育事務所を含む）	337
	②市町村教育委員会	473
	③小学校	184
	④中学校	114
	⑤高等学校	51
	⑥特別支援学校	0
	⑦教育支援センター（適応指導教室）	69
	⑧その他教育機関	27
3．SSWerの有する資格（複数回答）	①社会福祉士	558(47.0％)
	②精神保健福祉士	298(25.1％)
	③その他社会福祉に関する資格	154(13.0％)
	④教員免許	428(36.1％)
	⑤心理に関する資格	192(16.2％)
	⑥その他SSWの職務に関する技能の資格	57(4.8％)
	⑦資格を有していない	90(7.6％)
4．支援の対象となった児童生徒数	①小学校	29,053
	②中学校	17,983
	③高等学校	2,468
	④特別支援学校	138
5．連携した関係機関等	①児童家庭福祉の関係機関	19,907
	②保健・医療の関係機関	5,917
	③警察等の関係機関	1,658
	④司法・矯正・更生保護の関係機関	427
	⑤教育支援センター等の学校外の教育機関	7,652
	⑥その他の専門機関	4,778
	⑦地域の人材や団体等	3,982
6．継続支援対象児童生徒の抱える問題と支援状況	①不登校	12,183
	②いじめ	857
	③暴力行為	990
	④児童虐待	2,981
	⑤友人関係の問題	2,875
	⑥非行・不良行為	2,005
	⑦家庭環境の問題	13,565
	⑧教職員等との関係の問題	1,738
	⑨心身の健康・保健に関する問題	3,333
	⑩発達障害等に関する問題	7,828
	⑪その他	3,427

出所：文部科学省「『平成26年度スクールソーシャルワーカー活用事業』実施結果（概要）」2015年を筆者加筆。

クロでは，子どもや保護者等の問題への対応にとどまらず，具体的な展開方法や効果を実証できるエビデンスを蓄積することが必要です。マクロでは，制度拡充，定着に関する実証的研究が重要となります。

また，SSWerの実数の増加とともに，専門職として質を確保するためにも養成の問題は大きな課題となっています。

その他にもSSWの課題は多くありますが，一つひとつ丁寧に課題をみつめ，その克服に向けて実践を進めていく必要があります。

（山野則子）

▷4　ここで取り上げた「展開が不十分な領域」や「エビデンスの蓄積の必要性」，「養成の問題」については，Ⅸ-2〜Ⅸ-6で詳しく取り上げる。

IX　スクールソーシャルワークの課題と展望

2　特別支援学校へのスクールソーシャルワーカー関与の必要性

1　特別支援学校における学校の諸問題

特別支援学校においても、「不登校」や「いじめ」、「非行」などの問題はあります。それらの問題の背景は、ほかの子どもたちと同じように、家庭環境も含め、さまざまな要因が複雑に絡み合っています。それに加えて、障害のある子どもたちは「社会的な不利益」を受けやすい立場におかれています。これらのことがどのように関係して、学校の諸問題として現れているのかを見極めるためには、スクールソーシャルワーク（SSW）の視点が欠かせません。

たとえば、次のような状況について考えてみましょう。A君は、母親と2人で生活をしています。A君には重度の知的障害があり、身支度などにとても時間がかかります。母親には軽度の知的障害がありますが、頼れる親戚等もおらず、ヘルパーなどの福祉サービスも利用していない状況です。そのため、A君の身支度が十分にできず、遅刻が多くなったり、雨が降ると欠席したりします。このA君が受けている「社会的な不利益」とはどのようなものでしょうか。特別支援学校に通う子どもたちの多くは、スクールバスを利用します。学校と家庭との物理的な距離のために、スクールバスの時間に間に合わなければ、保護者や教職員の送迎がない限り、通学は難しくなります。結果としてA君は、学校を休むしかない状態に置かれてしまいます。だからといって、保護者が送迎をしなければA君の教育を受ける権利が保障できないという仕組みだとすれば、それは現在の教育システムが抱えている課題でもあります。A君の例はほんの一例にすぎません。とはいえ、これだけをみても、「学校を休む」という状態に対して「登校を促す」のみでは問題は解決しないことがわかります。子どもたちの教育を受ける権利を保障するということは、家族の支援を行うことと並行して行わなければ実現し得ないことを、多くの教職員が感じています。

しかし現在のところ、特別支援学校へのスクールソーシャルワーカー（SSWer）の配置を行う自治体は、ごくわずかであり、SSWer配置の対象校とされていないことこそが、大きな問題ともいえるでしょう。

2　特別支援学校へのSSWer関与の可能性

すでに述べたように、障害のある子どもは、そのことですでに福祉的な生活課題を抱えることが多くなります。そこに必要なサービスや支援が提供されな

▶1　**特別支援学校**
障害のある子どもたちへの教育は、従来は「特殊教育」と呼ばれ、障害の種類や程度に応じて、教育の場が提供されてきた。しかし、子どもたちが抱える問題は、障害の種類や程度によって決まるわけではない。そこで、2007年4月に学校教育法の一部改正で、これまでの「盲・聾・養護学校」は「特別支援学校」に、「特殊学級」は「特別支援学級」に名称が変更され、特別支援教育がスタートした。特別支援教育となって、これまでの特殊教育と大きく変わった点は、障害種別を超えて、一人ひとりの教育的ニーズに応じた適切な指導および支援を行うことが理念として掲げられたという点である。また、従来の「特殊教育」の対象としていた児童生徒に加え、発達障害もその対象としたことに特徴がある。

い場合，障害のある子どもは，教育を受ける権利が保障されないばかりか，虐待を受けるリスクが高くなるといわれています。先のA君の事例でも状況が悪化すれば，A君が登校しなくなり，誰とも会えなくなるという事態にもなりかねません。そのような状態に陥らないために，虐待予防の視点からも生活を支える支援が必要です。また，被虐待環境に置かれている場合は，積極的な介入も必要となり，いずれにおいても，関係機関や保護者との協働のもとに，子どもの学校生活について考える場をつくることが求められています。

では，特別支援学校でSSWerはどのような関与の仕方があり得るのでしょうか。子どもが抱えている問題の見立てを教職員とともに行うことは，どの学校においても重要ですが，以下にそれ以外の可能性を示したいと思います。

・教職員や保護者，当事者に対して，既存の福祉サービスにどのようなものがあるのか，さまざまな社会資源を整理して提供することができます。▷2
・福祉サービスは，利用者やその保護者が申請することで可能となりますが，申請方法も複雑です。場合によっては，申請時の支援を行うことができます。
・障害のある子どもは，みずからの意思を伝えることが難しい場合も多く，SOSを直接出しにくいこともあります。また，障害があるということで，大人が過度に守ろうとしてしまい，本人の自己決定権を知らないうちに侵害してしまうことがあります。そのような危険性もふまえて，当事者主体のあり方をともに考えます。
・障害のある子どもが，学校生活を過ごしやすくするためには，福祉サービスを利用しやすいものに変えていく必要もあります。▷3

3　SSWの視点からみる特別支援教育の課題

いま，特別支援学校では，本人や保護者の障害，経済的困窮，ひとり親家庭など，社会的な不利が重なるなどし，子どもの学校生活を保障するためには，複数の機関が行政区をまたがって支援を行わなければならない状況が増えています。また特別支援教育では，障害はないが「特別な支援が必要」な子どもたちも対象になりました。そのため，学校が手をつなぐ相手は無限に広がっています。一方で，現在の学校現場では，「発達」をめぐる問題が多く存在しているにもかかわらず，その「発達」というものをどのように捉えるのかという議論がなされないままに，特別支援教育の枠組みや方法論ばかりが検討され，混乱しているようにみえます。

重要なことは，個人の発達をその個人のもつ生活手段と結びつけて考えることであり，環境を重視する発達観をもつことです。つまり，SSWerがどのような発達の視点をもつかによって，特別支援教育への関与の仕方もかわってくるのです。「発達」をどのように捉えるのかという議論は，ソーシャルワーク全般における課題でもあります。▷4

（金澤ますみ）

▷2　たとえば，筆者がSSWerとして学校と家庭に対して，市町村に設置されている障害児・者の支援を行っている相談事業所を紹介した事例がある。事業所から保護者に対しては，デイサービスやガイドヘルプサービスなどの制度利用について説明を行い，保護者はサービスがあることを知った。また，本児が放課後や土日，夏休みなどの長期休暇期間にサービスを利用し始めてからも，定期的に学校と家庭，事業所との情報交換を行い，学校内での本児への教育的内容も個別の事情に応じて対応していった。当事者や家族が，早い段階から地域の支援者とつながることは，学校を卒業してからも，その後の生活について相談できる場の選択肢が増えることを意味する。

▷3　たとえば，現在のガイドヘルプサービスは，通学支援には利用できない規定になっている。A君の例にみられるように，登下校時に本制度の適用が可能となれば，教育権を保障できる事例は少なくない。

▷4　ワロン（Wallon, H.）は，発達理論の形成に大きな影響を与えた。ワロンは，「私は，個人とその環境との関係から出発して，個人の発達をその個人のもつ生活手段と結びつけて考えていかなければならない」と述べ，環境を重視している（ワロン・H. 著，浜田寿美男訳編「子どもにおける社会性の発達段階」『身体・自我・社会──子どものうけとる世界と子どもの働きかける世界』ミネルヴァ書房，1983年）。このようなワロンの考え方は，ソーシャルワークの根本である「個と環境の相互作用」と重なる。

IX　スクールソーシャルワークの課題と展望

3　多様な教育領域での課題

1　多様な生活課題と教育

スクールソーシャルワーク（SSW）は，生活課題のある児童生徒への支援を行うのが主な仕事ですが，この生活課題には多様なものがあります。たとえば，部落差別やアイヌ民族差別，在日外国人，疾病，非行など，さまざまな課題が考えられます。その多くに，課題克服をめぐる闘いと智恵の蓄積がありますが，一方でそれらの問題が今日まで解決されていないことが示すように，まだまだ工夫すべき課題があります。このような智恵や工夫は，SSWと共通するものが多く，SSWを活用することで克服できるものも多いと考えられます。

2　貧困と差別

特に貧困と差別はSSWの中心的な支援課題ですが，この分野と深く関わるものに，同和教育があります。1950年代に高知県では，「今日も机にあの子がいない」というスローガンのもと，長期欠席や不就学児童の生活状況を家庭訪問により調べることを通して，部落差別の存在に直面することになり，福祉教員という家庭支援を視野に入れた教員が配置され，今日のSSWに近い活動をしていました。そこでは「貧困」の問題が大きいことも明らかにされ，**教科書無償配布の運動**も起こり，その後実現されます。

京都市でも，教育委員会に生徒福祉課という担当部署を置き，家庭支援やそこで生じる課題の解決を図りました。現在でも，各地で同和教育の実践が行われており，家庭訪問を大切にし，生活を視野に入れた，学力保障・仲間づくりなどの効果的な実践がみられます。

1960年代には，大阪の釜ヶ崎と呼ばれた貧困地区の不就学の児童生徒を学校に招き入れるため，教育委員会がケースワーカーを雇用したという歴史もあります。このように，貧困に関するソーシャルワーク，あるいは類似の取り組みから，日本のSSWのあり方を学び取ることには大きな意義があると思います。

3　外国人へのソーシャルワーク

日本の学校教育では，日本語を使えない児童生徒のことを支援する仕組みがほとんど顧みられませんでした。各地の在日外国人の世帯が多いところでは，外国人学校を支援する場合や，通常の学校のなかに母語での教室をつくったり，

▶1　**教科書無償配布の運動**
戦後の義務教育は，憲法第26条のもとで無償とされるべきだったが，教科書は購入しなければならず，そのことが理由で登校できない子どももいた。そこで1961年に，高知県で「教科書をタダにする会」が結成され，教科書無償配布を要求する運動が起きた。これはまたたく間に全国に広がり，1964年度以降，教科書無償給与が実施されるようになった。

▶2　大阪市は，1962年に，大阪市西成区内の住所不定者や路上生活者が多数暮らしていた釜ヶ崎（あいりん地区）の不就学児童対策のため，あいりん学園を設置した。翌1963年には大阪市立あいりん小中学校として独立し，その後10年間教育を実施した。同校には，ケースワーカーが配置され，不就学の子どもの登校を促す役割を果たしていた。

文化交流教室を設けたり，母語がわかる支援者をつけるなどの取り組みはみられますが，決して十分なものとはなっていません。加えて，ニューカマーといわれる近年日本に来た外国人家族への支援は，まだまだ定着していませんし，仕組みがないため，学校で差別的扱いをされている場合もあります。語学力の問題もありますが，経済や文化での障害も少なくありません。

このような課題については，**多文化ソーシャルワーカー**[▷3]，滞日外国人ソーシャルワーカーなど，SSWer同様に教育分野にも働きかけるワーカーの必要性が認められていますが，養成はやっと緒に就いた段階です。

④ 病院内や非行施設内の教育実践

学校に通うことのできない子どもに，教育を保障するものの１つが，慢性疾患により病院に６か月以上といった長期入院をしている病弱児に対して，教育を保障するために病院内に開設される院内学級です。現状では，院内学級は全国の小児病棟の１割以下にしか設置されておらず，また本来その対象となるべき児童生徒の４分の１程度しか，院内学級や**訪問学級**[▷4]の対象とされておらず，十分な教育保障がなされていないことが課題とされています。

一方で非行に関する施設，つまり少年院や**児童自立支援施設**[▷5]での教育に関する問題もあります。少年院は国立施設であり，**法務教官**[▷6]という教育を担当する専門官が配置されて指導・教育にあたっており，義務教育修了と同じ効力をもつ証明書を出すことができます。また児童自立支援施設は，従来は児童福祉法によって少年院と同様に，施設内の教育を義務教育に準ずるものとされていたのですが，1998年にこの規定が廃止され，附則で当分の間は児童自立支援施設の長が義務教育と同様の証明書を出すことができるとされています。現在も数施設に学校が未設置の状況です。その理由は，単に学校教育を導入すれば教育が保障されるということではなく，非行からの立ち直りの指導と学校教育とがどのように協働するのかという大きな課題を克服する必要があるためです。一方で，これまでの非行関係の施設での教育実践は，教育と生活指導のあり方の１つのモデルでもあり，教育の原点と評されることもあります。そのためSSWにとっても非常に参考になる実践として，研究の余地のある分野でもあります。

⑤ 高等学校，大学でのSSW

義務教育校のイメージで検討されることの多いSSWですが，最近は私立学校，高等学校，大学等への配置も増えてきました。退学もあり得るこれらの学校では，学費が支払えるかは重大な問題であり，定時制や通信制の高校などでは特にニーズが高く配置が拡大しています。その他の課題も含めた活動のあり方についても，今後検討を深める必要があります。

（野田正人）

▷3 **多文化ソーシャルワーカー**
特定の国で，国籍，言語や文化の異なる人が暮らす場合，多様な課題が生じ得る。日本でも，国際結婚による外国人妻が，日本語力不足のため子育て不安や子どもとのコミュニケーションギャップに悩む場合や，ドメスティック・バイオレンス，不登校・不就学，非行などに悩む例が少なくない。このような多文化を背景とする問題の解決を「ソーシャルワークの専門性」を活用して支援するのが多文化ソーシャルワーカーである。

▷4 **訪問学級**
障害や病気のために特別支援学校などに通うことができない子どもに対して，個別に，主として特別支援学校の教師が週に数回，子どもの暮らす家庭や病院を訪問して行う教育活動をいう。

▷5 **児童自立支援施設**
⇒ Ⅷ-11 参照。

▷6 **法務教官**
法務省で教育，特に入所者や受刑者の教育や生活指導を担当する国家公務員。専門の採用試験によって採用され，矯正施設である少年院，少年鑑別所などに勤務する。

IX　スクールソーシャルワークの課題と展望

実証的研究の現状

1　エビデンス・ベースド・プラクティス（EBP）

　EBPとは科学的根拠に基づく実践のことであり，こういった実践の蓄積は，もっとも良い効果を約束されている方法・手段を選択できるように導きます。つまり，科学的手法を用いて効果が実証されている方法を，ソーシャルワーク理論の展開のなかで用いていくには，EBPの蓄積は欠かせないといえます。

2　アメリカの実証的研究

　アメリカでは，スクールソーシャルワーク（SSW）に関する複数の実証的研究が示されています。公表されている調査結果のうち，93％が好ましい結果や効果があるといわれています。たとえば，介入群と比較群を2校ずつ選定し，介入群にスクールソーシャルワーカー（SSWer）と**プロジェクト教師**を配置し，比較群と比べて暴力や窃盗の率がどうなるかについて調査したものがあります。親子のカウンセリングからコミュニティの開発と協働という，プロジェクトチームの8つの取り組みを3年間行い，結果，介入群では，比較群よりも窃盗やいじめの割合が低くなり，中学校の退学，暴力，薬物使用が減少したと報告されています。コスト評価として，介入校では統合教育が進んだため，障害のある子どもへの家庭教師や，さまざまな教育サービス費用の支出が減少したことも示されています。

　こういったプロジェクトのなかでも，学校の職員，児童生徒，保護者を巻き込むことを主眼に置かなければならないと述べられています。アメリカでは，多くの実証研究の成果が示されており，それに基づき子どもや家族の状況に応じて，より効果的な方法が選択されている状況です。

3　現時点での実証的研究

○学力向上を目的としたSSW

　日本の研究では，現時点では直接の援助対象である子どもや保護者への効果測定は十分ではなく，教師へのアンケートや自由記述等によってSSWの効果が確認されている状況です。たとえば，ある市の調査において，SSW配置校，未配置校の比較を行い，学校の組織力（図IX-1），学力向上（図IX-2）において差を示しています。SSWerが校内チーム体制作りに影響していること，学

▶1　Constable, R., Massat, C. R., "Evidence-Based Practice : Implications for School Social Work", In C. R. Massat, R. Constable, S. Mcdonald, J. P. Flynn（eds.）, *School Social Work : Practice, Policy, and Reseach* (7th ed.), Lyceum Books, 2004, pp. 140-150.

▶2　山野則子編「国際シンポジウム　SSWに必要なEBPを示せる力とその養成方法——シカゴのアーバンミッションに基づく教育や実践」大阪府立大学，2009年，25～42頁。

▶3　**プロジェクト教師**
本プロジェクトのために投入された教師のことを指す。

▶4　Bagley, C., Pritchard, C., "The reduction of problem behaviors and school exclusion in at-risk youth : an experimental study of school social work with cost-benefit analyses", *Child and Family Social Work*, vol.3, 1998, pp.219-226.

▶5　山野則子編「国際シンポジウム　SSWに必要なEBPを示せる力とその養成方法——シカゴのアーバンミッションに基づく教育や実践」大阪府立大学，2009年，28頁。

IX-4 実証的研究の現状

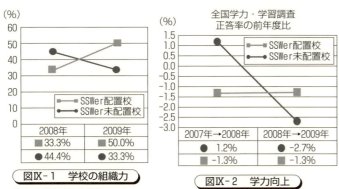

図IX-1 学校の組織力
出所：加藤拓「日本学校ソーシャルワーク学会 第5回全国大会報告要旨集」2010年の資料より筆者作成。

図IX-2 学力向上
出所：加藤拓「日本学校ソーシャルワーク学会 第5回全国大会報告要旨集」2010年の資料より筆者作成。

力については学校に気持ちが向かなかった親や子どもにSSWerが介入することで，親が学校に目を向けるようになり，子どもの登校や校内テストを受ける行為につながっているなどの成果が報告されています。

○効果的なSSWモデル作り

日本では，アメリカのようなEBPの研究はまだ不十分と言わざるを得ません。そのなかで，プログラム評価の理論に基づいて，2010年から学校現場のニーズを把握した上で，優れた実践家にインタビューを行い，それをもとに全国のSSWerと教育委員会に調査を行い，仮モデルを作成し，試行調査を重ね，系統的にエビデンスに基づくSSW事業プログラムモデルを作成してきました。さらにこの調査を全国のSSWerやスーパーバイザー，教育委員会担当者，研究者などの実践家と意見交換を行い作り上げています。

▷6 日本学校ソーシャルワーク学会第5回全国大会において，大会シンポジウム「学校におけるソーシャルワーク実践と研究の検証──ソーシャルワークの視点から」2010年7月における，加藤拓の報告内容。

▷7 比較項目は，「全国学力・学習状況調査」から活用されている。学校組織力とは，学校質問紙における「学校の教育目標やその達成に向けた方策について，全教職員の間で共有し，取

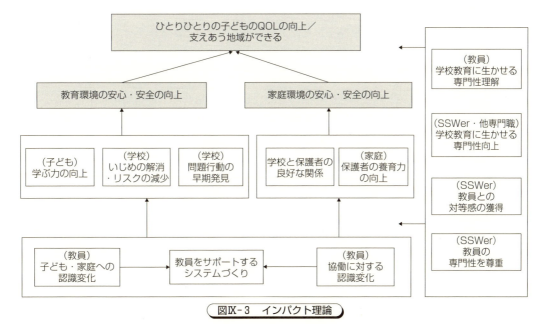

図IX-3 インパクト理論

出所：山野則子「エビデンスに基づくスクールソーシャルワークの効果的な活用」。

ちなみに，プログラム評価の理論とは，プログラムが生み出すことが期待されている社会的便益や，プログラムがそのゴールや目標を達成するために採用する戦略や戦術に関連する様式に関する一連の仮説群のことです。この理論のなかでは，プログラム活動によってもたらされる社会状況変化の性質に関連したインパクト理論と，プログラムの組織計画とサービス利用計画を示すプロセス理論を区別することができます。▶10

またここで示す効果的な SSW モデルでは，SSW 事業のゴール設定と達成過程を示すインパクト理論（図IX-3）を明確にし，これらをもたらすためにはどこに向かってどの様に動くのかという教育委員会の事業計画（プロセス理論）（図IX-4）と SSW の実践（プロセス理論）（図IX-5）を明確にしました。それぞれのプロセス理論にある項目が効果的援助要素であり，効果をもたらすポイントです。インタビューから導き出した効果的援助要素を全国調査や各地における試行調査と議論を経て，モデルを完成させました。

このプログラムに基づいた実践を行うことによって，いじめや虐待，不登校などの改善に関連するという結果を明確に示すなど，どのような実践が効果的かということが示されています。さらに1学期と3学期にチェックによる事前事後調査，さらには実践を行った群と行わなかった群の差も表してきました。モデルの有効性，どの実践が効果をもたらすのに有効であるかまさに EBP を示しています。また，これを活用して実践することが，まさに EBP であり，多くの自治体で実践しています。結果，IX-6 で示す横浜市や鳥取県のように事業拡大していっています。▶11

4 研究課題

以上，SSW については，日本ではまだまだ制度確立に向けての活動や，実践報告が中心で，理論的に深めた議論を展開できているとはいいきれません。たとえば，SSW は社会福祉理論研究として何を示せるのか，SSW は現代の子どもの貧困問題にどのように貢献できるのか，児童虐待等子どもの置かれている状況に何がいえるのか，学際的にも議論を深めていく必要があります。

そのためにも学校の病理現象への対応にとどまらず，ソーシャルワークの学校での展開方法，効果を実証できるエビデンスを増やし，まさに EBP を蓄積する課題がのしかかっています。

また，新しい領域であるからこそ，マクロ実践としてどのように SSW を確立していくのか，その養成をどのように確立していくのか，その手立てを明確化し，実証していくことが社会福祉の学界にとっても意義があることでしょう。

（山野則子）

り組みにあたっている」という項目である。学力については，正答率が2007年から2008年の間にどう変わったか，2008年から2009年の間にどう変わったかをみている。未配置校が示すように全国的に低下しているなかで，配置校では低下しなかったという結果である。

▶8 Rossi PH, et al. Evaluation: A systematic approach (7th edition), Sage, 2004（大島巌他監訳『プログラム評価の理論と方法～システマティックな対人サービス・政策評価の実践ガイド』日本評論社，2005年）。

▶9 全国調査でも教育委員会のニーズも明らかになった。最も高いニーズがケース会議でのアセスメント等に基づいたチーム対応の普及（36.1％），次が学校と関係機関との連携強化（29.6％）だった（山野則子「エビデンスに基づく効果的なスクールソーシャルワーク」明石書店，2015年，68頁）。

▶10 ▶8と同様。

▶11 スクールソーシャルワーク評価支援研究所（所長 山野則子）編『すべての子どもたちを包括する支援システム――エビデンスに基づく実践推進自治体報告と学際的視点から考える』せせらぎ出版，2016年。第2章内で8自治体が紹介されている。

IX-4 実証的研究の現状

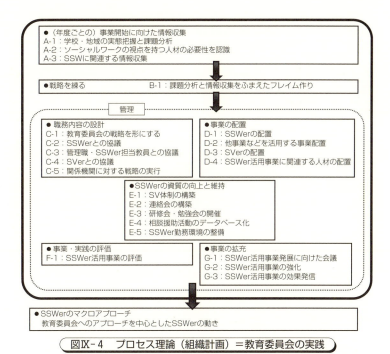

図IX-4 プロセス理論（組織計画）＝教育委員会の実践

出所：山野則子『エビデンスに基づく効果的なスクールソーシャルワーク』明石書店，2015年，181頁。

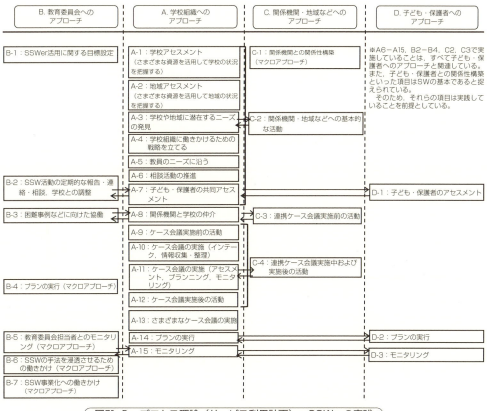

図IX-5 プロセス理論（サービス利用計画）＝SSWerの実践

出所：図IX-4と同じ。

IX　スクールソーシャルワークの課題と展望

5 スクールソーシャルワーカー養成の課題と展望

1 SSWer養成の位置づけとカリキュラム

欧米では，スクールソーシャルワーカー（SSWer）のライセンスは修士号をもっている必要があり，多くが実習に1年出向くようなカリキュラムになっています。日本では，2008年のスクールソーシャルワーカー活用事業の開始に伴い，**日本社会福祉士養成校協会**で，SSWer養成の意義やカリキュラム（表IX-2）の検討を行い，社会福祉士・精神保健福祉士の資格をベースに，SSWer養成を位置づけました。SSWer養成ができるかどうか大学のカリキュラムや実習体制を含む体制の審査を行い，養成校を認定する仕組みをつくりました。そして，2009年からSSWer養成に取り組み始め，取り組みの成果があり，現在，SSWerは文科省にて「原則として」この両資格いずれかが求められています。現在は，日本精神保健福祉士養成校協会と合同で実施しています。

2 SSWer養成の課題

○実習体制の問題

養成カリキュラムに関しては，実習体制に課題があります。実習期間が短く，教育委員会との連携が不十分なところもあり，受け入れ先がみつけにくいということ，さらに受け入れ先がみつかったとしても，短期間の実習なので，即戦力になりにくいことがいえます。

○養成課程の対象の問題

日本社会福祉士養成校協会と日本精神保健福祉士養成校協会は，社会福祉士・精神保健福祉士の資格所持を基本にスクールソーシャルワーク(SSW)教育課程をおいていますが，ほとんどの養成校で学部生向けとなっていることです。

○身分保障の問題

養成が進んでも，各自治体の採用形態が常時勤務ではなく，ほとんど時間給で週1回，週2回勤務などの非常勤雇用であることです。収入が安定しない，交通費も十分保障されない，勤務時間外活動が多くなるなど，身分保障が十分ではないため，学部卒すぐの学生には選択しにくいことがあげられます。

○求められる力量の問題

学部卒学生がSSWer職を希望しても，また他での経験者であっても配属された学校内にたった1人のワーカー職であることから，先輩から学びにくく，

▷1　**日本社会福祉士養成校協会**
社会福祉士養成施設等によって結成されている社団法人で，社会福祉士養成などに関するさまざまな事業を行う。

▷2　日本社会福祉士養成校協会「スクール（学校）ソーシャルワーカー育成・研修等事業に関する調査研究」2008年。

▷3　社会福祉士または精神保健福祉士有資格者，スクール（学校）ソーシャルワーカーとして2年以上の実務経験がある者及び教育職員免許法第4条第2項に定める免許状を有する者が免除される科目については，免除の対象となる当該者のみを対象とする教育課程を申請する場合は，免除される当該科目の設置は不要とする（規程第6条第5項より引用）。

▷4　福祉分野での経験があるワーカーであっても，学校という場でどう動くのか基盤となるマニュアルは必要である。
⇒ IX-4 参照。

表Ⅸ-2 SSWer養成カリキュラム

科目群		指定科目	時間数			必修・選択の別	SSW実務経験2年以上の者	教職普通免許状所持者
			通学課程	通信課程				
				面接による授業	印刷教材による授業			
SSW専門科目群		SSW論	30h	—	90h	必修	必修	必修
		SSW演習	15h	15h	—	必修	必修	必修
		SSW実習指導	15h	1.5h	20h	必修	履修免除	必修
		SSW実習	80h	80h	—	必修	履修免除	必修
教育関連科目群		教育の基礎理論に関する科目のうち,「教育に関する社会的,制度的または経営的事項」を含む科目	30h	—	90h	1科目以上選択必修	履修免除	履修免除
		教育の基礎理論に関する科目のうち「幼児,児童及び生徒(障害のある幼児,児童及び生徒を含む)の心身の発達及び学習の過程に関する事項」を含む科目及び生徒指導,教育相談及び進路指導に関する科目	30h	—	90h	1科目以上選択必修	履修免除	履修免除
追加科目	社会福祉士養成校	精神保健の課題と支援	30h	—	90h	必修(精神保健福祉士国家資格保持者は免除)		必修
	精神保健福祉士養成校	児童や家庭に対する支援と児童・家庭福祉制度	30h	—	90h	必修(社会福祉士国家資格保持者は免除)		必修

出所:日本社会福祉士養成校協会「社会福祉士等ソーシャルワークに関する国家資格有資格者を基盤としたスクール(学校)ソーシャルワーク教育課程認定事業に関する規程」をもとに日本社会福祉士養成校協会事務局が加筆修正.

専門家として即答を求めてくる教師に対応する難しさ,教師が全く社会福祉を理解していないことから生じる難しさがあります。また,毎日勤務ではないことから,信頼関係を形成するのも理解を得るのも簡単ではない状況です。

● 認定校不足,社会福祉士・精神保健福祉士不足

2016年4月現在で261校ほどある加盟校のなかで,認定校はたった41校で,SSWerが身近に存在しない地域,同様に社会福祉士すら身近にいない地域も多く,ほかに職場をもっている社会福祉士や精神保健福祉士が兼務で動いている地域もあります。

3 SSWer養成の展望

まず教員養成課程に,現在の子どもをめぐる状況からも児童福祉論やSSW論を必須にすべきでしょう。文部科学省におけるガイドライン作りも急がれます。学校においてソーシャルワークの認知を広め,SSWerが貢献していくことです。すでにSSWを理解している教師との協働によって活動が機能的になり,成功を増やすこと,理解が深まることから実習先の受け入れが増えたり,身分保障の改善につながっているところもあります。また養成段階での限界は,丁寧にマクロ,ミクロ双方にサポートするスーパーバイザーの配置などによって補う必要があるといえます。

(山野則子)

▷5 日本社会福祉士養成校協会ホームページ(http://www.jascsw.jp/ssw/ssw_school_list.html)。

▷6 文部科学省において2015年12月より「教育相談等に関する調査研究協力者会議」がおかれ,チーム学校にもとづく,SCやSSWのガイドライン作りがようやく始まった。

▷7 Ⅸ-6 参照。

IX スクールソーシャルワークの課題と展望

6 今後のスクールソーシャルワークの仕組みづくり

1 エビデンスに基づくSSWの方向性

日本においても国によるスクールソーシャルワーク（SSW）が開始され10年近く経ちました。認知も徐々にあがり、いじめ対策や貧困対策など国の施策にも登場し、法定化しようと進められています。エビデンスに基づくSSW実践が問われるべきときに差し掛かっているといえるでしょう。

IX-4 において、エビデンスに基づくSSW事業モデルを紹介してきましたが、これを視野に、実際にスクールソーシャルワーカー（SSWer）が教育委員会と協働してメゾ・マクロレベルに仕組みづくりを果たしている自治体を紹介しながら、課題と展望に触れたいと思います。

2 学校組織（メゾレベル）づくり：チームとしての学校の機能強化

学校組織へのアプローチとして、学校は少年事件やいじめ事件などの早期発見や早期対応の課題があり、子どもの最善の利益のためにも、校内におけるピックアップ、多面的な検討、チーム体制の確立が必要です。

まずは気になる事例が気軽に担任や校内の各種委員会からあがってくる仕組みが必要です。職員室に気になる子BOXをつくっているところなどもあります。そこにあがった子どもや家庭のことを、校内のさまざまな役割のあるメンバー（教育相談、生徒指導、特別支援、養護教諭、管理職、さらにスクールカウンセラー、SSWerなど）による簡単な方針を立てるスクリーニング会議の定例開催を必須化すべきでしょう[2]（図IX-6）。

この会議で個別ケース会議が必要かどうか判断していくことになります。多数はクラスで見守るポイントを共有し担任に返します。すでにある学校でこの

▶1 スクールソーシャルワーク評価支援研究所（所長山野則子）編『すべての子どもたちを包括する支援システム』せせらぎ出版、2016年、135〜209頁。

▶2 1回に2時間くらいかけて検討を行い、徐々に役立つと認識され1回に90件もあがるようになった中学校や、すでに自治体あげてほぼすべての学校で行っている自治体もある。

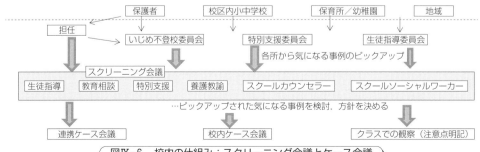

図IX-6 校内の仕組み：スクリーニング会議とケース会議

IX-6 今後のスクールソーシャルワークの仕組みづくり

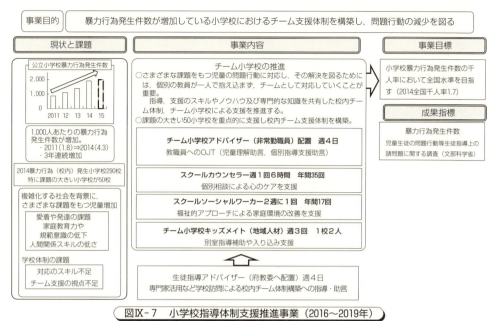

図IX-7 小学校指導体制支援推進事業（2016～2019年）

出所：大阪府教育委員会（2016）。

仕組みをつくりあげ，全市的に広げようとしている自治体も存在します。この存在は，不登校など数の報告だけではなく，校内の多様なメンバーが検討し保護者や子どもの見えにくい真のニーズを発見し，問題が大きくなる前や初期の段階で対応することが可能となることを意味します。スクリーニング会議を経た上で，ケース会議（校内ケース会議あるいは関係機関との連携ケース会議）をシステム的に構築していきます。毎月1回定例で行っているところもあり，いずれも定例化することが重要です。

大阪府や名古屋市では，ケース会議の定着による未然防止を進めようと「チームとしての学校」を先取りして動いています。名古屋はチームメンバーを正職で配置しています。正職を組織的に実施しているのは，全国でも初めてで，名古屋の仕組みがどのように機能していくかは重要なポイントです。大阪府は，早くから組織的に動いていますが，さらに，2016年度からは暴力行為の高い小学校にチームとして配置しています（図IX-7）。

③ 教育委員会組織を中心にした仕組みづくり：マクロ1

教育委員会へのアプローチとして，学校任せではなく，SSWerとすり合わせながら，市の目標をまず戦略的に策定し，目標に向かった取り組みができるようSSWerの質の向上も視野に入れつつ，SSWerが機能していくような仕組みを確立する必要があります。

横浜市におけるSSW活用事業は，増加する児童虐待などの問題行動への組織的な対応強化策として，各校に1名配置されている**児童支援・生徒指導専任**

▶3 児童支援・生徒指導専任教諭
子どもに関する諸課題の対応への校内の中心的役割と，地域連携を進める対外的な窓口を担う（横浜市教育委員会，2010）。

239

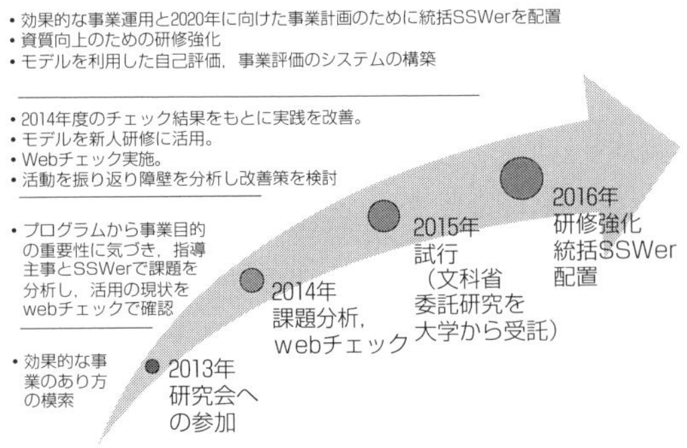

IX スクールソーシャルワークの課題と展望

図IX-8 横浜市SSWer活用事業における効果的なSSW事業プログラムモデルの活用

教諭との協働のシステムがデザインされましたが，配置が完了しても思うような効果を上げるまでには至りませんでした。その原因をさぐるべく，2014年度から事業評価としてエビデンスに基づくSSW事業モデルを利用しています。

2014年度のこのモデルのチェック結果からは，子どもをとりまく課題の分析と情報収集をふまえた活用のフレイムづくりを委員会とSSWerとが協議し行っていない実態が明らかになりました。学校というプラットフォームで，教員とSSWerの双方が同じ目的に立った役割分担を十分に行えないまま互いに戸惑い，思うような効果を上げることができずにいたのです。続く2015年度は，評価の低かった項目がなぜ実行できないのかを検討する障壁分析のグループワークを，指導主事とSSWerが同じ根拠を見ながら行いました。このワークにより協働の意識が高まるとともに実行可能な改善策が生まれ，この年度の関連項目の平均値が上がるという結果が得られました（図IX-8）。

以上から，「チームとしての学校」の専門職であるSSWerが，その専門性を高め，より効果的な責任ある実践を行えるようになるための体制づくりには，委員会が現状を分析し戦略を練り，SSWerと合意の上，協働していくことが重要であるといえるでしょう。

SSWer活用事業の改善には，事業評価と，事業管理，行政との協働や専門性に固執せず常に新しい方法を協働で模索することが必要です。その必要性に鑑み，上記の試行結果を受け，2016年度，横浜市では2020年度を見据えたSSWer活用事業の戦略立案を急務とし，事業評価，事業管理の核となる統括SSWerを配置しました。さらに，SSWer活用事業の方向性を示すSSW運営協議会の設置を検討しています。

横浜市における事業の成功のカギは，①エビデンスに基づくSSWモデルなどの確かなツールを利用した事業評価，②効果測定できる戦略の立案，③SSWerの支援の質の向上，そして，SSWerとの協働であると考えられます。

③ 長年の福祉教育協働の取り組みからの県全体化への展開：マクロ2

マクロ実践の例として，学校におけるソーシャルワークの実践についての勉強会を続けてきた任意団体の活動が，ソーシャルワークの価値を教育現場へ浸透させるのに寄与した自治体が鳥取県です。この任意団体や社会福祉士会による連続性のあるSSW研修の場の活用や，現任SSWerや教育委員会の協力のもと，大学とともにエビデンスに基づくモデルづくりを行うなど，年数をかけてSSWerと県が一体となって取り組んできました。可能性も明確に見えない

▶4 [IX-4] にあるプロセス理論図の項目が効果的援助要素としてのチェック項目になっている。これをWEBでチェックできるプログラムである。

▶5 協働で模索する手法として，ワークショップを活用している。スクールソーシャルワーク評価支援研究所「効果的なスクールソーシャルワーク事業プログラム評価ファシリテーションの手引き」2016年（スクールソーシャルワーク評価支援研究所（所長山野則子）編『すべての子どもたちを包括する支援システム』せせらぎ出版，2016年，127～134頁）。

▶6 渡邊香子「横浜市における取組み」スクールソーシャルワーク評価支援研究所（所長山野則子）編『すべての子どもたちを包括する支援システム』せせらぎ出版，135～154頁。

▶7 任意団体として，「子どものサポートシステムを支援する会」がある。これは，保育・教育・福祉・医療等の有志が，子どもの周囲のさまざまな課題解消のためにソーシャルワークを学び，子どもにかかわる大人同士が連携し支えあう「サポートシステ

まま，一貫して取り組みを継続しました。結果，2013年から県立高校に週29時間の配置，2014年から県予算による SSWer 育成研修開始，2016年特別支援学校に週29時間配置，県立高校の配置増加などの事業拡充にともない，2016年から全県の活用事業の方向性を明確にするようスーパーバイザー（SV）を配置しました。

5 家庭教育支援，地域人材を包括した SSW の仕組みづくり：マクロ3

地域と人材を活用した家庭教育支援チームと SSWer をセットにしたスタイルで構築した自治体も新たに生じています。ある自治体では，小学校区に相談・訪問チームを編成し，ニーズの拾い上げから取り組み，ニーズを SSWer や保育士，保健師など専門家とチームで対応するように制度を作り上げました。まだ始まったばかりで課題はありますが，予防的に拾い上げるところから，戦略の下，取り組んでいます。

6 課題と展望

以上，メゾアプローチとして SSWer と教育委員会協働でさまざまな校内の体制に焦点をあてたチーム学校のような組織を作り始めています。メンバーはどうあれ，生徒の全数把握ができる学校において校内で，取りこぼしのない網の目をどう作るか，そして拾い上げて丁寧に検討する仕組みを多様な視点をもった複数メンバーによって作成できるか，が1つめのポイントです。

さらにマクロアプローチとして，県域内の教育の連携，福祉機関との連携，地域人材度の連携した仕組み，つまり気軽にケース会議が開ける仕組みを作成できるかが2つめのポイントです。

これらのポイントはいずれも連絡会です。さまざまなレベルで各種連絡会がありますが，そこが形骸化して機能していない場合があります。各連絡会の意義や見直しを行うことで SSW が機能し，子どもの最善の利益を保証できる可能性もあるのです。

これらを常に意識して動くためには，SSW や教育委員会の動き方を一定標準化しなければならないでしょうし，そのプログラムを理論として SSW も教育委員会も成果とともに把握しておく必要があるでしょう。これがエビデンスに基づく実践です。

国は，子どもの貧困対策で SSWer の増員を，中教審答申で常勤的配置，基幹職員化や定数条例の改訂を，さらに「次世代の学校・地域」創生プラン（馳プラン）で常勤的配置を打ち出しました。各自治体が流れにのりながら自分たちの目標をもった事業設計策定に期待したいところです。

（山野則子・渡邊香子・福島史子）

IX-6　今後のスクールソーシャルワークの仕組みづくり

ム」の構築を考えてきたインフォーマルな勉強会。

▷8　福島史子（2016）「鳥取県社会福祉士会の SSW に関する取組み」スクールソーシャルワーク評価支援研究所（所長山野則子）編『すべての子どもたちを包括する支援システム』せせらぎ出版，167〜173頁。

▷9　IX-4 参照。

▷10　鳥取県では，いじめ・不登校総合対策センター（市町村教育委員会担当），高等学校課，特別支援教育課，教育・学術振興課（知事部局，私学担当）という4課と SV が連動し，県として戦略をたてる包括したシステムの構築を進めている。

参考文献

山野則子『エビデンスに基づく効果的なスクールソーシャルワーク――現場で使える教育行政との協働プロセス』明石書店，2015年。

さくいん

あ行

愛着（アタッチメント） 182
アイヌ民族差別 230
アウトリーチ 31, 33, 79, 223-225
アスペルガー症候群 163
アセスメント 114, 115, 128, 137, 153, 154
アセスメントシート 115
アテンダンス（出席）カウンセラー 40
アドボカシー活動 154, 161
RTI 34, 37
生きる力 9
意見表明権 27, 125, 175
石井十次 82
石井亮一 82
いじめ防止対策推進法 48, 150
一時保護 86, 166, 173, 176
一時保護所 74
イネーブリング 188
居場所 161, 218
医療福祉 106, 107
医療保護 169
インクルーシブ教育 5, 146
インターグループワーク論 113
インターベンション 202, 203
ウェルビーイング（well-being） 29, 107
うつ病 12
栄養教諭 58
AO入試 222
エコシステム 105
エコマップ 101, 115, 126
エコロジカル 170
エコロジカル・アプローチ 100
エコロジカル・ソーシャルワーク 104
エビデンス 227
エビデンス・ベースド・プラクティス（EBP） 232
NGO 41
NPO 20
円環的因果律 98
エンパワメント 149, 161, 178, 193

か行

OECD生徒の学習到達度調査（PISA） 8
岡村重夫 96
岡山孤児院 82
小川利夫 43
落ちこぼれ 8, 207
主幹教諭 58
親への指導 183
オルタナティブ学校 90
オルタナティブ教育機関 90

外国人学校 23
外国籍 186
外国籍の子どもたち 22, 186
開発機能 97
開放システム 98
解離性障害 180
カウンセリング 30, 60, 86
学習権 158
学習権宣言 158
学習指導要領 8, 61
学制 42, 146
学生ボランティア 58
拡大学校 50
学力不振 159
学力保障 158
家族システムズ・アプローチ 99
家族療法 99
学級担任制 134
学校アセスメント 120
学校運営協議会 70, 71
学校教育部 57
学校教育法 26
学校ケースマネジメント 154
学校支援ボランティア 70
学校社会事業 42
学校ソーシャルワーク元年 223
学校づくり 65
学校配置型 25, 47, 66, 121
学校福祉 42, 43
学校保健安全法 198
家庭学校 82
家庭教育 142
家庭教育支援チーム 69, 142

家庭裁判所 166
家庭裁判所調査官 92, 93
家庭支援専門相談員（ファミリーソーシャルワーカー） 83, 183
家庭児童相談室 76, 80, 166
家庭相談員 166
簡易送致 176
帰国子女 23
基礎学力 159
ギッターマン（Gitterman, A.） 100
規範意識 159
気分障害 180
虐待通告 75
キャンパスソーシャルワーカー 222
教育委員会 56
教育委員会が制定する規則 54
教育基本法 26
教育相談 60
教育福祉 42, 43, 107
教員の精神的疲弊 12
教員のメンタルヘルス 13
教員免許更新制度 9
教科書の無償配布の運動 230
教科担任制 134
教科内容の現代化 9
教師文化 64, 65
矯正教育 93
協働 102
強迫性障害 180
拠点校型 47, 66
ぐ犯少年 174
クラブ活動 170
グループワーク 108, 154
傾聴 162, 164
警備員 58
ケース会議 123, 124, 136, 181, 238
ケースマネジメント 65, 217
減災 201
現実性の原理 97, 103
健診事業 167

合計特殊出生率 190	試験観察 175	障害者基本法 178
高校進学率 187	自己決定 26	障害者総合支援法 178
交互作用 100	自己実現 26	障害者の権利条約 5
校内暴力 63	自殺 151, 162	少年院 2, 175
校務員 58	自殺予防 202	少年院法 93
校務分掌 58, 61, 122	静岡市スクールソーシャルワーカー活用事業実施要綱 55	少年警察活動規則 175
コーディネート 65	システム理論 98	少年サポートセンター 175
コーディネート役 136	自尊感情 159	少年法 174
国際結婚 23	市町村児童虐待防止ネットワーク事業 80	少年補導センター 175
国際交流協会 187	児童家庭支援センター 83	触法少年 174
国際人権規約 187	児童虐待 2, 166, 234	自立援助ホーム 83
心のケア 154	児童虐待の防止等に関する法律 28, 72, 166	自立支援 158
子育てサークル(サロン) 113, 191	指導教諭 58	自立支援医療費 180
子育て世代包括支援センター 51	指導主事 56, 57	自立相談支援機関 79
子育てネットワーク 113	児童自立支援施設 175, 231	自立相談支援事業 78
子ども・子育て支援新制度 51	児童相談所 155	事例検討 127
子ども・子育てビジョン 191	児童相談所強化プラン 75	人権 26
子ども・若者育成支援推進法 55, 73	児童福祉司 77, 166	人権教育 208
子どもコミッショナー 50	児童福祉施設 82, 182	身体的虐待 166
子どもの生きる権利 27	児童福祉法 72	心理的虐待 166, 171
子どもの権利条約 26, 73	児童福祉論 237	スーパーバイザー 133, 233, 237
子どもの権利条約第28条 28	司法福祉 106, 107	スーパービジョン 40
子どもの最善の利益 27, 142	事務職員 58	杉並中3勉強会 160
子どもの生活習慣 18	ジャーメイン(Germain, C. B.) 100	スクールカウンセラー(SC) 30, 151
子どもの貧困 16, 173	社会教育 138	スクールカウンセラー活用事業補助 30
個別教育計画(IEP) 34	社会資源の開発 154	スクールカウンセラー活用調査研究委託事業 30
個別の教育支援計画 147	社会資源の構築 46	スクールソーシャルワーカー活用事業 24, 47, 236
コミュニティ・スクール 70, 71	社会生活機能訓練 194	SSWerの人材 24
コミュニティソーシャルワーク 112	社会性の原理 97	SSWerの役割 29
コミュニティハウス 140	社会福祉協議会 172	スクールソーシャルワークの価値 26
雇用条件 47	社会福祉固有の視点 96	スクールソーシャルワークの目的 29
コラボレーション 102	社会福祉の対象 97	ストレングス 114, 116, 117, 127, 161, 170
コンサルテーション 30, 154	社会復帰アドバイザー 94	ストレングス・パースペクティブ 105
さ行		
災害救助法 198	就学援助 172	スプートニク・ショック 9
災害支援 198	就学義務 187	生育歴 184
災害対策基本法 198	就学免除 146	生活技能訓練 194
採用要件 24	就学猶予 146	生活困窮者 78
在留外国人 22	住居確保給付金 78	生活困窮者自立支援制度 78
里親 166	修復的対話 110	生活者の視点 215
サラマンカ声明 146	主体性の原理 97	生活の質 29
ジェネラリスト・ソーシャルワーク 103, 104	主任児童委員 155, 172	生活福祉資金貸付制度 172
支援員 58	小1プロブレム 190	
資格要件 24	生涯学習 138	
自我の確立 217	生涯教育 138	
	障害児教育 146	

生活保護　76
生活リズム　19
精神疾患　12, 179
精神障害　178
精神障害者　178
精神保健福祉士　179
生態学的社会構造　4
性的虐待　166
性的マイノリティ　210
性同一性障害　210
生徒指導　60
生徒指導主事　61
生徒指導提要　62
制度の狭間　78
生徒福祉課　45
性別適合手術　211
セーブ・ザ・チルドレン　41
摂食障害　180, 215
セツルメントワーカー　158
セルフレポート　119
全国学力・学習状況調査　18, 159
全体性の原理　97
相対的貧困率　16
送致　77
送致機能　97
ソーシャルスキル　194, 195, 197
ソーシャルスキルトレーニング（SST）　194-196, 223
措置権　80

た行

大舎　182
対処　100
対人関係　194, 197
体内時計　18
代弁　163
滝乃川学園　82
立入調査権　72, 80
地域医療支援病院　85
地域学校協働本部　139
地域コーディネーター　140, 141
地域診断　112
地域生活定着支援センター　94, 95
地域組織化活動　97
地域の交流　20
地域保健法　85
チームアプローチ　117, 122, 217
チーム学校　52
チームワーク　127

知的障害　228
地方自治体の議会が定める条例　54
中央教育審議会答申　112
仲介　163
中退　218
超過滞在（オーバーステイ）　23
調整的機能　97
治療的介入　36
通告　28
適応　100
適応指導教室　154
適応障害　12
点と面の融合　104
登校拒否　63
統合失調症　180
同和教育　208, 230
特殊教育　146
特定機能病院　85
特別教育　146
特別支援学級　147
特別支援学校　147, 228
特別支援教育　28
特別支援教育コーディネーター　147
特別支援教育センター　88
特別ニーズ教育　146
留岡幸助　82
ドメスティック・バイオレンス（DV）　86
トラウマ　182

な行

二次障害　149
ニッチ　101
入所型施設　82
ネウボラ　51
ネグレクト　115, 166
ノーマライゼーション　146

は行

配偶者暴力相談支援センター　86
派遣型　25, 47, 66, 121
発達障害　5, 85, 88, 89, 91
発達する権利　27
ハビタット　101
パワーレス状態　149
犯罪少年　174
反貧困学習　173
非行　62
非行少年　174

非審判的　111
評価的機能　97
平等　26
ピンカス（Pincus, A.）　98
ファシリテーター　110
ファシリテート　164
ファミリー・サポート・センター事業　172, 191
不安障害　180
福祉教員　44
福祉教諭　44
福祉国家　107
福祉事務所設置自治体　78
福祉専門官　95
不登校　88, 89, 91, 154, 218
プライバシーの保護　216
部落差別　230
プラットフォーム　52, 218
プランニング　116, 120, 129, 153
フリースクール　90
フリースペース　46
プリベンション　202, 203, 203
不良行為少年　174
プレリミナリ・ワーク　189
プロジェクト教師　232
ブロンフェンブレンナー（Bronfenbrenner, U.）　4
防災　201
法定受託事務　57
法務教官　93, 231
訪問型家庭教育支援　139
訪問学級　231
訪問教師　43
訪問相談活動　46
暴力行為　2
法令遵守（コンプライアンス）　117
ホームヘルプサービス　181
保健室登校　157
保健センター　32, 166, 167
保護観察　175
保護機能　97
保護される権利　27
保護者支援　163
保護処分　92
保護命令　86
母子・父子自立支援員　76
母子生活支援施設　77, 86, 87
母子福祉　76

さくいん

ま行

ポストベンション　202
本人主体　105
マイノリティ　22
マクロ　237
マクロ実践　128
マルチシステム　105
万引き　155
ミクロ　237
ミクロ実践　114
ミナハン（Minahan, A.）　98
民生委員　167, 172, 173
無境界性　65
無限定性　65
無理難題要求　6, 7

や行

メゾ実践　120
面会制限　184
メンタルヘルス　214
盲・聾・養護学校　147
モニタリング　118, 129

山下英三郎　46
ゆとり教育　9
ユネスコ国際成人教育会議　158
養育支援訪問事業　191
養育能力　171
養護教諭　58, 151
養護問題　82
要保護児童　29
要保護児童対策地域協議会　66,

72, 81, 152
要保護児童通告　176
抑うつ状態　12
予防的介入　36, 37

ら・わ行

ライフストレス　100
ラザラス（Lazarus, R. S.）　100
リーダーシップ　136
離婚　162
リソース　21, 127
ロールプレイ　126
六三制義務教育　42
ロジャーズ（Rogers, C. R.）　30
ワーキング・プア　17

執筆者紹介（氏名／よみがな／生年／現職／主著／スクールソーシャルワークを学ぶ読者へのメッセージ）　＊執筆担当は本文末に明記

山野則子（やまの　のりこ）

大阪公立大学教授
『エビデンスに基づく効果的なスクールソーシャルワーク』（編著・明石書店）『子ども虐待を防ぐ市町村ネットワークとソーシャルワーク』（単著・明石書店）
日本では歴史の浅いSSW。ともに学んでともにつくっていく喜びを味わいませんか。

岩永　靖（いわなが　やすし／1964年生まれ）

九州ルーテル学院大学准教授　熊本県教育委員会スクールソーシャルワーカー・スーパーバイザー
『スクールソーシャルワーク実践技術』（共著・北大路書房）『精神保健福祉士専門科目編』（共著・ミネルヴァ書房）
子どもの権利擁護とソーシャルワークの視点，しっかり学び実践で活かされることを期待します。

野田正人（のだ　まさと／1955年生まれ）

立命館大学教授
『よくわかる教育相談』（共著・ミネルヴァ書房）『スクールソーシャルワーカー養成テキスト』（共著・中央法規出版）
「子どもの最善の利益」をめざして，学校と先生たちを支援し，協働する。そんな姿勢を大事にしたいです。

岩間伸之（いわま　のぶゆき／1965年生まれ）

元　大阪市立大学教授
『支援困難事例と向き合う』（単著・中央法規出版）『対人援助のための相談面接技術』（単著・中央法規出版）
福祉を学ぶ最初の第一歩は，自分の関心を〈人〉と〈社会〉のつながりに向けることです。

半羽利美佳（はんば　りみか／1969年生まれ）

武庫川女子大学教授
『スクールソーシャルワーク論』（共著・学苑社）『スクールソーシャルワーカー養成テキスト』（共著・中央法規出版）
日本のSSWはまだよちよち歩きです。多くの人の関心が，さらなる発展と定着に結びつくと期待しています。

植田みどり（うえだ　みどり）

国立教育政策研究所教育政策・評価研究部総括研究官
『多様性を活かす教育を考える七つのヒント』（共著・共同文化社）
イギリスの取り組みから少しでも日本での実践のヒントが見つかることを願っています。

安宅仁人（あたく　きみひと／1977年生まれ）

小樽商科大学教授
『教育行政学』（共著・八千代出版）『地方教育行政法の改定と教育ガバナンス』（共著・三学出版）
困難を抱える子どもが支援の隙間に陥らないためにも，多職種と連携するSSWは今日において不可欠な存在です。

浦田雅夫（うらた　まさお／1972年生まれ）

京都女子大学教授
『知識を生かし実力をつける子ども家庭福祉』（編著・教育情報出版）『考え，実践する施設実習』（編著・教育情報出版）
すべての子どもたちが生まれてきてよかったと思える社会をつくっていきたいと思っています。

執筆者紹介（氏名／よみがな／生年／現職／主著／スクールソーシャルワークを学ぶ読者へのメッセージ）　＊執筆担当は本文末に明記

枝　慶（えだ　けい／1974年生まれ）

文部科学省総合教育政策局調査企画課長

保護者の子育ての悩みに対応する家庭教育支援の取り組みにおいてもSSWerの役割が期待されています。

小川正人（おがわ　まさひと／1950年生まれ）

放送大学教授・東京大学名誉教授

『教育改革のゆくえ』（単著・筑摩書房）『新訂版　ガイドブック　教育法』（共編著・三省堂）

子どもの貧困対策と「チーム学校」の取り組みを通して，教育と福祉の関係を考えるようになりました。学びや仕事でも可能性に満ちた魅力的なフィールドだと思います。

大崎広行（おおさき　ひろゆき／1960年生まれ）

武蔵野大学教授

『スクールソーシャルワーカー養成テキスト』（共著・中央法規出版）『教育行政学』（共著・昭和堂）

過去の実践のなかに，現在の実践に生かせるものがたくさんあります。「温故知新」，大切にしたいですね。

奥村賢一（おくむら　けんいち／1977年生まれ）

福岡県立大学准教授　福岡県教育委員会，福岡市教育委員会スクールソーシャルワーカー・スーパーバイザー

『スクールソーシャルワーカーのしごと』（共著・中央法規出版）『スクールソーシャルワーカー実践事例集』（編著・中央法規出版）

次代のSSWerを待望しています。すべての子どもたちの未来が光り輝くものとなるように。

大塚美和子（おおつか　みわこ／1962年生まれ）

神戸学院大学准教授　スクールソーシャルワーカー　スクールソーシャルワーカー・スーパーバイザー

『学級崩壊とスクールソーシャルワーク』（単著・相川書房）

SSWの仕事の魅力は，保護者や教職員，関係者がチームで子どもの成長を支援できる点です。皆さんもSSWerとして活躍してみませんか。

小野達也（おの　たつや／1958年生まれ）

桃山学院大学教授

『対話的行為を基礎とした地域福祉の実践』（単著・ミネルヴァ書房）『水俣学研究序説』（共著・藤原書店）

岡村理論が構築されてから長い年月がたちますが，その可能性はいまだ汲みつくされてはいません。

大友秀治（おおとも　しゅうじ／1973年生まれ）

北星学園大学准教授

『エビデンスに基づく効果的なスクールソーシャルワーク』（共著・明石書店）『すべての子どもたちを包括する支援システム』（共著・せせらぎ出版）

困難さのなかにある可能性を見い出せるよう，協働関係を大切にしながらがんばりたいですね。

小野田正利（おのだ　まさとし／1955年生まれ）

大阪大学名誉教授

『それでも親はモンスターじゃない』（単著・学事出版）『先生の叫び　学校の悲鳴』（編著・エイデル研究所）

法学と教育学を学んだので，教育法制や学校経営が専門。最近は，学校と保護者のトラブル研究および「いじめ防止対策推進法」の問題点を考察しています。

執筆者紹介 （氏名／よみがな／生年／現職／主著／スクールソーシャルワークを学ぶ読者へのメッセージ）　＊執筆担当は本文末に明記

郭　理恵（かく　りえ／1975年生まれ）

大阪人間科学大学助教　スクールソーシャルワーカー・スーパーバイザー
『スクールソーシャルワークの可能性』（共著・ミネルヴァ書房）『スクールソーシャルワーカー実務テキスト』（共著・学事出版）
ソーシャルワークを学ぶことは，私たちはつながりのなかで生かされている，ということを学ぶことです。

國中咲枝（くになか　さきえ／1977年生まれ）

キャンパスソーシャルワークネットワーク世話人
社会資源を創造することがソーシャルワーク最大の魅力と感じます。安心して暮らせる社会をつくるためともに学びましょう。

金澤ますみ（かなざわ　ますみ／1977年生まれ）

桃山学院大学准教授　スクールソーシャルワーカー・スーパーバイザー
『学校という場で人はどう生きているのか』（共著・北大路書房）『子どもの貧困と虐待』（共著・大阪弁護士協同組合）
学校という場の可能性を探っていきたいと思います。

佐々木千里（ささき　ちさと）

立命館大学非常勤講師　スクールソーシャルワーカー・スーパーバイザー
『子どもが笑顔になるスクールソーシャルワーク』（共著・かもがわ出版）『スクールソーシャルワーカーの学校理解』（共著・ミネルヴァ書房）
「SSW」との出会いが，いろいろな意味で，みなさんの人生の次のステップにつながることを願っています。

川口厚之（かわぐち　あつし／1965年生まれ）

湯浅町立湯浅中学校校長
人といかにつながるか，人と人をいかにつなげるか，「つながる力」を信じて，ともにがんばりましょう。

佐藤晴雄（さとう　はるお／1957年生まれ）

日本大学教授
『コミュニティ・スクール』（単著・エイデル研究所）『コミュニティ・スクールの研究』（編著・風間書房）
学校を取り巻く問題は学校だけでは解決困難なことは次第に理解されるようになりました。その解決策の1つがコミュニティ・スクールなのです。

木下大生（きのした　だいせい／1972年生まれ）

武蔵野大学准教授
『知りたい！ソーシャルワーカーの仕事』（共著・岩波書店）『ソーシャルワーカーのジリツ』（共著・生活書院）
ソーシャルワーカーの仕事は個人と社会に働きかける，繊細かつダイナミックなやりがいのある仕事です。

澁谷昌史（しぶや　まさし／1970年生まれ）

関東学院大学教授
『子ども家庭福祉』（共著・ミネルヴァ書房）『子ども家庭福祉』（共著・光生館）
援助者が先走ることなく，子どもたちに寄り添うような実践を。

執筆者紹介 (氏名／よみがな／生年／現職／主著／スクールソーシャルワークを学ぶ読者へのメッセージ)　　＊執筆担当は本文末に明記

周防美智子 (すおう　みちこ)

岡山県立大学准教授　岡山県・奈良県教育委員会スクールソーシャルワークスーパーバイザー
『エビデンスに基づく効果的なスクールソーシャルワーク』(共著・明石書店)
子どもの育ちを教師と一緒に支えるのがSSWです。子どもたちの笑顔が増えることがSSWの目標です。

竹原和泉 (たけはら　いずみ／1950年生まれ)

特定非営利活動法人まちと学校のみらい代表理事　横浜市立東山田中学校学校運営協議会会長
『アメリカの学校と地域を結ぶ　学校ハンドブック』(共著・T-GAL)
時には地域コーディネーターとも，パートナーとなり社会総がかりで子どもを育みましょう。

厨子健一 (ずし　けんいち／1985年生まれ)

愛知教育大学講師
『エビデンスに基づく効果的なスクールソーシャルワーク』(共著・明石書店)
エッセンスが理解できるように執筆しました。この学問領域の"広がり"と"深まり"のきっかけになれば幸いです。

中條桂子 (ちゅうじょう　けいこ／1960年生まれ)

昭和女子大学非常勤講師
『新スクールソーシャルワーク論』(共著・学苑社)
厳しい環境のなかでも成長してゆく子どもたちに支えられています。同じ基盤をもつ仲間になりませんか。

鈴木庸裕 (すずき　のぶひろ／1961年生まれ)

日本福祉大学教授
『スクールソーシャルワーカーの学校理解』(編著・ミネルヴァ書房)『子どもが笑顔になるスクールソーシャルワーク』(共編著・かもがわ出版)
SSWerが地域の人々の命と暮らしの支えになる。そのこと自体が子どもの最善の利益を保障する土台になると思います。

徳永佑美 (とくなが　ゆみ／1977年生まれ)

医療法人横田会精神保健福祉士　山鹿市教育委員会スクールソーシャルワーカー　熊本県教育委員会スクールソーシャルワーカー・スーパーバイザー
今後のソーシャルワークの広がりに期待します。

武田信子 (たけだ　のぶこ／1962年生まれ)

広島大学教育ヴィジョン研究センター諮問委員
『ダイレクト・ソーシャルワーク　ハンドブック』(監修・明石書店)『子ども家庭福祉の世界』(共著・有斐閣)
今日1日が幸せでない子どもがあなたの今いる場所の1キロ以内にどの位いて，あなたには何ができますか？

富島喜揮 (とみしま　のぶき／1955年生まれ)

四国学院大学教授
『ハンドブック　学校ソーシャルワーク演習』(共著・ミネルヴァ書房)『日本の社会福祉の現状と展望』(共著・岩崎学術出版社)
尊敬する臨床心理士の先輩が，みずからを大切にする人が，ほかも大切にできる人と話されました。福祉も同じです。

執筆者紹介（氏名／よみがな／生年／現職／主著／スクールソーシャルワークを学ぶ読者へのメッセージ）　　＊執筆担当は本文末に明記

中　典子（なか　のりこ／1972年生まれ）

中国学園大学教授
『保育における相談援助・相談支援』（共著・晃洋書房）『子ども家庭福祉論』（共著・晃洋書房）
SSWerとして活動する際，子どもたちの状況を把握し，分析することが求められます。この本を読むことでアセスメントの重要性を学んでください。

農野寛治（のうの　ひろはる／1956年生まれ）

常磐会短期大学学長
『よくわかる子ども家庭福祉』（共著・ミネルヴァ書房）
その人が自身の問題に向かい合い育っていくのを見届けるソーシャルワークの仕事は，福祉現場だけでなく教育，医療，司法とさまざまな現場で求められてきたと思います。

中野　澄（なかの　きよし／1961年生まれ）

大阪成蹊短期大学教授
生徒指導担当の指導主事には，専門性こそ異なりますがSSWerに似た資質が必要であると感じます。その両者の協働の可能性を，追求したいと考えています。

野尻紀恵（のじり　きえ／1964年生まれ）

日本福祉大学教授　春日井市教育委員会等スーパーバイザー
『児童福祉の地域ネットワーク』（共著・相川書房）『スクールソーシャルワーク実務テキスト』（共著・学事出版）
ソーシャルワークの基礎をしっかり学び，学校でソーシャルワークを展開する意義について深く考察してください。

西田芳正（にしだ　よしまさ／1960年生まれ）

大阪公立大学教授
『児童養護施設と社会的排除』（編著・解放出版社）『排除する社会・排除に抗する学校』（単著・大阪大学出版会）
SSWerに期待する反面，「生活の理解」の難しさに悩む非力な社会学者としては「アセスメントって簡単じゃないだろうに」と思ってしまいます。

浜田知美（はまだ　ともみ／1972年生まれ）

四国学院大学教授
『スクールソーシャルワークの展開』（共著・学苑社）『スクールソーシャルワーカー養成テキスト』（共著・中央法規出版）
「子どもの最善の利益」を関係者とともに考え実践するSSWerが次々と誕生することを願っています。

荷出　翠（にで　みどり／1985年生まれ）

平安女学院大学短期大学部専任助教，東大阪市教育委員会スクールソーシャルワーカー
『相談・支援のための福祉・医療制度活用ハンドブック』（共著・新日本法規出版）『現代ソーシャルワーク論』（共著・晃洋書房）
子どもたちの笑顔が輝くためにSSWerとして何ができるか，常に探究していきたいと思います。

馬場幸子（ばんば　さちこ／1971年生まれ）

関西学院大学准教授
『スクールソーシャルワークの可能性』（共著・ミネルヴァ書房）『Child Welfare and Deuelopment：A Japanese Case Study』（共著・Cambridge University Press）
このテキストを読んだ人たちのなかから，将来のSSWerが大勢生まれるとうれしいですね。

執筆者紹介（氏名／よみがな／生年／現職／主著／スクールソーシャルワークを学ぶ読者へのメッセージ） ＊執筆担当は本文末に明記

比嘉昌哉（ひが　まさちか／1974年生まれ）

沖縄国際大学教授
『スクールソーシャルワークの実践技術』（共著・北大路書房）『新スクールソーシャルワーク論』（共著・学苑社）
SSWerは誰のため，何のために配置されているのか。子どもの自己実現を支援するSSWerに必要な価値観・知識・技術は何かという問いを常に考えてほしい。また，子どもと実際に関わり学んでほしい。

増井香名子（ますい　かなこ）

日本福祉大学准教授
日々の実践には，悩みや葛藤がつきものです。そのなかで学ぶことは，実践を豊かにする支えとなってくれます。

東　優子（ひがし　ゆうこ／1966年生まれ）

大阪公立大学教授
『性同一性障害』（共著・御茶の水書房）『思春期の性の問題をめぐって』（共著・診断と治療社）
恩師の言葉「自然は多様性を好むが，社会がそれを嫌う」を意識すると，いつもと違った風景がみえてきます。

松浦宏樹（まつうら　ひろき／1984年生まれ）

特定非営利活動法人み・らいず事業部長
皆さんがこれからSSWerを志すにあたっての一助になることを期待しております。

福島史子（ふくしま　ふみこ／1954年生まれ）

鳥取県教育委員会スクールソーシャルワーカー・スーパーバイザー，伯耆町・湯梨浜町教育委員会スクールソーシャルワーカー
『すべての子どもたちを包括する支援システム』（共著・せせらぎ出版）『スクールソーシャルワーカー実務テキスト』（共著・学事出版）
学校や教育委員会との信頼は「子どもたちの最善の利益のために」ともに悩み困難に立ち向かうなかで育まれました。

松田恵示（まつだ　けいじ／1962年生まれ）

東京学芸大学教授・副学長
『教育支援とチームアプローチ』（共編著・書肆クラルテ）『交叉する身体と遊び』（単著・世界思想社）
学校教育とソーシャルワークがコラボレーションできることで，活力のある社会が広がることを期待しています。

藤澤　茜（ふじさわ　あかね／1979年生まれ）

香川県教育委員会・善通寺市教育委員会などスクールソーシャルワーカー，スクールソーシャルワーカー・スーパーバイザー
子どもとかかわりながら，家庭や学校，地域と連携できるSSWは，奥が深く，やりがいのある活動です。

三沢徳枝（みさわ　とくえ／1963年生まれ）

佛教大学特任准教授
『暮らしをつくりかえる生活経営力』（共著・朝倉書店）
大人になって苦しい時に，子どもの頃かけられた言葉を思い出して助けられることがあります。

執筆者紹介 (氏名/よみがな/生年/現職/主著/スクールソーシャルワークを学ぶ読者へのメッセージ)　　＊執筆担当は本文末に明記

望月　彰 (もちづき　あきら／1952年生まれ)

名古屋経済大学教授
『自立支援の児童養護論』(単著・ミネルヴァ書房)『子どもの権利と家庭支援』(共著・三学出版)
グローバリゼイションが進行するなか，日本の福祉と教育は世界の動向と連動しつつその危機を深めています。SSWにはその打開の可能性を期待します。

横井葉子 (よこい　ようこ／1962年生まれ)

聖徳大学准教授，スクールソーシャルワーカー
『エビデンスに基づく効果的なスクールソーシャルワーク』(共著・明石書店)
SSWを実践するには広い知識と技術的な訓練が必要だと感じます。この本はきっと，その手がかりになるでしょう。

安原佳子 (やすはら　よしこ)

桃山学院大学教授
『知的障害者と生涯教育の保障』(共著・明石書店)『高等学校における特別支援教育の実践』(共著・あいり出版)
さまざまな経験は，人の変化(発達)に大きく影響します。皆さんもぜひ主体的にいろいろな経験をしてください。

吉田敦彦 (よしだ　あつひこ／1960年生まれ)

大阪公立大学教授
『ホリスティック教育論』(単著・日本評論社)『世界のホリスティック教育』(単著・日本評論社)『ブーバー対話論とホリスティック教育』(単著・勁草書房)
近代学校の枠組みを再編していくために福祉と教育のボーダーを越えたコラボレーションに期待しています。

山下英三郎 (やました　えいざぶろう／1946年生まれ)

日本社会事業大学名誉教授
『いじめ・損なわれた関係を築きなおす』(単著・学苑社)『相談援助』(単著・学苑社)
ソーシャルワークの価値と理念に根ざした実践がもっとも重要であることを常に念頭において学びを続けてください。

渡邉香子 (わたなべ　きょうこ／1962年生まれ)

横浜市教育委員会，スクールソーシャルワーカー・スーパーバイザー
『すべての子どもたちを包括する支援システム』(共著・せせらぎ出版)
子どもの育ちに関わるSSWerには，より効果的で責任ある実践が求められます。ともに学び続けましょう！

湯澤直美 (ゆざわ　なおみ／1961年生まれ)

立教大学教授
『親密性の福祉社会学』(共著・東大出版会)『子どもの貧困』(共編著・明石書店)
子どもの貧困は，公正な社会を創る試金。「みようとしなければみえないものをみる力」を蓄えていきましょう。

やわらかアカデミズム・〈わかる〉シリーズ
よくわかるスクールソーシャルワーク［第2版］

2012年4月20日	初　版第1刷発行
2015年2月20日	初　版第3刷発行
2016年10月20日	第2版第1刷発行
2023年3月25日	第2版第5刷発行

〈検印省略〉

定価はカバーに
表示しています

編著者　山　野　則　子
　　　　野　田　正　人
　　　　半　羽　利美佳

発行者　杉　田　啓　三
印刷者　藤　森　英　夫

発行所　株式会社　ミネルヴァ書房
〒607-8494 京都市山科区日ノ岡堤谷町1
電話代表　(075)581-5191
振替口座　01020-0-8076

©山野・野田・半羽ほか，2016　　亜細亜印刷・新生製本

ISBN978-4-623-07834-9
Printed in Japan

やわらかアカデミズム・〈わかる〉シリーズ

教育・保育

よくわかる学びの技法 [第3版]
田中共子編　本体 2200円

よくわかる教育評価 [第3版]
田中耕治編　本体 2800円

よくわかる授業論
田中耕治編　本体 2600円

よくわかる教育課程 [第2版]
田中耕治編　本体 2600円

よくわかる生徒指導・キャリア教育
小泉令三編著　本体 2400円

よくわかる教育相談
春日井敏之・伊藤美奈子編　本体 2400円

よくわかる教育原理
汐見稔幸ほか編著　本体 2800円

よくわかる教育学原論
安彦忠彦・児島邦宏・藤井千春・田中博之編著　本体 2600円

よくわかる障害児教育 [第4版]
石部元雄・上田征三・高橋 実・柳本雄次編　本体 2400円

よくわかる障害児保育 [第2版]
尾崎康子・小林 真・水内豊和・阿部美穂子編　本体 2500円

よくわかる保育原理 [第4版]
子どもと保育総合研究所 森上史朗・大豆生田啓友編　本体2200円

よくわかる家庭支援論 [第2版]
橋本真紀・山縣文治編　本体 2400円

よくわかる社会的養護 [第2版]
山縣文治・林 浩康編　本体 2500円

よくわかる社会的養護内容 [第3版]
小木曽宏・宮本秀樹・鈴木崇之編　本体 2400円

よくわかる小児栄養
大谷貴美子編　本体 2400円

新版 よくわかる子どもの保健
丸尾良浩・竹内義博編　本体 2200円

よくわかる発達障害
小野次朗・上野一彦・藤田継道編　本体 2200円

福祉

よくわかる社会保障 [第5版]
坂口正之・岡田忠克編　本体 2600円

よくわかる社会福祉 [第11版]
山縣文治・岡田忠克編　本体 2500円

新版 よくわかる子ども家庭福祉
吉田幸恵・山縣文治編　本体 2400円

新版 よくわかる地域福祉
上野谷加代子・松端克文・永田 祐編　本体 2400円

よくわかる家族福祉 [第2版]
畠中宗一編　本体 2200円

よくわかる高齢者福祉
直井道子・中野いく子編　本体 2500円

よくわかる障害者福祉 [第7版]
小澤 温編　本体 2500円

よくわかる精神保健福祉
藤本 豊・花澤佳代編　本体 2400円

よくわかる医療福祉
小西加保留・田中千枝子編　本体 2500円

よくわかるリハビリテーション
江藤文夫編　本体 2500円

よくわかるスクールソーシャルワーク [第2版]
山野則子・野田正人・半羽利美佳編著　本体 2800円

よくわかる障害学
小川喜道・杉野昭博編著　本体 2400円

論文

よくわかる卒論の書き方
白井利明・高橋一郎著　本体 2500円

心理

よくわかる心理学
無藤 隆・森 敏昭・池上知子・福丸由佳編　本体 3000円

よくわかる心理統計
山田剛史・村井潤一郎著　本体 2800円

よくわかる保育心理学
鯨岡 峻・鯨岡和子著　本体 2400円

よくわかる臨床心理学 改訂新版
下山晴彦編　本体 3000円

よくわかる心理臨床
皆藤 章編　本体 2200円

よくわかる臨床発達心理学 [第4版]
麻生 武・浜田寿美男編　本体 2800円

よくわかるコミュニティ心理学 [第1版]
植村勝彦・高畠克子・箕口雅博
原 裕視・久田 満編　本体 2500円

よくわかる発達心理学 [第2版]
無藤 隆・岡本祐子・大坪治彦編　本体 2500円

よくわかる乳幼児心理学
内田伸子編　本体 2400円

よくわかる青年心理学 [第2版]
白井利明編　本体 2500円

よくわかる教育心理学
中澤 潤編　本体 2500円

よくわかる学校教育心理学
森 敏昭・青木多寿子・淵上克義編　本体 2600円

よくわかる学校心理学
水野治久・石隈利紀・田村節子
田村修一・飯田順子編著　本体 2400円

よくわかる社会心理学
山田一成・北村英哉・結城雅樹編著　本体 2500円

よくわかる家族心理学
柏木惠子編著　本体 2600円

よくわかる言語発達 [改訂新版]
岩立志津夫・小椋たみ子編　本体 2400円

よくわかる認知発達とその支援 [第2版]
子安増生編　本体 2400円

よくわかる情動発達
遠藤利彦・石井佑可子・佐久間路子編著　本体 2500円

よくわかる産業・組織心理学
山口裕幸・金井篤子編　本体 2600円

よくわかるスポーツ心理学
中込四郎・伊藤豊彦・山本裕二編著　本体 2400円

よくわかる健康心理学
森和代・石川利江・茂木俊彦編　本体 2400円

――― ミネルヴァ書房 ―――